Stadt, Raum und Gesellschaft

Herausgegeben von
I. Breckner, Hamburg
A. Farwick, Bochum
S. Frank, Dortmund
M. Rodenstein, Frankfurt
U.-J. Walther, Berlin
J. Wurtzbacher, Berlin

1991 gegründet, erscheint die Schriftenreihe „Stadt, Raum und Gesellschaft" seit 2003 im Springer VS.

In dieser Reihe werden Texte publiziert, die Grundkonzepte und aktuelle Probleme der Stadt- und Raumentwicklung aus sozialwissenschaftlicher Perspektive analsieren. Dies beinhaltet zeitdiagnostische wie historisch orientierte Darstellungen von Stadtentwicklungsprozessen in ihrem gesellschaftlichen Kontext. Eingegangene Manuskripte werden in einem Peer-Review-Verfahren begutachtet.

Herausgegeben von
Prof. Dr. Ingrid Breckner, HCU Hamburg
Prof. Dr. Andreas Farwick, Ruhr-Universität Bochum
Prof. Dr. Susanne Frank, Technische Universität Dortmund
Prof. Dr. Marianne Rodenstein, Goethe-Universität Frankfurt
Prof. Dr. Uwe-Jens Walther, Technische Universität Berlin
Prof. Dr. Jens Wurtzbacher, Katholische Hochschule für Sozialwesen Berlin

Karen Sievers

Lost in Transformation?

Raumbezogene Bindungen
im Wandel städtebaulicher
Erneuerungsmaßnahmen

 Springer VS

Karen Sievers
Lübeck, Deutschland

Zugl.: Berlin, Technische Universität, Diss., 2014

D 83

ISBN 978-3-658-07403-6   ISBN 978-3-658-07404-3 (eBook)
DOI 10.1007/978-3-658-07404-3

Die Deutsche Nationalbibliothek verzeichnet diese Publikation in der Deutschen Nationalbibliografie; detaillierte bibliografische Daten sind im Internet über http://dnb.d-nb.de abrufbar.

Springer VS
© Springer Fachmedien Wiesbaden 2015

Gedruckt auf säurefreiem und chlorfrei gebleichtem Papier

Springer VS ist eine Marke von Springer DE. Springer DE ist Teil der Fachverlagsgruppe Springer Science+Business Media.
www.springer-vs.de

Inhaltsverzeichnis

1. Einleitung

Hermann Hesse wird mit dem Ausspruch zitiert „Das Paradies pflegt sich erst dann als Paradies zu erkennen zu geben, wenn wir aus ihm vertrieben sind" – wie mit dem Paradies, so verhält es sich mit der Heimat: was sie meint, wo sie verortet ist und welchen Wert sie besitzt, dieses Bewusstsein erschließt sich vielfach erst in der Situation der Bedrohung oder des Verlustes. Heimat geht alle an, jede/r hat ein Verständnis und eine mehr oder weniger konkrete Vorstellung von dem Ort, wo man Zuhause ist, welche Erinnerungen, Empfindungen und Sinneseindrücke damit verbunden sind. Heimat besteht aus einem Konglomerat von Bildern, Geräuschen, Tönen und Sprache, Gerüchen, Personen, Beziehungen und beinhaltet sowohl die Erinnerung an das Vergangene als auch Perspektiven und Hoffnungen des Zukünftigen.

In diesem Zusammenhang spricht beispielsweise Greverus (1972) vom Heimat*phänomen* und verweist damit auf die immanente Komplexität von raumbezogenen, als „persönliche und emotionsbezogene Bindung[en] von Menschen an bestimmte Orte oder Gebiete" (Haller et al. 2006, 61)[1]. Mit dem Versuch der Beschreibung dieses ‚Phänomens' geht daher auch eine semantische Unbestimmtheit und Begriffsvielfalt einher. Fassbar erscheint Heimat vielmehr über Gegensatzpaare: so sind das latent Vorhandene, das sich nur im Angesicht des Verlustes zeigt, sowie die zentrale Ambivalenz von Dynamik und Statik dem Phänomen epochenübergreifend inhärent. Denn Heimat stellt keine konstante Emotions- oder Raumkategorie dar, sondern unterliegt genauso dem Wandel wie andere Lebens- und Empfindensbereiche.

Dennoch nimmt Heimat eine ‚*doppelte Singularität*' in Anspruch: erstens ist sie nicht einfach ersetz- oder austauschbar und dieser *Einzigartigkeitscharakter* macht ihren besonderen Wert aus. Zweitens sind raumbezogene Bindungen grundsätzlich ein *subjektbezogenes Empfinden*, das allerdings in der Regel latenter, unbewusster Natur ist. Diese Faktoren machen Heimat zu einem hoch umstrittenen Thema und schwer handhabbaren Forschungsgegenstand. Aber auch wenn Heimat für jedes Individuum etwas anderes bedeutet, können gleichzeitig die Bezugsorte dieses Empfindens identisch sein, ebenso wie die zugrundelie-

---

1   Im Original mit Hervorhebungen.

genden Einflussfaktoren für die Ausbildung einer Ortsbindung und deren ‚Wert
an sich'. So wird Heimat als Ort beschrieben, der individuelle und kollektive
Aneignung ermöglicht, an dem also Handlungsmächtigkeit erlebt wird und der,
auch aufgrund seiner Vertrautheit und Symbolkraft, Entfremdungs- und
Verlusterfahrungen ausgleichen kann.

Hier setzt die vorliegende Arbeit an, indem die konstanten Inhalte des Heimatverständnisses aufgezeigt und die Bedeutung der raumbezogenen Verortung
gerade in Zeiten des Wandels in den Mittelpunkt gestellt werden. ‚Heimaten'
sind dabei seit Langem auch gestaltete, fremdbestimmte Orte – durch (ungere-
geltes) Wachstum, hoheitliche Regulierung, schließlich auch im Rahmen einer
professionalisierten, demokratisch legitimierten und auf eine Verbesserung der
Lebensbedingungen zielenden (Stadt-)Planung.

In diesem Zuge wird Heimat mehr und mehr wohlfahrtsstaatlich ‚eingehegt', indem Eingriffe mit dem Ziel der Verbesserung der Lebensbedingungen
vorgenommen bzw. deren Durchführung reglementiert wird. Zwar hat sich so im
Laufe des 20. Jahrhunderts eine (selbst)reflexive Planung entwickelt, dennoch
wiederholt sich vielfach ein Zyklus von Problemwahrnehmung, Eingriff, Veränderung und Verlust. In diesem Zusammenhang lassen sich Standards herausarbeiten, die hinsichtlich der Berücksichtigung raumbezogener Bindungen im
Rahmen dieser Eingriffe jeweils angelegt werden. Im Mittelpunkt steht nun die
Frage, welchen Einfluss ein sich wandelndes Verständnis von den Einflussmöglichkeiten und Zielstellungen städtebaulicher Eingriffsplanungen auf die Interpretation und Anwendung dieser Standards hat: wie verändern sich die Praxis
und der Diskurs, wenn ein objektiviertes Wissen hinsichtlich der Entstehung,
Aufrechterhaltung und Relevanz raumbezogener Bindungen vorliegt, sich aber
die sozioökonomischen Rahmenbedingungen ändern?

Eingriffsplanungen wurden beispielsweise im Rahmen bundesdeutscher
Sanierungsmaßnahmen vor allem positiv mit einer Verbesserung der Lebensbedingungen konnotiert, Umsiedlungen aufgrund des Tagebaus mit der übergeordneten ökonomischen Notwendigkeit legitimiert und Stadtumbauplanungen mit
betriebswirtschaftlichen sowie städtebaulichen Erfordernissen begründet. Derartige Maßnahmen verändern dabei durch Umbau, Erneuerung und Abriss vor
allem die baulich-materielle Struktur des Ortes. Und auch wenn raumbezogene
Bindungen ursächlich auf soziale Beziehungen und biografisch relevante Erlebnisse zurückgeführt werden, übernimmt doch gerade diese ‚Stadtstruktur' als
Kommunikations- und Speichermedium wichtige symbolische, orientierende,
psychologische und soziale Funktionen. Ortsbindung beinhaltet damit auch eine
Angewiesenheit bestimmter Personen(gruppen) auf die soziale und materielle
Struktur der unmittelbaren Umgebung. Soziale Beziehungen, Erinnerungen und
die Sicherheit gebende Gewohnheit des Alltäglichen sind dabei immer noch für

viele Menschen mit einem konkreten, relativ klar abgrenzbaren, überschaubaren Nahraum verbunden.

Mit dem Wissen um die Bedeutung und die Kontextbedingungen raumbezogener Bindungen sowie den Erfahrungen aus mehreren Jahrzehnten der Stadterneuerung und tagebaubedingten Umsiedlungen stellt sich auch die Frage, welche Schlussfolgerungen sich für den seit 2002 in Ostdeutschland[2] laufenden Stadtumbau ergeben. Das Bund-Länder-Programm zielt dort durch Aufwertungs- und Rückbaumaßnahmen auf „die Stärkung der Innenstädte und erhaltenswerten Stadtquartiere" (BMVBS/BBR 2007, 11). Vor diesem Hintergrund stehen nicht-erhaltenswerte Gebäude und Stadtteile und damit auch raumbezogene Bindungen zur Disposition. Gleichzeitig spricht vieles dafür, dass Heimat und raumbezogene Bindungen[3] die Bewältigung von politischer und sozialer Transformation sowie die Folgen demografischem und ökonomischem Wandels kompensierend unterstützen könnten. So ergibt sich die paradoxe Situation, dass die Ausgleichsfunktion raumbezogener Bindungen bzw. der ‚Bezugsorte‘ einerseits aufgrund der gesellschaftlichen Rahmenbedingungen besonders benötigt wird. Bindungen und der lokale Lebenszusammenhang haben – so konstatiert beispielsweise Herlyn im Hinblick auf den Wandel ostdeutscher Wohnmilieus – insbesondere im Zuge des Systemwechsels hohe Bedeutung: denn „in den gesellschaftlichen Transformationsprozessen in den Städten der ehemaligen DDR kam den quartierlichen Lebenszusammenhängen als intermediäre Lebenswelten die besondere Funktion zu, zwischen den gesamtgesellschaftlichen Strukturbrüchen und den

---

2   Seit 2004 werden im Rahmen der Städtebauförderung auch Mittel für Maßnahmen in Westdeutschland zur Verfügung gestellt. Die Programme entscheiden sich jedoch im Hinblick auf ihre Ansatzpunkte und Zielstellungen, ebenso wie im Hinblick auf die Rahmenbedingungen. Der Zusammenhang von Schrumpfung und Stadtentwicklung wurde vor allem anhand der Entwicklung und der flächenhaften Bedeutung in Ostdeutschland thematisiert und durch Wissenschaft, Politik und Planung aufgegriffen. Vor diesem Hintergrund steht – auch aus Gründen der Bearbeitbarkeit – in dieser Arbeit das Stadtumbau Ost-Programm im Mittelpunkt.

3   Die Begriffe ‚Heimat‘ und ‚raumbezogene Bindungen‘ werden insofern nicht synonym verwendet, als dass ‚Heimat‘ eher abstrakt einen mehrdimensionalen Raum beschreibt, der geographische, emotionale, soziale, symbolische, biographische und demographische – letztendlich also alle – Aspekte menschlichen Daseins im Hinblick auf jene ‚Assoziation‘ zusammenfasst, die wie das ‚Paradies‘ Hermann Hesses nicht ‚auf den Punkt‘ gebracht werden kann. ‚Raumbezogene Bindungen‘ konkretisieren dieses Phänomen auf zweifache Weise: zum einen wird im Hinblick auf die Auseinandersetzung mit baulichen Strukturen eine maßstäbliche Eingrenzung vorgenommen, die weniger das allgemeine ‚in der Welt sein‘ (Heidegger, vgl. Führ 2010), als vielmehr die nahräumliche Zuordnung meint. Zum anderen werden mit dem Konzept raumbezogener Bindungen – oder ähnlichen Begriffen (vgl. Abschnitt 2.2) – im Hinblick auf ihre wissenschaftliche Operationalisierbarkeit auch Indikatoren herausgearbeitet, die das ‚Wie‘ und ‚Wann‘ räumlicher Zuordnungen erklären können.

individuellen Betroffenheiten zu vermitteln" (Herlyn 2010, 241f.). Andererseits waren und sind diese Orte sowohl durch den sozio-ökonomischen Schrumpfungsprozess selbst (Abwanderung, Deindustrialisierung) als auch durch die darauf reagierenden städtebaulichen Eingriffsmaßnahmen bedroht. Das zentrale Erkenntnisinteresse dieser Arbeit speist sich dabei gerade daraus, dass Heimat durch ihren latenten und ‚phänomenalen' Charakter eine erhebliche Herausforderungen für eine wissenschaftliche Betrachtung sowie die Praxis von Politik und Planung darstellt. Angeknüpft wird damit auch an eine aufklärerisch-kritische Tradition der Wissenschaft, die bemüht ist, der Realität den Spiegel – die Ambivalenz bzw. das Negativ – vorzuhalten und zu fragen, welche Konsequenzen und (sozialen) Kosten mit Fortschritt und Moderne einhergehen (vgl. Haring 2001).

Zeigt sich im Stadtumbau – so eine weitere Frage –, was sich in Ansätzen bereits im Hinblick auf die ‚behutsame' Stadterneuerung andeutete – nämlich dass, sobald Betroffenheit akzeptiert, wohlfahrtsstaatlich antizipiert und damit nicht mehr (politisch) widersprüchlich diskutierbar ist, eine Routine einsetzt, bei der die Berücksichtigung von Bedürfnissen und Interessen in einem festgelegten Rahmen auf niedrigem Niveau stagniert? Welche Wahrnehmung von Aushandlungsbedarfen und welcher Möglichkeitsspielraum demokratischer Willensbildungs- und Entscheidungsprozesse lassen sich also jeweils ausmachen? Welcher Diskurs und welche Akteure bestimmen die Notwendigkeit, Zielstellung und die (sozialen) Kosten städtebaulicher Eingriffsplanungen?

Die anschließenden Kapitel nähern sich den Praxisbeispielen zunächst über die Aufarbeitung des komplexen Heimatbegriffs und dessen Zuspitzung auf eine handhabbare Begrifflichkeit der ‚raumbezogenen Bindungen'. Aus der historisch-disziplinübergreifenden Bestandsaufnahme ergeben sich Indikatoren, anhand derer das Vorhandensein von Bindungen nachgewiesen bzw. in einem bestimmten Kontext als hoch wahrscheinlich angenommen werden kann. Die Beispiele der städtebaulichen Sanierungen als klassische Variante der Erneuerungs- und Anpassungsvorhaben und der Umsiedlungs- und Abtragungsprojekte des Tagebaus als Vollzug eines vollständigen Struktur- bzw. Umgebungsverlustes zeigen, inwiefern diese Indikatoren zur Bestimmung raumbezogener Bindungen greifen, ob sich entsprechende Betroffenheitsreaktionen zeigen und ob dies in die Planungen und Umsetzungen einbezogen wurde.

Dieser Erfahrungshorizont stellt eine wichtige Ausgangsbasis sowohl für die folgende Analyse als auch für die eigentliche Praxis der Stadtumbauprojekte dar, bei denen Umbau, Aufwertung und Abriss ganzer Stadtteile oder Straßenzüge parallel stattfinden.

Statt Handlungsempfehlungen und Überlegungen dahingehend zu entwerfen, was ‚stattdessen' zu tun wäre, werden die Ergebnisse im Abschlusskapitel dahingehend diskutiert, inwiefern eine ontologisch-kategoriengeleitete Herangehensweise insbesondere im Hinblick auf die in dieser Arbeit behandelten vielschichtigen Themenbereiche, helfen kann, sich der Komplexität eines Phänomens zunächst fragend zu nähern.

Aufbau und Vorgehen

Heimat und ihre Bedeutung(en) lassen sich vor allem über soziologische, das heißt Kategorien des (gesellschaftlichen) Wandels verstehen und erklären: sie ist als Besitz- und Residenzrecht zunächst selbst gesellschaftliches Strukturelement. Später entwickelt sich das moderne Heimatverständnis im Zuge der Industrialisierung, zeitgleich mit der Etablierung einer neuen eigenständigen Wissenschaft, der Soziologie. Räume und Orte sind aus ihrer Perspektive ohne soziale Konstruktions- und Symbolleistung nicht denkbar – und Heimat meint auch immer einen Bezugs-Ort, der nur durch seine sinnhafte Belegung im Wechselspiel von Materialität, Gesellschaft und Individuum zu einem ‚Objekt' raumbezogener Bindung werden kann. So beschreibt Löw, wie ‚Raum' nicht nur durch komplexe, relationale Syntheseleistungen, sondern gerade auch im Alltagshandeln konstituiert wird (vgl. Löw 2001, 178/195).

Eine wissenschaftliche Auseinandersetzung mit dem Heimat- bzw. dem Phänomen raumbezogener Bindungen sieht sich in diesem Zusammenhang zwei zentralen Herausforderungen gegenüber: erstens verweist bereits der Begriff ‚Phänomen' auf eine Bedeutungs- und Ausprägungsvielfalt, die eine Eingrenzung des Gegenstandsbereichs erschwert (vgl. dazu Treinen 1965, 73f.; Bausinger 1990, 76f; Bortz 2004, 35). Dies birgt auch die Gefahr, analytisch auf einem so abstrakten Niveau zu verbleiben, welches für die Betrachtung von konkreten Vor-Ort-Situationen sowie individual- und gruppenbezogenen Auswirkungen keine Schlussfolgerungen zulässt. Andererseits werden Heimat und raumbezogene Bindungen als unbewusst latente Bezüge beschrieben, die nur eingeschränkt und dabei häufig anlassbezogen empirisch erhoben werden können. Eine dritte Problematik ergab sich erst im Laufe der Bearbeitung. Sie bezieht sich darauf, dass raumbezogene Bindungen zwar auch im Stadtumbauprozess Erwähnung finden, die Thematisierung sich dort aber nahezu ausschließlich auf die Stärkung einer abstrakten ‚Identifizierung mit der Stadt' und nicht auf eventuelle Folgen der Umstrukturierungen für die Betroffenen erstreckt. Raumbezogene Bindungen als in der Planung und im Vollzug des Stadtumbaus zu berücksichtigende Größe ‚kommen nicht vor'.

Es stellte sich daher die Frage: wie kann ein ‚Phänomen' analytisch angegangen werden, das ‚gar nicht da', sondern nur latent vorhanden ist? Für diese

Arbeit wurde ein doppelter Zugangsweg gewählt: in einem einleitenden theoretischen Abschnitt werden zunächst anhand einer Aufarbeitung bisheriger Untersuchungen sowie entsprechender Sekundäranalysen jene übergreifenden Bedingungsfaktoren herausgearbeitet, die für die Entstehung und Aufrechterhaltung
raumbezogener Bindungen als entscheidend identifiziert wurden. Anhand dieser
Indikatoren kann geprüft werden, ob das Vorhandensein raumbezogener Bindungen in einem Gebiet wahrscheinlich ist und durch welche Eingriffsmaßnahmen diese gestützt und/oder bedroht werden könnten. Diese Entstehungs- und
Bedingungsfaktoren stellen die Analysekategorien im Hinblick auf die folgende
Dokumentenanalyse dar (vgl. Gläser/Laudel 2009, 199f.). Diese setzt zwei
Schwerpunkte: zunächst sollen die im ersten Teil erarbeiteten Kategorien und
Faktoren auf die Beispiele der städtebaulichen Sanierungen und die westdeutschen Tagebaugebiete angewendet werden, um so die Besonderheiten raumbezogener Bindungen im Kontext baulich-räumlicher Umstrukturierungsprozesse
herauszuarbeiten. Im Ergebnis kann einerseits die Praxisrelevanz raumbezogener
Bindungen aufgezeigt werden, andererseits lassen sich aus den Beispielen wiederum Indikatoren (diesmal in Form von Maßnahmen oder Planungspraxen) ableiten, die im Hinblick auf eine Berücksichtigung, Förderung oder Gefährdung
raumbezogener Bindungen als relevant gelten können (vgl. Abschnitt 3.3).
Schließlich kann so im dritten Teil das Programm Stadtumbau Ost sowie dessen
Umsetzung im Hinblick auf das (wahrscheinliche) Vorhandensein raumbezogener Bindungen, die (eventuelle) Berücksichtigung dieses Faktors in der Umbau-
planung sowie (wahrscheinliche oder nachgewiesene) Folgen für die Betroffenen
hin untersucht werden.

　　Die Analyse einschlägiger Dokumente im Sinne einer qualitativen, offenen Hermeneutik (vgl. Bohnsack 2008, 13 ff./57ff.) ermöglicht es in diesem
Zusammenhang, die Wirklichkeiten städtebaulicher Erneuerungsmaßnahmen
vergleichend zu rekonstruieren. Denn sie bilden „einen *Realitätsausschnitt text-
förmig* ab(...)" und dienen so gleichzeitig „der Herstellung, Prozedierung und
Reproduktion von Bedeutungszusammenhängen, die sozial folgenreich sind"
(Kraimer 2009, 3, Herv. i. O.). Kraimer verweist im Hinblick auf allgemein
zugängliche Dokumente zudem auf deren Rolle als Vermittler von als bedeutsam
erachteten Informationen und als „Gedächtnisstütze" für unterschiedliche Akteure und Institutionen. In diesem Sinne verbürgten Dokumente „eine gewisse Sicherheit und verfügen über eine erhebliche (organisatorische) Beharrungsten-
denz" (ebd., 2). Aus den Dokumenten lässt sich folglich nicht nur die vor Ort
erlebbare Realität von Maßnahmen nachvollziehen, sondern auch, wie sich diese
‚Realität' für unterschiedliche Akteure darstellt bzw. (durch sie) diskursiv hergestellt wird. Bublitz beschreibt Diskurse als „zentrale Elemente der symbolischen
Ordnung sozialer Wirklichkeit(en)" im Sinne von „Praktiken, die im sozialen

Leben den Status objektiver Wahrheiten und der Faktizität sozialer Tatsachen annehmen" (Bublitz 2001, 226). Realität konstituiere sich dabei wesentlich daraus, dass ein Sachverhalt „zum Gegenstand des Wissens" werde (ebd. 321). Diskurse und deren Aufarbeitung stellen damit „das in einer Gesellschaft zu einer bestimmten Zeit Sagbare sowie die Strategien, dieses einzuengen oder auszudehnen" dar (Lanz 2007, 16). In diesem Zusammenhang erfüllen die ausgewählten Publikationen auch die Funktion, die Positionen unterschiedlicher Akteure zu vergleichen.

Um diese Vergleichbarkeit zu gewährleisten wurde für die Darstellung der Beispiele Sanierung, Tagebau und Stadtumbau auf jeweils ähnliche Dokumenttypen zurückgegriffen. Im Mittelpunkt stehen dabei Publikationen von Bund und Ländern (Statusberichte, Evaluationen, Verwaltungsvereinbarungen, Arbeitshilfen, Merkblätter, Monitoringberichte), sowie wissenschaftliche Begleituntersuchungen, die die lokale Durchführung der Maßnahmen in den Fokus stellen. Für den Tagebau wurden aufgrund der verwaltungsorganisatorischen Zuständigkeit auch Dokumente auf Bezirksebene hinzugezogen. Dabei galt es zu berücksichtigen, dass die verwendeten Publikationen nicht etwa ein zu abstraktes Abbild des Geschehens vor Ort vermitteln. Dies wurde über die Einbeziehung der Ergebnisse einzelner Fallstudien sowie dadurch abgesichert, dass auch die Veröffentlichungen des Bundes und der Länder auf Kommunaldaten zurückgreifen[4].

Durch die Reduktion des Materials und seiner Inhalte soll ein Idealtypus ‚der' jeweiligen Verfahrensweise bei Sanierung, Tagebau und Stadtumbaus aufgezeigt werden: welche verallgemeinerbaren Aussagen lassen sich hinsichtlich des ‚üblichen Vorgehens' treffen, das so vielleicht nicht exakt in jedem einzelnen Gebiet vorzufinden sein wird, aber im Wesentlichen die Programmrealität spiegelt (vgl. zum Idealtypus Weber 1982, 190ff.)? Diese Beschreibung wird ergänzt durch ebenfalls zu rekonstruierende Deutungslinien, die die ‚Programm-Wirklichkeit' nicht nur vermitteln, sondern selbst diskursiv (mit)prägen (vgl. Kraimer 2009, 5f.; Bohnsack 2008, 21ff.). Das ausgewählte Material wird dabei durch zusätzliche Quellen ergänzt, bis eine „theoretische Sättigung" eintritt, das heißt, bis „zusätzliche Daten und eine weitere Auswertung keine neuen Eigenschaften der Kategorie mehr einbringt und auch zu keiner Verfeinerung des Wis-

---

4   Auch wenn so nicht vollständig ausgeschlossen werden kann, dass die einzelne Vorbereitende Untersuchung im Rahmen der städtebaulichen Sanierungen oder das einzelne Stadtumbaukonzept das Besondere im Allgemeinen ist, mithin vom Gesamtbild abweicht, kann eine derartige Analyse nicht Gegenstand im Rahmen der hier vorliegenden Fragestellung sein, sondern müsste in einer systematischen fallvergleichenden und damit weiteren Arbeit geleistet werden.

sens um diese Kategorie mehr beiträgt" (Strübing 2008, 33, Fehler im Original).
Ziel ist folglich nicht eine quantitativ vollständige, sondern eine „konzeptionelle
Repräsentativität" (ebd. 34). Bei der Auswertung selbst werden zwar im Sinne
der klassischen qualitativen Inhaltsanalyse „vorher festgelegte, theoretisch be-
gründete Auswertungsaspekte an das Material heran[...ge]tragen", es soll aber
„ein ganzheitlicherer, nicht zergliedernd-schrittweiser Analyseablauf angestrebt"
(Mayring 2000) und daher auf die typengeleitete Untersuchung einzelner Se-
quenzen oder Textteile verzichtet werden. Im Gegensatz zum streng systematischen Indizieren bzw. Kodieren einzelner Textsequenzen erlaubt dabei die ‚Extraktion', wie sie von Gläser/Laudel vorgeschlagen wird, dass dem Text die für
die Forschungsfrage benötigten Informationen entnommen und anschließend
ausgewertet werden können (Gläser/Laudel 2009, 199f.). Damit entsteht „eine
von den Ursprungstexten verschiedene Informationsbasis", die strukturiert „ist
durch das Suchraster, das für die Extraktion von Informationen benutzt wurde"
(ebd. 200). Gleichzeitig lässt es diese Methode zu, die Kategorien im For-
schungsprozess zu erweitern bzw. zu verändern, „wenn im Text Informationen
auftauchen, die relevant sind, aber nicht in das Kategoriensystem passen" (ebd.
201). Dies ist insbesondere im Hinblick auf die eingangs beschriebene Problematik wichtig, dass raumbezogene Bindungen latent und auch die Darstellungsfor-
men der Problemformulierung, der Diskurs, in diesem Zusammenhang hoch
relevant sind.

2. Raumbezogene Bindungen in historischer Perspektive und aktuellen Kontexten

,Heimat' – wenige Begriffe erscheinen zugleich derart problematisch in der Verwendung, semantisch unkonkret und wohl doch (emotional) eindeutig im Hinblick darauf, „deutlich zu machen, daß man sich an einem Ort zu Hause und geborgen fühlt" (Herlyn 1990, 181f.). Vielfach erleichtert deswegen die Betrachtung belletristischer bzw. biografisch orientierter Erzählungen den wissenschaftlichen Zugang – in diesem Fall zur alltagsweltlichen Bedeutung raum-, orts- und objektbezogener Bindungen. Denn trotz aller Objektivierungs- und Operationalisierungsversuche steht ,am Ende' immer die (Veränderung der) Lebenswelt der Menschen, wie sie sie im Alltag gewohnheitsmäßig erleben, im Mittelpunkt. So beschreibt beispielsweise Frank McCourt in seinen Erinnerungen an unterschiedliche Lebensabschnitte als irischer Einwanderer in New York seine Reaktion auf den Abriss eines für ihn mit zahlreichen Erinnerungen verbundenen Hauses:

> „Statt gleich nach Hause zu gehen, kann ich mich noch auf Mrs. Austins Vortreppe setzen und auf den Inhalt der zehn Jahre in New York zurückblicken, auf den Ärger, den ich bekam, als ich mir im Kino an der 68th Straße mit meiner Zitronenbaisertorte und meiner Flasche Ginger-ale den Hamlet ansehen wollte.
> Mrs. Austins Haus ist weg. An seiner Stelle steht ein großes neues Gebäude, ein Findelhaus, und es treibt mir die Tränen in die Augen, daß da meine erste Zeit in der Stadt einfach abgerissen wurde. Wenigstens das Kino ist noch da, und es liegt wohl an dem vielen Bier, daß ich den ganzen Körper mit ausgebreiteten Armen gegen die Kinowand presse, bis endlich ein Kopf aus dem Fenster eines Polizeiautos ruft, hey, Kumpel, was soll das denn werden?
> Was, wenn ich ihm von Hamlet und der Torte erzähle, von Mrs. Austin und der Nacht des Glöggs, daß ihr Haus weg ist und damit auch mein möbliertes Zimmer und daß die Frau meines Lebens einen anderen hat, und ist es strafbar, Officer, ein Kino voll trauriger und glücklicher Erinnerungen zu küssen, wenn das der einzige Trost ist, der einem bleibt, Officer?" (McCourt 2001, 392).

Die Erinnerung an den mit dem Haus und der ,Gegend' biografisch-symbolisch verbundenen Lebensabschnitt und das Bewusstsein des Verlustes lösen beim Protagonisten eine starke körperlich-emotionale Reaktion aus: es treibt ihm die Tränen in die Augen und er ,klammert' sich quasi körperlich an die verbliebenen Reste. Heimat wird so vielfach auch beschrieben als ein ,Ausgangspunkt' – von dem man sich zwar entfernen (oder emanzipieren) kann, der aber durch die Option der (tatsächlichen) Rückkehr bzw. des abrufbaren Bezugs Stabilität und (biografische) Kontinuität vermittelt. Verschwindet aber der konkrete Ort, ist diese Rückkehr sowohl im unmittelbaren, als auch im übertragenen Sinn der Erinnerung und der Symbolfunktion kaum möglich – das, was materiell noch als Symbolträger vorhanden war, wird abgerissen, Erinnerung damit abstrakt-entfemdet und in diesem Sinne quasi enteignet. Das Zitat verdeutlicht die biografisch-emotionale Relevanz eines in der lokalen Materialität verankerten und symbolisierten Ortsbezugs und zeigt den ansonsten schwer fassbaren Bezug zur Lebenswelt, zum Alltag der Menschen[5]. Dieser Bereich wird von Herlyn als „lokaler Lebenszusammenhang" beschrieben, auf den sich idealtypisch ein wesentlicher Teil des Alltags von Personen(gruppen) bezieht und/oder der als Lebenswelt mit bestimmten Funktionen und Assoziationen belegt ist (Herlyn 2010, 234). In der Literatur finden sich für diesen ‚Nahraum' unterschiedliche Begrifflichkeiten, denen aber ein geographisch relativ kleiner Maßstabsbereich (auf bzw. unterhalb der Quartiersebene) und auch bestimmte alltagspraktische, soziale sowie symbolische Funktionen gemeinsam sind.

Nichtsdestotrotz erweist sich Heimat nicht nur historisch-politisch als ein ‚schwieriges Feld' – vielmehr verweisen zahlreiche Publikationen trotz der individuellen und kollektiven Erlebbarkeit von Heimat im Sinne räumlicher Zuordnung auch auf die Uneindeutigkeit des Begriffs und die Vielschichtigkeit seiner Bedeutungen: So sei Heimat „angesiedelt zwischen politischen Forderungen und psychischen Befindlichkeiten, zwischen Rechtsansprüchen und philosophischen Deutungen, zwischen philologischen, soziologischen und historischen Erklärungen, zwischen religiösen und rein materiellen Konnotationen" (Weigant 1997, 13). ‚Beheimatung' im Sinne einer emotionalen räumlichen Verortung stellt dabei zwar eine relativ moderne Ausprägung dar, nichtsdestotrotz werden ‚räumliche Verortungen' durchaus als anthropologisch-ontologische Konstante interpretiert, die jeweils epochentypische Ausprägungen annehme (vgl. Bossle 1990; Bortz 2004, 35).

Die Ausführungen in diesem Kapitel haben das Ziel, aus einem historischen Aufriss des (westeuropäischen) Heimatverständnisses und der wissenschaftlichen Bearbeitung des Heimatphänomens jene invarianten, epochenüberdauernden Elemente herauszuarbeiten, die bis ins 21. Jahrhundert Bestandteil des

---

5   Beide Begriffe – Alltag und Lebenswelt – rekurrieren dabei auf die phänomenologische Soziologie von Alfred Schütz in Anlehnung an die Philosophie Edmund Husserls, aber auch auf die Thematisierung ‚alltäglicher Praxen' in den Arbeiten Georg Simmels (u.a. zu Essgewohnheiten). Alltag kann so verstanden werden als „die Summe der Bedingungen, unter denen sich Handlungen und Orientierungen von Menschen in ihrer gewohnten Umgebung vollziehen" (Klein 1998, 10).

Verständnisses und der Erforschung raumbezogener Bindungen sind. Während ‚Heimat' als Begriff relativ abstrakt vor allem auf kulturgeschichtlich bzw. im kollektiven Gedächtnis (Halbwachs) verankerte Aspekte raumbezogener Bindungen verweist, waren und sind verschiedene wissenschaftliche Ansätze im Rahmen theoriegeleiteter oder empirischer Arbeiten darum bemüht, diese Mensch-Raum-Beziehung zu konkretisieren und dafür auch neue Begrifflichkeiten zu prägen.

2.1 Heimat als historische und aktuelle Kategorie räumlicher Zuordnung

Das moderne Heimatverständnis entwickelt sich in Europa im Wesentlichen mit den sozioökonomischen Umwälzungen der industriellen Revolution bzw. als Reaktion auf die damit verbundenen ‚Verlusterfahrungen'. ‚Modern' wird es insofern genannt, als dass es bis ins 20. und 21. Jahrhundert die Erfahrungs- und Lebenswelt ‚moderner Gesellschaften' spiegelt, die ihren Ausgangspunkt in der politisch-ökonomischen ‚Doppelrevolution' (Hobshawm, Aufklärung bzw. französische Revolution und Industrialisierung) nimmt (vgl. Schäfers 1998, 246ff.; Gall 2004, 103ff.). Sie verändert Gesellschaften „in ihren materiellen, sozialen, kulturellen und institutionellen Beständen" derart, dass diese „auf neuartige Weise zum Problem" werden (Rosa et al. 2007, 13). Diese Veränderungen – Erwerbsarbeit, soziale und geographische Mobilität, Säkularisierung und die Entwicklung eines ausdifferenzierten Rechtssystems – sind „Voraussetzung und Folgen der wirtschaftlichen und politischen Entwicklung" (Zapf 2008, 260). Diesem Zusammenhang widmet sich seit Mitte des 19. Jahrhunderts die Soziologie – einerseits hoffnungsvoll mit Blick auf Gestaltungs- und Entwicklungspotentiale von Technisierung, Demokratisierung und allgemeinem ‚Fortschritt', andererseits warnend hinsichtlich eventueller negativer Folgen oder ‚Kollateralschäden' (vgl. Rosa et al. 2007, 15; Haring 2001). Wenn dabei Modernisierung verstanden wird als „langfristige Differenzierung gesellschaftlicher Teilsysteme bzw. als steigende Autonomie der Subsysteme" (Zapf 2008, 261), stellt sich auf gesamtgesellschaftlicher Ebene die Frage, wie gesellschaftliche Integration trotz zunehmender Autonomie möglich ist. Auf individueller Ebene werden Entfremdungserscheinungen, Sinn- und Verlust des Vertrauten sowie der Handlungsautonomie thematisiert (vgl. ebd.; Rosa et al. 2007, 15/23ff.)[6].

---

6   Im Einzelnen differenzieren Rosa et al. modernisierungstheoretische Ansätze dahingehend, welche Dimension von Modernisierung sie jeweils in den Mittelpunkt stellen: Domestizierung (des Naturverhältnisses), Rationalisierung (und Nutzenmaximierung), Differenzierung (Strukturierung in Teilsysteme) und/oder Individualisierung. Jede Dimension weise dabei

Modernisierung wird dabei insofern als ontologisch beschrieben, als dass beispielsweise Rosa et al. „eine geschichtliche Bewegungstendenz von Gesellschaften" konstatieren (2007, 14). Sozioökonomischer Wandel, dessen Auswirkungen und die Wahrnehmung dieser Prozesse nehmen jedoch in unterschiedlichen Epochen spezifische Formen und Ausmaße an – diese Kontextbedingungen stehen in den folgenden Abschnitten im Hinblick auf das ‚Heimatphänomen' im Mittelpunkt: wie verändert sich das vormoderne Heimatverständnis mit den Umwälzungen seit Beginn der Industrialisierung? Welche inhärenten Bedeutungen haben bis heute überdauert und prägen so latent-symbolisch das Begriffsverständnis und welche Rolle spielen dabei Planung und wohlfahrtstaatliche Regulation?

Die Gliederung in drei Epochen – Vormoderne, Hochmoderne und Heimat Ende des 20. Jahrhunderts – folgt dabei dem Gedanken, dass mit Industrialisierung, Demokratisierung und Verstädterung etwas fundamental Neues das Leben der Menschen grundsätzlich in der gewohnten Form verändert (es umfassend ‚(hoch)modernisiert'). Mitte des 20. Jahrhunderts scheint diese neue Grundstruktur einerseits weitgehend ‚etabliert' – Rationalisierung, wohlfahrtsstaatliche Entwicklung und durchgreifende Demokratisierung machen das Leben für viele Menschen, aber auch für Politik und Verwaltung planbar, die meisten gesellschaftlichen Funktionsbereiche sind hochgradig reguliert. Andererseits erhält das Gewohnte mit den als ‚Globalisierung' und ‚Digitalisierung' beschriebenen Prozessen Brüche. Auch sozialstaatliche Reformen lassen das Leben als weniger vorhersehbar und das Individuum anstatt des Staates als verantwortlichen Akteur (‚Fördern und Fordern', ‚Unternehmerisches Selbst') erscheinen (vgl. Rosa et al. 2007, 23ff.; Lipp 1997; Bausinger 1990; Köstlin 1996).

2.1.1 Heimat in der Vor- und Frühmoderne

Historisch wurde Heimat seit dem 15. Jahrhundert verstanden als „Ort, Land, wo man geboren, wo man zu Hause ist, Vaterland" (Pfeifer 1993, 525). Diese Zu-

---

spezifische ‚Pathologien' auf, die sich in der Folge des Modernisierungsprozesses für Individuum und Gesellschaft ergeben und von den VertreterInnen problematisiert werden: Zerstörung der natürlichen und gesellschaftlichen Lebensgrundlagen (Marx, Adorno); Sinnverlust und Etablierung von Sachzwängen (Weber, Habermas); Desintegration (Luhmann, Parsons); Vereinsamung, Konsumption (Simmel, Elias) (2007, 19ff.). Die soziologischen Theorien der Modernisierung lassen sich in diesem Zusammenhang weiterhin grob unterscheiden in struktur- (Luhmann, Parsons) und handlungstheoretische Ansätze (Elias, Bourdieu), sowie jene Theorien zur Überwindung des ‚Mikro-Makro-Dualismus' (Giddens, Habermas) (vgl. Treibel 2006; Rosa et al. 2007, 16f.).

ordnungen gehen etymologisch zurück auf den Begriff ‚Heim' mit seiner Bedeutung von „Zuhause, Wohnung, Wohnstätte für einen bestimmten Personenkreis, Stätte für Zusammenkünfte" (Pfeifer 1993, 524). Diese Orte waren sprachlich wiederum assoziiert mit den Begriffen Boden, Wohnung, Siedlung, Sicherheit, Ruhe; die Wortgeschichte verweist zudem mit ihren assoziativen Bedeutungen von ‚Stammsitz' und ‚Erbbesitz' (Kluge 2002, 402) auch auf überdauernde zeitliche Kontinuität sowie Besitzrechte.

Das Heimatverständnis der Frühmoderne ist in diesem Sinne bis etwa Mitte des 19. Jahrhunderts assoziiert mit Besitz und Recht und somit auch räumlich sehr konkret: „Heimat war Synonym für Haus und Hof. (…) Zu dieser ältesten Bedeutung kommt die Erweiterung auf Geburts- und Wohnort" (Greverus 1979, 63). Das Individuum wird zu dieser Zeit durch Geburt, Einheirat oder Besitzerwerb auf ein Territorium verwiesen, mit dem bestimmte ‚Heimatrechte' verbunden sind; dazu gehörten der Niederlassungs- und Gewerbeanspruch sowie ein Versorgungsanspruch bei Krankheit oder Armut. Heimat meinte in diesem Sinne vor allem soziale und wirtschaftliche Sicherheit, die weniger bzw. nicht unbedingt identisch ist mit einer entsprechenden emotionalen Zuordnung (vgl. Lipp 1997, 56; Greverus 1979, 63). Dieses an Besitz gebundene Verständnis bezog sich folglich auf einen Personenkreis, der auch tatsächlich über persönlichen bzw. Familienbesitz verfügte. Nur ihm war es möglich, auch den ‚Heimatpflichten' nachzukommen, d.h. seinerseits die Gemeinde in Form von Abgaben zu unterstützen. Dies schloss beispielsweise Besitzlose, BettlerInnen, TagelöhnerInnen aus, denen lediglich abstrakte Bezüge zu Regionen oder die christliche Idee einer himmlischen Heimat zugänglich gewesen seien (Cremer/Klein 1990, 35; vgl. Bausinger 1990, 77ff.; Bortz 2004, 32).

Darüber hinaus war Heimat vor allem männlich konnotiert, weil Frauen nicht eigenständig über Grundbesitz und damit über Heimat in diesem rechtlichen Sinne verfügten. Blieben sie unverheiratet oder ehelichten einen Mann aus einer anderen Gemeinde, mussten sie stattdessen ihre (elterliche) Heimat verlassen, um als Dienstbotinnen in die Stadt oder als Ehefrau in die Gemeinde ihres Ehemannes zu gehen (vgl. Köstlin 1996, 329; Bütfering 1990).

Der besitz- und geburtsrechtliche Fokus des Heimatrechts entspricht allerdings den Bedingungen einer „stationären Gesellschaft" (Bausinger 1990, 78). Deren ortsgebundene Lebensweise war spätestens mit Einsetzen der industrialisierungsbedingten Wanderungsbewegungen für die meisten Menschen nicht aufrecht zu erhalten (vgl. Reulecke 1985, 68ff.). Als Anpassung an die zunehmende Mobilisierung der Gesellschaft setzte sich etwa ab 1850 statt des Heimatwohnsitzes die Institution des Unterstützungswohnsitzes durch. Nicht mehr die Geburts- sondern diejenige Gemeinde war nun zur Unterstützung verpflichtet, in der sich eine Person die letzten zwei Jahre aufgehalten hatte (Bortz 2004, 33).

Heimat blieb dabei stark von sozialen und sozialpolitischen Rahmenbedingungen abhängig; sie galt weiterhin weniger als „emotionaler Besitz" (Bausinger 1990, 79) und war „keine Erlebenskategorie subjektiv vollzogener Zuordnung" (Greverus 1979, 64).

Das Heimatverständnis der Vormoderne ist charakterisiert durch die besondere Betonung der Aspekte Besitz, Recht und Versorgung; diesen materiell-rechtlichen, den Lebens- und Verfügungsraum von Individuen und Gruppen real bestimmende Rahmen hat Treinen (1965) als „institutionellen Ortsbezug" benannt. Zwar sind diese im wahrsten Sinne des Worte (über)lebenswichtigen Faktoren im Zuge gesellschaftlicher Modernisierung vermehrt in den Hintergrund getreten, nichtsdestotrotz besitzen sie noch heute vor allem emotional-symbolische Prägekraft. So greifen die meisten empirischen Untersuchungen zur Erhebung und Erklärung raumbezogener Bindungen unter anderem auf Indikatoren wie Geburtsort, Ansässigkeitsdauer, Familiensitz und Grundbesitz zurück (vgl. Treinen 1965, 86; Giuliani 2003; Altmann/Low 1992; Konda 1995, 17). Insbesondere rechtliche Aspekte beeinflussen weiterhin mittel- und unmittelbar die Entstehung und Ausgestaltung von Ortsbindungen: Eigentum bindet beispielsweise als Immobilienbesitz an einen konkreten Ort und die Staatsangehörigkeit hat Einfluss auf kommunale Meldepflichten oder rechtliche Aspekte des Niederlassungs- und Mitbestimmungsanspruchs. Der Institutionalisierung von Heimat als rechtlich konkretem Ortsbezug wird auch im Hinblick auf eine Festschreibung der räumlichen Bindung im kollektiven Gedächtnis eine wichtige Rolle zugeschrieben: da „der Ortsbezug durch örtliche ‚Heimatrechte' institutionalisiert war" sei die Ausbildung eines Ortsbezugs „durch die Erinnerung an das Heimatrecht erleichtert und traditionell verankert worden" (Treinen 1965, 84f./86).

2.1.2   Heimat in der Hochmoderne

Mit dem Einsetzen gesellschaftlicher Modernisierung, Industrialisierung und Verstädterung ab Mitte des 19. Jahrhunderts geht eine Emotionalisierung und Romantisierung des Heimatverständnisses einher. Heimat wird ‚abstrakter' – auch, weil sie in der gesellschaftlichen Realität weniger als zuvor mit rechtlichen und Besitzansprüchen verbunden wurde. Gleichzeitig lässt sich eine mehrfache Verschiebung der räumlichen Bezugsebenen beobachten, die von lokalen bis zu nationalstaatlich-territorialen Assoziationen reichen. Industrialisierung und Verstädterung gingen einher mit einem „Unbehagen an der Moderne" (Cremer/Klein 1990), das wesentlich auf der Wahrnehmung extremer gesellschaftlicher, ökonomischer und politischer Wandlungsprozesse beruhte. Einerseits wurden Handlungsroutinen und Selbstverständlichkeiten in Frage gestellt, andererseits aber auch Handlungsspielräume sowie soziale und räumliche Mobilität ermöglicht (vgl. ebd., 44f.). Die zunehmende Freisetzung der Menschen habe zu einer Wiederentdeckung der ‚verlorenen' Heimat geführt. Diese konnte nun zwar im Sinne eines emotionalen Gutes betrachtet, beschrieben und besungen, aber nicht mehr mit einem lokalen Rechtsanspruch verbunden werden (Mitscherlich 2004, 2). Als Gegenbild zum allgegenwärtigen Wandel sei Heimat daher gerade dort verankert worden, wo Veränderungen am wenigsten sichtbar und spürbar gewesen seien: in der Natur oder im Rückzug ins Private suchte man Dauerhaftigkeit und Gleichmaß: „Heimat ist hier *Kompensationsraum*" (Bausinger 1990, 80, Herv.i.O.; vgl. Greverus 1979, 64).

Einerseits ist in diesem Zusammenhang der erste Bezug zur Stadt (-soziologie und -planung) offenbar, denn ein romantisches Heimatverständnis sieht Heimat als Gegenpol, als ideales Negativ zur verstädterten, industrialisierten und entfremdeten Gesellschaft. Andererseits ist Heimat zu dieser Zeit auch stark mit dem Begriff der Nation assoziiert bzw. von diesem überlagert, so dass sich ein erhebliches maßstäbliches Spektrum ergibt. Die Fokussierung auf die nationalstaatliche Ebene ist dabei nicht nur durch den Bedeutungszuwachs bzw. die Herausbildung europäischer Nationalstaaten auf politischer Ebene begründet. Zwar lässt sich im Zuge europäischer Kolonisierungs- oder Kriegsbestrebungen im 18. und 19. Jahrhundert eine symbolische Überhöhung ‚der' (jeweiligen) Nation konstatieren. Jedoch geht es auch in diesem Zusammenhang um die (emotional-symbolische) Kompensation eines Verlustes, bedingt durch eine „Prekarität des überschaubaren Raumes". Denn mit der ‚Ausweitung' des Bekannten und Erreichbaren mittels territorialer Expansion, Kolonisierung und Kartierung und dem damit einhergehenden Bewusstsein um die Existenz einer unbekannt abstrakten ‚Fremde' sei ein Gefühl der Bedrohung der ‚eigenen', bekannten und territorial überschaubaren Heimat einhergegangen (Gebhard et al. 2007, 13ff.).

Neben dem Verlust gewohnter Lebensverhältnisse wird allerdings auch eine Demokratisierung von Heimat konstatiert, denn diese sei als Bild und Idee nun theoretisch jedem zugänglich gewesen (vgl. Köstlin 1996, 330). Ende des 19. Jahrhunderts entstand in vielen europäischen Staaten eine organisierte Heimatbewegung, die ihren Ausdruck in unterschiedlichen Themenbereichen und Organisationsformen fand (unter anderem die Hemslöjd-Organisation und die Einrichtung von Freilichtmuseen in Skandinavien, die englische Gartenstadtbewegung, sowie Naturschutz- und Trachtenvereine) (vgl. Lipp 1990, 163; Gebhard et al. 2007, 22). Im deutschsprachigen Raum bildeten sich zunächst einzelne Gruppierungen und Vereine bevor sich 1904 einzelne Vertreter sowie Heimat-, Trachten-, Wander- und Naturschutzvereine zum Deutschen Bund

Heimatschutz (DBH) zusammenschlossen. Hinsichtlich der Programmatiken und Zielsetzungen lässt sich zunächst übergreifend eine modernisierungskritische bis -ablehnende Haltung konstatieren (vgl. Gebhard et al. 2007, 26), die im weiteren Verlauf eine Zuspitzung und Politisierung des ursprünglichen Heimat(schutz)gedankens[7] von der Zeit des Kaiserreichs über die Weimarer Republik bis zum Nationalsozialismus erfuhr (vgl. Ditt 1990, 136). Auch die organisierte Heimatbewegung griff zurück auf jene Diskurse um die ‚Verlusterfahrungen der Moderne‘ (Veränderung von Stadt- und Landschaftsbildern, kulturelle Umwertungen, Verarmung, Fortschrittsverunsicherung, Entfremdung) und hatte zum Ziel, regionale kulturelle Überlieferungen zu erforschen und zu bewahren (Ditt 1990: 135; vgl. Donath 2003; Klueting 1991). Dies schloss auch den Erhalt des baukulturellen Erbes, den Schutz von Gesamtanlagen und Ensembles ein[8] (Greverus 1979, 189; vgl. Donath 2003). Als wichtiger Tätigkeitsbereich habe sich so die Bewahrung und ‚Verschönerung‘ des dörflichen bzw. städtischen Erscheinungsbildes, also von Gebäuden, Strukturen und Anlagen, herauskristallisiert (Ditt 1990, 137; vgl. Donath 2003).

Insbesondere zwischen 1933 und 1945 spielte der Aspekt der Bewahrung und Neuschaffung des baukulturellen Erbes – nun im Sinne ‚deutscher Heimatarchitektur‘ – eine erhebliche ideologische und städtebaulich wichtige Rolle. Da aber nicht nur die Bewahrung der materiellen Kultur sondern auch „die Entwicklung und Förderung einer neuen Gesinnung und eine[r] kulturpolitischen Gegenoffensive" angestrebt wurde, habe dies zu einer Überhöhung und Gleichsetzung von Heimat mit Vaterland und Nation geführt (Ditt 1990, 139). Im Sinne einer ‚Blut-und-Boden-Mythologie‘ sei Heimat wieder auf die Bindung des Einzelnen an geographische Räume sowie entsprechende Rechte und Pflichten bezogen worden, von denen bestimmte Gruppen ausgeschlossen blieben. Im Mittelpunkt stand die Orientierung auf die eigene (deutsche) Nation, das Vaterland sollte dabei als übergreifendes Identifikationsmuster dienen (Bortz 2004, 33ff.). Heimat ist so einerseits abstrakt und integrativ auf die Ebene der Nation verlagert, und erhält andererseits durch die Rückkehr zur rechtlich-territorialen Komponente Exklusions- und Verdrängungsaspekte: das Recht auf Heimat wird nur dem

---

7   Im ‚Heimatschutz‘ erhält das abstrakt-latente Heimatverständnis eine konkrete Ausprägung dahingehend, als dass sich hier Personen, Gruppen oder auch politische Agenden im Hinblick auf die Bewahrung einzelner Aspekte ‚der‘ Heimat hin organisieren: darunter fallen Traditionen, baulich-architektonische Objekte oder Strukturen, sowie Landschaften oder Regionen.

8   Damit unterschied sich die Heimatbewegung beispielsweise von der Denkmalpflege, die den Fokus eher auf „Kultur- und Naturerzeugnisse in ihrer isolierten Einzigartigkeit" legte (Ditt 1990, 135).

eigenen ‚Volk' zuerkannt und – im Sinne von Expansion und Abgrenzung – gegen ‚andere' gewaltsam vollstreckt.

In der Hochmoderne ist Heimat also zunächst emotional-symbolischer Kompensationsraum, auch wenn rechtlich-materielle Faktoren weiterhin eine nicht zu unterschätzende Rolle spielen. Im Gewohnten und Vertrauten sowie im Bereich des Selbst-gestaltbaren wird zu Zeiten des Wandels Stabilität, Kontinuität und Orientierung gesucht. Diese individuelle Kompensationsfunktion wird politisch-institutionell aufgegriffen – zunächst bewahrend-antimodernistisch durch die Heimatbewegung, schließlich totalitär-zerstörerisch durch den Nationalsozialismus. Mit der Entstehung von Nationalstaaten und der Gleichsetzung von Heimat und Nation wird die räumliche Zuordnung auf eine abstraktere Ebene transferiert, die weniger den Bezug zur konkreten Alltagserfahrung herstellt. Nichtsdestotrotz deckt der Heimatbegriff damit nun ein Spektrum vom individuellen Rückzugsort bis zur Region und zum Nationalstaat ab und beinhaltet sowohl ein emotionales Verständnis, als auch formal-rechtliche Aspekte. Nach dem zweiten Weltkrieg führen schließlich die Einrichtung demokratischer Institutionen, wohlfahrtstaatlicher Arrangements und der ökonomische Aufschwung auch dazu, dass ‚Heimat' auf unterschiedlichen Ebenen wieder mit Sicherheit, Stabilität und Vertrautheit verbunden werden kann. Diese ‚Etablierung' und durchgreifende Regulierung wird jedoch als „alle Lebensbereiche durchdringende Standardisierung" spätestens seit den 1970er Jahren auch als Problem wahrgenommen (s.u.) (Rosa et al. 2007, 25).

2.1.3 Heimat Ende des 20. Jahrhunderts – Entwicklungen und Ausblick

Seit der Gleichsetzung von Heimat mit Nation (und ‚Volk') haben bis heute auch revisionistisch-ausgrenzende Heimatinterpretationen mit unterschiedlichen Konjunkturen Bestand – vor allem auch dann, wenn gewohnte Ordnungen und Strukturen bedroht erscheinen (vgl. Keupp 2004, 21; Köstlin 1996). Gleichzeitig habe sich aber – insbesondere seit den 1970er Jahren – ein gegenwartsbezogenes Heimatverständnis entwickelt, in dessen Mittelpunkt nicht eine bewahrend-ausgrenzende sondern vielmehr eine integrativ angelegte, am lokalen Beteiligungs- und Gestaltungsprozess orientierte affektive Orientierung auf den alltäglichen Nahraum steht (vgl. Köstlin 1996, 335f.; Bortz 2004, 37ff.). In dieser *Zusammenführung* vormoderner konkreter Verortungsbezüge und hochmoderner symbolisch-emotionaler Zuordnungen werden nun einerseits regionale Maßstabsebenen vermehrt als Bezugsräume thematisiert (regionale Identität, Metropolregionen). Anderseits werden auch Städte und ihre teilräumlichen Einheiten (Quartiere, Viertel, ‚individuelle Subviertel') als Bezugskategorien von Heimat verstanden.

Hier wird der zweite historische Bezug zur Stadt(-soziologie und -planung) offenbar: nicht nur, indem Stadt auch Heimat sein kann, sondern indem diese Entwicklung dezidiert festgemacht wird an einer „wachsenden Kritik am Städtebau und dem Bestreben, die eigene Stadt als Heimat zu definieren" (Bortz 2004, 37). ‚(Groß-)Stadt' tritt damit erstmals explizit in einen positiven Kontext von Heimat und Bindung, während sie bis ins 20. Jahrhundert das Gegenbild eines von Natur- und Landschaftsvorstellungen geprägten Heimatverständnisses darstellt und Gegenstand einer expliziten Großstadtkritik war (vgl. Reulecke 1985, 32ff.; Häußermann/Siebel 2004, 19ff.; Gebhard et al. 2007). Im Gegensatz dazu werden städtische Wohnumgebungen nun vermehrt als alltäglich erlebte Nahwelten beschrieben, die als Ort individueller und kollektiver Aneignung sowie durch ihre Vertrautheit und Symbolkraft zu Kompensationsräumen gegenüber Entfremdungserscheinungen der (erneuten, zweiten) Modernisierung werden können (vgl. Bausinger 1990; Keupp 2004; Beck et al. 1996). Denn analog zu den Entwicklungen im 19. Jahrhundert wird für die 1960er und 1970er Jahre die allgemeine gesellschaftliche Erfahrung einer epochalen Umbruchsituation im Zuge veränderter sozio-ökonomischer Rahmenbedingungen konstatiert: beschleunigte Veränderung und Verlust der Vertrautheit alltäglicher Lebenswelten, Zentralisierung von Planungs- und Entscheidungsmechanismen, Anonymität, Mobilität, Flexibilisierung (vgl. Giddens 1996; Berger et al. 1975; sowie mit konkretem Bezug zur Heimatthematik: Piepmeier 1990, 96; Lipp 1997, 65f.). Diese Prozesse hätten zu einer Betonung kleinräumiger Strukturen geführt, die „Individualität besitzen und ausstrahlen und Geborgenheit und Behaustheit vermitteln" (Schlink 2000, 23ff.; vgl. Beck 1997, 88). Heimat wird so zur „intermediäre[n] Ebene zwischen strukturellen Ausgangsbedingungen resp. Veränderungsprozessen und der individuellen Betroffenheit" (Harth/Herlyn 1996, 140). In diesem Sinne werden regionale und lokale Orientierungen nicht nur als Abwehrhaltungen, sondern vielmehr auch als wichtige Identifikationsfaktoren ‚jenseits von Stand und Klasse' (Beck) verstanden: Einem „kulturell oktroyierten Individualitätszwang" (Luckmann) stehe ein Mangel an traditionellen Identifikationsmöglichkeiten beispielsweise über Klasse, Religion, Partei gegenüber. Daher böten sich „gleichsam als Residualgröße oder als Ersatz verlorengegangener Verankerungsmöglichkeiten regionalistische und lokalistische Bindungen an" (Weichhart 2000, 55). Gesellschaftlicher Wandel und die Frage ‚wer bin ich und wo gehöre ich hin' als zentrale Forschungs- und Erklärungsdimensionen der Soziologie spielen so auch im Heimatkontext eine zentrale Rolle: Heimat unterliegt sowohl als konkreter Ort wie auch als Verstehenskategorie dem sozioökonomischen Wandel und wird als Gut selbst erst vor dem Hintergrund von Veränderungen offenbar und bewusst. Bedrohung und Veränderung wiederum wiegen gleichzeitig umso schwerer, da raumbezogenen Bindungen im Hinblick auf (verlorengegangene oder veränderte) kategoriale Zuordnungen gesellschaftlicher Ordnung eine Kompensationsfunktion zugeschrieben wird (s.o.). In diesem Zusammenhang wird für die kompensatorische Funktion insbesondere die Bedeutung des Wohnumfeldes (vgl. Blokland 2003, 71ff./157ff.), aber auch des ‚Schonraumes Wohnung' betont (Herlyn 1990, 184). So wurde bereits Ende der 1980er Jahre konstatiert, dass bei Gruppen, die ohnehin stark ortsgebunden seien, diese Bindung „angesichts z.B. der Knappheit am Arbeitsmarkt und des zunehmenden Wohneigentums tendenziell eher zu- als abnimmt" (Böltken 1987, 148; vgl. Häußermann/Siebel 1985). Ende der 1990er Jahre ließ sich diese Tendenz ebenfalls nachweisen: so sei der Anteil der BewohnerInnen ostdeutscher Großsiedlungen, die das Wohngebiet tagsüber nicht verlassen (müssten) erheblich gestiegen; er mache in manchen Siedlungen zwei Drittel der Bevölkerung aus, was die Bedeutung des Wohnumfeldes und damit auch die Anforderungen an Gestaltung und Ausstattung erheblich erhöhe (BMVBW 1999, 33). Auch im Angesicht hoher (arbeitsmarkt- und sozialsystembedingter) Mobilitätsanforderungen wird die Bedeutung und Wertschätzung lokaler Bindungen aktuell kaum in Frage gestellt, wie Gordon Jack zusammenfasst: „Despite the fact that modern life typically involves changes of location, as well as changes within locations strong bonds with particular places endure" (Jack 2010, 756). So zeigen auch neuere Untersuchungen, dass beispielsweise die Mehrheit befragter Hartz-4-EmpfängerInnen für einen neuen Arbeitsplatz zu weitreichenden Zugeständnissen (u.a. geringere Verdienstmöglichkeiten, schlechtere Arbeitsbedingungen) bereit seien, allerdings weniger als ein Drittel einen Umzug in Kauf nehmen würde. Auch bei Personen ohne ALG-II-Bezug betonen bis zu 56 Prozent dass sie ‚auf keinen Fall' für einen Arbeitsplatz umziehen würden (vgl. Bender et al. 2009, 2f.)[9].

Trotz Globalisierung, Mobilität und technischer Entwicklung stellt folglich „der lokale Lebenszusammenhang in Städten und Gemeinden für die Le-

---

9   Gleichzeitig verweist Bortz hinsichtlich einer disziplinbergreifend geführten Diskussion um Globalisierungsprozesse darauf, dass Heimat nicht (mehr) als rein lokalistischer Lebens- und Deutungszusammenhang verstanden werden könne. Stattdessen ist die Alltagswelt ihm zufolge nun zwar geographisch, aber aufgrund (neuer) Migrations- und Kommunikationsprozesse bzw. -möglichkeiten nicht mehr unbedingt auch sozial und kulturell lokal gebunden (Bortz 2004, 42ff.). Auch wenn sich der Alltag weitgehend an einem konkreten Ort abspielt, sind soziale Beziehungen über weite Entfernungen aufrecht zu erhalten und Anpassungen an soziale und kulturelle Gegebenheiten vor Ort weniger notwendig. Nichtsdestotrotz bleibt auch für Bortz eindeutig, dass Heimat heute (nach wie vor) „mit einem bestimmten geographischen Raum verbunden wird" (2004, 38).

bensqualität und die einzelnen Lebensverläufe eine nicht zu vernachlässigende Größe dar(…)" (Herlyn 1990, 173; vgl. Konda 1996, 1; Mitzscherlich 2004, 4). Die Vorstellungen von einem Sicherheit, Vertrautheit und Kontinuität vermittelnden Kompensationsraum haben bis ins 21. Jahrhundert auch im Sinne ‚postmaterieller Werte' (Inglehart) einerseits und der Herausforderung neuer arbeitsmarktbedingter oder ökonomischer Unsicherheiten andererseits Bestand und werden in unterschiedlichen Konjunkturen thematisiert (vgl. Bormann 2001, 239ff.; Binder 2003; Opaschowski 2005; Eger 2005).

Dabei steht der Bedeutung des lokalen Nahraums und seiner Kompensationsfunktion seit jeher seine Bedrohung durch allgemeinen gesellschaftlichen Wandel einerseits sowie durch hoheitlich-planerische Eingriffe andererseits gegenüber. In diesem Zusammenhang spiegeln auch die Zielsetzungen und Maßnahmen von Stadtpolitik und -planung seit den 1970er Jahren jene „Tendenz zur lokalen Orientierung" (Göschel 1987, 91): unter anderem beispielsweise durch den erheblichen Bedeutungszuwachs von (erhaltenden) Sanierungsmaßnahmen, das Bemühen um die Erhaltung von ‚Altem', ‚Lokalem' und ‚Historischem' im Rahmen des Denkmalschutzes, die (gesetzliche) Etablierung demokratischer, bürgernaher (Beteiligungs-)Strukturen, die Sensibilisierung für Umweltschutz sowie im Rahmen der Thematisierung regionaler Ungleichgewichte und des kleinräumigem Standortwettbewerbs (vgl. Bormann 2001, 236ff.). Das Beispiel der westdeutschen Sanierungspraxis zeigt diese Entwicklung deutlich auf: politisch erhielten im Zuge der ‚behutsamen Stadterneuerung' die Demokratisierung von Stadtentwicklungsprozessen, sowie eine an den Folgen ihres Handels reflexiv orientierte Stadtplanung an Bedeutung; städtebaulich stand vermehrt die Erneuerung und der Erhalt bestehender Strukturen – auch unter ökologischen und nachhaltigen Gesichtspunkten – im Mittelpunkt; und schließlich etablierte sich eine vorbereitend und begleitend forschende wissenschaftliche Auseinandersetzung mit Fragen der Betroffenheit durch und der Folgen von Sanierungsmaßnahmen. Auch im Rahmen der tagebaubedingten Umsiedlungen erhielten die Aspekte raumbezogene Bindungen und Sozialverträglichkeit schwerwiegender Eingriffe erhebliche Relevanz. Beide Beispiele sollen daher in einem eigenen Kapitel daraufhin untersucht werden, inwiefern das Wissen um die Bedeutung raumbezogener Bindungen Eingang sowohl in den die Eingriffe begleitenden politischen und wissenschaftlichen Diskurs als auch die Umsetzungspraxis vor Ort gefunden hat.

Derartige Eingriffe kennzeichnet ein Zyklus von Problemwahrnehmung, Eingriff, Veränderung und Verlust: ein ‚Problem' kann sich dabei vielfältig artikulieren bzw. politisch-administrativ aufgenommen werden, es ist im Wesentlichen gekennzeichnet von der Wahrnehmung bzw. (diskursiven) Etablierung eines Handlungsbedarfs[10]. Eingriffsmaßnahmen sollen dann ausgehend vom festgestellten Bedarf und einer diesbezüglich formulierten Zielstellung direkt vor Ort ‚einwirken' und sind aufgrund der durchgeführten Veränderungen auch immer mit Verlusterlebnissen in unterschiedlichen Dimensionen verbunden. Der Verlust und eine in diesem Sinne festgestellte Betroffenheit lässt sich in Bezug auf die raumbezogenen Bindungen über die Angewiesenheit der Betroffenen auf infrastrukturelle Ausstattungen und Orientierungsfreundlichkeit, lokale soziale Netzwerke, sowie die Gewöhnung an eine bestimmte städtebaulich-materielle Struktur und deren Symbol- und Repräsentationsfunktion erschließen. Die Betroffenen sind so in unterschiedlichem Ausmaß an den jeweiligen Ort ge-bunden – wie diese Bindungen entstehen, welche Ausprägungen und welche Relevanz sie annehmen, sollen die folgenden Abschnitte verdeutlichen.

2.2　Operationalisierung eines Phänomens – Heimat als Thema wissenschaftlicher Theorie und empirischer Forschung

> „Jeder Stadtbewohner fühlt sich mit irgendeinem Teil seiner Stadt eng verbunden, und sein Bild malt sich in den Farben von Erinnerungen und Bedeutungen" (Lynch 1989, 10).

Ähnlich wie andere existenziell menschliche Sinnzusammenhänge wie ‚Liebe' oder ‚Glaube' beinhaltet der Heimatbegriff einerseits überdauernde Deutungen: die einer positiven Zugehörigkeit, Identifikation und Stabilität sowie einer grundsätzlichen territorialen Verortung. Andererseits lassen sich epochentypische, sozialem Wandel unterliegende Interpretationen aufzeigen. Raumbezogene Bindungen werden zudem vielfach als meist (alltäglich) unbewusste Zuordnun-

---

10　Vgl. beispielsweise Bernt (2003b, 13), der in diesem Zusammenhang sinngemäß differenziert zwischen ‚Sanierung als bereits bestehendem Problemkontext' und dem eigentlichen ‚Prozess der Problemkonstruktion', bei dem Interessen, Macht und Ideologien zentrale Bedeutung zukomme. Schetsche konstatiert einen zyklischen Verlauf der Problemanerkennung, der ggf. auch Rückschläge oder das Scheitern einer Problemkarriere beinhaltet: ausgehend von einem ‚sozialen Sachverhalt' wird durch erste Thematisierungen bzw. den ‚primären Akteur' (1) ein Problemmuster angelegt, dessen öffentliche Anerkennung erfolge, indem Massenmedien darüber berichteten und Rezipienten reagierten (2); wenn diese Implementierung des Problemsachverhaltes gelingt, erfolgt eine staatliche Anerkennung mittels politischer Diskussion (3), die ggf. Maßnahmen zur Problembekämpfung hervorbringt (4), die wiederum eine Problemlösung (5) zum Ziel haben. Sowohl die Etablierung eines Problemfeldes als auch die Generierung von Bekämpfungsstrategien sowie die Problemlösung können auf vielfältige Art scheitern – beispielsweise wenn dass mediale Interesse abnimmt, einzelne Instanzen die Zuständigkeit für die Problembehandlung negieren oder die Maßnahmen zur Problembekämpfung nicht anschlagen (Schetsche 2008, 69).

gen beschrieben, die erst und vor allem mit ihrer Bedrohung oder Zerstörung individuell oder kollektiv in ihrer Bedeutung zu Tage treten. Was Heimat (jeweils) ist und bedeutet, ist daher begrifflich wie inhaltlich schwer zu fassen und so verweisen zahlreiche AutorInnen über Jahrzehnte hinweg auf die besondere Problematik, das ‚Heimatphänomen' zu operationalisieren (vgl. Treinen 1965, 73f.; Greverus 1972, 27; Bossle 1990, 133; Cremer/Klein 1990, 35; Bausinger 1990, 76f; Reuber 1993; Bortz 2004, 35).

    Nichtsdestotrotz entspricht der sehr konkreten ‚alltagspraktischen' Bedeutung raumbezogener Bindungen (vgl. Abschnitt 2.2.2; 2.3) eine Fülle wissenschaftlicher Thematisierungen und Forschungen in unterschiedlichen Disziplinen. Diese spiegeln einerseits die Epochen besonderer ‚Heimatrelevanz' vor dem Hintergrund erheblicher Wandlungserscheinungen, andererseits verweisen sie auf das Bedeutungsspektrum raumbezogener Zuordnung zwischen subjektiv-individuellen und kollektiv-kommunikativen Prozessen. Gerade die Soziologie griff als ‚Krisenwissenschaft' ab Mitte des 19. Jahrhunderts theoretisierend auch die Bedeutung des materiellen und sozialen Raums sowie entsprechender Bindungen im weitesten Sinne auf (vgl. Treinen 1965; Giuliani 2003). Bormann hebt in diesem Zusammenhang die Bedeutung soziologischer und psychologischer Identitätstheorien hervor, die seit Ende des 19. Jahrhunderts die Rolle der physischen Umwelt für die Mensch-Umwelt-Beziehung aufgegriffen hätten; ebenso seien Raumbezug und Räumlichkeit in den phänomenologisch, ethnomethodologisch und interaktionistisch geprägten Mikrosoziologien als zentrale Ansatzpunkte herausgearbeitet worden (Bormann 2001, 261) .

    Ebenso wird – wie es auch diese Arbeit voraussetzt – ein deutlicher Bezug zur speziellen Gemeinde- und Stadtsoziologie festgestellt, „where concerns with local sentiment are intimately linked to a central question of the discipline: What are the consequences of the emergence of modern society for social and sentimental bonds" (Hummon 1992, 256; vgl. Lawrence/Low 1990, 456).

    Insbesondere seit Mitte des 20. Jahrhunderts ist eine deutliche Zunahme der theoretischen und empirischen Bearbeitung unterschiedlicher Aspekte raumbezogener Bindungen in verschiedenen Disziplinen auszumachen: phänomenologisch orientierte humangeographische Arbeiten interpretierten raumbezogene Bindungen in diesem Zusammenhang als fundamentales menschliches Bedürfnis (Giuliani 2003, 147). Der konkrete, gelebte Ort stelle dabei „eine Grunddimension sozialer Erfahrung dar, da die räumliche Umwelt symbolisches Material für alltägliche Sinngebungsprozesse liefert" (Bormann 2001, 269). Auch die Stadtsoziologie behandelte den Einfluss von Dichte, Wohndauer und sozialen Netzwerken auf die Ortsverbundenheit (vgl. Twigger-Ross et al. 2003, 211ff.). Dabei wurden zwar im Rahmen der ‚Community Studies' insbesondere die Bedeutung der Gemeindebindung sowie Fragen sozialer Kohäsion auf kommunaler Ebene betont, im Fokus standen aber vor allem die Analyse und Bedeutung sozialer Netzwerke und Nachbarschaftsbindungen, weniger die emotionale Bindung an einen konkreten Ort (Giuliani 2003, 144f.; vgl. Bormann 2001, 263f.; Bodzenta 1981, 20). Vielfach rückten Ortsbindungen darüber hinaus in Form und als Resultat von Wohn- und Wohnumfeldzufriedenheit in den (anwendungsbezogenen) Fokus soziologischer und psychologischer Einzeldisziplinen (vgl. Schmied 1987, 131; Bortz 2004, 36). Zusammenfassend werden diese in unterschiedlichen Disziplinen zur Thematik der raumbezogenen Bindungen verfassten Studien und Publikationen im weiteren Textverlauf als ‚Bindungsforschung' bezeichnet.

Nicht nur im Rahmen aktueller Arbeiten, die die nach wie vor hohe theoretische wie empirische Relevanz dieses Themas spiegeln (vgl. u.a. Bormann 2001; Bortz 2004; Christmann 2004; Eger 2005; Weichhart et al. 2006), sondern auch im historischen Rückblick zeigt sich die enge Verbindung von alltagspraktischer Relevanz und wissenschaftlicher Aufarbeitung des Heimatphänomens: so entstand eine der ersten Studien im Hinblick auf emotional besetzte raumbezogene Bindungen im Rahmen der Umsiedlungen der Bostoner Sanierungsprogramme in den 1950er Jahren (vgl. Fried 1963). Auch die bundesdeutsche Sanierungspraxis der 1960er und 1970er Jahre brachte vorbereitende wie begleitende Studien hervor, die Fragen der funktionalen, sozialen und symbolischen Verortung sowie deren Gefährdung durch Sanierungsmaßnahmen thematisierten (vgl. Abschnitt 3.1). Gleiches gilt, wenn auch quantitativ weniger bedeutend, für Untersuchungen zu Umsiedlungspraktiken und -folgen im Rahmen des Tagebaus (vgl. Abschnitt 3.2). Für den Bereich des aktuellen Stadtumbaugeschehens wird nach wie vor ein Nachholbedarf an sozialwissenschaftlichen Begleit- und Grundlagenstudien im Hinblick auf die (lokale) Praxis und die Auswirkungen des Stadtumbaus konstatiert. Allerdings finden sich einzelne Publikationen sowie deutlich mehr kapitelweise Einlassungen zu dieser Thematik (vgl. Abschnitt 4).

Trotz dieser durchaus weit zurückreichenden und vielfältigen Thematisierung werden sowohl im Hinblick auf die theoretische Konzeptionierung als auch bezogen auf die empirische Erhebung und Darstellung raumbezogener Bindungen Defizite aufgezeigt. So seien theoretische und empirische Arbeiten, die sich explizit mit dem Verhältnis von affektiven Bindungen und physischer Umwelt auseinandersetzten, eher selten gewesen (Twigger-Ross et al. 2003, 212). Im Hinblick auf theoretische Konzepte sowie durchgeführte Studien wird darüber hinaus das Ignorieren eines räumlichen Bezugs bis in die 1990er Jahre bemängelt. Denn „[c]oncepts of emotional and cultural attachments to the physical environment were not salient during the early days of research on people-environment relations" (Altman/Low 1992, 2; vgl. Weichhart 1990; Konda 1995; Giuliani 2003; Kazig/Wiegandt 2006). Auch die Stadt- und Regionalsoziologie habe sich mit der Frage, „welche Bedeutung die Stadt für den Stadtbürger haben kann, in welcher Form er ihr Sinn zuschreibt und inwiefern er sich ggf. mit ihr identifiziert" äußerst selten beschäftigt (Christmann 2004, 7). Hinzu komme eine Einschränkung der Bindungsforschung auf ‚baulich intakte' Wohnviertel, wohingegen die Bindungen von BewohnerInnen in Sanierungsvierteln kaum untersucht und damit die Bedingungen und Folgen einer sich ‚um die BewohnerInnen herum' verändernden Umwelt vielfach vernachlässigt worden seien (Thomas et al. 2006, 12; Rubinstein/Parmelee 1992, 159; Proshansky et al. 1983, 59).

Genau diesen Fragen will sich die vorliegende Arbeit widmen: welche Folgen hat die Veränderung der baulich-materiellen Struktur für die gerade auch auf der Stabilität und Kontinuität dieses Kompensationsraumes beruhende Bindung? Wie wird (zu unterschiedlichen Zeiten) politisch-planerisch mit dieser Herausforderung umgegangen? In diesem Zusammenhang werden raumbezogene Bindungen in Anlehnung an Weichhart verstanden als „die persönliche und emotionsbezogene Bindung von Menschen an bestimmte Orte oder Gebiete" (Haller et al. 2006, 61, i.Orig. Hervorhebungen). Der folgende Abschnitt differenziert dieses breit angelegte Verständnis dahingegend, welche ‚Arten' und Bezugs‚punkte' von Bindungen analytisch herausgearbeitet werden können.

2.2.1 Formen, Bezugsobjekte und Maßstabsebene raumbezogener Bindungen

Nicht nur hinsichtlich der disziplinären und inhaltlichen Vielfalt, sondern auch bezüglich der *Begrifflichkeiten* kann – obwohl die wissenschaftliche Bearbeitung stets um Eingrenzung und Konkretisierung bemüht war – ein erhebliches Spektrum hinsichtlich der Benennung räumbezogener Bindungen im weitersten Sinne festgestellt werden (vgl. Altman/Low 1992; Reuber 1993; Giuliani 2003, 150; Weichhart 2007, 31). Insofern spricht Giuliani von einem „umbrella concept embracing the multiplicity of positive affects that have places as target" (2003, 150). Weichhart (2007, 30) hebt im Hinblick auf übereinstimmende Komponenten eher abstrakt die „Verschränkung" von Menschen und räumlichen Einheiten hervor. Eine derartige Beziehung drückt sich auch aus in „feelings, moods, emotions (...) which people experience in various ways, forms, degrees, with varying awareness, with reference to the places in which they are born, live and act" (Giuliani 2003, 137; vgl. ebenso Haller et al. 2006, 61). Eine (positive) *Bindung* (im Gegensatz zu einer negativen, auf Zwang beruhenden *Gebundenheit*) wird dann festgestellt, wenn Personen oder Gruppen, aufgrund dieser mit dem Ort assoziierten affektiven Beziehungen, freiwillig an einem Wohnstandort bleiben möchten (Reuber 1993, 6; Hidalgo/Hernadez 2001, 274; vgl. zur unfreiwilligen Bindung Böltken 1987, 148; Reuber 1993, 13).

Das Phänomen raumbezogener Bindungen lässt sich weiterhin analytisch differenzieren nach der *Art* und dem *Bezugs‚objekt'* der Bindungen: Nielsen-Pincus et
al. (2010, 443) benennen drei, sich allerdings teilweise bedingende und beein-
flussende, *Bindungsarten*: ‚place attachment' als „the emotional bond between a
person and a particular place" (was andere AutorInnen bis zum „Entstehen einer
‚Liebesbeziehung' zur Umwelt" ausweiten (Weeber 1971, 126)); ‚place identity'
als „the degree to which place is reflected in the self" (vgl. dazu Reuber (1993,
116, der von einem ‚emotionalen sich-Gleichsetzen-mit dem Viertel' spricht)
und ‚place dependence' als „the degree to which a place facilitates some set of
objectives when compared to alternative settings". Im Sinne einer auch als ‚rati-
onal-existentielle' bzw. ‚funktionale Ortsbezogenheit' benannten Bindung dient
Letztere beispielsweise der Existenzsicherung oder besteht aufgrund infrastruktureller Ausstattungsmerkmale (vgl. Schmidt-Relenberg 1968; Reuber 1993,
115).

Auch wenn die letztgenannte Dimension vor allem auf Ausstattungs- und
ökonomische Faktoren rekurriert, wird ersichtlich, dass eine Trennung unterschiedlicher Bindungsarten nur analytisch möglich und sinnvoll erscheint – denn
auch die emotionale Bindung und die ‚Ortsidentität' implizieren eine, in diesem
Fall psychisch-emotionale, Abhängigkeit. Raumbezogene Bindungen beinhalten
somit grundsätzlich eine *Gebundenheit* dahingehend, dass mit ihren Funktionen
und Wirkungszusammenhängen immer eine materielle, soziale, symbolische
und/oder emotionale Angewiesenheit bestimmter Personen(gruppen) auf die
soziale und/oder materielle Struktur eines bestimmten Raumausschnitts angenommen werden kann.[11]

Andere AutorInnen stellen vor allem das *‚Objekt' der Bindung* in den
Mittelpunkt: so differenziert Siebel (1977, 390) zwischen raumbezogenen Bindungen an die materielle Umwelt (Wohnungs-, Infrastruktur, Arbeitsplatzange-
bot), die soziale Umwelt (Verwandte, Bekannte), sowie eine raumbezogene
habituelle Bindung im Sinne einer durch lange Wohndauer bedingten emotional
bedeutsamen Gewöhnung an die spezifische Gestalt der materiellen und sozialen
Umwelt (vgl. ähnlich auch Bodzenta 1981, 23; Reuber 1993, 115). Auch diese
Autoren verweisen darauf, dass am gleichen Ort unterschiedliche Bindungen zu
jeweiligen Bezugsobjekten vorliegen können (beispielsweise wäre eine ausgeprägte materielle bei gleichzeitig geringer sozialer Bindung möglich). Weitere

---

11   Damit ist auf einer abstrakten Ebene zunächst nicht von Bedeutung, ob diese Bindungen als
      freiwillig oder unfreiwillig, bewusst oder unbewusst wahrgenommen werden. Vielmehr ste-
      hen hier die Relevanz raumbezogener Bindungen hinsichtlich eines (zu erwartenden) Ver-
      lustes und/oder einer Beeinträchtigung der Bindungen durch Veränderungen der räumlichen
      Bindungsebene im Mittelpunkt.

Publikationen unterscheiden strikter zwischen einer sozialen und einer physischen Bindungsdimension (vgl. Hidalago/Hernadez 2001, 275; Scanell/Gifford 2010, 2).

Der in der Literatur am häufigsten beschriebene und untersuchte ‚*territoriale Rahmen*‘ hinsichtlich der Erforschung von Bindungsarten und -objekten ist die (nähere) Wohnumgebung (das Wohnviertel oder auch der Stadtteil) (vgl. Lewicka 2010, 36; Downs/Stea 1982, 149; Göschel 1987; Lynch 1989, 10; Reuber 1993, 39; Hidalgo/Hernandez 2001, 274[12]). Für Weichhart ist diese lokale Maßstabsebene der zentrale Bezugspunkt hinsichtlich der räumlichen Zuordnung bis hin zu Identifikationsprozessen mit einem bestimmten Ort:

> „Der Wohnstandort und die unmittelbare Wohnumgebung, die ‚kleine Nachbarschaft‘ und gerade noch das weitere Wohnviertel sind als ‚*subjektive Mitte der Welt*‘ der eigentlich entscheidende Maßstabsbereich, auf den individuelle Identifikationsprozesse zentriert sind." (Weichhart 1999, 3, Herv. KS).

Diese bindungsrelevanten räumlichen Einheiten stimmen einerseits häufig mit administrativ abgrenzbaren Bereichen überein. Andererseits werden Bezugsebenen räumlicher Bindung individuell und gruppenspezifisch anhand von städtebaulichen, symbolischen und subjektiv-individuellen ‚Grenzziehungen' abgebildet (vgl. Göschel 1987, 91[13]; Reuber 1993, 9; Konda 1995; Korff 1996, 122). Die eigentliche Wohnung hingegen scheint weniger bindungsrelevant zu sein, entsprechende Studien konnten überwiegend keinen entscheidenden Zusammenhang zwischen der Bewertung der konkreten Wohn(ungs)situation und der Inten-

---

12   Allerdings verweisen Hidalgo/Hernadez (2001, 274) darauf, dass durch die Fokussierung auf die nahräumliche Ebene eine eventuelle Relevanz anderer Bezugsräume vernachlässigt werde. Sie fanden heraus, dass Befragte zwar eine Bindung an das Wohnquartier aufwiesen, diese aber schwächer als die Bindung an die Haus- bzw. Stadtebene sei (ebd. 277). Allerdings nehmen die Autoren weder eine Differenzierung nach Bindungsarten auf den Ebenen vor, noch wird deren Qualität untersucht oder die unterschiedlichen Intensitäten erklärt (vgl. auch Esser (1987, 117), der ebenfalls eine höhere Identifikation mit großräumigeren Einheiten feststellt). Demgegenüber zeigt Reuber, dass gesamtstädtisch bezogene Ortsbindungen eher ‚ein gefühlsbeladener grober Gesamteindruck' seien (Reuber 1993, 41). Ähnlich betont auch Lewicka (2010), dass „more distant places tend to be perceived as more homogeneous, more abstract and more affectively polarized, i.e., uniformly positive or negative". Da sich die vorliegende Arbeit vom Ansatzpunkt der unmittelbaren Umgebung dem Phänomen raumbezogener Bindungen nähert, unterstreichen die Ergebnisse eher die Notwendigkeit, sich auch mit diesen Fragen im Rahmen eventueller Stadtumbaumaßnahmen auseinander zu setzen, als dass sie sie widerlegten.

13   In Göschels empirischer Untersuchung ergaben sich durch das Zeichnen kognitiver Karten (vgl. Downs/Stea, 1982) beispielsweise vier Abgrenzungstypen: zäsurenorientierte Grenzziehungen (Barrieren etc.), zielorientierte Grenzziehungen (nach genutzten Gebäuden und Bereichen), Nachbarschaftsgrenzziehungen, Namensabgrenzungen (Göschel 1984, 133).

sität raumbezogener Bindungen feststellen (vgl. Reuber 1993, 79; Esser 1987; Schmied 1987, 134; Mitzscherlich 2001). Der individuelle territoriale Bezugs-rahmen ergibt sich folglich aus einer Synthese administrativer, materiell-geographischer, sozialer und emotionaler Faktoren zu individuell positiv bewer-teten Teilbereichen des Wohnviertels (Reuber 1993, 52f., der Autor bezeichnet diese Ausschnitte als ‚individuelle Subviertel‘). Zusammenfassend beschreibt beispielsweise Konda (1995, 8) diese Gebiete als:

> „in bezug auf genetische, physiognomische, funktionale und soziale Merkmale (mehr oder weniger) homogene Bereiche, die ein (ebenfalls auf subjektiver Wahrnehmung beruhen-des) individuelles Image besitzen, Möglichkeiten zur emotionalen Bindung bieten, sich anhand siedlungsstruktureller Grenzen von benachbarten Räumen unterscheiden lassen und den hauptsächlichen Bezugsrahmen für das aktionsräumliche Verhalten ihrer Bewoh-ner darstellen"[14].

Feldman (1996) konnte hier zeigen, dass bestimmte siedlungstypische Merkmale häufig auch die gesamte Wohnbiographie prägen, sie beschreibt dies als ‚settle-ment-identity‘. So könnten Menschen durch stetige positive Erfahrungen mit einem Wohngebiet „develop generalized ideas, feelings, values, and behavioral dispositions that relate the identity of the person to a type of settlement" (ebd., 422). Sie verweist auf empirische Ergebnisse, wonach Umzüge (in den USA) vorwiegend innerhalb kurzer Distanzen in einer Stadt und bei Fernumzügen im gleichen Siedlungssegment erfolgten: „the majority of households locate in resi-dential environs that are *as similar as possible in physical, sociocultural, and/or economic characteristics as their previous place of residence*" (Feldman 1996, 423, Herv. KS).

   Das obige Zitat von Konda verweist außerdem auf eine weitere ‚Deu-tungsschicht‘ hinsichtlich der ‚Verschränkung von Menschen und räumlichen Einheiten‘ (Weichhart): einerseits wird hier auf das Empfinden des Individuums rekurriert, andererseits die Gemeinsamkeit des sozialen Kontextes und des All-tagsgeschehens der Gruppe der BewohnerInnen hervorgehoben. Heimat kann nicht als entweder individuell oder kollektiv beschrieben werden; vielmehr zeigt sich – wie es der Begriff ‚Phänomen‘ bereits andeutet – ein Spektrum, das je nach Bindungsart, -ort und handelnden AkteurInnen unterschiedliche Referenzen aufweist. Einerseits werden raumbezogene Bindungen empirisch vor allem über die Wahrnehmung einzelner Personen erhoben und Heimat als individuelles Empfinden verstanden. Andererseits beinhaltet der Heimatbegriff selbst immer

---

14   Vgl. ähnlich auch Binder 2002, 12; Kennett/Forrest 2006, 713f.; Meyrowitz 2005; Reuber 1993; Treinen 1965; Bertels 1997; Göschel 1987.

eine kollektive Komponente, denn auch wenn die Art und Weise des Heimat-
empfindens sich unterscheidet, kann der Bezugsort oder -rahmen durchaus der
gleiche sein. So konnte festgestellt werden, dass quartiersspezifische Abgrenzungen und die positive Bewertung eines Raumausschnittes zwar individuell
geprägt, aber die Alltags- und Erfahrungswelten und somit die Vorstellungen der
Abgrenzung eines Gebiets ähnlich genug sind, um innerhalb der diesbezüglichen
‚peer-group' „Übereinstimmung darüber, was ein bestimmtes Gebiet ist, zu er-
zielen" (Downs/Stea 1982, 149; vgl. Lynch 1989, 17).

Die in Abschnitt 2.2.2 vorgestellten Ergebnisse zeigen weiterhin, dass
beispielsweise die Intensität der Bindung mit dem Alter bzw. der Ansässigkeitsdauer der BewohnerInnen und die Maßstabsebene der Bindung mit dem sozioökonomischen Status korrelierten – so sind auch gruppen- und/oder kohorten-
spezifische Aussagen möglich über (wahrscheinliche) raumbezogene Bindungen
bestimmter Gruppen an bestimmte Orte. Weiterhin spielen in diesem Zusammenhang gesellschaftsspezifische Deutungsmuster eine zentrale Rolle: für Selle
sind raumbezogene Bindungen einerseits beeinflusst vom „Kollektivgedächtnis",
„das uns undeutlich nachzuvollziehen erlaubt, wie ein Raum in der Summe seiner geschichtlichen Nutzungen und Vorerfahrungen entstanden ist und wie er
heute noch interpretiert werden kann". Andererseits spiele die individualbiogra-
phisch diversifizierten Erfahrung eine große Rolle, „die besagt, wann wir einen
Raum als ‚eigenen' Bedürfnissen und Erfahrungen entsprechend betrachten
können" (Selle 2003, 269; vgl. Gerhard/Warnke 2002; Weichhart 2007; Sca-
nell/Gifford 2010)[15]. Auch Hans Paul Bahrdt verweist auf die „Verwobenheit"

---

15   In Anbetracht des Untersuchungsschwerpunktes stehen in diesem Zusammenhang weder
     einseitig konstruktivistische noch die Perspektive des mit Bewegungen, Handlungen und
     Wahrnehmungen ‚Raum schaffenden' Subjekts im Mittelpunkt. Vielmehr geht es um ein aus
     der Perspektive des handelnden und empfindenden Individuums alltagspraktisches Ver-
     ständnis von Raum und Ort – im Sinne Wegners um eine phänomenologisch orientierte As-
     soziation von Raum als „eine relationale Anordnung bedeutungstragender, qualitativer Or-
     te", die „sowohl individuell als auch kollektiv bedeutsame Orte das soziale Leben organisie-
     ren" (Wagner 2004). Diese Sichtweise distanziert sich bewusst von einer ‚bloßen' Beschrei-
     bung raumstruktureller Merkmale und Einteilungen, wie sie zum Teil Lynch zum Vorwurf
     gemacht wurde, sondern stellt auch gerade jene ‚Bedeutungen' in den Fokus, die konkrete
     erlebbare Orte für Menschen haben. Eine Identifikation beruhe dabei allerdings wesentlich
     auch auf der (existenzialistisch-)sinnlichen Erfahrung der Stadtgestalt (Sieverts 1973, 4; Sel-
     le 2003, 262; vgl. Wagner 2004; Downs/Stea 1982, 41).
     Die Begriffe ‚Ort' und ‚Raum' werden nicht nur in dieser Arbeit, sondern auch in einem
     Großteil der ausgewerteten Literatur teilweise synonym verwendet. Zwar ist damit ein Orts-
     begriff assoziiert, der „Raumausschnitte verschiedenster Maßstabsebenen (von der Woh-
     nung über ‚Nachbarschaft', Stadtteil, Stadt, Landschaft, Region, Bundesland, Staat bis zu
     Großregionen)" umfasst (Weichhart 2007, 34), nichtsdestotrotz verweist der Begriff auf ei-
     nen konkreten Zusammenhang materieller Strukturen und sozialer Prozesse: „‚Ort' begreift

individueller und kollektiver Erfahrungen (Bahrdt 1984, 13). Dem entsprechen einerseits gemeinsame räumliche Bezugsebenen (s.o.), andererseits unterscheidet beispielsweise Reuber (1993, 110) zwischen kollektiven Raumsymbolen, die vielen BewohnerInnen zugänglichen seien (beispielsweise Wahrzeichen) und individuellen Bezugspunkten (Orientierungspunkte, individualbiografisch relevante Orte) – beide befinden sich gegebenenfalls am gleichen Ort und sind bindungsrelevant, aber mit unterschiedlichen Assoziationen belegt.

Übergreifend liefern schließlich beispielsweise Scannell/Gifford (2010) einen dreidimensionalen Ansatz zur Erklärung und Bearbeitung des vielschichtigen Phänomens raumbezogener Bindungen: eine erste Dimension bilden demnach die jeweiligen *Akteure* – sie können einerseits persönliche Bindungen zu Bezugsorten aufweisen, andererseits bestehen gruppenspezifische Ortsbindungen aufgrund geteilter symbolischer Zuschreibungen, beide beeinflussen sich dabei wiederum gegenseitig (ebd., 2f.). Die zweite Dimension beinhalte den eigentlichen *psychologischen Prozess* der Bindung, der differenziert wird in affektive (überwiegend positive emotionale Zuordnungen) und kognitive (Wissen über den Ort, Sinnkonstruktion, Identitätsbildung), sowie verhaltensorientierte Elemente (Bleibe- bzw. Rückkehrdisposition, Rekonstruktions- und Wiederaufbauaktivitäten, Bindung an bestimmte Siedlungsformen) (ebd., 3f.). Schließlich beziehe sich die *räumliche Dimension* der Bindung auf die sozialen und physischen örtlichen Gegebenheiten der jeweils betrachteten räumlichen Maßstabsebene (ebd. 4). Entsprechend hebt ihre Definition den multidimensionalen Charakter raumbezogener Bindungen hervor: „place attachment is a bond between an individual or a group and a place that can vary in terms of spatial level, degree of specificity, and social or physical features of the place, and is manifested through affective, cognitive, and behavioral psychological processes" (ebd. 5).

An dieser Stelle offenbart sich zusätzlich ein zentrales Problem der Bindungsforschung: Während sich die physisch-soziale Unmittelbarkeit für das Individuum als alltägliche, gewohnte Erfahrung zeigt, werden Ortsbindungen vorwiegend als unbewusste Affekte beschrieben, die erst im Fall einer Bedrohung und Zerstörung offenbar werden (vgl. Hidalgo/Hernadez 2001, 276). Das Vorhandensein und die Intensität von Ortsbindungen kann so nur begrenzt direkt und vor allem schwerlich ‚im Vorhinein' erhoben werden. Umso mehr sind Begleitforschung, Planung und Praxis auf bisherige Erfahrungswerte und eine sys-

---

man am besten, wenn man sich an die Vorstellung eines lokalen Schauplatzes hält, womit auf die im geographischen Sinne verstandenen physischen Umgebungsbedingungen gesellschaftlicher Tätigkeiten Bezug genommen wird" (Giddens 1996, 30).

tematische Kategorisierung der Entstehungs- und Kontextbedingungen sowie die Funktionen raumbezogener Bindungen angewiesen. Dies ermöglicht zumindest eine Einschätzung dahingehend, welche vorliegenden Faktoren welche Bindungen welcher Personen an welche Strukturen wahrscheinlich machen und welche Folgen ihr Verlust erwarten lässt.

Die folgenden Abschnitte stellen daher vertiefend das bisherige Wissen um Funktions- und Bedeutungszusammenhänge raumbezogener Bindungen zusammen, um diese anschließend auf konkrete Praxisbeispiele anzuwenden. Zuvor jedoch erfolgt ein kurzer Exkurs hinsichtlich der – insbesondere in der (Stadt-)Soziologie problematisierten – Differenzierung lokaler Identität und Identifikation sowie der Frage, ob eine Bindung an ‚Objekte' (Orte, Stadtgestalt) grundsätzlich überhaupt als ‚Identifikation' bezeichnet werden kann.

Exkurs: Lokale Identität und lokale Identifikation

Die Begriffe Identität und Identifikation werden im Kontext raumbezogener Bindungen vielfach unterschiedlich, teilweise aber auch synonym verwendet. Dabei wird ‚lokale Identifikation' im Sinne einer Ortsbindung häufig kausal auf ‚lokale Identität' – verstanden als die besonderen, einzigartigen Merkmale eines Raumausschnittes – zurückgeführt. Gleichzeitig findet sich ein synonymer Gebrauch von ‚lokaler Identität' und ‚lokaler Identifikation' für die Beschreibung raumbezogene Bindungen im Allgemeinen (vgl. Göschel 1987, 92; Esser 1987, 109f.; Eger 2005, 50)[16]. Darüber hinaus bestehen insbesondere aus soziologischer Perspektive erhebliche Zweifel, ob und wenn ja wie die personalen Begriffe Identität und Identifikation überhaupt auf baulich-materielle Strukturen von Städten oder Stadtteilen sowie entsprechende Verortungsprozesse angewendet werden könnten (Matthiesen 2006, 48). Dieser Exkurs soll in der Auseinandersetzung zwischen enger fachlich-theoretischer und anwendungsbezogener Vorgehensweise eine für diese Arbeit handhabbare Differenzierung der Begrifflichkeiten herstellen.

Das semantische Problem scheint zumindest theoretisch leicht lösbar: hier kann unter Bezug auf den Großteil diesbezüglicher Arbeiten davon ausgegangen werden, dass zunächst die Begriffe Identität und Identifikation analytisch differenziert werden müssen. In diesem Zusammenhang wird unterschieden zwischen

---

16   Vgl. beispielsweise hinsichtlich der begrifflichen Synonymität die Verwendung entsprechender Indikatoren und Bezeichnungen bei Proshansky et al. (1983, 59 ‚place identitiy') und Giuliani (2003, 137, ‚place attachment').

der Identität des Ortes – verstanden als das Einzigartige, Wesentliche, unverwechselbar Machende – und der räumlichen Identifikation der BewohnerInnen im Sinne einer Bindung *an* bestimmte Orte (vgl. Göschel 1987, 92; Esser 1987, 109f.). Während also lokale Identität einen durch materielle Symbole vermittelten sozialen Zusammenhang innerhalb eines definierbaren Raumes umschreibe, beziehe sich lokale Identifikation auf eine positive emotionale Besetzung im Sinne einer „gefühlsmäßigen Übereinstimmung" mit einem Raum (Romeiß-Stracke 1985, 27; Spiegel 1984, 20; vgl. Konda 1995, 18; Göschel 1984, 1; Reuber 1993, 6). Davon abweichend wird allerdings die ‚Wirkung' einer solchen emotional bedeutsamen Mensch-Umwelt-Bindung insbesondere in der psychologischen Forschung auch im Sinne einer ‚räumlichen Identität' (des Individuums) als Bestandteil der Ich-Identität beschrieben (vgl. Proshansky et al. 1983)[17]. Komplizierter gestaltet sich die fachliche Auseinandersetzung um die Übertragung des Identitätsbegriffs bzw. entsprechender Konzepte auf räumlich-materielle Strukturen. Eine Position betont einen personalen Imperativ des Identitätskonzeptes: Identität beschreibe als rein personaler Begriff den Prozess „durch den sich eine Person ihrer Subjektivität, ihrer Persönlichkeit vergewissert" und auch wenn sich ein Raum durch bestimmte Merkmale von anderen Räumen unterscheiden könne, so habe er in diesem Sinne dennoch „keine Identität, wie er auch keine Persönlichkeit hat" (Ipsen 1997, 18)[18]. Diese Argumentation greift zurück auf die zentralen Elemente des Mead'schen Identitätskonzepts mit seiner Differenzierung der ‚Ich-Identität' in ‚I' und ‚Me', also einer Synthese aus dem subjektiven Teil individueller Interessen und Bedürfnisse (I) sowie der Wahrnehmung und Verarbeitung von Zuschreibungen und Erwartungen ‚generalisierter Anderer' (Me) (vgl. Mead 1934, 154f./175ff.; Christmann 2004, 31). Beides ließe sich demnach nicht auf ‚tote Materie' wie städtebauliche Strukturen anwenden, da diese weder über ein Selbst-Bewusstsein noch entsprechende reflexive Verarbeitungsstrukturen verfügen.

Aus einer anderen Perspektive sind derartig strikte Interpretationen vielfach kritisiert worden. Betont wird in diesem Zusammenhang einerseits die Rolle materieller Strukturen für die Ausbildung personaler Identität, andererseits die Bedeutung, die beispielsweise baulichen Ensembles im Hinblick auf ihre (indi-

---

17 Die ‚räumliche Identität' (place identity) wird als eigenständiger Aspekt des Selbstkonzeptes interpretiert: Identität setze sich demnach zusammen aus personaler Identität (Persönlichkeitsmerkmale), sozialer Identität (Gruppenzugehörigkeit) und Ortsidentität (Orts-/ Raumzugehörigkeit) (vgl. Twigger-Ross et al. 2003, 203).

18 Vgl. Weichhart (2007, 34), der in diesem Zusammenhang den Begriff ‚Image' statt der Zuschreibung von Identität verwendet.

viduell und gesellschaftlich konstruierte) Symbolkraft und damit auch ihre Einzigartigkeit und Unersetzbarkeit zukomme. Wiederum wird dabei auch auf Mead und dessen Beschreibung des Verhältnisses von Individuum und ‚generalisierten Anderen' zurückgegriffen. So betont Mead: „Any thing – any object or set of objects, whether animate or inanimate, human or animal, *or merely physical* – towards which he acts, or to which he responds, socially, is an element in what for him is the generalized other" (Mead 1934, 154, Herv. KS; vgl. Fuhrer/Kaiser 1993, 58; Sieverts/Schneider 1970, 112; Ipsen 1997, 19ff.). Somit wird Objekten und auch „physical settings that define and structure day-to-day life" (Proshansky et al. 1983, 58) eine relevante Bedeutung im Hinblick auf die Identitätsentwicklung zugeschrieben: „we derive much of the sense of who we are and much of our self-esteem from our personal and unique aspects as well as from our group memberships *or place belongings*" (Twigger-Ross et al. 2003, 203, Herv. KS; vgl. Proshansky et al. 1983).

Einerseits nehmen Objekte auf diese Weise unter Umständen Einfluss auf die Identitätsentwicklung, andererseits erhalten sie damit gleichzeitig eine eigene ‚Identität' im Sinne eines bestimmten, unersetzbaren Einzigartigkeitscharakters. Für diese Arbeit wird daher davon ausgegangen, dass Räume, Orte und Objekte nicht im streng psychologischen und soziologischen Sinne Identität besitzen; sie spielen aber im Rahmen menschlicher Identitäts- und Identifizierungsprozesse und (damit auch) in Bezug auf die Ausbildung und Aufrechterhaltung raumbezogener Bindungen eine erhebliche Rolle (vgl. Gebhardt et al. 1995, 26; Spiegel 1984, 20). In diesem Zusammenhang können sie für bestimmte Personen(gruppen) Einzigartigkeitscharakter annehmen und diese ‚Nichtaustauschbarkeit' soll im Sinne einer Identitätskategorie interpretiert werden (vgl. Downs/Stea 1982, 152), die wiederum ihrerseits Einfluss auf Prozesse der Individuation nimmt (vgl. Giuliani 2003; Metzger 2002; Matthiesen 2006, 48).

Der grundsätzlichen Frage, inwiefern Städte im Sinne einer ‚Eigenlogik' als jeweils besondere Identitäten wahrgenommen, beschrieben und erforscht werden können, gehen seit einiger Zeit ForscherInnen im Rahmen des ‚Darmstädter Ansatzes' nach (vgl. Berking/Löw 2008). In diesem Zusammenhang steht vor allem ‚die Stadt' als Untersuchungsobjekt einer eigenständigen, stadt-soziologischen Wissenschaft im Mittelpunkt. Zwar wird damit aufgrund der theoretisch-konzeptionellen Auslegung ein anderer Maßstabsbereich als im Rahmen der bisherigen Untersuchungen zu raumbezogenen Bindungen zu Grunde gelegt, aber sehrwohl auf Indikatoren der Bindungsforschung zurückgegriffen (vgl. Frank et al. 2013). Sie spiegeln als spezifische Qualitäten, die die jeweilige Stadt aufweise, wesentliche Entstehungsfaktoren raumbezogener Bindung (vgl. folgendes Kapitel). Inwiefern sich dieser Ansatz als fruchtbar für die Stadtforschung im Allgemeinen und die – teilweise kontroverse – Auseinandersetzung um städtische Identität bzw. räumliche Identifikation im Besonderen erweist, muss sich in der empirischen Anwendung des Ansatzes zeigen (vgl. ebd., sowie kritisch Siebel 2013; Eckardt 2013).

2.2.2 Entstehung und Funktionen raumbezogener Bindungen

Raumbezogene Bindungen beschreiben übergreifend eine Mensch-Umwelt-Beziehung, die je nach Bezugssubjekt und -objekt ein Spektrum von Aspekten der Wohnzufriedenheit, über eine affektive Zuordnung, bis hin zu einer starken Identifikation mit einem bestimmten Raum abdeckt. Zumindest mittelbar wird dabei stets ein funktionaler Kontext zugrunde gelegt, denn Bindungen werden als die Übereinstimmung von Bindungsansprüchen der BewohnerInnen bzw. NutzerInnen und den Bindungspotenzialen von Räumen verstanden (vgl. Scannell/Gifford 2010, 5; Reuber 1993, 60ff.; Konda 1996, 16; Giuliani 2003, 148f.; Lewicka 2010).

Ursächlich werden Ortsbindungen auf soziale Beziehungen und biografisch relevante Erlebnisse zurückgeführt, deren Repräsentation schließlich auch über die Materialität bzw. physische Ausstattungsmerkmale bindungsrelevanter Raumausschnitte erfolgt. Diese kleinteiligen alltäglichen Erfahrungsräume sind einerseits Orte der gestaltenden Einflussnahme und andererseits Symbolträger und manifester physischer Ausdruck der sozialen Beziehungen, Erfahrungen und Erinnerungen. Neben dezidiert sozialen Faktoren nimmt die 'materielle Struktur' somit eine wichtige Rolle als Kommunikations- und Speichermedium ein, dem symbolische, orientierende, psychologische und soziale Funktionen zugeschrieben werden (Weichhart et al. 2006, 71ff.). Im Folgenden werden daher zunächst Entstehungsbedingungen und Erklärungsfaktoren für die Ausbildung und Aufrechterhaltung raumbezogener Bindungen dargestellt.[19] Anschließend erfolgt eine gesonderte Betrachtung der bindungsrelevanten Funktion und Bedeutung der materiellen Struktur.

---

19 Fuhrer/Kaiser betonen in diesem Zusammenhang aus psychologischer Sicht ein Erklärungsdefizit hinsichtlich der tatsächlichen Genese und Funktionsweise derartiger Bindungsprozesse: „[i]mmer läßt sich noch weiter nach dahinterstehenden intrapersonalen Wirkursachen fragen" (Fuhrer/Kaiser 1992, 109; ebenso Lewicka 2010, 37). Allerdings können und sollen diese weit in psychologische Einzeldisziplinen hineinreichenden Zusammenhänge im Rahmen einer sozialwissenschaftlich an der lokalen Praxis orientierten Arbeit nicht im Detail dargestellt und hinterfragt, sondern vielmehr das kumulierte und praktisch handhabbare Wissen zum Stand der Bindungsforschung dargelegt werden.

Die Darstellungen basieren dabei vor allem auf Studien aus den Bereichen der (Umwelt)-Psychologie, der Humangeographie und den Sozialwissenschaften, wobei insbesondere Erstere vielfach standardisierte Befragungsverfahren mit mehreren Hundert Interviewten einsetzten, während Letztere eher auch biografisch orientierte (Tiefen-)Interviews durchführten oder standardisierte und offene Verfahren mischten. Die überwiegende Befragung von Einzelpersonen spiegelt die Interpretation des Bindungsprozesses als vor allem individuelles Phänomen. In den Interviews selbst werden – soweit dies beispielsweise aus Fragebögen ersichtlich war – einerseits Items verwendet, die einen eventuellen Ortsbezug indirekt über ‚klassische' bzw. institutionelle und soziale Indikatoren erheben: Wohndauer, Eigentum, Mitgliedschaft in Vereinen und Organisationen, Wohnzufriedenheit, Symbole und ‚landmarks', Kontakte zu Bekannten und Verwandten, infrastrukturelle Funktionen (vgl. Treinen 1965; Reuber 1993, 130ff.; Konda 1996, 187ff.; Weeber 1971, 129; Bodzenta et al. 1981; Röllin/Preibisch 1993, 53ff.). Andererseits bilden direkte Fragen zur Bindung an das Gebiet einen Schwerpunkt; sie beziehen sich auf affektive Zuschreibungen (Gefühl des zu Hause seins, der Identifikation oder der besonderen Verbundenheit) und auf Verlustkategorien (Bedeutung eines Wegzugs oder baulicher Veränderungen) (vgl. Reuber 1993, 134f.; Konda 1996, 190f.; Weeber 1971, 146; Röllin/Preibisch 1993, 53ff.; vgl. zusammenfassend auch die Auflistung in Giuliani 2003, 166ff.). Darüber hinaus wird auf Publikationen zurückgegriffen, die sekundäranalytisch Ergebnisse weiterer Einzelstudien zusammentragen und im Hinblick auf eine bestimmte Argumentation anwenden.

Wie bereits erwähnt bilden substädtische Raumausschnitte, „die auf der Grundlage von Wahrnehmung, Bewertung und aktiver Auseinandersetzung (Aneignung) durch ihre Bewohner subjektiv abgegrenzt werden" (Konda 1996, 8), die am häufigsten untersuchten Einheiten. Allerdings nehmen Parameter wie *Schichtzugehörigkeit bzw. sozialer Status, Lebensalter, Familiensituation und Mobilität* durchaus Einfluss auf die primäre Bindungsebene: Demnach seien statushöhere Schichten eher gesamtstädtisch und statusniedrigere vor allem lokal orientiert (Reuber 1993, 78). Die (Intensität der Bindung an jeweilige) Bindungsebenen würden weiterhin beeinflusst von der Stellung im Lebenszyklus, Lebensstil, aktionsräumlichem Verhalten und Alter (vgl. Bodzenta 1981, 29; Proshansky et al. 1983, 60; Göschel 1987; Christmann 2004, 219). So seien Junge und Kinderlose eher gesamtstädtisch orientiert, während Familien bzw. Eltern sich eher kleinräumig binden würden (vgl. Reuber 1993, 78f.). Geringe Intensitäten raumbezogener Bindungen werden für Studierende und Selbständige festgestellt, hohe für RentnerInnen bzw. generell für ältere und alte Menschen, ArbeiterInnen, Haus‚frauen' sowie ‚ortsfeste Berufsgruppen' (vgl. Reuber 1993, 69f.; Bodzenta 1981, 29; Göschel 1987).

Als weiterhin entscheidend wird auch die *Wohndauer* genannt (vgl. Lewicka 2010, 37; Giuliani 2003, 148f.). Diese beeinflusse den Aufbau und die Art der sozialen Kontakte, die Gewöhnung an die soziale und materielle Struktur des Ortes sowie das Einleben und auch das Engagement und die Bereitschaft zur Mitgestaltung lokaler Belange. Eine lange Ansässigkeit mache das Erleben wichtiger (biographischer) Ereignisse am Ort sowie die Erschließung und Internalisierung der örtlichen Strukturen wahrscheinlicher. Damit gehe auch die Ausbildung von Vertrautheit und Verhaltenssicherheit[20] einher (Konda 1996, 18/26; vgl. Reuber 1993, 7; Esser 1987; Treinen 1965, 272ff.; Schmied 1987, 134; Low 1992, 170)[21].

Die Wohndauer selbst steht häufig auch in Verbindung mit (dem Besitz oder Erwerb von) *Wohneigentum*, das selbst wiederum als bindungsrelevant einzuschätzen ist. Die eigene Wohnung oder das eigene Haus binden zunächst in ihrer Materialität buchstäblich an einen Standort und das meist aufgrund einer freiwilligen Entscheidung zum Erwerb eines entsprechenden Objektes. Das Eigentum – bereits im traditionellen Heimatverständnis ein grundlegender Aspekt – erhöhe darüber hinaus die Motivation und auch die Freiheitsgrade im Hinblick auf die Aneignung des Lebensraumes. Insgesamt folgert so Lewicka (2010) auch mit Blick auf die vorliegenden empirischen Ergebnisse: „home ownership is an unquestionable positive predictor of place attachment" (Lewicka 2010, 38).

Im Zusammenhang mit dem Faktor Wohndauer und Wohneigentum findet auch der Aspekt des *Alters* der BewohnerInnen Erwähnung (Lewicka 2010, 38); dieses korreliere vielfach mit der Dauer der Ansässigkeit und so werden insbesondere älteren und alten Menschen hohe gebietsspezifische Bindungen zugeschrieben. Diese Personen verfügen nicht nur vielfach über Eigentum, der Nahbereich ist meist auch ihr zentraler Aktionsraum. In diese Zusammenhang – und dies gilt wiederum altersunabhängig – wirken sich auch die *Nutzung* und die Möglichkeiten der *Aneignung* des Wohnumfeldes positiv auf den Bindungsprozess aus. Das Spektrum reicht dabei von der Aneignung im Sinne von Kenntnis

---

20   Dies schließt auch die von Reuber (1993, 78) als zentral herausgestellten Erfahrungen der frühkindlichen Sozialisation ein; sie fördere sowohl wesentliche Kompetenzen im Hinblick auf das spätere räumliche Bindungsverhalten, als auch die Ausbildung einer ‚Kindheimat' als spätere ‚Bewertungsmatritze' für andere Bindungorte.

21   Weniger negierend als ergänzend beschäftigen sich einige Studien auch mit der Frage, ob Mobilität tatsächlich negative Auswirkungen auf Ortsbindungen habe. Die Ergebnisse verweisen in diesem Zusammenhang auf die Bedeutung von Faktoren wie der Gewöhnung an häufige Ortswechsel (Adaptionsfähigkeit), die Mobilitätsgeschichte und das Mobilitätsalter. Diese Faktoren können Einfluss auf die positive bzw. negative Wahrnehmung und Verarbeitung häufiger Ortswechsel sowie die Möglichkeit zur (kurzfristigen) Ausbildung neuer Bindungen nehmen (vgl. Lewicka 2010, 38).

und Vertrautheit der Umgebung bis zu Aspekten der tatsächlichen Teilhabe und Gestaltung der Haus- und Gebietsentwicklung, etwa als EigentümerIn, im Rahmen von Initiativen oder Partizipationsverfahren (vgl. Winter/Church 1984, 81f.; Thum 1981, 92/100; Gebhard et al. 2007, 45). Weichhart beispielsweise schreibt dem aktiven Handeln im Hinblick auf räumliche Verortungen eine zentrale Rolle zu: „Wo immer man Orte des ‚leichten Handelns' zu schaffen in der Lage ist, dort ist Heimat" (Weichhart 2007, 38), dort finde eine direkte Bestätigung des eigenen Handlungspotenzials statt. Gleichzeitig verstärkt eine bereits vorhandene Bindung wiederum das Interesse an und das Engagement für das Umfeld (vgl. Weeber 1971, 108).

Dabei werden die *Zufriedenheit* mit dem Wohnumfeld und eine daraus resultierende freiwillige Langansässigkeit sowohl selbst als Bindung interpretiert als auch im Sinne einer Entstehungsbedingung für eine emotionale Ortsbindung angenommen (vgl. Konda 1996; Giuliani 2003, 148f.; Reuber 1993). Der Aspekt der *Freiwilligkeit* wird – sowohl im Hinblick auf die Wahl sozialer Beziehungen aber auch bezogen auf die Wahl des Wohnstandortes selbst – häufig gesondert hervorgehoben: so würden Personen, die auf ihren Wohnstandort keinen Einfluss nehmen konnten, keine (positive) Beziehung zum Ort ausbilden; stattdessen habe das Gefühl der Machtlosigkeit bzw. der Ausschluss von Entscheidungsstrukturen einen negativen Einfluss auf die Ortsbindung (vgl. Thum 1981, 92/100; Ipsen 1997, 20). In diesem Sinne lässt sich ein grundlegender begriffsgeschichtlicher Wandel raumbezogener Bindungen feststellen: zeigte sich Ortsbindung in der Vormoderne noch als eine „arranged marriage made by one's parents at one's birth" und wurde daher eine eher geringe identifikatorische Bindung aufgrund fehlender Wahlmöglichkeiten angenommen, so sei dies vor dem Hintergrund größerer (Möglichkeiten der) Mobilität zu einer „romantic love" geworden. Allerdings gehe damit auch eine größere (emotionale) Verletzlichkeit einher (Meyrowitz 2005, 25f.).[22]

Übergreifend werden weiterhin *lokale soziale Beziehungen bzw. Interaktionssysteme* als zentral angesehen: „In the majority of studies, social ties were an unquestionable positive predictor of place attachment" (Lewicka 2010, 38; vgl. Scanell/Gifford 2010, 4; Treinen 1965; Ipsen 1997; Altman/Low 1992). Der

---

22 Allerdings verweisen Entwicklungen des Arbeitsmarktes (Mobilitätsanforderungen, hohe Arbeitslosigkeit Geringqualifizierter, Ausweitung des Niedriglohnsektors etc.), der Sozialpolitik (Auslaufen von Sozialbindungen im Wohnungsbau, Mietpauschalen bei Transferleistungen, Kürzen der Bezugsdauer von Arbeitslosengeld) und der Wohnungs- bzw. Stadtpolitik (z.B. Rückbau unsanierten günstigen Wohnraums, Eigentumsförderung) einerseits auf eine höhere Bedeutung des alltäglichen Nahraums, andererseits auf eine ‚Normalisierung' des ‚ökonomischen Imperativs' – Bindung erhält so, um bei der Metapher zu bleiben, eventuell auch eher den Charakter einer ‚Vernunftehe'.

Oberbegriff sozialer Beziehungen beinhaltet dabei ein Spektrum lokaler Handlungs- und Kontaktzusammenhänge, das sich auf Verwandte und Familienangehörige, Freunde und Bekannte, sonstige soziale Netzwerke, Vereine sowie beispielsweise ‚gemeinschaftsfördernde Freizeitaktivitäten' erstreckt (vgl. Göschel 1987; Thum 1981, 79; Konda 1996, 151; Eger 2005, 52). Auch die empirischen Ergebnisse von Blokland verweisen auf den Zusammenhang von Wohndauer, zentralen Lebensabschnitten sowie funktionalen Ressourcen und der (Ver-)Bindung mit der Wohnumgebung: „duration of residence, stages of life spent in the neighbourhood and proportion of neighbourhood use determinded the extent to which people's memories were associated with the neighbourhood as location" (Blokland 2003, 206). Einzelne Ergebnisse deuten dabei allerdings auf (im Zeitverlauf oder auch lokal/regional bedingte) unterschiedliche Intensitäten hinsichtlich der sozialen Einbindung hin. Während beispielsweise Lewicka (2010, 48) die soziale Einbindung als wesentlich im Hinblick auf die Nachbarschaft bzw. Wohnumgebung herausarbeitet, stellt Heydenreich (2002, 65) in ihrer Untersuchung fest, dass die „freiwilligen Sozialkontakte (...) das Tätigkeitsfeld mit der dispersesten räumlichen Struktur und der *geringsten Bedeutung im Nahbereich*" sind. Einige AutorInnen konstatieren gar, dass territoriale Einheiten ihre Bedeutung als Ursache sozialer Beziehungen weitgehend verloren hätten und heben stattdessen deren symbolische Funktionen hervor (Göschel 1987, 100; vgl. Spiegel 1984, 17; Thomas et al. 2006).

Im Ergebnis beeinflussen folgende Merkmale lokale Bindungsprozesse und ihre Intensität: auf individueller Ebene sind dies das Alter und die Ansässigkeitsdauer der BewohnerInnen, das Vorhandensein von Wohneigentum, die Freiwilligkeit der Ansässigkeit und die Zufriedenheit mit der Umgebung, ein lokaler Nutzungs- und Interaktionszusammenhang sowie lokale Kontakte. Diese Faktoren werden ergänzt durch den Möglichkeitsspielraum der Umgebung – wenn hier prinzipiell die Aneignung des Wohnumfeldes und die ‚alltagstaugliche' Nutzung durch die AnwohnerInnen möglich ist, wenn sie an Entscheidungen beteiligt werden und lokale soziale Kontakte möglich sind bzw. eventuell sogar gefördert werden (durch Vereine, lokale Infrastruktur etc.), steigt die Wahrscheinlichkeit ortsbezogener Bindungen.

In diesem Sinne zeigt sich deutlich der ‚affirmative Charakter' raumbezogener Bindungen, die so neben einer ‚passiv-rezeptiven' (Kompensationsraum) eine ‚aktiv-bestätigende' Komponente erhalten. Insofern lässt sich auch im Hinblick auf eventuelle sozialplanerische Maßnahmen annehmen, dass in einem Gebiet vorhandene Bindungen zumindest teilweise eine günstige Ausgangsbasis für Empowermentprozesse darstellen. Sie ließe sich nutzen, um BewohnerInnen und (durch Eingriffsplanungen) Betroffene im Sinne des Empowerment-

Ansatzes zu „ermutigen und befähigen, ihre Stimme zu erheben, ihre (raum- und alltagsbezogenen) Bedürfnisse zu artikulieren, eigene Ressourcen zu entdecken und ihre Lebensverhältnisse gemäß der eigenen Interessen zu gestalten" (Herringer 2005, 1)[23].

2.3   Die Bedeutung der ‚Stadtgestalt'

> „Nur zu einer Hälfte schlägt die Erinnerung in den Kammern des Gedächtnisses Wurzeln: Zur anderen wohnt sie in den steinernen Straßen, in denen wir lebten" (Lionel Abrahams[24]).

Die materielle Gestalt eines Ortes und deren Wahrnehmung sind Manifestationen des Sozialen in einer bestimmten (historischen) Sozialordnung und somit auch als Forschungsgegenstand von (stadt-)soziologischem Interesse (vgl. Treinen 1965, 76). Die physisch-materielle Struktur wird als Ausdruck und Interpretation ‚vergegenständlichten' menschlichen Lebens und Handelns sowie dessen sozialer Organisation verstanden (vgl. Sturm 1999, 34f.; Flade 1993, 50; Arendt 1967, 87f.; Selle 2003, 263; Moudon 1997; Sieverts 1973, 3; Ipsen 1997; Fischer/ Delitz 2009, 9).

Der Exkurs zur Differenzierung des Verständnisses von Identität und Identifikation deutete bereits an, dass im Zuge der Identitätsbildung auch eine „Identifikation *mit*" signifikanten Orten stattfindet, die schließlich emotionale Bindungen, Heimatgefühl und Ortsloyalität entstehen ließe (Weichhart 2007, 35). Der Stadtgestalt oder ‚Physiognomie'[25] werden dabei symbolische Funktionen sowohl auf individueller als auch auf kollektiv-gesellschaftlicher Ebene zugeschrieben: indem individuell-spezifische Symbole die Alltagswelt und Lebensspuren der BewohnerInnen spiegelten und indem kollektive Raumsymbole die Geschichte sozialer Gemeinschaften symbolisierten (Reuber 1995, 67; vgl. Weichhart et al. 2006, 71ff.). So ergibt sich eine *(Ver-)Bindung* von Mensch und

---

23   Eher im Sinne einer einzusetzenden Sozialtechnik beschreiben Frey/Hamedinger, es könne „über einen entsprechend zu gestaltenden konsensualen Partizipationsprozess die Veränderungen des Ist-Zustandes in problematischen Stadtteilen anstrebt werden" (Frey/Hamedinger 2006, 2931, Fehler im Original; vgl. grundsätzlich zum Verhältnis von Empowerment und Stadtentwicklungsmaßnahmen auch Ritterhoff/Sievers 2011).

24   Abgedruckt u.a. in: Vladislavic, Ivan: Johannesburg. Insel aus Zufall. A1 Verlag, 2008

25   Zur Charakterisierung der ‚Stadtgestalt' werden allgemein die Bausubstanz, das städtebauliche Arrangement und die Topographie, sowie Elemente der Straßen- und Platzmöblierung, aber auch besondere 'landmarks' eines Ortes herangezogen (vgl. Reuber 1995, 62; Göschel 1984, 6; Raith 2000).

Materialität (vgl. Röllin/Preibisch 1993, 29; Herlyn 1990, 190f.; Christmann 2004, 36; Weichhart et al. 2006, 71ff.; Downs/Stea 1982, 20f.; Fuhrer/Kaiser 1993; Reuber 1993, 17f./51; Göschel 1987).

Über die mittelbar-symbolische Ebene hinaus spielen in diesem Zusammenhang auch (alltagspraktische) Funktionen – Orientierung, Vertrautheit und Sicherheit sowie Nutzungsvielfalt – eine erhebliche Rolle. So prägte die empirische Arbeit Lynchs (1960) über ‚Das Bild der Stadt' früh ein grundlegendes Verständnis der Wahrnehmung und ‚Produktion' von Stadt als Synthese aus physischer Umwelt, Wahrnehmungen und Nutzungen (Sieverts 1997, 56). In späteren Arbeiten wird dies vielfach als funktional-rationale oder habituelle Bindung beschrieben. Einerseits findet dabei durchaus Anerkennung, dass gerade die materielle Struktur aufgrund ihrer Dauerhaftigkeit und materiellen Präsenz als Symbolträger besonders geeignet sei (Bormann 2001, 253). Nur wenige AutorInnen gehen allerdings so weit, dass die Symbolkraft der Architektur im Hinblick auf die Identität der Stadt und die Identifikation der BewohnerInnen genauso wichtig sei wie beispielsweise soziale Beziehungen (vgl. Böhme 2000, 72; Röllin/Preibisch 1993, 27; Lawrence/Low 1990, 466; Giuliani 2003).

In diesem Kontext stehen im Folgenden zunächst die Betrachtung der funktionalen und symbolischen Bedeutungsdimension der Stadtgestalt für die Ausbildung und Aufrechterhaltung raumbezogener Bindungen im Mittelpunkt. Ein weiterer Abschnitt diskutiert im Hinblick auf das Beispiel Stadtumbau die Anwendung dieser Kategorien auf das ‚Bindungspotenzial' von Großsiedlungen. Das Kapitel wird abgeschlossen durch die Darstellung zentraler Erkenntnisse hinsichtlich der individuellen und gesellschaftlichen Relevanz raumbezogener Bindungen sowie einen zusammenfassenden Ausblick.

2.3.1 Funktionale Dimension – Orientierung, Vertrautheit, Sicherheit

> *„Wir benutzen in der Gegenwart die Erfahrungen der Vergangenheit, um mit ihrer Hilfe die Zukunft zu meistern"* (Downs/Stea 1982,89, Herv.i.O)

Die Bausubstanz und das städtebauliche Arrangement, die Topographie und Infrastruktur, sowie einzelne Objekte und Elemente des öffentlichen Raums strukturieren insbesondere städtische Umwelten. In diesem Zusammenhang werden die Kenntnis und Ordnung sowie das Verständnis der jeweiligen Umwelt als Grundbedürfnisse des Menschen beschrieben (Lynch 1989, 13f.); sie ermöglichen dem Individuum Kontrolle auszuüben und vermitteln Sicherheit sowie Entspannung (vgl. Belk 1992, 38; Flade 1993, 47; Marcus 1992, 88). Den Aspekten ‚survival' und ‚security' wird dabei auch eine tragende Bedeutung für die Ausbildung raumbezogener Bindungen zugewiesen. Dabei ermögliche die Lokalität die Nutzung notwendiger Ressourcen und infolgedessen auch eine kognitive Bindung über „the knowledge and familiarity of how these resources may be extracted or used within the place" (Scannell/Gifford 2010, 5).

Das Sich-Auskennen an einem Ort hat im Hinblick auf Bewegung, Nutzung und Effizienz eine hohe alltagspraktische Relevanz (Abkürzungen, Einrichtungen der lokalen Infrastruktur, ‚Angsträume‘) (vgl. Lynch 1989, 144; Fuhrer/ Kaiser 1993, 63; Reuber 1995, 62). Sie geht aber vielfach weit darüber hinaus: Hummon (1992, 258) spricht beispielsweise von einem „sense of insideness". Auch andere Autoren thematisieren die Relevanz strukturierender funktionaler und sozialer Informationen über „den Komplex der Beziehungen zwischen Orten, Menschen, Aktivitäten und Wegstrecken" (Downs/Stea 1982, 45; vgl. Proshansky et al. 1983, 67; Kitchin 1994, 2; Norberg-Schulz 1989, 181)[26]. So werden im Prozess des ‚kognitiven Kartierens‘ Erinnerungen und Erlebnisse mit den räumlichen Strukturen verbunden und auf diese Weise jener Komplex der Beziehungen wiederum abrufbar: „denn ein Bild des ‚Wo' bringt uns auch das ‚Wer' und ‚Was' wieder in Erinnerung" (Downs/Stea 1982, 49). Mit diesem umfassenden und integrativen Prozess des Sich-Auskennens wird auch die Ausbildung von Gefühlen einer sinnhaften Zugehörigkeit und damit die Entstehung raumbezogener Bindungen assoziiert (Gebhardt et al. 1995, 26; vgl. Proshansky et al. 1983, 67; Fuhrer/Kaiser 1993, 63; Downs/Stea 1982, 49; Christmann 2004, 38). Darüber hinaus kann durch die Vertrautheit mit und die Gewöhnung an einen bestimmten Ort dieser auch zu einem (individuellen) Kompensationsraum (vgl. Abschnitt 2.1.2) werden: „Restoration within a favorite place improves self-regulatory processes by providing a secure, comfortable environment conducive to self-reflection, problem-solving, and stress relief. A favorite place is a save haven" (Scannell/Gifford 2010, 6).

In diesem Zusammenhang lassen sich *Qualitäten der räumlichen Umwelt* beschreiben, die für Bindungsprozesse als besonders förderlich angesehen werden. Zunächst sind dies *materiell, funktional und sozial relativ homogene Gebiete bzw. Strukturen* mit ‚eindeutiger Identität', die sich auch „anhand siedlungsstruktureller Grenzen von benachbarten Räumen unterscheiden lassen" (Konda 1995, 8/26; Binder 2002, 12; vgl. Göschel 1987; Christmann 2004, 334; Norberg-Schulz 1989, 181; Kennett/Forrest 2006, 713f.; Treinen 1965; Bertels

---

26   In der Umwelt- und Wahrnehmungspsychologie sowie der Einfühlungsästhetik wird der Wahrnehmung und dem Einfühlen in gebaute Strukturen eine noch höhere Bedeutung beigemessen: „Architektur- und Raumwahrnehmung basieren damit auf den Empfindungen des Leibes (...). Dieses Mit- und Nacherleben leiblicher Empfindungen findet vor allem in der Vorstellung statt, kann aber unmittelbar auch zu körperlichen Reaktionen führen" (Wagner 2004).

1997; Altman/Low 1992, 5; Herlyn 1997)[27]. Damit zeigt sich wiederum ein Bezug zu dem bereits im obigen Exkurs angerissenen Zusammenhang von Ortsidentität und Identifikation der Bevölkerung: indem das „wohlige ‚Heimat'-Gefühl dann am stärksten ist, wenn ‚Heimat' nicht nur etwas Vertrautes, sondern auch etwas irgendwie Charakteristisches ist" (Lynch 1989, 14; vgl. Göschel 1987, 92). Eindeutigkeit und Lesbarkeit werden einerseits auf das Vorhandensein manifester Abgrenzungselemente der Infrastruktur zurückgeführt – beispielsweise Straßen oder Wege. Andererseits drückt sich Abgrenzung auch im Sinne einer städtebaulichen, funktionalen oder lediglich symbolischen Abgeschlossenheit bzw. Eigenständigkeit eines Gebietes aus (Einheitlichkeit der Bebauungsstruktur, Möblierung, Fassaden) (vgl. Weeber 1971, 15/131; Christmann 2004, 334; Göschel 1987, 93ff.; Lee 2003; Weichhart 1999, 4). Lynch liefert eine umfassende Differenzierung hinsichtlich einer Strukturierung des Stadtbildes und unterscheidet dabei sechs Dimensionen: *Wegen* als den „vorherrschenden Elemente[n] in der Stadt, (…) durch die sich der Beobachter gewohnheitsmäßig, gelegentlich oder möglicherweise bewegt" (Lynch 1989, 60); *Grenzen und Rändern* zwischen Gebieten (beispielsweise Straßen oder sonstige Barrieren), wobei solche am stärksten wirkten, „die nicht nur visuell deutlich, sondern auch kontinuierlich in der Form und unzugänglich für Querbewegungen sind" (ebd., 78); *Bereichen mittleren bis größeren Maßstabs*, „in die der Bewohner ‚hineingeht' und deren jedes auf Grund seines irgendwie individuellen Charakters erkennbar ist" (ebd., 61) – hier wird der Kontinuität u.a. bezogen auf Raumgliederung, Gebäudetypen, Benutzungszweck, Einwohnerstruktur hohe Bedeutung beigemessen (ebd., 84); *Brennpunkten* als strategischen charakteristischen Orten, die häufig genutzt werden (bspw. Bahnhöfe) (ebd. 61/90ff.); *Merkzeichen* im Sinne einmaliger „optischer Bezugspunkte" und *Orientierungszeichen* allgemeinerer Art (ebd. 62/97ff.). Eigenständigkeit und Abgeschlossenheit würden weiterhin durch das Vorhandensein einer städtebaulichen, funktionalen und symbolischen *Mitte* hervorgehoben (vgl. Konda 1995, 18; Weeber, 1971, 140; Lynch 1989, 61f./90ff.). Lesbarkeit und Einprägsamkeit ergeben sich schließlich, wenn „die einzelnen Bereiche, Wahrzeichen und Weglinien leicht zu identifizieren und zu einem Gesamtmodell zusammenzufügen" sind (Lynch 1989, 12/103). So hätten auch Störungen eines Bestandteils Auswirkungen auf das Gesamtbild: zwar müssten Vorstellungen mit „entsprechenden praktischen und emotionellen Schwierigkeiten" auch „unvermeidlichen baulichen Änderungen" angepasst

---

27   Dies wird teilweise explizit auch im Hinblick auf geplante Siedlungen und Quartiere betont,
      da sie sich im Bild ihrer BewohnerInnen insgesamt als Einheit darstellen würden (Weeber
      1971, 15).

werden, dennoch „braucht man beständige Elemente, die die Umwandlungen überdauern" (ebd., 104f.).

Die Funktionen von Sicherheit, Kontrolle und Orientierung bilden somit eine wichtige Basis für die Bedeutung der Stadtgestalt im Hinblick auf Bindungsprozesse. Sie können diese jedoch nicht vollständig erklären. Wie bereits angedeutet, sind die Aspekte der symbolischen Repräsentation und Identifikation über bzw. mit der Stadtgestalt von erheblicher Relevanz – dieser Zusammenhang soll im Folgenden daher näher betrachtet werden (vgl. Reuber 1995, 61f.; Downs/Stea 1982, 49; vgl. Manzo/Perkins 2006, 337).

2.3.2 Symbolische Funktion

Während die Kontinuität und Stabilität der Stadtstruktur im Hinblick auf die Aspekte Orientierung und Vertrautheit eine *unmittelbar* alltagsfunktionale Notwendigkeit darstellen, vermittelt diese überdauernde Präsenz *mittelbar* individuelle und kollektive Kontinuität und dient so als „eine Art Arbeitsgedächtnis (...) für bindungsrelevante Ereignisse" (Reuber 1993, 17f.) – vor allem auch in Zeiten gesellschaftlichen Wandels (vgl. Fuhrer/Kaiser 1993, 60; Proshansky et al. 1983, 66; Herlyn 1990, 193; Bertels 1997, 8). Maurice Halbwachs betont die Bedeutung räumlicher Bilder im kollektiven Gedächtnis und setzt die Festigkeit und Stabilität der „Steine der Stadt" in Bezug zur Kontinuität sozialer Gruppen:

> „Die verschiedenen Viertel innerhalb einer Stadt und die Häuser innerhalb eines Viertels haben einen festen Platz und sind ebenso stark im Boden verankert wie Bäume und Felsen, wie ein Hügel oder eine Hochfläche. Daraus ergibt sich, daß die Gruppe der Städter nicht den Eindruck hat, sich zu verändern, solange das Aussehen der Straßen und Gebäude gleichbleibt und es wenige zugleich fester gefügte und dauerhaftere soziale Formationen gibt" (Halbwachs 1967,130f.).

Diese Relevanz findet sich ebenso auf individueller Ebene: indem die über bzw. im Verhältnis zu einem Bindungsraum ausgebildete Identität als Bestandteil der personalen Ich-Identität interpretiert wird, erhalten diese Bindungen für jedes Individuum existenzielle Bedeutung (vgl. Keller 1988, 184f.; Marcus 1992, 109f.; Christmann 2004, 20; Flade 1993, 50). Auch das Individuum versichert sich über den Raum seiner eigenen Identität und greift mithilfe gewohnter Strukturen auf Wissen, Ereignisse und Erfahrungen zurück. Über diese Funktionen erhält also auch der symbolische Aspekt der physiognomischen Struktur Bindungsrelevanz. So könne eine bauliche Umwelt auch ohne direkte Aktivitäten und ohne nahe Sozialbeziehungen Anknüpfungspunkt für Bindungen sein (Romeiss-Stracke 1985, 30ff.; vgl. Spiegel 1984, 17).

Die Bindung an einen Ort wird daher ganz wesentlich mit der symbolischen Belegung der materiellen Struktur im Hinblick auf bindungsrelevante Ereignisse und Erlebnisse begründet (vgl. Konda 1996, 15; Röllin/Preibisch 1993, 127; Treinen 1965; Thomas et al. 2006, 27; Sieverts 1997, 56; Reuber 1993, 108; Spiegel 1984, 17). Insgesamt scheint allerdings eine trennscharfe Differenzierung individueller und kollektiver Aspekte dabei schwierig: Reuber (1993, 51) unterscheidet nach individuell und kollektiv bedeutsamen ‚landmarks' bzw. Assoziationspunkten. Demgegenüber betonen andere AutorInnen die räumlich-inhaltliche Überschneidungen auf der jeweiligen Bindungsebene als „geographische[r] Schnittpunkt subjektiver Lebenserfahrung und überindividueller Geschichte" (Gebhardt et al. 1995, 27; vgl. Selle 2003, 269; Bahrdt 1984, 13).

Die Betrachtung raumbezogener Bindungen geht damit auch über die mikrosoziologische Analyse individueller Wahrnehmungen und Handlungen hinaus. Denn es handele sich um „the symbolic relationship formed by people giving culturally shared emotional/affective meanings to a particular space" (Low 1992, 165). Die materielle Struktur vermittle dabei einerseits individuelle Kontinuität und biete dem Individuum andererseits die Möglichkeit, sich in den gesellschaftlichen Bedeutungskontext von Verbindung und Zugehörigkeit einzubinden (Reuber 1993, 52ff.; vgl. Helbrecht 2005, 148; Altman/Low 1992, 10; Gebhardt et al. 1995, 54). So fand Blokland (2003) in ihrer empirischen Untersuchung eines innerstädtischen Stadtviertels einerseits individuelle Verbindungen von Erinnerungen und dazugehörigen Orten, denn „all stories about the past include references to *locations*"; „location helped people remember" (ebd., 205f., Herv.i.O.). Andererseits hätten diese gemeinsamen Erinnerungen auch zu neuen Gemeinschaftsformen zwischen älteren Personen geführt, die zuvor wenig miteinander zu tun gehabt hätten: „now they found each other through collective memories associated with the location" (ebd.). Reuber zufolge stützen sich diese Assoziationen und Bezüge „verstärkt auf einige wenige kollektive Raumsymbole", die „den meisten Bewohnern ‚gemeinsam' bekannt sind": in seiner Kölner Untersuchung waren dies unter anderem alte Bausubstanz, gründerzeitliche Straßen und Häuser, Stadtmauer, Kirche, Brauerei und Fabrik, Marktplatz, Fußgängerzone und Grünanlagen (Reuber 1993, 51; vgl. Downs/Stea 1982, 129). Diese Ergebnisse hinsichtlich der individuellen und sozialen Relevanz der materiellen Stadtstruktur und ihrer Einzelelemente werden auch von anderen AutorInnen bestätigt (vgl. Fuhrer/Kaiser 1993, 60; Reuber 1993, 58; Keller 1999, 97f.; Wagner 2004; Lynch 1989, 146f.; Bormann 2001, 253; Belk 1992, 42; Hummon 1992, 258; Christmann 2004, 20).

Verschiedene Autoren verweisen in diesem Zusammenhang auf mobilitäts- und bindungsbezogene Negativfolgen von unterschiedlichen Ausmaßen: Stokols et al. (1983) zufolge sei eine hohe Mobilität – und damit die indirekte

Veränderung der Umgebung – häufig verbunden mit „certain direct, negative effects on subjective well-being and social relations (…) with having more illness-related symptoms and with having a lower sense of community". Negative gesundheitliche Auswirkungen seien dabei abhängig von der sozialen und Wohnsituation der Betroffenen: „the perceived quality of the individual's current situation at home and at work, and on temporal factors such as his or her perceptions of earlier residences, time spent in the current residence, and perceived availability of attractive housing options" (ebd. 15). Vor allem auch „low levels of residential choice" hätten einen zusätzlich negativen Einfuss (ebd., 16; vgl. Brown/Perkins 1992, 288). Wiederum zeigen sich mit der Wohndauer bzw. der Wohnbiographie und der Freiwilligkeit der Wohnentscheidung klassische Indikatoren als relevant im Hinblick auf die Rolle eines Kompensationsraumes. Die unfreiwillige Ge-Bundenheit an einen Ort bzw. die Unmöglichkeit der Einflussnahme auf den Wohnsitz wird so mit gesundheitlichen Beeinträchtigungen assoziiert, ebenso wie der Verlust des gewohnten Bindungsraumes. Gleichzeitig verweisen die Ergebnisse auf ein grundsätzliche Dilemma: so könnte durch Eingriffe die Wohnqualität angehoben und damit die negativen gesundheitlichen Einflüsse der Wohnumgebung entschärft werden; jedoch bleibt letztlich offen, inwiefern durch diese ‚Verbesserungen' wiederum Verluste in anderen Dimensionen entstehen (Kostenanstieg, soziale Kontakte, symbolische Funktionen).

Die Anfang der 1960er Jahre in einem Bostoner Sanierungsgebiet durchgeführte Untersuchung von Fried ist in diesem Zusammenhang eine der ersten, die sich mit der Wahrnehmung der Kahlschlagsanierung durch die betroffenen BewohnerInnen auseinandersetzt. Der Autor beschreibt insbesondere die durchgeführten Zwangsumsiedlungen als „a highly disruptive and disturbing experience" (Fried 1963, 151). Im Mittelpunkt stehen dabei *Verlusterfahrungen unterschiedlichen Ausmaßes*. Nicht nur äußerten die Befragten hinsichtlich der ehemaligen Wohnorte Reaktionen, die der Trauer um geliebte Personen glich. Vielmehr beschrieben sie diese – ganz im Sinne der ‚Ortsidentität' – auch als einen Teil ihrer selbst: „‚it was like a piece being taken from me', ‚I felt terrible', ‚I used to stare at the spot where the building stood', ‚I was sick to my stomach'" (ebd., 152). Die Wahrnehmung der Veränderung bzw. die erlebte Störung der Bindung äußere sich demnach hauptsächlich

„in the feelings of painful loss, the continued longing, the general depressive tone, frequent symptoms of psychological or social or somatic distress, the active work required in adapting to the altered situation, the sense of helplessness, the occasional expressions of both direct and displaced anger, and tendencies to idealize the lost place" (Fried 1963, 151).

Diese Folgen wurden wesentlich mit der Unterbrechung des individuellen Kontinuitätssinns und einer damit einhergehenden Identitätsfragmentierung (der Orts- und Gruppenidentität) begründet (vgl. ebd., 153; Giuliani 2003, 144ff.). Denn durch nicht rückgängig zu machende Veränderung und/oder die Zerstörung materieller Strukturen werde nicht nur das Erinnern an sich, sondern vielmehr auch die Vorstellung, die Menschen von sich, Gruppen und Bezugsterritorien hätten, in Frage gestellt (Hauser 2003). Weiterin ließen sich Auswirkungen bis hin zum Verlust der räumlichen Teilidentität beschreiben: „extreme variations in the physical environment (…) may indeed threaten the self-identity of the individual" (Proshansky et al. 1983, 66; vgl. Marcus 1992, 110; Twigger-Ross/Uzzel 1996, 218). Dem Individuum wird in diesem Zusammenhang zwar ein Toleranzspektrum attestiert, allerdings sei „für die Übereinstimmung des Menschen mit seiner Umwelt und für sein Wohlbefinden in dieser Umwelt ein überwiegender Anteil an gewohnter Zeichensubstanz erforderlich" (Pahl 1974, 68; vgl. Lynch 1989, 104f.). Die Anpassungsleistung habe Grenzen, die „offenbar überschritten sind, wenn binnen kurzer Zeit ein ganzer Stadtteil abgerissen und in veränderter Form wieder aufgebaut wird" (Spiegel 1984, 23; vgl. Bausinger 1990, 87). Diese hier genannten Grenzen, so zeigen die behandelten Beispiele, werden in der alltäglichen Praxis allerdings vielfach überschritten.

Zwar kann die Kontinuität erlebter räumlicher Zeichen einerseits biografische und gesellschaftliche Umbrüche abfedern (vgl. Göschel 1987, 100). Andererseits wird mit ihrer Relevanz auch eine Verletzlichkeit offenbar: gerade wenn Stabilität im Zuge erlebten Wandels besonders gefordert ist, kann dieser Wandel gleichzeitig mit einer Veränderung der Halt gebenden Strukturen verbunden sein – beispielsweise durch (erzwungene) Mobilität oder verändernde Eingriffe. Diese gewohnten Strukturen und die Bindungen lassen sich jedoch nicht einfach räumlich transferieren, so dass sich eine elementare Angewiesenheit und mithin auch eine erhebliche Betroffenheit bei entsprechenden Eingriffen in diese Mensch-Umwelt-Beziehung ergeben (vgl. Weeber 1971, 127; Bahrdt 1984, 12; Fuhrer/Kaiser 1993, 65). So stellt Siebel (1977, 395) im Hinblick auf die Veränderungen durch städtebauliche Sanierungsmaßnahmen fest: „Insofern als emotionale Bindung auf die ‚Geschichte' hinweist, die das Gebiet für seine Bewohner hat, ist diese Qualität allerdings auch unersetzbar".

Hinzu kommt, dass Ortswechsel oder die Veränderung der Umwelt gleichzeitig *neue, langfristige Anforderungen im Hinblick auf eine Anpassung und Gewöhnung* an die neuen Strukturen mit sich bringen (Twigger-Ross et al. 2003, 211; vgl. Brown/Perkins 1992, 284). Somit haben Eingriffe nicht nur Auswirkungen auf diejenigen, die in andere Gebiete umziehen müssen, sondern auch die 'Dableibenden' erfuhren diese „transformation of place" als ein indirektes „displacement" (Hummon 1992, 269; vgl. Brown/Perkins 1992, 284)[28]. Mit der Veränderung der Umwelt – direkt durch Eingriffe oder indirekt durch erzwungene Mobilität – wird auch der latente Charakter raumbezogener Bindungen offenbar, so dass sich erst durch den Verlust Bedeutung und Inhalte der Bindung manifestieren.

Eventuelle Proteste gegen städtebauliche Eingriffe lassen sich in diesem Kontext erklären: sie bedrohen nicht nur die ‚Funktionalität' des gewohnten Alltags, sondern die Sicherung der persönlichen und sozialen Kontinuität wie auch den individuellen und kollektiven Erinnerungsspeicher (vgl. Göschel 1987, 98f.; Blokland 2003, 159ff.; Twigger-Ross et al. 2003, 210; Proshansky et al. 1983, 70ff.; Manzo/Perkins 2006, 337): „Bewohner protestieren gegen bauliche Veränderungen ihrer Umwelt nicht in erster Linie, weil ihnen für eine kurze Zeit die Orientierung erschwert wird, sondern weil mit der Veränderung der Physiognomie auch die Bedeutungsinhalte verloren gehen, die damit verknüpft waren" (Reuber 1995, 61).

Auch eine Verbesserung der baulich-infrastrukturellen Ausstattung kann in diesem Fall scheinbar nicht den Verlust oder die Angst kompensieren, „daß die vertrauten Symbole und räumlichen Ensembles verloren gehen und damit auch die Reaktivierung von Erinnerungen" verunmöglicht und ein Stück Biographie ortlos werde (Reuber 1993, 110; vgl. Konda 1995, 2). Veränderungen würden umso mehr und größere Verteidigungs- und Protestaktionen der betroffenen BürgerInnen hervorrufen, je größer ihre Angewiesenheit auf die ortsspezifischen Strukturen und Ressourcen sei (Winter/Church 1984, 81; vgl. Manzo/Perkins 2006, 337). Wenn allerdings – wie im Stadtumbaugeschehen – vor allem Gebiete von Eingriffen betroffen sind, deren BewohnerInnen gerade auf die lokalen Ressourcen angewiesen sind, aber jene Einspruch- und Verteidigungsstrategien nicht Teil dieser sozialen und/oder ökonomischen ‚Ressourcenlage' vor Ort sind, kann dies eine entsprechende Auseinandersetzung um die Ausgestaltung von Veränderung und Entwicklung verhindern.

Der folgende Abschnitt setzt sich daher mit einer Siedlungsform auseinander, die der hauptsächliche Ansatzpunkt für erhebliche städtebauliche Eingriffe im Stadtumbaugeschehen ist und deren diskursive ‚Bearbeitung' seit den 1970er Jahren in West-, seit der Wende auch in Ostdeutschland von einer Ambivalenz aus Eigen- und Fremdwahrnehmung geprägt ist. Dabei ist die ‚Stadt-

---

28   Low (1992, 179) beschreibt ein solches Beispiel einer ‚transformation of place': „One of my first experiences in parque central was observing an old man cry when he saw that two giant palm trees had been cut down. He wept and cried out that now the plaza would never be the same for him as he had spent his entire life under those palm trees".

gestalt' von Großsiedlungen einerseits mit einer erheblichen Prägnanz ausgestattet, andererseits werden gerade dieser Form und Struktur Bindungspotenziale meist pauschal abgesprochen.

2.3.3 Sonderfall Großwohnsiedlung

„Denn auch die ‚Nicht-Orte' sind Teil der Alltagswelten zahlreicher Menschen" (Bormann 2001, 287f.).

Wenn für die Ausbildung und Aufrechterhaltung raumbezogener Bindungen wesentlich auch die jeweilige materielle Umwelt relevant ist, stellt sich unweigerlich die Frage nach der Beschaffenheit dieser ‚Bindungsorte'. Bereits diskutiert wurden in diesem Zusammenhang die Maßstabsebenen lokaler Bindungen, ortsbedingte Bindungspotenziale bzw. funktionale und soziale Konstellationen, die Bindungen erleichtern und wahrscheinlich machen, sowie einige Aspekte einer bindungsfördernden städtebaulichen Struktur.

Großwohnsiedlungen im Sinne einer mehr- bzw. vielgeschossigen Bebauung in Punkt-, Zeilen-, Scheiben oder ähnlicher Bauweise[29] nehmen in diesem Kontext eine hervorzuhebende Bedeutung ein: sie wurden insbesondere ab den 1960er Jahren mit dem Ziel erbaut, dort ‚modernes Wohnen' mit modernem Städtebau zu realisieren. Seit dem Zweiten Weltkrieg wurde dabei die ‚gegliederte und aufgelockerte' durch die autogerechte und schließlich durch jene Stadt(erwie-terungen) ergänzt, die ‚Urbanität durch Dichte' herstellen sollten (vgl. Albers 1996, 7; Rodenstein 1991). In den neu erschlossenen Gebieten wurden während der Sanierungsvorhaben auch den BewohnerInnen der als erneuerungsbedürftig eingestuften innerstädtischen Altbauquartiere Ersatzwohnungen gestellt (vgl. Abschnitt 3.1). Gleichzeitig setzte eine allgemeine Kritik in Westdeutschland bereits kurz nach der Fertigstellung der ersten großen Vorhaben in den 1960er Jahren ein. Und auch wenn die Siedlungen seither durch Forschungs- und Evaluationsprogramme begleitet wurden und im Hinblick auf städtebauliche Variationen und infrastrukturelle Ausstattungen Nachbesserungen stattfanden, so blieben sie im Zusammenhang mit teilweise hohen Fluktuationsraten, sozialen Konflik-

---

29   Im deutschsprachigen Raum existieren unterschiedliche Definitionen und statistische Abgrenzungen für Großwohnsiedlungen (vgl. Jessen 1998). Die Arbeit bezieht sich in diesem Zusammenhang auf Erkenntnisse, die im Hinblick auf diese Siedlungsform – unabhängig von ihrer jeweiligen Größe – publiziert wurden. Im Mittelpunkt steht dabei vor allem eine architektonische bzw. Siedlungsform, die gekennzeichnet ist durch mehr- und vielgeschossigen Wohnungsbau, der überwiegend in den 1960er bis 1980er Jahren in peripherer bzw. Stadtrandlage (in Ostdeutschland ggf. auch innerstädtisch bzw. ländlich) errichtet wurde.

ten und der Diskussion um ‚negative Wirkungen' auf ihre BewohnerInnen weiterhin Gegenstand theoretischer und planerischer Auseinandersetzungen.

Gerade in diesem Kontext kann am ‚Sonderfall' Großwohnsiedlung exemplarisch eine weitere *Ambivalenz* im Umgang mit raumbezogenen Bindungen dargestellt werden und zwar jene *der Innen- und Außenwahrnehmung von Bedürfnissen bzw. Problemwahrnehmungen.*

Denn einerseits lässt sich beobachten, dass dieser Siedlungsform ein Bindungspotenzial häufig pauschal abgesprochen, ihnen im Gegenteil teilweise sogar eine latent ‚gefährliche Wirkung' auf die BewohnerInnen selbst und ihre – in dieser Umgebung angeblich gar nicht entwicklungsfähige – Ortsbindung unterstellt wird. So wurde der Wegfall traditioneller Stadtqualitäten, die Verarmung der sinnlichen Wahrnehmung und damit der Verlust an Möglichkeiten zur Identitätsbildung und Selbstentfaltung konstatiert (Böhme 2000, 94; vgl. Bahrdt 1984, 13; Reuber 1993, 108; Röllin/Preibisch 1993, 80). Diese Bedingungen verhinderten eine Aneignung durch und damit ein Heimisch-werden der AnwohnerInnen (Konda 1996, 146f.; vgl. Weeber 1971, 150; Mitscherlich 1965, 14f.). So merkt beispielsweise Reuber an, dass jedem, der

„schon einmal durch die gesichtslosen, in ‚industrieller Großplattenbauweise' erstellten Wohnghettos in Jena, Halle-Neustadt oder einer anderen bundesdeutschen Großstadt gegangen ist, dem wird spätestens hier deutlich geworden sein, daß eine derart drastische Reduktion der physiognomischen Anmutungsqualitäten sich nahezu zwangsläufig auch auf die Ortsbindung, auf das ‚sich einrichten' und ‚sich-geborgen-fühlen' im Wohnviertel auswirken muß" (Reuber 1993, 16f.).

Der moderne Städtebau wird auf diese Weise mit der Missachtung soziokultureller Traditionen assoziiert und als Folge der Verlust oder der Zerstörung von Ortsidentitäten und Heimat festgestellt (vgl. Böhme 2000, 94). Es entstünden Orte, „deren Destruktivität auf die Menschen zurückwirkt", womit „ein sozialräumlicher Zirkel der Hoffnungs- und Orientierungslosigkeit" entstehe (Hassenpflug 2000, 35). Insbesondere für Kinder müsse angenommen werden, „daß (…) sich mangelnde Sozialerfahrungen bzw. Wahrnehmungsdefizite in sich erst später offenbarenden Persönlichkeitsdeformationen [sic] niederschlagen" (Herlyn 1987, 117). Im Zusammenhang mit öffentlich geführten ‚Ghetto'- oder ‚Brennpunkt'diskussionen wird so teilweise auch von wissenschaftlicher Seite ein (Wirkungs-)Zusammenhang von städtebaulicher Struktur und der Entstehung sozialer Problemlagen konstruiert. Diese hochgradig normativ aufgeladene Diskussion spitzt sich – auch im heutigen Stadtumbaugeschehen – dahingehend zu, dass ‚Bindungen' zu einer Problemkategorie werden: indem angeführt wird, dass soziale Beziehungen ‚negative Milieuerscheinungen' perpetuieren (vgl. beispielsweise Lanz 2007, 163 ff.) und eine finanziell bedingte ‚Ge'-Bundenheit

bestimmter Bevölkerungsgruppen eine unerwünschte ‚Ballung' sozial benachteiligter Haushalte in bestimmten Quartieren bedingt (vgl. BMVBS 2010, 9;
BMVBS 2012, 17/55).

Andererseits lässt sich aus den bisher vorgestellten Ergebnissen ableiten,
dass die Kriterien einer gut lesbaren, eindeutigen und abgrenzbaren Stadtgestalt
insbesondere auf die Form neu geplanter Mehrfamilienhaus- und Großsiedlungen zutreffen – gerade dies war auch Bestandteil der Planungsideale. Damit steht
das pauschale ‚Unwerturteil' im Widerspruch zu den bindungsfördernden Ge-
staltqualitäten derartiger Räume und zu der (teilweise von den gleichen AutorInnen) konstatierten überragenden Rolle der (von der Stilrichtung unabhängigen)
individuellen und kollektiven Symbolkraft der physiognomischen Gestalt. Dabei
scheint weniger die Siedlungsform als vielmehr deren jeweilige Gestaltung,
Pflege und Ausstattung für die Wohnzufriedenheit und lokale Bindungen von
Bedeutung zu sein (vgl. Konda 1996, 138; Reuber 1993, 120).

Als entscheidend hinsichtlich der funktionalen Bindungsrelevanz städtebaulicher Strukturen wurden deren Eindeutigkeit und Abgrenzbarkeit hervorgehoben. Und so habe man auch nachweisen können, dass „landläufig als häßlich,
abstoßend, erdrückend bezeichnete Formensysteme baulichen Einheiten und
Ensembles eine sehr klare Identität verleihen" (Göschel 1984, 8; vgl. Konda
1996, 138f.) und dass die „Eindeutigkeit, in der ein Ort, ein Raum oder ein
Raumausschnitt zur Identität wird, (…) nicht von der Qualität z.b. der Architektur, sondern der Prägnanz der Definition" abhänge (Göschel 1984, 6f.). In der
Studie von Konda wurde die „Überschaubarkeit der Gesamtstruktur" in der
Großsiedlung von den Befragten positiv hervorgehoben und 71 Prozent der BewohnerInnen fühlten sich mit ihrer Straße bzw. 63 Prozent mit dem Viertel verbunden (Konda 1996, 102ff.). Diese Daten bezüglich der kleinräumigen Verortung bestätigen die Ergebnisse von Reuber ebenfalls: demnach seien zwar ge-
wachsene Stadtviertel reicher an kollektiven ‚landmarks' (Reuber 1993, 108),
gleichzeitig spielten aber für die lokale Ortsbindung „vielmehr die in der individuellen Bewertung positiv bewerteten *Teilbereiche des Viertels* eine zentrale
Rolle" (ebd. 53, Herv. KS). Diese seien eng mit alltagsweltlichen Ansprüchen
und Verhaltensweisen der Befragten verknüpft und erzeugten eine hohe Verhaltenssicherheit und Vertrautheit (ebd., 56f.). Auch Herlyn folgert mit Verweis auf
eigene Studien in Ostdeutschland, dass sich in den (industriell errichteten)
Wohnquartieren „die Informiertheit, die Nutzungen von Gelegenheiten (wie z.B.
infrastrukturelle Einrichtungen) und verschiedene Kommunikationen in der Regel so eng verdichten, dass vertraute Lebensräume entstehen, die sich deutlich
voneinander unterscheiden lassen" (Herlyn 2010, 241) (vgl. zur Wohnzufriedenheit auch Abschnitt 4.2.2.2).

Auf diesen Wahrnehmungs- und Be-Deutungsprozess nehmen wiederum andere bindungsrelevante Faktoren Einfluss. Mit zunehmender *Dauer der Ansässigkeit und Alter des Viertels* kann eine Zunahme sozialer Interaktionszusammenhänge festgestellt werden: so fasst beispielsweise Herlyn (1987, 113f.) großsiedlungsbezogene Forschungsarbeiten zwischen 1969 und 1982 dahingehend zusammen, dass sich zwar im Bezugsstadium ein geringeres Ausmaß nachbarschaftlichen Verhaltens zeigte, aber im Zeitverlauf eine Intensivierung und *Verstetigung auch enger nachbarschaftlicher Kontakte* nach einigen Jahren stattfand.

Bezüglich der *symbolischen Besetzung* galt zunächst für Großsiedlungen in West- wie (später auch in) Ostdeutschland, dass der Umzug in eine solche Siedlung für die meisten (zukünftigen) BewohnerInnen „eine Befreiung aus beengten Wohnverhältnissen, unangenehmen Nachbarschafts- oder Verwandtschaftsbeziehungen, einer ungünstigen Mietersituation und ähnlichem" bedeutete. Somit hätten die mit Modernität und Fortschritt assoziierten großzügigen städtebaulichen Strukturen durchaus auch Symbolwert erhalten (Weeber 1971, 150). Damit kommt auch in diesem Zusammenhang der *Aspekt persönlicher Erfahrung und biografischer Bedeutung* im Hinblick auf die Symbolkraft des Ortes zum Tragen: Heimat sei immer verbunden mit Orten, wo „wesentliche Erfahrungen zur Gewinnung von Identität erlebt wurden oder werden" (Herlyn 1990, 184); auf diese Weise seien auch neue Siedlungen „für einen Großteil der Bewohner eine Heimat geworden" (Willinger 2006, V; vgl. Herlyn 1987, 121).

Davon ausgehend zeigt sich eine doppelte Innen-Außen-Wahrnehmung, die einerseits die Einheit und Abgrenzbarkeit des Gesamtensembles, anderseits die innere Differenzierung im Sinne kleinräumiger Grenzen beinhaltet: für den gelebten Alltag ist es dementsprechend entscheidend, „dass die Großsiedlung zwar von außen betrachtet als ein monolithisches Ensemble erscheint, von den Bewohnern aber als fein differenziertes Gebilde aus Mikro-Örtlichkeiten gelesen wird", in dem einzelnen Teilbereichen eine Bedeutung zugewiesen werde (Willinger 2006, V; vgl. Reuber 1995, 73). Eine positive Besetzung der Symbolfunktion sowohl der Siedlungen als auch der ‚Mikro-Örtlichkeiten' findet sich jedoch in der öffentlichen und fachlichen Diskussion selten, nur vereinzelt und teilweise ‚nebenbei' wird in diesem Kontext auf den symbolischen Wert neuerer Strukturen verwiesen (vgl. Christmann 2004, 38; IRS 2003; Reuber 1993) oder deren „kulturelle und soziale Identität" hervorgehoben (BMVBW 1999, 154) – letzteres Zitat stammt im Übrigen aus einer Empfehlung, was bei notwendigen *Abrissen* zu beachten sei.

Es stehen sich also (die teilweise auch empirisch belegte) *Eigenwahrnehmung und (ein normativ aufgeladenes) Fremdbild* gegenüber, auch wenn prinzipiell jeder Siedlungsform ‚Heimatcharakter' zugesprochen wird. Welche Rele-

vanz diesen Bindungsorten als ‚Kompensationsraum' zukommt soll im abschlie-
ßenden Kapitel, insbesondere auch vor dem Hintergrund von Bedrohung und
Veränderung, behandelt werden.

2.4   Zwischenfazit: „what is at stake is the well-being of the person"[30]

Heimat als Raum oder Ort, auf den sich raumbezogene Bindungen beziehen,
übernimmt die Funktion eines *‚Kompensationsraumes'* (Bausinger). Dessen
Kern generiert sich wesentlich aus zwei Charakteristika, die epochentypisch in
ihrem ‚Möglichkeitsspielraum' differieren, aber den Wesensgehalt eines kulturgeschichtlich übergreifenden Verständnisses ausmachen: zunächst ist Heimat, so
zeigt es der historische und forschungsbasierte Abriss, unmittelbar assoziiert mit
‚Sicherheit' im weitesten Sinne[31]. Es ist der Ort, an dem bestimmte Versor-
gungsansprüche gelten (ökonomisch), wo man eingebunden ist in das Netz von
Institutionen, Freunden und Verwandten und weiß, welche Regeln zu beachten
sind (sozial), der den Alltag durch seine Gliederung und Ausstattung bestimmt
(funktional) und der schließlich auch durch die (Kontinuität seiner) Struktur
Erinnerungen, Hoffnungen und Identität spiegelt (symbolisch). Sicherheit und
Stabilität generieren in diesem Sinne einen *Komplementärcharakter von Heimat
und Modernisierung*. Historisch bezieht sich das räumlich-geographische Spektrum in diesem Zusammenhang auf Maßstabsebenen vom individuellen Rück-
zugssort bis zur regionalen und nationalstaatlichen Ebene, wobei – abgesehen
von revisionistischen Positionen – seit Mitte des 20. Jahrhunderts eine Verschiebung der Wahrnehmungsperspektive hin zum regionalen und insbesondere lokalen Zusammenhang beschrieben wird.

Weiterhin lässt sich ein kompensatorischer Aspekt dahingehend feststellen, dass Heimat kulturgeschichtlich relativ konstant auch ein Verständnis im
Sinne eines *‚Verfügungsraums'* beinhaltet. Dieser idealtypische Wesensgehalt
aktiver oder passiver Teilhabe zieht sich wie ein roter Faden durch die Begriffs-
geschichte: bis ins 19. Jahrhundert in rechtlicher Form durch Besitz- und Rechtsansprüche; politisch in Form (bürgerschaftlicher) Mitbestimmung zunächst für
einige, schließlich für alle Mitglieder der Gesellschaft; sozial im Sinne (freiwil-
lig-positiver) lokaler Netzwerke; symbolisch durch kollektive und individuelle

---

30   Proshansky et al. 1983, 66
31   Diese ist hier vor allem als ‚security',d.h. ‚existenzielle Sicherheit' und ‚certainty', d.h.
      ‚Erwartungssicherheit, weniger im Sinne einer auf die körperliche Unversehrtheit weisenden
      ‚safety' zu verstehen (vgl. Wehrheim 2006, 22).

Aneignung bzw. Repräsentation; funktional im Sinne einer Gewöhnung, Kontrolle und Kenntnis eines Gebietes.

Wenn Herlyn konstatiert, Heimat stehe seit Ende des 19. Jahrhunderts „quer zu einer konsequenten Modernisierung der Gesellschaft auf allen Gebieten" (1990, 182), dann ist dies zunächst als ‚komplementär' im Hinblick auf die Funktion von Stabilität und Rückzugsmöglichkeit zu verstehen. ‚Quer' – so ließe sich ergänzen – steht sie insofern, als dass mit der wohlfahrtstaatlichen Anerkennung der Bedeutung von ‚Heimat' zunehmend Schutzmechanismen etabliert wurden, die in der Tat ein Durchschlagen der ungefilterten Folgen der Modernisierung verhindern sollen (vgl. Kapitel 3). Der idealtypisch *ambivalent-polare Charakter* von Heimat ist dabei implizit – als Ort von Gewohnheit, Kontinuität und Stabilität sowie als Lebensraum, dessen Gestaltung (also auch dessen Wandel) im Rahmen eines gebietsabhängigen Spektrums ‚normal' und möglichst auch beeinflussbar ist. Bewahrung und Veränderung, Fortgang und Rückkehr sind elementare Bestandteile, sind Wesensinhalt von Heimat – ohne ‚das Andere' kann es keine Definition des ‚Einen' geben. So verliert auch eine Heimat, die statisch und nicht wandel- und anpassungsfähig ist, ebenso wie eine solche, die das Weggehen und die Rückkehr nicht zulässt, ihre Funktion als Kompensationsraum und Repräsentationsort ihrer ‚Bezugssubjekte' – der BewohnerInnen.

Diese *Ambivalenz von Stabilität und Veränderung*, von individuellen und kollektiven Repräsentationen, von bewussten und unbewussten Bindungen stellt nicht nur für die wissenschaftliche, sondern auch für die politisch-planerische Auseinandersetzung eine erhebliche Herausforderung dar. Sie zeigt sich in den folgenden Praxisbeispielen, die diese Ambivalenz von der Planung bis zur Umsetzung spiegeln: sollen BewohnerInnen frühzeitig informiert oder nicht unnötig beunruhigt werden, ist es in ihrem Interesse, die alten Baustrukturen an einem neuen Ort zu duplizieren oder soll mit dem Umzug und einer anderen Umgebung im Gegenteil ein neuer Lebensabschnitt repräsentiert werden, kann bei der radikalen Erneuerung eines Quartiers die Verbesserung der Lebensbedingungen höher bewertet werden als der Verlust der vertrauten Umgebung?

Eine weitere Ambivalenz ergibt sich in Situationen bzw. Epochen gesellschaftlichen Wandels: Heimat und Bindung gelten als ‚Korrektiv' zu den erlebten Veränderungen und sind durch Kontinuität, Stabilität, Gewohnheit, Nähe und Sicherheit charakterisiert. Dieser Komplementärraum wird gebildet durch jenes Konglomerat aus sozialen Interaktionszusammenhängen, materiellen Objekten, funktionalen Strukturen, Assoziationen und symbolischen Beziehungen, die aber selbst Bestandteil jener sich wandelnden Lebenswelt sind. Gesellschaftlicher Wandel materialisiert sich damit gerade auch in Strukturen und Bereichen, die wesentlich für die Entstehung und Aufrechterhaltung raumbezogener Bindungen sind. Dadurch kann die paradoxe Situation entstehen, dass Menschen auf die

Stabilität und Kompensationsfunktion von (raumbezogenen) Bindungen besonders angewiesen sind, diese aber gleichzeitig aufgrund ihrer systemischen Eingebundenheit selbst in ihrer Existenz bedroht werden. Diese ‚*Konjunkturabhängigkeit*' zeigt sich deutlich sowohl im Hinblick auf die Wandlungsprozesse des Industrialisierungsprozesses als auch vor dem Hintergrund ökonomischer und sozialer Transformationsprozesse seit den 1970er Jahren und zur Jahrtausendwende (vgl. Opaschowski 2005).

In diesem Zusammenhang können sich die Herausforderungen und Auswirkungen oktroyierter Veränderungen der sozialen und physischen Struktur sowie unfreiwilliger Mobilität noch verstärken, wenn sie in Gebieten stattfinden, deren BewohnerInnen nicht über die ökonomischen, sozialen oder kulturellen Ressourcen[32] verfügen, um der Veränderung ihrer Heimat zu begegnen – sei es nun durch Wegzug, rechtliche Mittel und Protest oder Mitgestaltung (vgl. Hirschman 1970; Brown/Perkins 1992, 297f.). Gerade jene – so ließe sich schlussfolgern – die aufgrund persönlicher Umstände oder ökonomischer Entwicklungen die Schutzfunktion des Kompensationsraums besonders nötig haben, sind am wenigsten in der Lage, diesen selbst zu gestalten oder zu bewahren. Dies erscheint umso dramatischer und paradoxer als dass häufig gerade ‚benachteiligte' Lebensorte im Rahmen von Umstrukturierungsmaßnahmen zur Disposition stehen – beginnend mit der von Fried (1963) beschriebenen ‚slum-clearance', über die Erneuerung sozialer und physischer Strukturen ‚rückständiger Viertel' im Rahmen der bundesdeutschen Flächensanierung (vgl. Zapf 1969), bis hin zur diskursiven und schließlich mit dem Abriss auch praktischen Entwertung der Gebiete des industriellen Wohnungsbaus in Ostdeutschland. In diesem Sinne lässt sich eine sozial- und lebensortbedingte ‚*doppelte Benachteiligung*' feststellen.

Trotz ‚objektiv' schlechter Bedingungen oder eines negativen ‚Images' haben auch diese Orte „eine bestimmte Kostbarkeit für ihre Benutzer, die nicht Teil des konventionellen Konzeptes von Gütern ist" (zit. nach Strom/Mollenkopf 2004, 287). Insbesondere psychologische Studien heben die Bedeutung bindungsrelevanter Orte und ihrer materiellen Gestalt als Teil der menschlichen Identität, als Mittel zur Aufrechterhaltung von personaler Kontinuität und Individualität sowie ihre Rolle hinsichtlich gruppenidentitärer Prozesse bis hin zur Stabilisierung sozialer Systeme hervor (vgl. Weichhart et al. 2006, 71ff.; Twigger-Ross/Uzzel 1996, 217; Rubinstein/Parmelee 1992, 139f.; Altman/Low

---

32   Bourdieu unterscheidet drei ‚Kapitalsorten': soziales (Beziehungen, Gruppenzugehörigkeit), kulturelles (Bildung, Wissen, Kulturressourcen) und ökonomisches Kapital (Einkommen, Vermögen). Als nutzbare Ressourcen versetzen diese Einzelpersonen oder Gruppen (auch) in die Lage, Interessen, Positionen oder Diskurse zu etablieren.

1992, 10; Herlyn 1990, 199; Reuber 1993, 7; Weichhart 1990; Blokland 2003, 207).

Heimat und Bindungen manifestieren sich im Kontext ‚bedrohter Orte' (vgl. Twigger-Ross/Uzzel 1996, 210; Göschel 1984, 25; Bodzenta et al. 1981; Greverus 1972; Fuhrer/Kaiser 1993, 57), deren Existenzgefährdung zu einer bewussten Wahrnehmung von Ortsbezügen führt und diese dann auch empirisch fassbar macht. Dabei nehmen die Art und die Intensität der Bindung auch Einfluss auf das Ausmaß der (individuellen) Folgen von Veränderungen (Brown/ Perkins 1992, 297). Die Komplexität wird in diesem Zusammenhang noch dadurch erhöht, dass sich eine *Verschränkung institutionalisierter, emotionaler und politischer Zuordnung* zeigt, wenn beispielsweise affektive Bindungen wesentlich auf wechselseitige Zusammenhänge von Eigentum, Aneignung, Langansässigkeit und (teilweise wiederum daraus resultierendem) politischem Engagement zurückgeführt werden.

Das folgende Kapitel stellt dar, inwiefern sich Politik und Planung im Hinblick auf (städtebauliche) Eingriffsplanungen mit dieser Komplexität auseinandergesetzt haben. In diesem Zusammenhang ergeben sich – ausgehend von den Ergebnissen zu Entstehungs- und Kontextbedingungen raumbezogener Bindungen – drei Dimensionen, wie Bindungen im Rahmen von Planung und Umsetzung städtebaulicher Eingriffe im Sinne einer (zu verhindernden oder zumindest zu vermindernden) Betroffenheit berücksichtigt werden könnten. Eine erste und – da die Notwendigkeit entsprechender Maßnahmen meist ‚außer Frage' steht – recht unwahrscheinliche Möglichkeit bestünde darin, keine großdimensionierten Veränderungen hinsichtlich der städtebaulichen und infrastrukturellen Struktur des Bestandes durchzuführen. Einige Autoren heben hervor, räumliche Strukturen könnten ihre Funktionen nur erfüllen, wenn sie gar nicht erst „aus den Angeln gehoben wurden" (Herlyn 1990, 193; vgl. Herrle 2004). Auch Fried (1963, 169) plädiert dafür, das quantitative Ausmaß drastischer Umstrukturierungen zu reduzieren und Umzüge innerhalb einzelner Gebiete statt in neue Siedlungen zu ermöglichen.

Für den Fall einer Umsiedlung oder drastischen Neustrukturierung wird zweitens zumindest die Bewahrung bzw. der Wiederaufbau gewohnter Strukturen und Elemente empfohlen. So sollten beispielsweise bei Umsiedlungen „those features of the old setting which reflect and support the place-identiy characteristics of these residents" in die neue Umgebung integriert werden (Proshansky et al. 1983, 67; vgl. Brown/Perkins 1992, 298). Ganz im Sinne der von Feldman (1996) beschriebenen ‚settlement identy' (vgl. Abschnitt 2.2.1) wird gefordert, die neue Umgebung müsse der alten so ähnlich wie möglich und ‚assimilationsfähig' gestaltet sein (Fried 1963, 169; vgl. Brown/Perkins 1992, 298; Reuber 1993, 110; Christmann 2004, 38). So ergibt sich im Sinne einer sozialtechnischen[33] ‚top-down-Strategie' die Möglichkeit, Bindungen an das Alte ab- und neue aufzubauen. Dieses Vorgehen impliziert aber gerade auch ein genaues Wissen um die sozialen, psychischen und materiellen Strukturen und Ressourcen vor Ort: man müsste die Menschen zumindest dort ‚abholen', wo sie stehen.

Schließlich wäre drittens das Empowerment der Betroffenen (vgl. Abschnitt 2.2.2) ein entscheidender Schritt nicht nur zur Verminderung individueller Umbaufolgen und -verluste, sondern auch im Hinblick auf eine langfristig und nachhaltig angelegte Planung. Dies würde idealerweise ein umfassendes Paket aus wissenschaftlich-planerischer Vorbereitung und organisatorischer sowie sozialpädagogisch-therapeutischer Begleitung, der Schaffung von Anlaufstellen für Betroffene sowie die Organisation entsprechender Interessenvertretungen beinhalten. Auf diese Weise könnten zusätzlich vorhandene Bindungen gestärkt, Veränderung kompensiert und/oder neue Bezugsstrukturen aufgebaut werden – sei es am Ursprungs- oder Zuzugsort. Denn aktive (Mit-)Gestaltung fördert Bindungen – und sie ermöglicht es auch, eventuelle Verluste besser zu verarbeiten (vgl. Brown/Perkins 1992, 295). Pahl fordert darüber hinaus die Partizipation der Betroffenen auch bei gestalterischen Entscheidungen, um eine „Sozialbindung des Ästhetischen" zu evozieren (1974, 67).

Grundsätzlich stellt die Komplexität des ‚Phänomens' raumbezogener Bindungen Wissenschaft und Forschung im Hinblick auf die Praxis städtebaulicher Eingriffe vor große Herausforderungen. Umso entscheidender sind sowohl der Rückgriff auf das Theorie- und Erfahrungswissen, maßnahmen- und fallbezogene Daten sowie ein Bewusstsein um jene Ambivalenzen, Abhängigkeiten und mehrdimensionalen Zusammenhänge des ‚Heimatphänomens'. So deuten die Ergebnisse der Bindungsforschung darauf hin, dass im Einzelfall bestimmte soziodemografische bzw. räumliche Konstellationen auf eine hohe *Wahrscheinlichkeit* lokaler Bindungen unterschiedlicher Art und Intensität verweisen. Diese Kontextdaten (Wohndauer, demografische Zusammensetzung, sozioökonomischer Status, Eigentumsverhältnisse, Wohn- und Wohnumfeldstandards, infrastrukturelle Ausstattung) liegen häufig bereits vor (bei Wohnungsunternehmen, Statistikstellen, Kommunalverwaltungen) und sind für die Planung nutzbar. Sie müssen aber im Hinblick auf spezifische Indikatoren (Nutzungen und ‚Alltagswege', soziale Eingebundenheit, Beziehungen und Kontakte, Umzugspläne, symbolische Bezugspunkte etc.) im Rahmen von Befragungen konkretisiert werden (vgl. Brown/Perkins 1992, 288; Pahl 1974, 68). Und auch die bloße

---

33   Sozialtechnik meint „die Anwendung verhaltenswissenschaftlicher Gesetzmäßigkeiten zur Beeinflussung des sozialen Lebens" (Weinberg/Besemer 1999, 241) – in diesem Falle also die Nutzung des vorhandenen Wissens bezüglich der Ausbildung und Aufrechterhaltung raumbezogener Bindungen.

‚Bereitstellung' von Beteiligungsangeboten wird nicht ausreichend sein, wenn den BewohnerInnen eine Betroffenheit gar nicht bewusst ist: Speller beispielsweise fand heraus, dass auch Betroffene, die Einfluss auf Planungsentscheidungen und die Gestaltung ihrer Wohnumgebung nehmen konnten, an der Umsetzung emotional und symbolisch wichtiger Aspekte scheiterten, gerade weil sie sich der vorhandenen Bindungen nicht bewusst waren: dieses Scheitern „stems from participants not being aware of the more complex and deeper issues affecting them". Der Wert des Bisherigen und die Betroffenheit zeigten sich vielmehr erst im Angesichts des Verlustes: sie „appear to become salient when the objects or places, the subjects of these feelings, are no longer available" (Speller 2000, 17f.). Die Latenz der Bindungen müsste folglich als Aspekt in die Planung und ‚Bedürfnisforschung' Eingang finden (vgl. zum Problem der Bedürfnis- versus ‚Bedarfs'forschung Brede/Siebel 1977).

3. Alltagswelt und planerischer Eingriff

„Das Soziale erscheint als Klotz am Bein einer von Technik und Ökonomie vorangetrie-
benen gesellschaftlichen Dynamik. (…) Dies verkennt den eigentlichen Sinn von Planung:
die soziale Entwicklungsplanung, d.h. die Durchsetzung sozialen Wandels hin zum Besseren" (Häußermann et al. 2008, 134).

,Modernisierung' im allgemeinen gesellschaftlichen Sinne impliziert – so zeigt
beispielsweise Haring (2001) in ihrer epochenübergreifenden Betrachtung –
immer eine Entwicklung hin zum ,Besseren', indem „die Geschichte der
Menschheit als lineares Fortschrittsmodell" (ebd.) vom ,einfachen' zum ,höher
entwickelten' konzipiert wird. Auch wenn spätestens um 1900 modernisierungskritische Ansätze die negativen Folgen des ,Fortschritts' in den Blick nahmen,
lässt sich ,Verbesserung' als eine quasi ontologische Konstante der Modernisierung interpretieren. Das vorangestellte Zitat von Häußermann, Läpple und Siebel
verdeutlicht im spezifisch planerischen Sinne den normativen Anspruch einer auf
die Verbesserung der Lebensbedingungen gerichteten ,Eingriffsplanung'. Diese
hatte (zunächst) nicht unbedingt die subjektiven Interessen der BewohnerInnen,
sondern ein sozialplanerisches Leitbild des ,Besseren' im Fokus. So lauteten die
drei Kernprämissen der Stadterneuerungspolitik: Neuordnung der Gebiete (Licht,
Luft, Sonne), Neubau nach den Standards des Sozialen Wohnungsbaus, Verbesserung der Sozialstruktur (Bernt 2003b, 34).

Verluste wurden dabei zwar mehr und mehr thematisiert, ihre Bedeutung
blieb aber lange Zeit wenig praxisrelevant. Stattdessen zeigt sich, dass zwar die
ökonomischen und sozialen Auswirkungen erzwungener Umzüge oder städtebaulicher Eingriffe (höhere Mieten, längere Wege, Wegfall von Infrastruktur
etc.) vielfach erhoben, in unterschiedlichen Kontexten thematisiert und teilweise
auch selbst zum Ziel entsprechender Maßnahmen wurden (etwa die Veränderung
des lokalen ,Milieus'). Demgegenüber galten jedoch psycho-soziale Folgen
meist als durch Verbesserungsmaßnahmen oder den gesamtgesellschaftlichen
,Gewinn' kompensiert oder zumindest in diesem Sinne hinnehmbar.

Politik und (Eingriffs-)Planung handeln folglich vor dem Hintergrund einer ,doppelten Normativität': einerseits soll eine normativ gesetzte, aber dennoch
anhand ,objektiver', auch wissenschaftlich abgesicherter Standards ausgerichte-
te, Verbesserung von Lebensbedingungen erfolgen. Andererseits beinhaltet diese
Verbesserung in den meisten Fällen auch einen Verlust im Hinblick auf raumbe-

zogene Bindungen – dass diese jedoch ‚bewahrenswert' sind, ist selbst wiederum eine normative Setzung: *„attachment theory is a ‚normative' theory*: the norm is the secure attachment, and secure attachment means healthy emotional development" (Giuliani 2003, 161; Herv. KS).

Wie gehen also die entsprechenden hoheitlichen Instanzen damit um, dass ‚gute' Lebensbedingungen Ziel staatlichen Handelns und zugleich durch dieses bedroht sind? Diesen Zusammenhang greifen die folgenden Ausführungen auf. Der zeitliche Fokus liegt auf der zweiten Hälfte des 20. Jahrhunderts, denn dies war nicht nur eine Epoche großen ökonomischen Aufschwungs und Wachstums, sondern damit einhergehend auch einer enormen Bautätigkeit.

Die städtebaulichen Sanierungen ab den 1960er Jahren werden so diskursiv (insbesondere im Rahmen politisch-planerischer Selbstbeschreibungen der Akteure) als Paradebeispiel im Hinblick auf eine an allgemeinen Standards der Verbesserung von Lebensbedingungen orientierten Erneuerungsstrategie hervorgehoben. In diesem Zusammenhang wurde das bisher paternalistisch-autoritär geprägte Planungsverständnis zunächst „durch die Devise der angestrebten ‚wissenschaftlichen Objektivität' abgelöst" (Kuder 2001, 66f.). Schließlich wurden durch eine „selbstbewußt agierende Gesellschaft, die ihre heterogenen Interessen zu artikulieren und gerade auch in der Planung, einzuklagen begann" (ebd. 69) auch Betroffenheiten und Ambivalenzen thematisiert, organisiert und über die rechtliche Komponente in der Planung etabliert (Städtebauförderungsgesetz 1971; vgl. u.a. Wollmann 1971; Selle 1996). Die Verfahren sollten ihre Legitimierung über das Zusammenspiel von Partizipation und wissenschaftlicher Expertise erhalten. Es entwickelte sich ein im Folgenden so genanntes ‚wissenschaftlich-demokratisches Planungsverständnis', wie es beispielsweise die 1982 in Berlin formulierten ‚12 Grundsätze der Stadterneuerung' spiegeln. Sie beschreiben als zentrale Prinzipien eine

> „[b]edürfnisorientierte Planung, Partizipation, offene Form der Entscheidungsfindung, Stärkung nicht-staatlicher Akteure, weitreichender Konsens, Verlässlichkeit in den Planungsaussagen, prozessbezogene Kleinteiligkeit, verbindliche und flexible Finanzprogramme, dezentrale Organisationsstrukturen und eine langfristige Zielperspektive" (Kuder 2001, 84; vgl. Pfotenhauer 1998)[34].

---

34   In diesem Sinne bezeichne der „perspektivische Inkrementalismus (…) eine Art Mittelweg, der Elemente inkrementalistischer und ‚komprehensiver' Planung umfaßt". Statt umfassender, flächendeckender Planung würden lediglich Qualitätskriterien und Leitthemen vorgegeben, deren Konkretisierung dann dezentral in kooperativen Prozessen erfolge (Kuder 2001, 86f.).

Dieses Planungsverständnis impliziert kognitiv (im Sinne eines ‚Ethos') und formal (Beteiligung, Sozialplananforderung) ein Wissen um Bedürfnisse und/ oder mögliche negative Folgen von Eingriffen. Dieses erhält über die formalen Reglementierungen wiederum Einfluss auf die Vorbereitung und Umsetzung stadtplanerischer Projekte. Modernisierung beinhaltet in diesem Kontext also sowohl die Anpassung der Strukturen an ‚moderne' Standards (Verbesserung), als auch die wohlfahrtstaatliche Antizipation von ‚Bedürfnissen' (Einhegung durch Reglementierung). Wenn die Lebenswelt institutionell aufgegriffen und verwaltungstechnisch systematisiert wird – durch Eingriffe mit dem Ziel der Verbesserung bzw. deren Reglementierung – werden sie und ihre Bedingungen idealtypisch zugleich Gegenstand politisch-gesellschaftlicher Aushandlungsprozesse. Diese sind ebenfalls in zweifacher Hinsicht ein ‚Kind der Moderne': eine umfassende Demokratisierung nimmt ihren Ausgang im Zuge und als Ergebnis der politisch-industriellen Doppelrevolution (vgl. 2.1) und ist gleichzeitig selbst zentrale Triebfeder für die Modernisierung sämtlicher Gesellschaftsbereiche (vgl. Abschnitt 2.1), indem sich Gesellschaft durch den Wechsel von Krise, Aushandlung und Stabilisierung ‚entwickelt'.

Auch die Abtragung und Verlegung ganzer Siedlungen in Tagebaugebieten ist eine insbesondere in den 1980er und 1990er Jahren kontrovers diskutierte Praxis. Sie steht in diesem Zusammenhang für den Extremfall des vollständigen Verlustes. Nicht die Verbesserung der Lebensbedingungen, sondern das Argument ökonomischen Wachstums steht hier im Mittelpunkt, Verluste sollen mit den Minimalanforderungen der Sozialverträglichkeit abgemildert werden. Diese wurde und wird vor allem an der Aufrechnung individuellen Verlustes mit dem (über-)regionalen sozioökonomischen Nutzen begründet.

Der Aufbau der folgenden Abschnitte orientiert sich an grundsätzlichen Vorüberlegungen zur Berücksichtigung raumbezogener Bindungen: zunächst soll dargestellt werden, welche Daten und Ergebnisse im Rahmen der Sanierungs- und Umsiedlungsmaßnahmen vorbereitend, begleitend und nachträglich bzw. evaluierend im Hinblick auf das Vorhandensein raumbezogener Bindungen sowie eventueller Folgen der Eingriffe vorliegen. Es folgt dann die Betrachtung der Umsetzungspraxis dahingehend, inwiefern diese Bindungsaspekte Berücksichtigung fanden. Schließlich sollen die Ergebnisse im Kontext von AkteurInnen und sozioökonomischen Rahmenbedingungen analysiert werden.

3.1   Flächensanierung und behutsame Stadterneuerung

"For some time we have known that the forced dislocation from an urban slum :s a highly disruptive and disturbing experience" (Fried 1963, 151).

In den 1960er Jahren wurden Sanierungen noch überwiegend als Einzelprojekte der Länder und Kommunen in Zusammenarbeit mit Sanierungsträgern durchgeführt. Seit 1971 finden Sanierung und Stadtumbau im Rahmen der Städtebauförderung des Bundes statt. Stadterneuerungspolitik beinhaltet seither Maßnahmen der allgemeinen Funktionsanpassung, die spezifische Anpassung der Bausubstanz an ‚moderne' Anforderungen, sowie die ‚Erneuerung' gebietsspezifischer Sozialstrukturen (Häußermann et al. 2008, 114f.). Hier lässt sich für die (westdeutschen) Sanierungsprojekte eine Entwicklung von durch Abriss und anschließenden Neubau gekennzeichneten Methoden hin zur Erneuerung im Bestand nachvollziehen. Die ‚Flächensanierung' als von Seiten des Staates bzw. der Länder und wohnungswirtschaftlicher Großunternehmen autoritär strukturierter Prozess von Planung, Entmietung, Abriss, Neubau, Vermietung sei dabei zunehmend in die Kritik geraten (Pfotenhauer 1998; Walther 2001). Hannemann (2000b, 23) verdeutlicht in diesem Kontext die beschriebene Ambivalenz von Problemwahrnehmung, Verbesserungsanspruch, Eingriff und Verlust – wobei letzterer als durch die Verbesserung kompensiert angenommen wird:

> „Die Art der Abriss- und Flächensanierung und der Umsetzung der Bewohner in neue (Groß-)Wohnsiedlungen geriet durch ihre sozialen Negativeffekte (Entwurzelung, Verlust der Heimat, finanzielle Belastung durch längere Wege und höhere Miet- und Lebenshaltungskosten) sowie in Folge der Studentenbewegung in die Kritik. Diese Kritik von Betroffenen und der Fachöffentlichkeit hatte einen schweren Stand. Die lokale Politik hielt die persönlichen Belastungen durch die ‚moderneren Wohnverhältnisse' kompensiert."

Auch Tessin spricht von „der vielgeäußerten Meinung, daß die Betroffenen zwar zunächst gegen die Umsetzung seien, sie aber später in der neuen Umgebung schon einsehen würden, wie gut sie es im Grunde eigentlich getroffen hätten, man sie also beruhigt zu ihrem ‚Glück' zwingen könne" (Tessin 1977, 102; vgl. auch Häußermann et al. 2008, 122). Indem so die ‚Betroffenen' diskursiv zu ‚Bevorteilten' werden, erscheint eine an individuellen und gruppenspezifischen Verlusten orientierte Argumentation nicht etablierbar. So seien „warnende Stimmen" zunächst nicht in der Lage gewesen, die offizielle Praxis zu beeinflussen und nur vereinzelt hätten öffentliche Fördermittel für weitergehende Untersuchungen erwirkt werden können, „die stärker die Lebenswelt der sanierungsbetroffenen Personen in den Mittelpunkt stellen" (Altrock 2007, 34). Erst das Städtebauförderungsgesetz von 1971 schrieb Vorbereitende Untersuchungen (VU) zur Erhebung der baulichen Situation sowie der sozialen Lage der

BewohnerInnen, die Beteiligung von Betroffenen und die Erarbeitung eines Sozialplans vor (vgl. Herlyn 1991, 174). Im Mittelpunkt der Gesetzgebung standen einerseits Informations-, Schutz- und Mitwirkungsrechte im Sinne einer Demokratisierung der Planungsverfahren; andererseits „sollte auch die wissenschaftliche Expertise die Planung sozial verantwortlicher, transparenter und effizienter machen" (Walther 2001, 532; vgl. Jessen et al. 1979, 242; Selle 1996, 64).

Häußermann et al. (2008, 132) benennen darüber hinaus „die politische Durchsetzbarkeit bzw. Konsensfähigkeit politischer Entscheidungen" als Grund für die Notwendigkeit einer Sozialplanung[35]. Durch frühzeitige Information und Beteiligung sollte „dem Widerstand die Spitze gebrochen" und die Planungen mithilfe der (aktiven) Kooperation bzw. Mitwirkung der BürgerInnen umgesetzt werden (vgl. ebd.). Beteiligung wird so auch zum strategischen Instrument, das durch die Förderung von Akzeptanz und (passiv-zustimmender) Mitwirkung die Umsetzungseffizienz erhöhen soll. Obwohl bereits Daten vorlagen, die „den Verdacht massiver materieller wie immaterieller Nachteile vieler von Sanierung Betroffener" erhärtet hätten (ebd.; vgl. Meslin 1984, 442), wurde die Möglichkeit, dass sich eine (aktive) Einflussnahme auf Planung, Durchführung und Ergebnis einer Sanierung auch positiv auf die psychologische und soziale Verarbeitung des Verlustes auswirken kann, in diesem Kontext kaum diskutiert (als Ausnahme plädiert Tasseit (1983) für ein präventiv ansetzendes Empowerment der Betroffenen).

Tatsächlich wird aber für die Zeit ab den 1970er Jahren vielfach der Wandel hin zu einer ‚behutsamen Stadterneuerung' unter Berücksichtigung von Bewohnerinteressen und einem Verständnis von „Stadterneuerung als eine Verknüpfung städtebaulicher, sozial- und beschäftigungspolitischer, ökologischer, kulturpolitischer und umweltrelevanter Aspekte" festgestellt (Pfotenhauer 1998, 247ff.). Auch die Zahl der (kritischen) Untersuchungen zum Planungs- und Umsetzungsprozesse sowie den damit einhergehenden Folgen nahm kontinuierlich zu. Die Ergebnisse wiesen aber auch darauf hin, dass Anspruch und Realität vielfach weit auseinander lagen (vgl. Jessen et al. 1979). Der folgende Abschnitt behandelt die Erhebung und das festgestellte Ausmaß

---

35   Herlyn et al. verstehen unter Sozialplanung in diesem Zusammenhang „das an Bedürfnissen orientierte Entwerfen von Konzepten (Zielen) im Hinblick auf die Organisation der Voraussetzungen für jene sozialen Beziehungen und individuellen Lebensvollzüge, die sich typischerweise im alltäglichen bzw. in einem ‚quasi-alltäglichen' Lebensbereich außerhalb der Arbeitswelt ereignen, einschließlich der Überlegungen zur Realisierung dieser Konzepte" (Herlyn et al. 1976,7) (vgl. zum Verhältnis von Sozialplanung und Sozialtechnik auch Kapitel 4.4).

der Betroffenheit durch städtebauliche Sanierungsmaßnahmen. Dem Arbeits-
kontext entsprechend stehen dabei wieder raumbezogene Bindungen und
insbesondere auch die Bindung an materielle Strukturen im Vordergrund.

3.1.1 Erhebung und Ausmaß der Betroffenheit

> „Offenbar spielt die emotionale Verwurzelung im alten Quartier eine im Vergleich zu den
> realen Ausstattungsdifferenzen zwischen alter und neuer Umgebung wesentlichere Rolle"
> (Tessin et al. 1983, 111).

Instrumente und Verfahrensweisen

Stadterneuerung und -umbau vollziehen sich in einer grundsätzlichen Ambivalenz von Individual- bzw. Gruppeninteresse und dem Entwicklungsziel der Verbesserung der Lebensbedingungen bzw. dem gesamtgesellschaftlichen Interesse
nach sozioökonomischer Entwicklung. Einschränkend wurden die Mitwirkung
der Betroffenen, Vorbereitende Untersuchungen (VU) und die Erstellung eines
Sozialplans mit der Festschreibung im besonderen Städtebaurecht ab 1971[36] zu
einer in diesem Zusammenhang umsetzungsrelevanten, wissenschaftlich-
planerisch zu bearbeitenden Größe, der es im Sinne eines Abwägungs- und Mit-
wirkungsgebotes Rechnung zu tragen galt:

> „Sanierungs- und Entwicklungsmaßnahmen dienen dem Wohl der Allgemeinheit (…).
> Die Belange der Betroffenen (…) sind gerecht gegeneinander abzuwiegen. Den Betroffe-
> nen soll Gelegenheit gegeben werden, bei der Vorbereitung und Durchführung der Maß-
> nahmen mitzuwirken" (StBauFG 1971, 1127).

Als ‚Betroffene' wurden in diesem Zusammenhang jene Bevölkerungsgruppen
bezeichnet, für die die jeweilige Umgebung Einzigartigkeit besitze, „also über
Qualitäten verfügt, die nicht oder nur ungenügend oder mit sehr viel höherem
Aufwand zu ersetzen sind"; des Weiteren „derjenige, der mit dem Sanierungsgebiet bestimmte Erinnerungen verbindet" (Siebel 1977, 390). Formal benannt
werden im Städtebaurecht Eigentümer, Mieter und Pächter. Häußermann et al.
unterscheiden hierbei zwischen ökonomischer, sozialer und psychischer Betrof-

---

36   Das ‚besondere Städtebaurecht' bezieht in diesem Zusammenhang als Teil des Baugesetz-
      buches (BauGB) auf den städtebaulichen Bestand einzelner Kommunen oder Quartiere. Es
      enthält über die Regelungen des BauGB zum ‚allgemeinen Städtebaurecht' hinausgehende
      Instrumente und Vorschriften, so u.a. auch die Paragraphen zu ‚städtebaulichen Sanie-
      rungsmaßnahmen', zum ‚Stadtumbau', und die Regelungen zur Aufstellung eines Sozial-
      plans (vgl. Ebert et al. 2012; http://dejure.org/gesetze/BauGB (26.9.2013)).

fenheit: erstere beinhaltet Kosten hinsichtlich gestiegener Mieten, Fahrt- oder Lebenshaltungskosten, Umzugsaufwendungen sowie eventuelle Einkommenseinbußen durch Arbeitsplatzverlust oder Geschäftsaufgabe; soziale Betroffenheit kann hinsichtlich vorhandener Netzwerke entstehen, wenn diese nicht mehr fußläufig oder nur mit erhöhtem Aufwand erreichbar und so eventuell gar nicht aufrecht zu erhalten sind. Die psychische Dimension beinhalte einerseits die Symbolisierung sozialer Beziehungen, andererseits die psychosozialen Folgen materieller und sozialer Verluste (2008, 129f.).

Indem ‚Bindung' immer auch eine ökonomische, soziale und emotionalpsychische Angewiesenheit bestimmter Personen(gruppen) auf bestimmte Qualitäten eines Gebietes impliziert, korrespondieren auf diese Weise Bindungs- und Betroffenheitsdimensionen. Dementsprechend stellen auch Häußermann et al. fest, dass die Betroffenheit umso ausgeprägter sei, je weniger ökonomische, soziale und kulturelle Ressourcen zur Verfügung ständen, „denn diese Ressourcen entscheiden über die Möglichkeiten der politischen Gegenwehr, des Ausweichens (z.B. durch Umzug) und der Substitution respektive Kompensation" (ebd., 131)[37] – und damit über die Gestaltbarkeit von Bindungsräumen. Hier zeigte und zeigt sich das im Zwischenfazit festgestellte Paradoxon, dass Erhalt und Gestaltung von Heimat ressourcenabhängig, aber gerade jene von ressourcenschwachen Bevölkerungsgruppen bewohnte Gebiete häufig Gegenstand von Umstrukturierungsmaßnahmen sind. So waren in den großen innerstädtischen Sanierungsgebieten vor allem ausländische BewohnerInnen betroffen, in den Stadtumbaugebieten sind es (inzwischen) überwiegend ökonomisch schwache und alte Haushalte.

Die Instrumente des besonderen Städtebaurechts sollten demgegenüber durch ‚sozialorientierte' bzw. ‚sozial ausgleichende Strategien' das bestehende soziale Milieu erhalten oder erweitern, die Bevölkerung einbeziehen, das soziokulturelle Stadtteilleben aktivieren und nachteilige sozialräumliche Entwicklungen ausgleichen (Hannemann 2000b, 31; vgl. Herlyn 1991, 174; Bernt 2003b, 47ff.). Das Städtebauförderungsgesetz sah in diesem Zusammenhang vor, dass im Rahmen der vorbereitenden Untersuchungen die Einstellungen der Betroffenen zu den geplanten Sanierungen sowie deren diesbezügliche Vorschläge zu erheben seien. Ebenso sollten sich die Erhebungen „auf nachteilige Auswirkungen erstrecken, die sich für die von der beabsichtigten Sanierung unmittelbar

---

37   Inwiefern sich dies gebietsspezifisch auswirkt zeigt beispielsweise Oertel (1982, 155) anhand der Gegenüberstellung der Berliner Sanierungsviertel Klausener Platz (Charlottenburg) und Brunnenstraße (Wedding).

Betroffenen in ihren persönlichen Lebensumständen, im wirtschaftlichen oder sozialen Bereich voraussichtlich ergeben werden" (StBauFG 1971, 1128).

Vorbereitende Untersuchungen und Sozialpläne sollen so auch Daten bezüglich des Vorhandenseins und der Bedrohung raumbezogener Bindungen enthalten – deren Erhalt sei vielfach ebenso zu einem „gebietsbezogenen Ergebnisziel" geworden (Tessin et al. 1983, 40). Denn auch sanierungsbegleitend und fortschreibend sieht das Gesetz die weitere Erörterung mit den unmittelbar Betroffenen vor, um so „Berufs-, Erwerbs- und Familienverhältnisse, Lebensalter, Wohnbedürfnisse, soziale Verflechtungen sowie örtliche Bindungen und Abhängigkeiten der Betroffenen [zu] berücksichtigen" (StBauFG 1971, 1129; vgl. Tasseit 1983, 133). Zur Beurteilung der Auswirkungen und zur Berücksichtigung eventueller Betroffenheiten werden also klassische Bindungsindikatoren herangezogen sowie ortsbezogene Bindungen und Abhängigkeiten der Betroffenen zumindest grundlegend impliziert. Dies hat bis heute in der Baugesetzgebung Bestand (vgl. BauGB § 138: Auskunftspflicht; VU[38]).

Zwei grundsätzliche Ziele stehen also im Mittelpunkt: die Erarbeitung von Daten zur Beurteilung der Notwendigkeit (und so der Legitimierung) der Maßnahmen sowie zu eventuellen Folgen für die Bevölkerung. Diesem umfassenden Anspruch steht allerdings eine eher ernüchternde Bilanz hinsichtlich der Qualität der Durchführung und Auswertung und somit der Aussagefähigkeit der Untersuchungen gegenüber: es habe sich eine Routine „meist auf einem niedrigen Niveau eingeschliffen", bei der „die unsystematische, lückenhafte Beschreibung ohne erkennbaren Problembezug der Regelfall" sei (Jessen et al. 1979, 246/244). Auch die für eine Beurteilung der Bindungen wichtigen sozialstrukturellen Daten wiesen erhebliche Lücken auf: mehr als ein Drittel der 334 von Jessen et al. untersuchten Studien (VUs) habe *kein einziges* Datum zu den Merkmalen enthalten, „die üblicherweise zur Beschreibung der sozialen Bindung der Wohnbevölkerung herangezogen werden: Wohndauer, Häufigkeit, Art und Intensität der nachbarschaftsgebundenen Kontakte, Freizeitgewohnheiten, Zahl der Verwandten im Untersuchungsgebiet" (ebd.). Trotz vorliegender Ergebnisse hinsichtlich der erwartbaren Folgen von Zwangsumzügen fänden sich zudem selten Hinweise auf die emotionale Bedeutung der Veränderung der gebauten Umwelt (Siebel 1977, 395). Insofern wird insgesamt die Aussagekraft der Untersuchungen als „wissenschaftlich abgesicherte Informationsbasis" erheblich in Frage gestellt (Jessen et al. 1979, 247).

---

38   [http://bundesrecht.juris.de/bbaug/... (13.4.2011)] Das Baugesetzbuch (BauGB) beinhaltet seit 1987 die bis dahin geltenden Bestimmungen des Bundesbaugesetzes und des Städtebauförderungsgesetz.

Wenn also zwar hoheitliche Instrumente zum Umgang mit Planungsbe-
troffenheit existieren, aber aus den vorhandenen Daten aufgrund ihrer Mangel-
haftigkeit eine Betroffenheit gar nicht abgeleitet werden kann, stellt dies sowohl
die Legitimation der wissenschaftlich-demokratischen Planungsbasis als auch die
‚behutsame' Stadterneuerung an sich in Frage: eine Folgenabschätzung und
damit auch die geforderte Vermeidung bzw. Milderung negativer Auswirkungen
erscheint auf diese Weise unmöglich. So konstatieren auch Häußermann et al.,
dass der Sozialplan sich „auf die Kompensation von negativen Folgen, nicht so
sehr auf ihre Vermeidung" konzentriere (2008, 124; vgl. Herlyn 1991, 176;
Bernt 2003b, 162).

Im Gegensatz zu den in ihrer Qualität und analytisch-inhaltlichen Reich-
weite angezweifelten VUs liefern demgegenüber andere im Sanierungskontext
durchgeführte Studien wichtige Ergebnisse hinsichtlich raumbezogener Bindungen im Rahmen des Sanierungsgeschehens. Nicht nur werden die Lebenslagen
und Bindungen sowie die subjektive Wahrnehmung der ansässigen Bevölkerung
dokumentiert, vielmehr hätten sie „nachdrücklich auf die negativen Begleiterscheinungen der Städtebauförderung", also etwa erzwungene Umzüge, unzu-
reichende und undemokratische Erhebungs- und Befragungsmethoden, sowie
Verdrängungswirkungen und Mietsteigerungen verwiesen (Altrock 2007, 37).
Dabei handelt es sich vor allem um Forschungs- und Qualifizierungsarbeiten,
teilweise um auftragsgebundene Begleitstudien. Auf entsprechende Ergebnisse
soll daher im Folgenden genauer eingegangen werden. Denn sie spiegeln an
konkreten Beispielen die Ergebnisse der in Abschnitt 2.2 vorgestellten Bindungsforschung und belegen anschaulich die Praxisrelevanz des ‚Bindungsphä-
nomens' – sowohl für die AkteurInnen der Stadtplanung als auch und insbesondere für die direkt betroffenen Menschen.

Betroffenheit und raumbezogene Bindungen im Sanierungskontext – Ergebnisse

Indem Betroffenheits- und Bindungsdimensionen häufig korrelieren, liefern
Untersuchungen hinsichtlich der Auswirkungen sanierungsbedinger Eingriffe
meist direkt oder indirekt auch Ergebnisse bezüglich vorhandener oder bedrohter
raumbezogener Bindungen. Eine in den 1970er Jahren im Ruhrgebiet durchgeführte Studie von Wulf Tessin behandelt umfassend „die finanziellen Belastungen des Umzugs, der Ersatzwohnung, die Einstellung der Umzugsbetroffenen zu
ihrer neuen Umwelt, ihr Zurechtkommen, ihr subjektives Befinden in dieser
Umgebung und deren Auswirkungen auf bestimmte Verhaltensformen der Betroffenen" (Tessin 1977, 68). Hier spiegeln sich in der Operationalisierung die
materiellen, sozialen und psychisch-symbolischen Betroffenheitsdimensionen.

Andere empirische Erhebungen zeigen, dass typische Indikatoren für gebietsspezifische Bindungen auch direkt erhoben werden; beispielhaft verwenden etwa
Dieser/Kouvelis (1980, 137f.) als Indikatoren für Gebietsbindung Wohndauer,
Arbeitsplatz vor Ort, lokale Einkaufs- und Freizeitmöglichkeiten, Nachbarschaftsbeziehungen, Freundschaften.

Insgesamt zählen *materielle bzw. ökonomische Auswirkungen* zu den am
häufigsten erhobenen und festgestellten Folgen: dementsprechend konnten
„Mietsteigerungen infolge von Sanierungen (...) von allen einschlägigen Studien
zu Sanierungsfolgen belegt" werden (Häußermann et al. 2008, 129). Die-
ser/Kouvelis konstatieren, dass die Modernisierungsfolgen „auf ökonomischer
Ebene am deutlichsten sichtbar" seien. Sie stellen empirisch eine „sprunghafte
Steigerung des Mietanteils am Reproduktionsfonds" fest (1980 , 256), so „daß
die Mehrheit (69,9% über 20%) bzw. ein großer Teil (48,2% über 25%) im Bereich des Unzumutbaren [Mietbelastungsquote größer 20%, KS] liegt, jeder
dritte hat sogar eine Mietbelastungsquote von über 30% und einige von über
40% zu tragen" (ebd., 16).

In diesem Zusammenhang zeigt sich die *Ambivalenz von Verlust auf der
einen und Verbesserung der Lebensbedingungen* auf der anderen Seite auch in
den Antworten der Befragten sowie der Bewertung des ‚Sanierungs-outputs':
‚nur' 25 Prozent nennen die höheren Mieten als negative Folge der Sanierung
und 12% beklagen die ‚Vertreibung' der alten und nicht zahlungskräftigen Bewohnerschaft. 70 Prozent hingegen heben die besseren bzw. menschenwürdige-
ren Wohnverhältnisse als positive Folge der Sanierung hervor (ebd., 22) und sind
grundsätzlich bereit, für eine bessere Ausstattung eine höhere Miete zu zahlen
(ebd., 156). Gleichzeitig jedoch konstatiert Tessin hinsichtlich der subjektiven
Einschätzung der Betroffenen, „daß die in Neubauwohnungen Umgesetzten
heute Miete zu tragen haben, die weit über dem liegen, was von ihnen als oberste
Grenze der Mietbelastbarkeit angegeben wurde" (Tessin 1977, 145, Fehler i. O.).
Zudem werde das positive Bild „getrübt durch schlampig ausgeführte Moderni-
sierungsarbeiten", so dass „gerade in diesem Punkt die befragten Mieter stark
emotional reagierten" (ebd., 231). Nicht nur stellt dies die Qualität der tatsächlich geschaffenen Verbesserungen und der ‚positiven Sanierungsfolgen' in Frage, vielmehr tritt auch ein *Konflikt zwischen Anspruch und Realität der Verbesserung und weiterer Lebensbereiche* auf: denn es ergebe sich die Problematik,
„daß die Verbesserung der Wohnungsqualität wegen der *ungelösten Problematik
der Mietkosten* für einen Teil der Haushalte verbunden sind mit Verschlechte-
rungen der Lebensverhältnisse" (Becker 1982, 256, Herv.i.O.), so „daß die einzelnen finanziellen Auswirkungen einer Umsetzung zu teils erheblichen Geld-
problemen bei den Betroffenen führten" (Tessin 1977, 147). Mehrbelastungen
entstünden dabei durch höhere Mieten, in die alte Wohnung investierte Eigen-

mittel, Umzugskosten, Neuanschaffungen, neue Raumüberwindungs- sowie sonstige Lebenshaltungskosten (ebd., 127). Tessin verweist zwar in diesem Kontext auf mehrere (internationale) Studien, die positive oder zumindest keine negativen Folgen von Umsetzungen festgestellt hätten, betont aber gleichzeitig, dass seine Ergebnisse derartige Schlussfolgerungen kaum zuließen:

> „Für 20 bis 30% der Befragten erwies sich also die Umsetzung als gravierende Verschlechterung ihrer Lebenssituation; für sie waren der unverschuldete Verlust der vertrauten Umgebung und die finanziellen Umsetzungsfolgen ein schwerer Schlag, den sie kaum – wenn überhaupt jemals – ganz verwinden werden. Für die breite Mehrheit, rund zwei Drittel der Betroffenen hat die Umsetzung eine ganze Reihe von Nachteilen gebracht, aber sie haben diese doch mehr oder weniger verkraftet (…). Für eine Minderheit von (nach Umsetzungstypen unterschiedlich) maximal 20 % erwies sich die Umsetzung – nach eigenen Aussagen – im nachhinein als 'Glücksfall'" (Tessin 1977, 226f.).

In diesem Zusammenhang zeigen sich auch *Wechselwirkungen zwischen den Betroffenheitsdimensionen*: denn die ökonomischen Folgen wirken unter Umständen auch dahingehend, dass die Wohnung oder das Gebiet verlassen werden müssen, was wiederum eine Betroffenheit hinsichtlich sozialer und symbolischer Bindungen, aber auch in Bezug auf andere finanzielle Bereiche haben kann (beispielsweise den Arbeitsplatz). So zitieren Dieser/Kouvelis aus dem ‚Erfahrungsbericht Mieterberatung' für Berlin: „Ca. 80 % der betreuten Mieter haben im Anfangsstadium den Wunsch, in ihrer Wohnung zu bleiben, rd. 70% müssen aber aufgrund der Modernisierung aus ihrer Wohnung ausziehen, wovon mehr als 75% dazu gezwungen sind, weil für sie nur ein niedrigerer modifizierter Standard-/Mietpreis tragbar ist" (1980, 248). Bernt stellt auch für die 1990er Jahre in Berlin noch eine erhebliche Verdrängung durch die Sanierung und ihre Folgen fest, so dass in von Investoren modernisierten Gebieten „nur ein Viertel der Bewohner die Bauarbeiten und die nachfolgenden Mieterhöhungen durchstehen" konnten (Bernt 2003b, 209). Für Prenzlauer Berg seien weiterhin Verdrängungsquoten von ca. 30 Prozent belegt worden (Topos/Mieterberatung 1995, zit. nach Bernt 2003b, 215).

Auch im Hinblick auf die soziale und symbolische Bedeutung des gewohnten Umfeldes und damit *die sozialen bzw. psychischen Folgen von Veränderung oder Umsetzung* liefern die genannten Studien – vor allem anhand ‚klassischer' Bindungs- bzw. ‚Heimatindikatoren' – wichtige Ergebnisse.

Die *Wohndauer* wurde in diesem Zusammenhang von den im ersten Teil dieser Arbeit vorgestellten Untersuchungen als zentral herausgearbeitet und auch in den Studien zur städtebaulichen Sanierung einbezogen (vgl. bspw. Dieser/

Kouvelis 1980, 137f./Anhang[39]; Becker/Schulz zur Wisch 1982, 228). Die BewohnerInnen der Sanierungsgebiete weisen dabei vielfach eine lange Wohndauer
trotz widriger Wohnbedingungen auf. Sie blieben meist auch während der Sanie-
rungsarbeiten vor Ort bzw. zogen nach Abschluss der Arbeiten zurück – alles
Belege für eine hohe Bindung an den Ort. In der Studie von Becker/Schulz zur
Wisch (1982, 228) lebten 20 Prozent der Befragten länger als 30 Jahre im Gebiet, ein Drittel 10-30 Jahre und 57 Prozent waren schon einmal im Gebiet
umgezogen. Auch Dieser/Kouvelis stellten fest, dass von den über 60jährigen
„die Hälfte bereits länger als 30 Jahre im gleichen Haus wohnt", dass aber mit
Bezug auf die Sozial- und Infrastruktur „[g]erade bei älteren Menschen (…) die
Bindung an das Quartier in dem Maße nach[lässt], wie das Vertraute Stück um
Stück reduziert wird" (1980, 149f.). Nichtsdestotrotz seien nach der Modernisierung drei Viertel der Haushalte im Gebiet wohnhaft geblieben (ebd. 251) und
insbesondere die Älteren wohnen im gleichen Haus oder in der Nähe (74%) (ebd.
255). So erklärt sich eventuell auch, dass ‚nur' sieben Prozent der Befragten die
Zerstörung menschlicher Beziehungen beklagen (ebd., 22). Dezidiert stellen die
Autoren starke Bindungen an das Gebiet fest, die sich darin zeigten, dass 74
Prozent der Befragten „trotz der teilweise als unangenehm und störend empfundenen Entwicklungen im Gebiet" bleiben wollten und dass 59 Prozent der umgesetzten Haushalte lieber in der alten Wohnung geblieben wären (Becker 1982,
229/255).

Für viele BewohnerInnen bedeutet die Sanierung das temporäre oder
langfristige Verlassen ihrer gewohnten Umgebung, entweder durch die Umsetzung in ein anderes Haus, eine andere Gegend, ein ganz neues Wohngebiet
und/oder einen anderen Gebäudetyp (vgl. Tessin 1977, 85ff.)[40]. Die *Reaktionen
auf die Veränderung und der eventuelle Wandel von Verhaltensweisen und Beziehungen* lassen dabei Rückschlüsse auf die Bedeutung der alten Umgebung
und die Folgen des Veränderungsprozesses zu. Tessin et al. verweisen hier auf
deutsche Studien die – ähnlich wie die bereits erwähnte Untersuchung von Fried

---

39   Dieser/Kouvelis erfassen bindungsrelevant: Wohndauer (Wohnung und Umfeld), Wohnaus-
     stattung und Zufriedenheit (Wohnung und Umfeld = infrastrukturell, soziale Kontakte),
     Fortzugs- und Bleibewunsch (inkl. Gründe), Einbezug in Veränderung bzw. Planung, Um-
     zugsmanagement/Beratung (vgl. Anhang der Studie).

40   Tessin (1977) unterscheidet zwischen ‚interner Altbauumsetzung' (infrastrukturelle, bauli-
     che und soziale Umgebung bleibt überwiegend erhalten), ‚interne Neubauumsetzung' (bau-
     lich-räumliches Erscheinungsbild sowie Milieu geht verloren, jedoch seien „die Vielzahl
     von räumlichen Bezügen (zur Kirche, zum Stadtteilzentrum usw.) erhalten geblieben" (ebd.
     86), ‚externer Altbauumsetzung' (räumliche Bezüge werden teilweise erheblich verändert,
     soziale je nach Umzugsort), ‚externe Neubauumsetzung' („größte soziotopische Differenz"
     (ebd. 87), weder Milieu noch räumliche Umgebung entspricht dem Gewohnten).

(1963) in Boston – bei rund einem Drittel der Befragten starke Angst- und Trauerreaktionen „bis an den Rand des Selbstmordes" vorgefunden hätten, die bereits durch die Ankündigung einer Umsetzung hervorgerufen wurden (Tessin et al. 1983, 84/171). Insgesamt beschrieben in der Ruhrgebietsstudie 51 Prozent der Befragten ihre erste Reaktion auf die Umsetzungsnachricht als vorwiegend negativ, nur 19 Prozent äußerten eindeutig positive Reaktionen[41] (Tessin 1977, 93). Dabei war die Trauerreaktion um das verlorene Zuhause „die meistgenannteste negative Folge der Umsetzung" und somit eine der „gravierendsten Umsetzungsfolgen: 45 % der Befragten waren dieser Ansicht" (ebd., 221). Diese Auswirkung wird direkt auf die „Verwurzelung im gegebenen Alltagsleben" zurückgeführt und auf diese Weise insbesondere der habituelle Aspekt der Bindung (Gewohnheit, altersbedingte ‚Mobilitätsangst') hervorgehoben: so „gaben hier 30 % der Befragten als einen Hauptgrund für die negative Reaktion der Betroffenen auf die bevorstehende Umsetzung an, der Mensch sei ein ‚Gewohnheitstier' und scheue die Veränderung" (Antwortvorgabe) (ebd., 99).

Vor diesem Hintergrund werden auch ‚Eingewöhnungsprobleme' umgesetzter Personen in der neuen Wohnung bzw. dem neuen Quartier thematisiert – einerseits im Hinblick auf die Folgen für soziale Beziehungen, andererseits hinsichtlich einer baulich-materiellen Verlusterfahrung. Tessin et al. konnten für die von ihnen untersuchten Berliner Gebiete beispielsweise einen Anstieg des Anteils der (nur) ‚flüchtigen Beziehungen' zu Nachbarn von 25 Prozent im alten auf 60 Prozent im neuen Quartier nachweisen (1983, 156f.). Auch Schulz zur Wisch stellt fest, die Sanierung habe „zu einer deutlichen quantitativen Ausdünnung der sozialen Beziehungen geführt, die nicht als Übergangs- und Eingewöhnungserscheinung, sondern weitgehend als langfristige Sanierungswirkung anzusehen ist" (1982, 278). Im Gegensatz zu verminderten nachbarschaftlichen Kontakten wird allerdings von Tessin eine „relativ starke Resistenz verwandtschaftlicher Interaktion gegenüber einem stadtinternen Umzug" konstatiert: für 63 Prozent der Befragten habe sich nach der Umsetzung nichts verändert, 23% haben geringere, 12% sogar häufigere Kontakte als zuvor (Tessin 1977, 182f.). Wichtig sind in diesem Zusammenhang weiterhin die Bewertungsmaßstäbe – die Fallhöhe im Sinne der zuvor hohen Bindung und Zufriedenheit: die durch die Sanierung eingeschränkten engen Kontakte hätten sich in der neuen Umgebung auf ein durchschnittliches Maß eingependelt (ebd., 192f.). Dementsprechend wurde zwar der Verlust der Nachbarschaftsbeziehungen als weniger dramatisch bewertet als

---

41 Offene Frage, 15% äußerten Schock-, Angst- und Schreckgefühle; 13% Empörung, Wut und Aggression; Trauer, Wehmut und Bekümmertheit 23%; 11% reagierten gelassen oder gleichgültig; 12% äußerten teils Freude, teils Trauer und 19% beschrieben Gefühle von Freude, Erleichterung und Glück.

andere Folgen (Verlust des gewohnten Umfeldes, finanzielle Aspekte, Ungewissheit) (ebd., 202/221ff.), nichtsdestotrotz bedauerten zwei Drittel der Betroffenen ein Nachlassen der Kontakte als Sanierungsfolge (ebd. 186).

Hinsichtlich der *Struktur der gewohnten Umgebung* klagten in der Studie je nach Umsetzungsort 40 (Altbau) bis 50 (Neubau) Prozent über große Probleme bei der Eingewöhnung in das neue Viertel (von den intern Umgesetzten ‚nur' 14 bzw. 29 Prozent (ebd., 158)). Von ihnen beschrieben 50 Prozent den ‚Verlust der vertrauten Umgebung' als eine der drei schlimmsten Umsetzungsfolgen – von denjenigen, die innerhalb einer Siedlung umgesetzt wurden, beurteilten dies immerhin noch 36 Prozent ebenso (ebd., 124). Der Autor erklärt dies mit dem „unterschiedlichen Freiwilligkeits- bzw. Zwangscharakter der Mobilität" sowie der vorher hohen Wohnumfeldzufriedenheit (ebd., 122). So betont auch die klassische Bindungsforschung die *Freiwilligkeit* als wichtigen Einflussfaktor für die Ausbildung und Aufrechterhaltung raumbezogener Bindungen (vgl. Abschnitt 2.2.2). Als Folge der Zwangsumsiedlung wird eine Distanzierung gegenüber der neuen Umgebung konstatiert: „von einer erneuten Identifikation mit der Nahumwelt kann keine Rede sein, vielmehr geht die Anpassung der Umsetzungsbetroffenen an die neuen Verhältnisse selten über ein bloß resignatives Arrangement hinaus" (Tessin 1977, 211, Herv.i.O.).

Auch die *Orientierung* spielt in diesem Zusammenhang eine Rolle: 20 Prozent der Befragten hätten eine fehlende Ortskenntnis und die mangelnde Vertrautheit mit der neuen Umgebung beklagt (Tessin et al. 1983, 145), die in einer geringen emotionalen ‚Verwurzelung' und einer eindeutig ablehnenden Haltung dem Gebiet gegenüber münde – vor allem für ältere BewohnInnen bleibe so auch die „Erinnerung an ein Leben, das im Stadtumbau zerstört wurde" (ebd., 161f).

Insgesamt wiegt für Tessin das persönlich-biografische Verlusterlebnis schwerer als die positiven oder negativen materiellen Folgen: „Das Umsetzungsschicksal manifestiert sich vor allem (…) in der Fragmentierung bestehender Lebenszusammenhänge und weniger in den konkreten Lebensbedingungen nach der Umsetzung" (1977, 203). Diese bestehenden Lebensverhältnisse waren gekennzeichnet von einer durch „jahrzehntelange Bindung und Anpassung auch an unzulängliche Wohnverhältnisse entstandene Vertrautheit", die „die Wohnung und das Wohnquartier zu Elementen des eigenen Lebenslaufes werden lassen" (Becker et al. 1982, 379). So begründet sich auch eine *Bindung an städtebauliche und architektonische Aspekte der Umgebung* durch deren Verbindung mit der eigenen Erinnerung und Biografie (vgl. Siebel 1977, 395). Diese wird auch darin sichtbar, dass insbesondere jene BewohnerInnen, die lange im Gebiet wohnen, sozial eingebunden sind, wichtige biografische bzw. Familienphasen im Gebiet verbracht haben, mit diesem vertraut sind und sich dort wohlfühlen, auch während und nach der Sanierung im Gebiet verbleiben wollen (vgl. Zapf 1969 , 227ff.; Siebel 1977, 390; Becker 1982, 229/239; Becker et al. 1982, 369).

3.1.2 Behutsame Stadterneuerung in der Praxis – für oder wider die Betroffenen?

Die städtebaulichen Sanierungen sollten im Rahmen einer wissenschaftlich fundierten sowie sozialplanerisch abgesicherten Eingriffsplanung die sozialen und materiellen Lebensbedingungen in den von durch städtebauliche Funktionsverluste gekennzeichneten Gebieten nachhaltig verbessern. Gleichzeitig war bekannt, welche Folgen massive Eingriffe in die nahräumlichen Bezugsgebiete nach sich ziehen konnten und dieser Zusammenhang wurde durch sanierungsbegleitende Studien belegt. Nichtsdestotrotz spielten präventive Maßnahmen zur Verhinderung negativer Auswirkungen eine untergeordnete Rolle. Vielfach fehlte dafür auch die vorbereitende Informations- und Datenbasis, so dass die VUs zwar vorgeschrieben, aber „in der Phase der Sanierungsvorbereitung einfach *irrelevant*" gewesen seien (Jessen at al. 1979, 246, Herv.i.O.).

Die *Ambivalenz zwischen ‚subjektivem' Verlust und ‚objektiver' Verbesserung* verweist auf die Sanierungs- und Erneuerungsmaßnahmen immanente Frage nach dem ‚für wen?'. Denn oft waren und sind Bindungsfaktoren identisch mit dem, „was häufig als städtebaulicher oder wohnungspolitischer Mißstand durch Sanierung beseitigt werden soll oder als Nebeneffekt einer Sanierungsmaßnahme verschwindet" (Siebel 1977, 390; vgl. Zapf 1969, 57; Tessin et al. 1983, 40; vgl. Häußermann et al. 2008, 124ff.). Darunter fallen beispielsweise nahraumbezogene soziale Beziehungen (das vertraute ‚Milieu'), das bauliche ‚Gesicht' eines Viertels oder auch Wohnformen, die sich aufgrund der besonderen lokalen Konstellation entwickeln, aber als erneuerungsbedürftig eingestuft werden, weil sie als nicht ‚modern' und ‚gesund' oder als ‚benachteiligend' gelten. Feldhusen stellt in diesem Zusammenhang fest, dass sich „[d]ie baulichtechnische Notwendigkeit der Sanierung (…) mit dem ‚Nebenprodukt' der ‚sozialen Tat' legitimieren" lasse, diese Zielsetzung sich aber aufgrund der Auswirkungen und Betroffenheiten „ins Gegenteil verkehrt" (Feldhusen 1975, 96).

Dass eine reine passive ‚Opferperspektive' auf die Sanierungsbetroffenen in diesem Zusammenhang allerdings zu kurz greift, zeigen die durchgeführten Erhebungen ebenfalls: trotz des Verlustes anerkennen die AnwohnerInnen oftmals eine grundsätzliche Notwendigkeit der Sanierungen und Abrisse – vor allem wenn es um sehr schlechte Bausubstanzen oder die Erhaltung des Stadtbildes geht (vgl. Oertel 1982, 159; Dieser/Kouvelis 1980, 166f.; Tessin 1977, 101). Zudem lassen die Antworten der Befragten nicht nur auf ein Bewusstsein um

individuelle Folgen schließen, sondern es werden auch allgemeine Aspekte der
Ambivalenz von Erhalt und Veränderung thematisiert; so etwa der historische
Wert von Gebäuden: „[d]urch den Abriß wurden erhaltenswerte Gebäude bzw.
städtebauliche Ensembles vernichtet, hätte man es ‚in Schuß gehalten, wär's ne
Sehenswürdigkeit'" (ebd., 160; vgl. ähnliche Ergebnisse Christmann 2004).

Eine derartige bewahrende Strategie schließt sich im Zusammenhang mit
dem Verbesserungsansatz der Sanierung zumindest anfänglich jedoch größtenteils aus. Feldhusen kommt hier zu dem Ergebnis, dass die Variante, keine Sanierung durchzuführen, im theoretischen und praktischen ‚Möglichkeitsspektrum'
der Sanierungsmaßnahmen keine Erwähnung oder Umsetzung findet (Feldhusen
1975, 106f.). Ähnliches gilt für eine langsame, langfristig angelegte Veränderung
oder den Wiederaufbau des Gewohnten an anderer Stelle – gerade diese Strukturen sollten ja (möglichst zügig) erneuert werden, sozial wie städtebaulich. Wenn
keine präventive Verhinderung negativer Auswirkungen stattfindet, können die
Bedürfnisse und Interessen – und damit auch die Bindungen – der BewohnerInnen nur noch in der Ausgestaltung des Prozesses selbst Berücksichtigung finden.
Für Feldhusen kann dies nur über die Praxis der Partizipation realisiert werden:
Beteiligung ermögliche die Auseinandersetzung mit der Bedeutung und den
Folgen der Eingriffe und in der Konsequenz entweder die Vorbereitung auf die
kommende Veränderung oder die Möglichkeit, den Prozess von Planung und
Umsetzung zu beeinflussen (vgl. ebd., 107). Durch Beteiligung lässt sich im
günstigsten Fall auch Wirkungsmächtigkeit erfahren und neue Bindungen können aufgebaut werden. Der folgende Abschnitt setzt sich daher mit der Frage
auseinander, wie sich dieser Zusammenhang im Sanierungskontext darstellt.

3.1.2.1 Information der Betroffenen

Beteiligung und Mitwirkungen setzen Informiertheit voraus – nur dann sind
Entscheidungen hinsichtlich der eigenen Zukunft und der Perspektive der Heimat
möglich. Die gegenüber der Modernisierung grundsätzlich aufgeschlossene Haltung vieler BewohnerInnen würde gute Voraussetzungen bieten, die Betroffenen
‚mitzunehmen'. Allerdings gaben in einer Studie des Bundesbauministeriums
Ende der 1970er Jahre lediglich 17 Prozent der Befragten an, sich in den vergan-
genen drei Jahren im Planungsprozess beteiligt zu haben, dabei wiederum dominierte der Besuch von Informationsveranstaltungen (BMBau 1979, 20). Die
Ergebnisse zeigten aber auch, dass die Beteiligungsbereitschaft grundsätzlich
abhängig ist vom Informationsstand und der Kenntnis gesetzlicher Regelungen
bzw. entsprechenden kulturellen und sozialen Ressourcen, dem Alter sowie von
der Einschätzung, dass mit dem persönlichen Einsatz auch (noch) etwas bewirkt

werden kann: „in den Gebieten mit fortgeschrittenem Planungsstand, also bei den besonders betroffenen Mietern, ist die Beteiligungsbereitschaft um durchschnittlich 5-10% niedriger und die abwartend-passive Haltung höher ausgeprägt als in den Restgebieten" (ebd. 21/21ff.). Wenn die Betroffenen der Meinung sind, ohnehin nichts mehr ausrichten zu können, sinkt also auch die Bereitschaft, sich überhaupt in den Prozess einzubringen.

Gleichzeitig belegen die durchgeführten Untersuchungen, dass selbst das bloße Informieren über die (beschlossenen) Umstrukturierungsmaßnahmen auch zehn Jahre nach der Einführung des StBauFG als defizitär eingeschätzt wird:

> „Das *Verfahren der Stadterneuerung* wird trotz verstärkter Anstrengungen der Verwaltung im Bereich der Informationspolitik für die Betroffenen *nicht transparent*. Die Komplexität der Gesamtmaßnahme, die Zuständigkeiten der arbeitsteiligen Verwaltung, der Sanierungsträger, die Planungsziele, Planungsfristen, Durchführungszeiträume und Planänderungen bleiben ebenso unklar wie die eigenen Anforderungsgrundlagen" (Becker et al. 1982, 379, Herv.i.O.).

In der Studie von Tessin et al. forderten zwei Drittel der Befragten eine bessere und frühere Information über die Sanierung und eventuelle Umsetzungen; nahezu 50 Prozent fühlten sich unzureichend informiert (Tessin et al. 1983, 196). Dies entspricht den Ergebnissen der Untersuchung von Dieser/Kouvelis, in der bis zu 40 Prozent der Befragten angaben, über einzelne Aspekte des Vorhabens sowie die Folgen unzureichend informiert worden zu sein (Entschädigung, Räumungs- und Umzugskosten, Ersatzwohnungssuche) bzw. dass trotz entsprechender Informationsveranstaltungen viele Fragen ungeklärt geblieben seien (1980, 11/161). Information und Beteiligung beziehen sich dabei häufig auch nur auf ein (gesetzlich vorgeschriebenes) Minimum (vgl. BMBau 1979, 17/22ff.).

Auf Seiten der planenden Verwaltung und der Sanierungsträger wird hingegen eine „skeptische Einstellung" bezüglich der Wirksamkeit von Informations- und insbesondere von Großveranstaltungen konstatiert. Gleichzeitig bewirken diese Zweifel aber keine Änderung des grundsätzlichen Verfahrens, beispielsweise im Sinne kleinteiligerer, dialogorientierter Prozesse. Dabei ist – so konstatiert eine Veröffentlichung des Bundesbauministeriums – eine „Einsicht in die besonderen Anforderungen an die Form der Plandarstellung und -erläuterung (…) zwar grundsätzlich vorhanden, schlägt sich aber nur in wenigen Fällen in einer veränderten Praxis der Planungsämter nieder" (ebd., 22). Damit bleibt die Frage, in welchem wechselseitigen Verhältnis Beteiligungsbereitschaft und Beteiligungsmöglichkeiten praktisch stehen, letztlich unbeantwortet – die Ergebnisse verweisen allerdings auf Defizite hinsichtlich der ‚Ermöglichung' eines entsprechenden Engagements.

3.1.2.2 Mitwirkung der Betroffenen

In tatsächliche *Entscheidungen* über die Durchführung einer Sanierung werden AnwohnerInnen oder ihre VertreterInnen meist gar nicht einbezogen: In der Studie von Dieser/Kouvelis gaben knapp 67 Prozent der MieterInnen an, auf der Mieterversammlung sei der Eindruck entstanden, „daß die Modernisierung bereits eine beschlossene Sache war" (1980, 161). Auch dort, wo sich wie in Berlin beständige Strukturen der Betroffenenberatung durchgesetzt hatten, wurden Grenzen offenbar: einerseits hinsichtlich der tatsächlich offenen Diskussion und andererseits hinsichtlich der Selektion der Beteiligten (Bernt 2003b, 56f., vgl. BMBau 1979, 20). So stelle sich für die BewohnerInnen das Verfahren „als nur wenig durchschaubarer, kaum zu beeinflussender, von außen kommender Gesamteingriff in ihre Lebensverhältnisse dar", dessen idealtypischen Verlauf Bernt anhand von Interviews folgendermaßen beschreibt:

> „Nachdem man jahrelang ‚unbehelligt' in einem verfallenen Haus gelebt hat, meldet sich plötzlich eine Firma xy, die behauptet, die neue Eigentümerin zu sein. Manchmal wird das Haus auch innerhalb weniger Tage mehrmals verkauft, so dass man zeitgleich Mitteilungen verschiedener Eigentümer erhält. Nach kurzer Zeit schickt der Eigentümer eine ‚Modernisierungsankündigung', in der beträchtliche Bauarbeiten und Mieterhöhungen angekündigt werden und der innerhalb von zwei Monaten zugestimmt werden soll. Viele Mieter geben schon an diesem Punkt auf. Da die Mietsteigerungen vergleichsweise hoch sind, man das Leben auf einer Baustelle nicht ertragen will oder sowieso schon länger über einen Wohnungswechsel nachgedacht hat, flüchtet man vor der Sanierung, bevor der Ärger richtig los geht." (Bernt 2003b, 167).

Informationshoheit, Beteiligung und sozialplanerische Aushandlungsprozesse erhalten so eine hochgradig strategische Komponente, die sich im Spannungsfeld jeweils akteursspezifischer sozialer Belange und dem Interesse an einer effizienten, konfliktfreien Umsetzungspraxis bewegt: Sozialplanverfahren seien „durch eine ‚defensive' Logik der Schadensabwehr geprägt" (Autzen/Becker 1986, 176) und Gegenstand des sozialplanerischen Aushandlungsprozesses vor allem die „Grenzen des Tolerablen":

> „Welche Härten, Mietbelastungen, Umfeldveränderungen oder Standards werden akzeptiert? Sozialplanung dieses Typs tendiert notwendigerweise dazu, die Partizipation der Betroffenen auf das Nötigste zu beschränken; die Funktion der Beteiligung bestand letztlich darin, den Verfahrensablauf der Sanierung durch frühzeitiges Erkennen von Widerständen und Problemen und durch die Disposition entsprechender Kompensationsmaßnahmen zu glätten und damit objektiv der Realisierung primär städtebaulicher und verwertungsorientierter Maßnahmen zu dienen" (zit. nach Bernt 2003b, 162).

Betroffenenvertretungen würden „offensichtlich nur selten in die Entscheidungsfindung einbezogen, um diese nicht durch weitere zu berücksichtigende Interes-

senlagen zu verkomplizieren" (ebd., 176). Der Studie des Bundesbauministeriums zufolge bestand für die planenden Verwaltungen der Erfolg eines Beteili-
gungsverfahrens vor allem auch darin, „die gesetzlichen Mindestanforderungen
so erfüllt zu haben, daß politische Auseinandersetzungen über das praktizierte
Beteiligungsverfahren vermieden werden konnten und die Rechtssicherheit der
Planung gewährleistet ist" (BMBau 1979, 30). So hätten sich die durchgeführten
Verfahren insgesamt auch restriktiv auf die Beteiligungsbereitschaft ausgewirkt
(ebd. 29). Zwar würden Sanierungsträger und Wohnungsunternehmen neben
finanziellen auch soziale Argumente für eine schnelle Durchführung anführen:
denn je länger die Sanierungsphase dauere, umso schwieriger werde die Situation der BewohnerInnen – und umso häufiger komme es zu konflikthaften Umsetzungen (Tessin et al. 1983, 31; vgl. Altrock 2007, 35). Statt einer Einbeziehung
der AnwohnerInnen seien es aber vor allem „die altbewährten ‚materiellen An-
reize und (besonders) Bestrafungen', wie Einkommenseinbußen, Mieterhöhungen, Wohnungskündigungen und vor allem Verlust des Arbeitsplatzes oder die
Drohung damit, die diese Gruppen zu ‚plangerechtem Verhalten' motivieren"
(Körber/Siebel 1971, 11). Für Kreuzberg beschreibt Bernt anschaulich diese
Sanierungssituation vor Ort:

> „Mit jährlich neu aufgelegten Freimachungsprogrammen waren vor allem in der Gegend
> um das Kottbusser Tor ganze Straßenzüge leer gezogen worden, die nun noch rascher ver-
> fielen. In einigen Höfen stand der Müll mehrere Meter hoch, und um die letzten noch ver-
> harrenden Mieter zum Auszug zu bewegen, war das Wasser abgestellt worden. Zerstö-
> rungstrupps bauten die Treppengeländer ab, stahlen Türbeschläge, rissen in leer stehenden
> Wohnungen die Kachelöfen ein und verursachten mutwillig Schäden an Dächern und
> Fernstern, um die Häuser abrissreif zu machen" (Bernt 2003b, 48; vgl. dazu auch die im
> Sammelband von Becker et al. veröffentlichten Fotodokumentationen).

Ohnehin wird weniger die Einwirkungsmacht der Betroffenen als vielmehr die
besondere Rolle von Eigentümern, Wohnungsgesellschaften und Investoren
betont: im Hinblick auf eine effiziente Umsetzung „kommt es nicht so sehr an
auf die Kooperationsbereitschaft der Mieter (...). Entscheidend für die Realisierung von Sanierungs- und Stadterneuerungsplänen ist die Kooperationsbereitschaft der Haus- und Grundeigentümer sowie der Investoren" (Körber/Siebel
1971, 11; vgl. Tessin et al. 1983, 25f.; Bernt 2003b, 143). Bereits Mitte der
1970er Jahre wurden so beispielsweise Verletzungen der rechtlichen Vorgaben
zur Beteiligung für das weitere Planungsverfahren als „nicht sehr erheblich eingestuft" und in späteren „Beschleunigungsgesetzen" die Bürgerbeteiligung „als
ein hemmender Faktor identifiziert (...) und für bestimmte Fälle eingeschränkt"
(Selle 1996, 65).

Kommunale Sanierungsverwaltungen und -träger ziehen vor diesem Hintergrund Mitte der 1980er Jahre ein positives Fazit hinsichtlich der erreichten Umsetzungseffektivität:

> „Probleme und Konflikte mit Sanierungsbetroffenen, öffentliche Auseinandersetzungen um Sanierungskonzepte und -strategien, zwischenzeitliche unerwünschte Effekte treten in der Gesamtbeurteilung der Maßnahmen fast als Randerscheinung angesichts einer insgesamt erfolgreichen Bilanz zurück. Sie werden eher als vorübergehende Durchführungsprobleme gewertet" (BMBau 1986, 13f.).

Häußermann et al. stellen in diesem Zusammenhang am Beispiel der Berliner Sanierungen der 1990er Jahre einen grundsätzlichen Wandel fest: „Während in den achtziger Jahren eine aktive Beteiligung und Mitentscheidung der Bewohner intendiert oder zumindest akzeptiert war, sollten die Bewohner nun nur noch ‚mitwirken', jedoch nicht mehr mitentscheiden" (Häußermann et al. 2008, 234). Viele Haushalte sehen sich auch gar nicht in der Lage, die Modernisierung zu verhindern (vgl. Dieser/Kouvelis 1980,170) – in der Studie von Tessin (1977) hatten nur 7 Prozent der Befragten überhaupt

> „versucht, etwas gegen die drohende ‚Evakuierung' zu unternehmen, 37 % hatten nichts oder zumindest nicht so viel gegen den Umzug, daß für sie Widerstand sinnvoll erschienen wäre, und 56 % fügten sich resignativ in ihr ‚Schicksal', weil sowieso nichts zu machen gewesen wäre, wie sie meinten. Dieses Gefühl der Ohnmacht war dabei für immerhin 18 % eine der drei ‚schlimmsten Umsetzungsfolgen' bzw. -begleiterscheinungen" (Tessin 1977, 101).

Schmidt-Relenberg liefert für diesen Zusammenhang zwei Erklärungen, die sich einerseits auf das Phänomen der kognitiven Dissonanz, andererseits auf die Hilflosigkeit gegenüber einem dominanten Diskurs der Notwendigkeit beziehen:

> „1. Die bisherige schlechte Wohnsituation führt zu einer Befürwortung der Sanierung bei gleichzeitiger Verdrängung der erwarteten persönlichen Nachteile. 2. Aus einer passivresignativen Haltung heraus fehlt den Sanierungsbetroffenen der Mut, gegen einen Vorgang zu opponieren, der durch die öffentliche Meinung als notwendig und richtig dargestellt wird" (Schmidt-Relenberg 1973, 42, zit. nach Tessin 1977, 92).

Bernt stellt in diesem Zusammenhang die Dominanz einer „Sachzwang-Ideologie" im Gegensatz zu politischen Zielen fest: „Rahmenbedingungen der Erneuerung (Eigentümerstruktur, Haushaltslage) werden überwiegend als gegeben thematisiert und damit depolitisiert" und stattdessen die Notwendigkeit der Aktivierung von Investitionen – für die bestimmte Rahmenbedingungen geschaffen werden müssen – „zur Pistole auf der Brust der sozialen Ziele" (2003b, 144f.). Hier zeigt sich, wie das Ziel einer auf die Verbesserung der Lebensbedingungen gerichteten Eingriffsplanung vor dem Hintergrund angenommener bzw.

diskursiv etablierter Handlungszwänge in den Hintergrund tritt. Legitimation erhält das Verfahren über die Etablierung eines ‚unhintergehbaren' – weil depolisierten, d.h. nicht mehr in Aushandlung stehenden – Notwendigkeitsdiskurses. Für den Zeitraum Anfang der 1970er Jahre wird zudem auch eine Zunahme ökonomischer Interessen im Rahmen der Sanierung konstatiert. Bereits in der Regierungsbegründung des Entwurfs eines Städtebauförderungsgesetzes von 1965 sei die Stadtsanierung als Maßnahme beschrieben worden, „um die Funktionsfähigkeit des Wohnungsmarktes zu sichern" (Meslin 1984, 442). Sie habe „angesichts eines bereits absehbaren Rückgangs der Vollbeschäftigung als struktur- und konjunkturpolitischer Treibsatz wirken" (Pfotenhauer 1998, 247) und „vor allem der Bauwirtschaft langfristig Wachstum und Stabilität garantieren" sollen (Körber/Siebel 1971, 9).

Der Erfolg bei der Durchsetzung von Vorhaben der Flächensanierung und behutsamer Stadterneuerung liege ferner darin begründet, „dass die Akteursgruppe der Hauseigentümer in den Sanierungsgebieten von einer kleinen Zahl großer Gemeinnütziger Wohnungsunternehmen geprägt war" (Bernt 2003b, 66). Diese seien mit „weitreichenden Befugnissen für die Durchführung der Sanierung (…) ausgestattet" und von der gesetzlichen Bindung und der Organisationsstruktur her „für das Vorhaben einer großmaßstäblichen Flächensanierung geradezu prädestiniert" gewesen (ebd., 35).

Diese ökonomisch orientierte, sachzwang-bedingte Umsetzungsstrategie setzte sich – unter formalem Einbezug sozialer Belange – überwiegend durch, und lässt sich ebenfalls im heutigen Stadtumbau nachvollziehen. Dort findet sich auch der Aspekt ‚akzeptierender Mitwirkung'wieder und die effiziente Umsetzung der Vorhaben kann in diesem Beispiel durch die großen ostdeutschen Wohnungsunternehmen gewährleistet werden. Sie treten als treibende Kraft hinsichtlich der Initiierung und Umsetzung des Programms auf.

Fazit

Insgesamt – und dies ist insbesondere auch für aktuelle Planungs- und Umstrukturierungsprozesse von Bedeutung – lassen sich im Sanierungsgeschehen nicht nur Belege für die Wirkungs- und Folgenmächtigkeit raumbezogener Bindungen in sozialer, materieller und psychisch-symbolischer Dimension aufzeigen. Vielmehr wird deutlich, dass *Betroffenheit* auch *in ihrer zeitlichen Prozesshaftigkeit* betrachtet werden muss: bereits vor der eigentlichen Einwirkung durch direkte Eingriffe kann eine *päoperative Betroffenheit* einerseits durch die bloße Ankündigung einer eventuellen Sanierungsmaßnahme, andererseits durch das vielfach festgestellte Informationsdefizit und die (daraus resultierende) Unsicherheit bezüglich der eigenen Zukunft auftreten. Dies setzt sich im inter-operativen Sanierungsstadium fort, ergänzt um die direkte Belastung durch Sanierungstätigkeiten, Wohnungssuche, Umzug etc. Schließlich kann post-operativ vielfach sogar von post-traumatischen Belastungen ausgegangen werden, wenn mit den Eingriffen erhebliche Veränderungen oder die Notwendigkeit der Um- und Neugewöhnung einhergingen, sowie eine Rückkehr oftmals nicht stattfinden konnte. Einer Strategie, die den Betroffenen die Mitwirkung an der Entscheidungsfindung und Planumsetzung – und damit auch die Einflussnahme oder wenigstens die Verarbeitung des Geschehens – ermöglichte, standen dabei zunächst das Fehlen der rechtlichen Grundlage und dann auch der Datenbasis entgegen. Weiterhin hätten derartige Verfahren die effiziente Durchführung beeinflusst und es mangelte zudem an einer durchsetzungsstarken Instanz, die soziale Zielstellungen gegenüber betriebswirtschaftlichen Belangen durchzusetzen vermochte (vgl. Bernt 2003b, 72)[42].

Zudem zeigt sich, dass auch die Durchsetzung des normativ-hoheitlichen Anspruchs einer Verbesserung der Lebensbedingungen nicht den Vorstellungen, Erwartungen oder Bedürfnissen der tatsächlich Betroffenen entsprechen muss. Die Realisierung des Anspruchs verkehrt sich dann ins Gegenteil, *wenn BewohnerInnen zu Betroffenen werden*. So sieht zum Beispiel Tessin seine Ergebnisse „als eindringliche Warnung an jene ‚Praktiker', die unkritisch noch immer von der Umsetzung von Menschen in ‚schöne, neue Wohnungen' die Lösung oder doch zumindest Kompensation der mit einer Umsetzung verbundenen nachteiligen Auswirkungen wie dem Gefühl der Entwurzelung erwarten" (Tessin et al. 1983, 110; vgl. Brede/Siebel 1977). Und auch Bernt resümiert noch für die 1990er Jahre – dies auch und gerade hinsichtlich des *wissenschaftlichen* Diskurses –, dass die

> „an und für sich nahe liegende Einsicht, dass die öffentliche Zielbestimmung für die Stadterneuerung, die Auswahl der nötigen Instrumente, ihre Implementation und schließlich die praktische Umsetzung nicht nur ‚richtigen' oder ‚falschen' Konzepten folgen, sondern etwas mit den Interessen der am Auswahlprozess Beteiligten zu tun haben, fällt in der gängigen Literatur über dieses Politikfeld fast vollständig unter den Tisch" (Bernt 2003b, 8).

---

42   Bernt führt dies gerade auch auf die Umsetzung der behutsamen Erneuerung im Sinne einer ‚Dezentralisierung von Macht' und Deregulierung des Wohnungsmarktes zurück (vgl. Bernt 2003b, 72): die bisherigen kommunalen, gemeinnützigen Träger seien ohne Alternative in eine passive Rolle genötigt und die Stadtpolitik durch dieses Vakuum hinsichtlich der *Steuerung der Sanierung* auf privatwirtschaftliche Initiative zurückgeworfen worden (ebd., 75).

Im Endeffekt scheint sich folglich unter der Oberfläche einer behutsamen und damit auch an den Interessen der lokalen Bevölkerung orientierten Erneuerung eine Planung und Durchführung zu vollziehen, bei der das ‚Für wen?‘ gar nicht feststeht, nicht hinterfragt wird oder ob einer Sachzwanglogik in den Hintergrund tritt: „Die Frage wem die Veränderungen nützen und wem sie schaden, wer sie durchsetzt und wer sie hinnehmen muss, wird nur selten gestellt" (ebd.). Nichtsdestotrotz: die Geschichte der städtebaulichen Sanierungen ist in diesem Zusammenhang insofern auch eine ‚erfolgreiche‘, also dass Folgen von und Betroffenheit durch Eingriffsplanungen zum Gegenstand politisch-demokratischer Aushandlungsprozesse werden. Erst in der konflikthaften Auseinandersetzung und im Zuge eines gesamtgesellschaftlichen ‚Demokratisierungsschubes‘ wird der Anspruch begründet, Maßnahmen nicht nur durch wissenschaftliche Expertise vorzubereiten, sondern auch kritisch zu begleiten, zu evaluieren und aus den gemachten Erfahrungen zu lernen.

Es lassen sich bezüglich der Fragen, inwiefern sich die Erkenntnisse der Bindungsforschung in städtebaulichen Praxisbeispielen zeigen, welches Wissen vorliegt und was der aktuelle Stadtumbau daraus lernen könnte, zusammenfassend drei wichtige Ergebnisse festhalten:

1) Die vorhandenen Studien thematisieren und erheben das Ausmaß und die Bedeutung raumbezogener Bindungen in unterschiedlichen Dimensionen sowie in ihren Wechselwirkungen. Sie greifen dabei auf klassische Indikatoren von Heimat und Ortsbindung zurück, die Bindungen sowohl wahrscheinlich als auch empirisch sichtbar machen. Es stehen zunächst ökonomische Betroffenheiten im Vordergrund; die emotionale Betroffenheit wird ebenso berücksichtigt – sie erscheint zwar im Vergleich weniger quantifizierbar, bezieht sich aber eindeutig auch auf die materielle Gestalt der gewohnten Umgebung. Dabei wird das Verbleiben in einer sich ggf. langsam verändernden Umwelt (bestenfalls im gleichen Gebäude), in der Identifikations- und Orientierungspunkte erhalten bleiben, positiver bewertet als der Umzug in ein neues Gebiet (vgl. Becker et al. 1982, 370f.; Tessin et al. 1983, 145; Oertel 1982, 160; Tessin 1977, 227).

2) Im Ergebnis der Sanierungsstudien werden Ortsbindungen grundsätzlich als ein sozial wie individuell bedeutsamer und (daher) in der Planung zu berücksichtiger Faktor beschrieben. Obwohl bereits aus den USA Dokumentationen und Ergebnisse des Zusammenhangs von Flächen- und Kahlschlagsanierung mit den einhergehenden Auswirkungen für die Betroffenen vorlagen, zeigt die bundesdeutsche Sanierungsgeschichte, dass diese Berücksichtigung sich erst im Rahmen einer behutsamen Sanierungspraxis durchsetzen konnte. In diesem Zusammenhang

treten jedoch mehrere Ambivalenzen zu Tage, die im Planungsalltag unterschiedlicher Akteure mit teilweise gegenteiligen Interessen nur schwer lösbar erscheinen: in Bezug auf das persönliche Erleben der Stadterneuerungsrealität sind dies zunächst die *Ambivalenz zwischen persönlicher Betroffenheit und der 'Einsicht in die Notwendigkeit' von Veränderung* sowie *zwischen 'subjektivem' Verlust und 'objektiver' Verbesserung*. Beide Aspekte stellen sowohl das Individuum als auch die planenden Institutionen und selbst die Begleitforschung vor erhebliche Herausforderungen (Güterabwägung, Erforschung eines 'unbewussten Phänomens', soziale Erwünschtheit und kognitive Dissonanz). In diesem Zusammenhang wird gefordert, „Erneuerung als einen sukzessiven Prozeß" zu begreifen (Becker et al. 1982, 384), der auch nachsorgerisch begleitet werden müsse (vgl. Tessin et al. 1983, 215f.).

3) Schließlich zeigt sich auch im Rahmen eines 'behutsamen' Stadterneuerungsprozesses ein Dilemma zwischen einem *kurzfristigen Nutzen und der Nachhaltigkeit* einer wissenschaftlich fundierten, partizipativ ausgerichteten Sanierung. Mit der methodischen, inhaltlichen und auch anwendungspraktischen Irrelevanz der Vorbereitenden Untersuchungen (Jessen et al. 1979) und dem 'Eindampfen' des sozialplanerischen Anspruchs habe sich die Umsetzung vor allem aus der (fortlaufenden) Praxis ergeben (Tessin et al. 1983, 33). Dabei zeigt sich die Ressourcenlage als bestimmender Faktor für das Ausmaß der Sanierungsfolgen und die Effektivität der Umsetzung (vgl. Tessin 1977, 230). Eine zügige Umsetzung profitiert im Allgemeinen von möglichst passiven, uninformierten und unsicheren AnwohnerInnen (vgl. Tessin 1977, 91f.), was im Ziel der *'akzeptierenden Mitwirkung'* kulminiert. Auch die personellen und organisatorischen Rahmenbedingungen vor Ort haben Einfluss auf den Umsetzungsprozess: in kleinen Städten sei dieser häufig 'Chefsache' und dies steigere „die Effizienz und Durchsetzungsfähigkeit der Sanierungsdienststelle sowohl in der Gemeinde selbst als auch gegenüber den Bewilligungsstellen des Landes" (BMBau 1986, 12; Becker et al. 1986, 64).

Das Eingangszitat, dem zu Folge das Soziale als Klotz am Bein erscheine, wird so einerseits bestätigt: tatsächlich erhält mit der Kritik an der Sanierung, mit der Forderung nach einer reflexiven Planung, sowie der rechtlichen Verankerung 'das Soziale' einen festen Stellenwert in Politik und Planung, den es zu berücksichtigen gilt. Als 'Bremsklotz' sollen verfahrensrechtliche Standards eventuelle negative Auswirkungen abschätzen, verhindern und abmildern. Andererseits ist eine zentrale Erkenntnis dieses Abschnitts, dass, sobald diese Standards zur

Reglementierung der Eingriffsmaßnahmen wohlfahrtsstaatlich adaptiert wurden,
deren Praxis-Relevanz in erheblichem Maße abhängig ist von
- eingeforderten und fallbezogen erhobenen *Daten* sowie deren Interpretation,
- der Darstellung und Einordnung dieser Ergebnisse in den gesamtgesellschaftlichen und themenspezifischen Kontext (*Diskurs*)
- Interessenlagen und *Ressourcen* der beteiligten Akteure auf unterschiedlichen Ebenen.

3.2   Tagebau – „Heimat oder Kohle?"[43]

> „Der Abbau von Braunkohle in Großtagebauen bedeutet die totale Vernichtung der betroffenen Landstriche" (Hater 1999, 32).

Das provokante Zitat im Titel dieses Abschnitts verdeutlicht auf mehrschichtige
Weise die Ambivalenzen, die dem Beispiel ‚Tagebau' im Zusammenhang mit
dem Thema ortsbezogener Bindungen innewohnen: ohne Abtragung und Umsiedlung keine Kohle im eigentlichen, und damit auch kein ökonomischer Gewinn im übertragenen Sinne – weder für eine Region oder ein Unternehmen,
noch für BewohnerInnen, deren Arbeitsplätze vielfach eng mit dem Tagebau
verbunden sind.

‚Heimat oder Kohle' suggeriert dabei eine Wahlfreiheit, die in der Realität zumindest für die Betroffenen kaum existiert – allenfalls können Verzögerungen oder Abmilderungen erwirkt und zugestanden werden. Die Umsiedlung und
anschließende Freimachung des ehemaligen Siedlungsgeländes für den Abbau
der Bodenschätze stellt die drastischste Form des Verlustes der vertrauten Umgebung und Heimat dar. Eine Rückkehr oder zumindest ein Wiedersehen der
alten Wohngegend ist nicht möglich. Im Gegensatz zum Sanierungsgeschehen
steht in diesem Kontext außerdem der regionale Maßstab im Mittelpunkt: es geht
um den Abbau ganzer Landstriche, die Umsiedlung kompletter Dörfer und Gemeinden.

Tagebau wurde und wird in Deutschland vor allem im sogenannten ‚rheinischen Braunkohlerevier' (im Gebiet um Aachen, Köln, Mönchengladbach), in
der Lausitz und in Teilen Sachsen-Anhalts (‚mitteldeutsche' Tagebaugebiete)
betrieben. In diesem Zusammenhang wurden bis 2009 insgesamt fast 110.000
Personen (davon 28.400 im rheinischen, 51.200 im mitteldeutschen und 27.500
im Lausitzer Revier) und 308 Orte ganz oder teilweise umgesiedelt (47 bzw. 126

---

43   Zitat von der Internetseite: www.tagebau.org (16.10.2012)

und 135) (Berkner 2009, 5; vgl. Metzger 2002; Schröteler-von Brandt 2000). In den 1980er Jahren gingen die Planungen bis zur Auskohlung davon aus, dass im westdeutschen Abbaugebiet bis zu 190.000 Menschen umgesiedelt werden müssten, einige sogar mehrfach (Hambachgruppe 1985, 45). Die Ausführungen beziehen sich im Folgenden aufgrund der Literatur- und Datenlage überwiegend auf Publikationen zum westdeutschen Abbaugebiet.

Lassen sich auch an diesem Beispiel die Kategorien von Heimat und Bindung anwenden und vollzieht sich das Geschehen auch hier vor dem Hintergrund entsprechender grundlegender Ambivalenzen? Welche Ergebnisse liegen im Hinblick auf die Betroffenheiten sowie in Bezug auf das Handeln und die Wahrnehmung der beteiligten Akteure vor und in welchem Erklärungs- und Diskussionszusammenhang vollziehen sich Planung und Maßnahmenumsetzung?

3.2.1 Erhebung und Ausmaß der Betroffenheit

Im Zuge der Planung und Genehmigung von Tagebauvorhaben geben die in den jeweiligen Braunkohleplänen[44] dargelegten Sozialverträglichkeitsprüfungen, entsprechende Gutachten, sowie Berichte, Studien und begleitende Materialien wie die von der Kölner Bezirksregierung herausgegebene ‚Umsiedlerfibel' Einblick in den Prozess und die Bedeutung der Umsiedlung (vgl. Zlonicky et al. 1990; Zlonicky et al. 1999; Canacakis/Sevenich 1996; Bezirksregierung Köln (BZK) 2009). Seltener hingegen wurden Studien über das Leben mit oder nach der Umsiedlung durchgeführt (Metzger 2002; vgl. aber Metzger 2004; Canacakis/Sevenich 1996; Speller 2000). Die Publikationen weisen jedoch übereinstimmend auf kurz- und langfristige Folgen der Umsiedlungsmaßnahmen auch im Sinne der erarbeiteten Kategorien raumbezogener Bindungen hin. So sei seit dem 1987 erstellten Gutachten zu ‚Kriterien zur Beurteilung der Sozialverträglichkeit von Umsiedlungen' (theoretisch) unstrittig gewesen, dass vorbereitende

---

44   In Braunkohlenplänen wird die räumliche Planung für Abbaugebiete festgelegt, sie werden vom Braunkohlenausschuss aufgestellt und von der Landesplanungsbehörde genehmigt. Unterschieden werden Pläne, die ein Abbauvorhaben betreffen und solche, die Umsiedlungsstandorte festlegen, auch wenn in der Praxis vielfach beide Aspekte auf ein Gebiet zutreffen. ‚Abbaupläne' enthalten Angaben zu: nachteiligen Folgen des Tagebaus und deren Vermeidung, Infrastruktur- und Rekultivierungsplanung sowie die Umwelt-, Umweltverträglichkeits- und Sozialverträglichkeitsprüfung. ‚Umsiedlungspläne' beinhalten Angaben zu Umsiedlungsorten, -flächen, -zeiträumen, Regelungen für MieterInnen, Gewerbe und Landwirtschaft sowie ebenfalls eine Sozial- und Umweltprüfung. (Quelle: Bezirksregierung Köln: www.bezreg-koeln.nrw.de/brk_internet/gremien/braunkohlenausschuss/braunkohlenplaene/index.html (23.11.2012)

Planungen und Umsiedlungen einen erheblichen Eingriff und eine enorme psychische Belastung für die Betroffenen bedeuteten (Hater 1996; vgl. Zlonicky et al. 1999; Hater 1999, 266). Und auch die von der Bezirksregierung Köln herausgegebene ‚Umsiedlerfibel' leitet ein mit der Erkenntnis: „Umsiedlungen im Zuge des Braunkohlenabbaus sind für die betroffene Bevölkerung ein ernstes, manchmal existentielles Problem" (BZK 2009, 5). Diese existenzielle Betroffenheit wird sowohl hinsichtlich des materiellen wie des immateriellen Verlustes hervorgehoben und der Heimatbegriff dabei mehrdimensional auf die sozialen und die (symbolisch)-materiellen Ausstattungsmerkmale der gewohnten Umgebung angewendet. Heimat meint demnach

> „die Zugehörigkeit zur örtlichen Gemeinschaft (...), die Kontakte zu den Verwandten, Freunden und Nachbarn, Bindungen an die kirchliche Gemeinde und an die Vereine [...,] das äußere Erscheinungsbild sowie der real vorhandene Erlebnisraum des Ortes (...), die Infrastruktur, Wohnqualität, Wohnumgebung und Freiräume für Freizeitaktivitäten, aber auch Arbeitsplätze, Einkaufsmöglichkeiten, Gewerbebetriebe (...)" (BZK 1995b, 428f).

Deren Verlust – so bestätigt beispielsweise auch ganz im Sinne der Bindungsforschung der Erläuterungsbericht zum Tagebau Garzweiler II – „kann zu psychischen Belastungen führen" (BZK 1995b, 428f). Auch die Länge des Verfahrens dürfte in diesem Fall eine entscheidende Rolle spielen; denn für eine geschlossene Umsiedlung (vgl. 3.2.2.3) wird ein Zeitraum von neun Jahren angegeben, hinzu kommen sechs Jahre für die planerische Vorbereitung (BZK 2009, 15) – ohne die eventuell davor beginnende Zeitspanne der Gerüchte und Unsicherheit.

In diesem Kontext wird auch die Frage der Betroffenheit eingehend diskutiert und es ergeben sich jene bereits hinsichtlich des Sanierungsgeschehens herausgearbeiteten Betroffenheitsdimensionen. Gleichzeitig scheint eine verstärkte Legitimationsnotwendigkeit zu bestehen. Denn während die Sanierungsvorhaben zumindest theoretisch eindeutig in ihrem Anspruch waren, Lebensbedingungen vor Ort zu verbessern, so zeigt sich der Tagebau grundsätzlich als zerstörerischer Eingriff in Landschaft und Infrastruktur mit dem Ziel des ökonomischen Gewinns. Dessen ‚Notwendigkeit' ergibt sich aus einem sozioökonomischen Begründungszusammenhang, bei dem „das öffentliche Interesse an einer langfristig sicheren Energieversorgung gegenüber den persönlichen Belangen der Betroffenen überwiegt" (BZK 2004, 35). Denn „[e]ine verantwortungsvolle Energiepolitik kann auf den Beitrag der Stromerzeugung aus heimischer Braunkohle in der heutigen Größenordnung auf absehbare Zeit nicht verzichten" (MWEBWV 2004, 6f.). Diese so auch noch weit ins 21. Jahrhundert weisende Notwendigkeit folgt der Logik, dass, wenn eine verantwortungsvolle Energiepolitik betrieben und die Versorgung langfristig sichergestellt werden soll, der

Abbau von Kohle und damit die Umsiedlung von Gemeinden unerlässlich ist (vgl. MWEBWV 2004, 6f.). Vor diesem Hintergrund wird meist – außer von Seiten der grundsätzlichen Tagebaugegner – nicht das Verfahren bzw. die Notwendigkeit an sich in Frage gestellt. Diskutiert wird stattdessen, wie die Umsetzungen für die Betroffenen so wenig schädlich wie möglich gestaltet oder sie angemessen entschädigt werden können. So sei beispielsweise für den Tagebau Inden

> „[d]ie grundsätzliche Abwägung zwischen (...) der Betroffenheit des Einzelnen einerseits sowie dem öffentlichen Interesse einer langfristig sicheren Energieversorgung andererseits (...) zugunsten des Braunkohlenabbaues entschieden worden. (...) Insoweit hat auch die Frage des Ob der Umsiedlung bei den Betroffenen und im Verfahren keine entscheidende Rolle gespielt" (ebd. 8)[45].

Wie umfassend die Auswirkungen in verschiedenen Dimensionen sein können, beschreiben knapp und eindringlich beispielsweise die WissenschaftlerInnen der 1977 gegründeten Hambach-Gruppe:

> „Die Menschen werden umgesiedelt. Ihre Ortschaften sterben, werden aufgekauft, dann abgerissen, und die Erinnerungen leben nur noch als Namen der Vorstadtsiedlungen weiter, die den Vertriebenen ‚neue Heimat' werden sollen. Doch das, was die ‚alte Heimat' ausmachte, die eigenen Geschichten, die dörfliche Sozialstruktur, Vereine und Bekanntschaften – auch der eigene Friedhof –, das alles kann nicht umgesiedelt werden. Die Umsiedlung ist ein langwieriger Prozeß. Schon zwanzig Jahre vor dem Abriß, mit dem Bekanntwerden der Tagebaupläne verliert so ein Dorf seine Zukunft, stirbt jede Entwicklung. Es wird nicht mehr gebaut, die Jüngeren ziehen weg" (Hambachgruppe 1985, 18f.).

Komprimiert finden sich in diesem Zitat die bereits herausgearbeiteten sozialen, materiellen und symbolischen Verlustkategorien, die mit dem Verschwinden der vertrauten Umgebung einhergehen. Dass sich die planenden und ausführenden Institutionen dieser umfassenden Folgen bewusst sind und diese zumindest rhetorisch anerkennen, zeigt sich beispielsweise in dem Zugeständnis, dass „die immateriellen Nachteile – z.B. Verlust der Heimat, Bruch der sozialen und kulturellen Bindungen, abrupte Veränderung der Erwerbsgrundlagen und Berufsverhältnisse der örtlichen Handwerks- und Dienstleistungsbetriebe – nicht in Sachwerten ersetzt werden" können (Regierungspräsident Köln 1984, 29).

In diesem Zusammenhang verweisen andere AutorInnen auf *präoperative Folgen*: so bestehe prinzipiell bereits eine Betroffenheit „wenn ein

---

45   Vgl. über einen Zeitraum von 20 Jahren auch die Pläne für Frimmersdorf, Garzweiler II sowie die Umsiedlung Immerath-Pesch-Lützerath mit ähnlicher Argumentation (Regierungspräsident Köln 1984; Bezirksregierung Köln 1995a/b; Bezirksregierung Köln 2005).

Verantwortlicher des Bergbautreibenden auch nur erwähnt, daß ein Dorf möglicherweise in eine Tagebauplanung mit einbezogen werden könnte" (Canaca-
kis/Sevenich 1996, ohne Seitenangabe; vgl. Zlonicky et al. 1999, 13; Hater
1996). Ankündigungen oder Gerüchte würden zu Betriebsaufgaben, fehlender
Investitionsbereitschaft und der Verschlechterung lokaler Infrastruktur führen,
sowie Einfluss auf die örtliche Immobilienlage und (damit) die Entscheidungs-
freiheit und Lebensplanung der ansässigen Menschen nehmen (vgl. auch Regierungspräsident Köln 1984, 29; sowie bzgl. der Krankenversorgung BZK 1995b,
187 und der Schuleinzugsbereiche ebd. 427). Insbesondere wegen des besonderen (regionalen) Ausmaßes von Umstrukturierung und Umsiedlung kommt es so
vielfach auch zu einer *infrastrukturellen Betroffenheit*.

Analog zum Sanierungsgeschehen werden im Tagebauzusammenhang
weiterhin *ökonomische Auswirkungen* und Betroffenheiten diskutiert, insbesondere der materielle Verlust des Wohnhauses bzw. von Grundbesitz und häufig
auch des Arbeitsplatzes (Metzger 2002). So ging die Planung für Garzweiler II
davon aus, dass sich die Umsiedlung für circa 15 Prozent der ArbeitnehmerInnen
auf ihre Arbeitsplätze auswirke, „weil diese verlagert werden oder verlustig
gehen" (BZK 1995b, 198f.). Gleichzeitig stellt der drohende Verlust bzw. der
durch den Tagebau mögliche Ausbau von Arbeitsplätzen auch ein gewichtiges
Argument für die (weitere) Bewilligung und Fortführung des Tagebaus dar (vgl.
BZK 1995a, 12f.).

Das frühere Heimatsynonym ‚Besitz' ist in diesem Zusammenhang von
größerer emotionaler und strategischer Bedeutung als im Sanierungs- und
Stadtumbaukontext. In den Abbaugebieten überwiegt der Einfamilienhausbe-
stand, wobei zwar die Möglichkeit der Enteignung besteht, aber im Gegensatz zu
Sanierung und Stadtumbau um das einzelne Objekt verhandelt werden muss.
Hier lässt sich aus den Ergebnissen der Bindungsforschung folgern, dass bezüglich des Verhandlungsspielraums und des persönlichen Schicksals der Abriss des
eigenen – allein bewohnten – Hauses finanziell und emotional-symbolisch noch
schwerer wiegt als der Verlust der Wohnung. Gleichzeitig können durch Eigentum am Umsiedlungsort neue Bindungen aufgebaut werden – auch, indem beispielsweise (ehemaligen) MieterInnen vielfach das Angebot der erleichterten
Eigentumsbildung am Umsiedlungsort gemacht wird (Hater 1999, 347). Darüber
hinaus wird Besitz im Heimatkontext vielfach mit Handlungsmächtigkeit und
Autonomie in Verbindung gebracht – im Gegensatz dazu erleben Betroffene im
Umsiedlungsgeschehen häufig Situationen der Macht- und Orientierungslosigkeit. Dies kann durch eine mangelnde Informationspolitik, aber auch durch fehlende Mitwirkungsmöglichkeiten bedingt sein. Speller stellt für ihr Untersuchungsgebiet fest, dass der Umsiedlungsprozess für die Betroffenen „a general
loss of autonomy" beinhaltete, der sich auch negativ auf den Aneignungsprozess

am Umsiedlungsort auswirkte. Denn „the lack of autonomy during the relocation process prevented ‚anticipatory' attachment to their new property and caused much anguish and frustation" (Speller 2000, 251)[46]. Mit diesem Verlust an Verfügung über den eigenen Lebensbereich gehen also nicht nur Frustrationsgefühle und psychische Betroffenheit einher, vielmehr verringert sich auch die Chance, dass Bindungen an den neuen Wohnort entstehen, die eventuell über den Verlust hinweghelfen könnten. So verschwindet der gewohnte Ort, der bisher als Heimat Kompensations- und Verfügungsraums war, ohne dass der neue Lebensmittelpunkt diese Funktionen in absehbarer Zeit erfüllen könnte. Die „Gewißheit (...), daß die Zukunft ihrer Ortschaft begrenzt ist" ließe – so betont beispielsweise die Planung für den Tagebau Garzweiler II – eine „spontane Resignation" erwarten (BZK 1995b, 192).

Weiterhin werden *soziale Betroffenheiten* betont und die „grundlegende Veränderung des gewohnten Sozialgefüges" sowie ein damit einhergehender Heimatverlust beklagt (Metzger 2002; Canacakis/Sevenich 1996). Dabei greifen auch die Sozialverträglichkeitsprüfungen auf die Erhebung und Erörterung klassischer Heimatfaktoren zurück. So stellt beispielsweise der Braunkohlenplan Garzweiler II für die betroffenen Ortschaften fest, dass „sowohl die lange Ortsansässigkeit als auch die engen verwandtschaftlichen und freundschaftlichen Bindungen für eine ausgeprägte Verbundenheit der Bewohner mit ihrem Ort" sprechen (BZK 1995b, 197). Der Braunkohlenplan Inden betont, dass mit der Umsiedlung „auch die Existenz der örtlichen Gemeinschaft in Frage gestellt" ist und damit „ein Verflechtungsnetz (...) in Familie und Verwandtschaft, Nachbarschaft und Freundeskreis, Vereinen und Kirchengemeinden", das wesentlich die Qualität des Zusammenlebens bestimme (BZK 2004, 77). Besondere Auswirkungen werden in diesem Zusammenhang auch für ältere und alte Menschen konstatiert, denn sie „sind mit der alten Ortschaft verwurzelt und haben eine intensive Bindung an den Heimatort". Zudem seien sie mit dem komplexen Umsiedlungsvorgang häufig überfordert und würden sich einen Neubau nicht zumuten (BZK 2009 85).

Wenn die gewohnte baulich-räumliche Struktur wie in den meisten Tagebaugebieten vollständig abgetragen wird, stellt auch der *materielle Verlust* der gewohnten Umgebung eine erhebliche Herausforderung dar: „Bestimmte Gebäude, Bäume, Denkmale und Straßenzüge seien für die Bewohner Elemente der Ortsbindung von besonderer Qualität. Es handele sich um Merkzeichen und Symbole, die zur Identität des Ortes beitrügen" (BZK 1995b, 198). Die materiel-

---

46   Die Untersuchung von Speller bezieht sich auf eine Ortschaft in Großbritannien, die aufgrund der Nachwirkungen von Abbauvorhaben (Gasaustritt) verlegt werden musste.

le „Zerstörung der alten Häuser und Straßen" wird von den BewohnerInnen subjektiv als „Tod der alten Heimat" wahrgenommen (Metzger 2002; Canacakis/Sevenich 1996). Dieser Verlust der alten Orts- und Landschaftsbilder – so betont beispielsweise auch der Braunkohlenplan Frimmersdorf – treffe Personen mittleren und fortgeschrittenen Alters besonders hart (vgl. Regierungspräsident Köln 1984, 31). Der Braunkohlenplan Inden konstatiert, dass mit der Umsiedlung die gewohnten, ‚heimatlichen' Strukturen zur Disposition stehen: „das äußere Erscheinungsbild sowie der real vorhandene Erlebnisraum eines Ortes […,] die Wohnbebauung mit ihren Menschen, die Freiräume für Freizeitaktivitäten, aber auch die Einkaufsmöglichkeiten und Gewerbebetriebe am Ort" (BZK 2004, 77).

Mit dieser mehrdimensionalen Betroffenheit wird auch die in der Bindungsforschung häufig beschriebene ‚doppelte Verunsicherung' im Sinne des Verlustes einerseits und der Herausforderung der Anpassung an ‚das Neue' andererseits deutlich: Tagebau und Umsiedlung bedeuteten Verlust des Gewohnten, Erarbeiteten, Prägenden, während gleichzeitig Unsicherheit darüber besteht, wie es weitergeht oder eine Anpassung an neue Umgebungen notwendig ist (vgl. Zlonicky et al. 1999, 37). Speller unterstreicht dies, indem sie zusätzlich betont: „when place attachment is disrupted, people not only lose the link to their past which had been experienced as meaningful but also the link to their potentially meaningful future" (Speller 2000, 252). So fügen sich auch in diesem Beispiel die Betroffenheitsdimensionen zu einem umfassenden, biografisch einschneidenden Verlusterlebnis zusammen. Zlonicky zufolge beinhalten Tagebau und Umsiedlung „den Verlust von Vergangenheit, zumindest den Verlust einer Wohnung, eines Hauses, eines Ortes, eines Raumes, der in allen Schichten und Bildern Heimat bedeutet", andererseits bedeute er „eine große Verunsicherung möglicher Perspektiven, die sich individuell oder für die Gemeinschaft des Dorfes eröffnen können" (Zlonicky et al. 1999, 37).

Auch hier zeigt sich sowohl eine *individuelle als auch eine kollektive Seite* von Bindung und Betroffenheit. Neben den bei der Sanierung betonten kollektiven Aspekt einer Gemeinsamkeit der Betroffenheit bzw. besondere Gruppenbetroffenheiten tritt im Tagebau stärker der ‚community-Aspekt' hervor: es herrscht nicht nur Verunsicherung hinsichtlich der persönlichen Zukunft, sondern diese bezieht sich vielfach auf die Zukunft der Dorfgemeinschaft (vgl. Zlonicky et al. 1999, 37). Allerdings betont beispielsweise Metzger (2002) den emanzipatorischen Aspekt des Neubeginns nach der Umsiedlung und Speller findet gar eine Verstärkung individualistischer Aspekte des Gemeinwesens im Zuge der Umsiedlung: die Interviews zeigten, dass „the previous collective functioning of the community has been replaced by more individual functioning" (Speller 2000, 191). Während also bereits die Verhandlung der einzelnen Grundbesitzer mit dem Bergbauunternehmen über eine eventuelle Entschädigung und deren Höhe eine Individualisierung des Betroffenheitsschicksals mit sich bringt – Betroffene ggf. sogar, zumindest ‚gefühlt', miteinander in Konkurrenz treten um zur Verfügung stehende Entschädigungsmittel –, kann der Gesamtprozess offenbar trotz gemeinsamer Umsetzung auch Einfluss auf das Kollektivempfinden der EinwohnerInnen nehmen. Umso unwahrscheinlicher erscheint dann eine gemeinsame Interessenvertretung von Betroffenen gegenüber Politik und/oder Unternehmen.

3.2.2 Tagebauumsiedlungen in der Praxis – sozial verträglich?

Dass die Auswirkungen der Planungen zum Tagebau sowie die zwangläufigen Umsiedlungen vielfältige und schwerwiegende Betroffenheiten generieren, war aufgrund der Vorarbeiten zu raumbezogenen Bindungen zu erwarten, zeigt sich in der Praxis und wird von den beteiligten Akteuren weitgehend anerkannt. Dies zeigen auch die Auslassungen in den jeweiligen Sozialverträglichkeitsprüfungen, die genau auf diese Betroffenheitsdimensionen rekurrieren. Aufgrund des ökonomisch-gesamtgesellschaftlichen Begründungszusammenhangs steht allerdings weniger die Einstellung oder Änderung der Verfahrenspraxis, sondern die ‚sozialverträgliche' *Durchführung* der Vorhaben im Mittelpunkt. Die Sozialverträglichkeitsprüfung ist in Nordrhein-Westfalen beispielsweise seit 1989 im Landesplanungsgesetz festgeschrieben (vgl. Hater 1996; BZK 2009, 13). Wesentliche Bestandteile der Darlegung sind Daten zur Sozial- und Infrastruktur sowie zu Auswirkungen auf die Betroffenen hinsichtlich der Erwerbs- und Berufsverhältnisse, Wohnbedürfnisse, sozialen Verflechtungen und den „örtlichen Bindungen der Betroffenen". Weiterhin sind Angaben zur Vermeidung bzw. Minderung nachteiliger Auswirkungen zu machen[47]. Im Braunkohlenplan Inden wird Sozialverträglichkeit verstanden als „die Verträglichkeit einer Umsiedlung mit den Lebensverhältnissen der von der Umsiedlung Betroffenen". Sie reduziert sich jedoch – auch im Sinne der unhintergehbaren Notwendigkeit des Abbaus – wenige Sätze später auf „die Minimierung aller materiellen und immateriellen Belastungen durch konkrete Angebote zur Kompensation sowie durch die auf die jeweilige Umsiedlung zugeschnittenen Konzepte für eine zukunftsorientierte Gestaltung des Lebensraumes" (BZK 2004, 37; vgl. nahezu identisch BZK

---

47   Vgl. Paragraph 27 Landesplanungsgesetz:
      https://recht.nrw.de/lmi/owa/br_bes_text?anw_nr=2&gld_nr=2&ugl_nr=230&bes_id=7530
      &menu=1&sg=0&aufgehoben=N&keyword=landesplanungsgesetz#det0 (29.11.2013)

1995b, 184f.). Nicht *ob* eine Umsiedlung sozialverträglich wäre, sondern *wie* die Umsiedlung (durch Information, Kompensation und Zusatzangebote) sozialverträglich gestaltet werden kann, steht im Fokus (vgl. Ulrich 1996, ohne Seitenangaben; Hater 1999, 56ff.). So benennt der Braunkohlenplan für Garzweiler II als Voraussetzungen für eine sozialverträgliche Durchführung die gemeinsame bzw. geschlossene Umsiedlung, eine „rechtzeitige und umfassende Information sowie die Mitwirkung der Betroffenen, die Erhaltung der bisherigen Vermögenssubstanz der Bürger, das ‚Sich-zu-Hause-Fühlen' der Umsiedler an ihrem neuen Ort" (BZK 1995b, 191).

Damit sind die wesentlichen praxisrelevanten Maßnahmen zur Minderung negativer Auswirkungen der Umsiedlung benannt: Information und Beteiligung, finanzielle/materielle Entschädigung, geschlossene Umsiedlung, Gestaltung des Umsiedlungsortes – sie sollen im Folgenden eingehender betrachtet werden.

3.2.2.1 Information und Beteiligung

Die „rechtzeitige und umfassende Information" der Betroffenen wird im Hinblick auf eine sozialverträgliche und gelingende Umsiedlungspolitik als ein zentraler Bestandteil hervorgehoben (vgl. BZK 1995, 429). Insbesondere wegen der dargestellten prä-operativen Auswirkungen von Ankündigung und Planung eines Abbauvorhabens wird auch die Notwendigkeit einer vorausschauenden, langfristig angelegten Betroffenenarbeit abgeleitet (vgl. Zlonicky et al. 1999, 13). Zu den formalen Instrumenten sind in diesem Zusammenhang zunächst die laut Baugesetzbuch vorgeschriebene ‚öffentliche Unterrichtung' über Planungsziele, Alternativlösungen und Auswirkungen sowie die öffentliche Auslegung des Planungsentwurfes zu zählen (BZK 2009, 19). Darüber hinaus betreiben sowohl die Bergbautreibenden als auch die planenden Verwaltungen Maßnahmen der Öffentlichkeitsarbeit (vgl. Hater 1999, 63f.; BZK 2009, 20). Der ‚Betroffenenarbeit' kommt dabei – allein schon aus Gründen der Entschädigungsverhandlungen – besondere Bedeutung zu: so soll in Nordrhein-Westfalen seit 2001 ein unabhängig tätiger Umsiedlungsbeauftragter „die Verbindung zwischen Betroffenen und Beteiligten pflegen, bei Konflikten vermittelnd tätig zu werden, Hemmnisse für eine sozialverträgliche Umsiedlung erkennen und abbauen und das Umsiedlungsgeschehen weiter entwickeln" (BZK 2009, 87; Fehler i. O.).

Dennoch spricht Hater für die 1980er Jahre von einer Legitimations- bzw. Akzeptanzkrise (1999, 59) und die Umsiedlerfibel betont noch 2009, dass „Skepsis oder Ablehnung zumeist die ersten Reaktionen [sind], wenn den Betroffenen die Notwendigkeit der Umsiedlung bekannt wird" (BZK 2009, 5). Dies sind unter den zuvor dargestellten Betroffenheiten durchaus zu erwartende Reaktionen. Statt sie aber als solche in ihrer Legitimität anzuerkennen, werden diese auf Informationsdefizite zurückgeführt und mit „einer gewissen Orientierungslosigkeit" (ebd.) begründet. Hier zeigt sich – wie bereits im Hinblick auf die energiepolitische Notwendigkeit dargestellt – die Strategie einer auf Akzeptanz ausgelegten Bürgerarbeit bzw. der Versuch, einen Diskurs zu etablieren, der die beschlossene Vorgehensweise als alternativlos („*Notwendigkeit*") und eine gegensätzliche Haltung als ‚unvernünftig' oder realitätsfremd darstellt: „Kunstvoll werden die Semantik des politisch Entscheidbaren mit der alternativlos zu vollziehenden Notwendigkeit unauflöslich ineinander verknotet" (Hater 1999, 65). Und so sollte auch das ‚Akzeptanzproblem' der 1980er und 90er Jahre „mittels Öffentlichkeitsarbeit bewältigt werden, nicht aber durch die Institutionalisierung neuer Formen von Beteiligung" (Hater 1999, 63f.) oder eine Änderung des Verfahrens. Identische Argumentations- und Diskursverläufe zeigen sich auch in Bezug auf den Stadtumbau.

Trotz der festgestellten (strategischen) Bedeutung sowie des Bedarfs an präventiver und begleitender Information, werden mithin auch in diesem Beispiel erhebliche Defizite in diesem Bereich konstatiert: So sei ein Großteil der Beratungsangebote eher am Materiellen – also etwa Finanzierungsberatung, Hausbau, Mieterberatung – orientiert und würde die zu bewältigende Trauer der einzelnen betroffenen Menschen vernachlässigen (Canacakis/Sevenich 1996). In anderen Umsiedlungsfällen entstanden analog zum Sanierungsgeschehen erhebliche Unsicherheiten durch eine konsequent defensive Informationspolitik sowie unklare Entscheidungsprozesse und -resultate, die bei den Betroffenen zu Misstrauen und Vertrauensverlusten führten (Speller 2000, 232). So würden auch die Auswertung, Beurteilung und Diskussion der durchgeführten Sozialverträglichkeitsprüfungen vor allem in nicht-öffentlichen Sitzungen stattfinden (Hater 1999, 64) und die Öffentlichkeit erst anschließend informiert. Trotz des festgelegten Rahmens der Öffentlichkeitsbeteiligung stehe daher eine formelle Beteiligung der BürgerInnen „erst dann an, wenn alle grundsätzlichen Fragen aus Sicht der Landesregierung und des Braunkohlenausschusses informell weitgehend mit den Bergbauunternehmen ausgehandelt" seien (ebd.). Ähnliche Ergebnisse fand auch Speller in ihrer Untersuchung eines britischen Umsiedlungsortes: während in Publikationen und in der Kommunikation mit den Betroffenen stetig das gemeinsame Handeln betont wurde („[w]orking together will make sure we get it right. It's your village and your future: help to build it"), habe sich gezeigt, dass „[m]ost decisions had already been taken before the Arkwright community was informed" (Speller 2000, 74).

Beteiligung und Mitwirkung der Betroffenen können auch im Tagebau mittel- oder unmittelbare Formen annehmen. Sie beinhalten sowohl die Einbeziehung des Wissens um bestimmte Einfluss- und Betroffenheitsfaktoren, als auch die direkte Befragung der BewohnerInnen oder deren aktive Mitgestaltung an Umsiedlung und Neubau (vgl. BZK 2009, 17f./61f.). Auch die Umsiedlerfibel empfiehlt, dass „sich die Umsiedler bei der Gestaltung des neuen Standortes aktiv einbringen (BZK 2009, 19) und dass es „sich im Sinne einer grundlegenden Bürgerbeteiligung bewährt [habe], wenn die Gemeinde über den gesetzlichen Rahmen hinausgehende, auf die Belange der Umsiedler zugeschnittene Informations- und Mitwirkungsangebote unterbreitet". Konkret benannt werden allerdings lediglich die formalen Beteiligungsinstrumente sowie, „dass die betroffenen Bürger das neue Ortsbild mitgestalten können und in die gemeindlichen Entscheidungen einbezogen sind" (BZK 2009, 20).

Vor diesem Hintergrund treten Anspruch und Realität vielfach auseinander: wichtige Entscheidungen werden informell erarbeitet (s.o.) und am Beispiel Garzweiler lasse sich nachvollziehen, dass BürgerInnen zwar Vorschläge für den Umsiedlungsstandort machen konnten, der bevorzugte Ort dann aber nicht zur Verfügung stand bzw. aus der Abstimmung herausgenommen wurde, weil Betroffene und Bezirksplanungsbehörde unterschiedliche Bewertungskriterien zugrunde legten (Hater 1999, 55). Tatsächlich habe sich gezeigt, „dass sowohl die Bezirksplanungsbehörde als auch der Braunkohlenausschuss allenfalls eine Anhörung der Betroffenen für angemessen halten. Eine echte Mitwirkung scheinen sie eher zu fürchten" (Hater 1996; vgl. Zlonicky et al. 1999, 16; Canacakis/Sevenich 1996).

Hier lässt sich ein ‚klassisches Beteiligungsdilemma' erkennen, denn einerseits scheint eine intensive Beteiligung ethisch und planungsrechtlich geboten und Betroffene würden sehr sensibel reagieren, wenn ihre „‚Mitwirkung,' – obwohl formal institutionalisiert – in Wirklichkeit vielleicht nicht mehr als eine Alibiveranstaltung darstellt" (Ulrich 1996, ohne Seitenangeben). Andererseits besteht die Befürchtung, dass diese „zu realitätsfremden Erwartungen bei den Bewohnern führt, die sich möglicherweise störend auf die Durchführung der Umsiedlung (...) auswirken können, wenn individuelle Bedürfnisse auf diese Weise zu stark in den Vordergrund gestellt werden" (Ulrich 1996). Auch die Angst vor ungeplanten ‚prä-operativen' Auswirkungen oder die Absicht, diese zu verhindern – etwa die frühzeitige Abwanderung von BewohnerInnen oder Betrieben – können in diesem Zusammenhang eine Rolle spielen. Im Hinblick auf Information, Beteiligung und Mitwirkung der Betroffenen ergibt sich für Hater (1999, 65) ein ernüchterndes Fazit: sie würden nur situativ und als Inhaber bestimmter Rechte wahrgenommen, so dass Sozialverträglichkeit lediglich über finanzielle und administrative Mittel hergestellt und die Emanzipierung der Betroffenen als (politische) Akteure verhindert werde. *Kommunikation* werde in diesem Zusammenhang verstanden als „die *Vermittlung* landespolitischer und regionalplanerischer Entscheidungsgrundlagen an die Öffentlichkeit" (ebd., 352, Herv. KS).

3.2.2.2 Entschädigung

Da es im Tagebau-Planungsverfahren vor allem um die Auseinandersetzung mit Haus- und Grundstückseigentümern geht, nimmt die Frage des ökonomisch-materiellen Verlustes bzw. der Entschädigung erheblichen Raum ein. Sie erhält auch im Hinblick auf eine effiziente Planungserfüllung eine strategische Relevanz: den Unternehmen sei bewusst, „daß sie, um einen reibungslosen Abbaufortschritt zu sichern, den Immobilieneigentümern mehr bieten mußten, als die gesetzliche Entschädigung, daß sie (...) um (...) Akzeptanz werben müssen" (Hater 1999, 345). In NRW zahlt so beispielsweise RWE den umsiedlungsbetroffenen Hauseigentümern zusätzliche Zulagen, Nebenentschädigungen und Leistungen am Umsiedlungsort, die über das gesetzlich vorgeschriebene Maß hinausgehen (BZK 2009, 22).

Der Anspruch auf Entschädigung ist grundsätzlich im Bundesberggesetz geregelt – demnach müssen Umsiedler in der Höhe des Verkehrswertes von Grundstück und Bebauung sowie für Folgekosten (Umzugskosten sowie umzugsbedingte Zusatzaufwendungen) entschädigt werden (ebd.). Nichtsdestotrotz resümiert die aktuelle Ausgabe der Umsiedlerfibel, dass für viele Betroffene die Umsiedlung ein Verlustgeschäft beinhalte, denn „[t]rotz der geschilderten Leistungen reicht in Einzelfällen die Entschädigung des Anwesens nicht aus, um einen angemessenen Neubau zu finanzieren" (ebd., 56). Auch wird eine Engführung der Sozialverträglichkeit auf den materiellen Aspekt und die pauschale Anwendung der gemeinsamen Umsiedlung problematisiert: Bergbauunternehmen würden mit der gemeinsamen Umsiedlung und den Entschädigungsleistungen die Anforderungen der Sozialverträglichkeit als erfüllt ansehen (Zlonicky et al. 1999, 16; vgl. Canacakis/Sevenich 1996; Hater 1996). Ein derartiger Abschluss des Verfahrens gehe so aber „über Schadensbegrenzung häufig nicht hinaus" (Ulrich 1996; vgl. Zlonicky et al. 1999, 6f.).

3.2.2.3 Geschlossene / gemeinsame Umsiedlung

Die ‚gemeinsame Umsiedlung' wird in den meisten Braunkohleplänen als fester Bestandteil der Sozialverträglichkeitsprüfung geführt (vgl. Regierungspräsident Köln 1984, 29; Regierungspräsident Köln 1993; BZK 1995, 429; BZK 2004, 78). Darunter wird „die Umsiedlung der Bewohner einer Ortschaft an einen von ihnen mitgewählten und mitgestalteten neuen Standort innerhalb eines begrenzten Zeitraumes" verstanden (BZK 2009, 6). Der Aspekt und das Bewusstsein um raumbezogene Bindungen bildet sich vor allem in diesem Kriterium ab: „Die gemeinsame Umsiedlung zielt auf die Erhaltung der örtlichen Gemeinschaft und der Heimat ab" (BZK 2004, 78). Die mit diesem Verfahren erwünschten Vorteile spiegeln dabei ein Bewusstsein um die Bedeutung raumbezogener Bindungen, aber in diesem Sinne auch ihre Gefährdung im Rahmen der Umsiedlungsvorhaben. Die Umsiedlerfibel führt diesbezüglich aus, dass mit der gemeinsamen Umsiedlung die Dorfgemeinschaft mit ihren Institutionen, sowie die örtliche Infrastruktur bis kurz vor der Umsiedlung erhalten werden solle. Die alten Strukturen könnten so auf den neuen Ort ‚übertragen' werden und der Kontakt zu Familie und Freunden erhalten bleiben. Diese sozialen Beziehungen würden das Einleben am neuen Ort erleichtern und in Kombination mit der kollektiven Geschichte der BewohnerInnen auch „die Chance, auch am neuen Standort rasch eine gemeinsame Basis und Identität zu finden" beinhalten (BZK 2009, 6f.). Entsprechende Angebote seien seit den 1950er Jahren von der Mehrheit der Betroffenen angenommen worden (BZK 2009, 7; vgl. auch Regierungspräsident Köln 1993, 25).

Dabei scheint es zwar so, als impliziere das Verfahren der gemeinsamen Umsiedlung, dass Gemeinschaft unabhängig von der räumlichen Umgebung existiert bzw. sich davon unabhängig entwickelt (vgl. Speller 2000, 61). Allerdings wird beispielsweise im Braunkohlenplan Inden deutlich zwischen sozialer ‚lokaler Gemeinschaft' und dem ‚Heimatdorf', das als Ort mit spezifischen, baulich-materiellen Merkmalen verstanden wird, unterschieden (BZK 2004, 77). Auch die vielfältigen auf das baulich-räumliche Erscheinungsbild zielenden Maßnahmen am Umsiedlungsort zeugen von einem Bewusstsein um eine materiell-symbolisch geprägte raumbezogene Bindung.

3.2.2.4 Maßnahmen am Umsiedlungsort

Hinsichtlich des über den individuellen Entschädigungswert für das Eigenheim hinausgehenden materiellen Verlustes lässt der Braunkohlenplan Garzweiler II keinen Zweifel an den materiell bedingten immensen Auswirkungen eines Tagebaus:

> „Das äußere Erscheinungsbild des alten Ortes und der real vorhandene Erlebnisraum – der andere Inhalt von ‚Heimat' – gehen mit der bergbaulichen Inanspruchnahme weitestgehend verloren (...). Insoweit bleibt eine nicht kompensierbare Beeinträchtigung eines sozialen Belanges bestehen." (BZK 1995b, 433; vgl. ebenso BZK 2004, 99).

Vielfach wird deswegen auf eine Teilrekonstruktion bestimmter Bereiche, Merkzeichen oder Gestaltformen des Ursprungsortes zurückgegriffen. Deutlich finden sich darin Begrifflichkeiten und Zusammenhänge der Bindungsforschung, wie sie in Abschnitt 2.2 dargestellt wurden. So würden sich viele Neuplanungen durch an den Altorten anknüpfende Nutzungs- und Gestaltungsmuster um die Herstellung gewohnter baulicher und Infrastrukturen bemühen (Ulrich 1996). Im Braunkohlenplan Inden wird eine ausgewählte „Übertragung des Erlebnisraumes und des örtlichen Erscheinungsbildes (...) (Translozierung dorftypischer Merkmalspunkte)" empfohlen, damit „am Umsiedlungsstandort Vertrautes wiederentdeckt werden" kann (BZK 2004, 77; vgl. ebenso BZK 1995b, 198). Für Frimmersdorf wird konstatiert, es könne „eine Minderung des Heimatverlustes erreicht werden – und zwar beispielsweise durch nachempfundene Grundrißgestaltung des neuen Ortes und durch vorzeitige Anpflanzung öffentlichen Grüns" (Regierungspräsident Köln 1984, 31; vgl. ebenso Bezirksregierung Köln 1995b, 184). Auf diese Weise entstünden gewohnte Gestaltungsstrukturen, die „dem neuen Ort einen typischen siedlungsstrukturellen Ausdruck" und (identitäre) Eigenständigkeit verleihen sowie der Sozialgemeinschaft und Erinnerung „wieder einen ablesbaren Ort" zugestehen würden (Ulrich 1996).

Einerseits wird in diesem Zusammenhang betont, das Verfahren beruhe auch auf dem Wunsch der Umgesiedelten, „Vergangenheit zu retten: der neue Ort soll wie das alte Dorf aussehen, mit der gemeinsamen Umsiedlung soll das Gemeinschaftsleben des alten Ortes auch am neuen Ort wieder aufleben können" (Zlonicky et al. 1999, 37). Demgegenüber betont Metzger (2002), dass für viele der von ihr befragten UmsiedlerInnen mit dem Neubau ein Einstellungs- bzw. ,Lebensabschnittswandel' einhergehe, der seinen Ausdruck auch in einer veränderten baulich-räumlichen Gestaltung finden solle (vgl. auch Speller 2000, 253ff.). Insbesondere für ältere Menschen wird in diesem Zusammenhang nicht nur ein besonderer Beratungsbedarf, sondern auch die Möglichkeit der Unterstützung beim Übergang in andere Wohnformen hervorgehoben: weil sie sich einen Umzug oder Neubau allein oft nicht (mehr) zutrauen und mit der Umsiedlung schwerwiegende Belastungen verbunden sind, werden qualifizierte Beratung, schlüsselfertiges Bauen, Eigentumswohnungen, altengerechtes Wohnen und Gemeinschaftsaktivitäten angeboten (vgl. BZK 2009 85f.; BZK 1995b, 200).

Insgesamt zeigt sich folglich wiederum, welche Bedeutung Einzelfalluntersuchungen vor Ort und die Einbeziehung der Betroffenen haben, denn nur sie können Aufschluss über die lokalen sozialen Konstellationen und Sinnzusammenhänge geben (vgl. Ulrich 1996). Aber auch die Bewertungsmaßstäbe stehen in der Diskussion: denn während jede Genehmigung eines Braunkohlenplans die Sozialverträglichkeit des Vorhabens impliziert, würden die Aussagen der Bürgerinitiativen insgesamt „kaum einen Zweifel an der Überzeugung [lassen], daß das Kriterium Sozialverträglichkeit beim Wort genommen das sichere Ende jedes Braunkohleabbaus bedeuten würde" (Zlonicky et al. 1999, 16). Von den 1990 im Gutachten zu Kriterien der Sozialverträglichkeit aufgestellten Anforderungen (vgl. ebd. 13ff.) stehen in der Umsetzung vor allem Aspekte der materiellen Entschädigung im Mittelpunkt, während Fragen der demokratischen Legitimation, der prinzipiellen Reversibilität der Planungen, der Prävention, Beratung und Partizipation sowie von Zukunftschancen und regionalen Entwicklungsalternativen eher theoretisch behandelt, aber weniger in eine langfristige Praxis überführt zu werden scheinen. So habe sich bei den Betroffenen auch der Eindruck durchgesetzt, „die Entscheidung über die Realisierung eines Tagebauvorhabens sei nicht durch eine im Kern rationale und öffentlich nachvollziehbare Abwägung von Interessen und Gemeinwohl in demokratisch legitimierten Gremien erfolgt" (Zlonicky et al. 1999, 29).

Der Protest gegen Umsiedlungen richte sich daher „gegen die Gefährdung oder Zerstörung der vertrauten sozialen und natürlichen Umwelt" (Hater 1999, 10/33). Ansatzpunkt eines „oppositionellen Diskurses" sei dabei vor allem die demokratische Legitimation der Vorhaben im Sinne ihrer Notwendigkeit bzw. Alternativlosigkeit (vgl. Hater 1999, 86; Ulrich 1996). Unternehmen und Politik wirken dem einerseits durch gezielte Öffentlichkeitsarbeit und eine großzügige Entschädigungspraxis entgegen, so dass Sozialverträglichkeit mit der Vermeidung und Beruhigung gesellschaftlicher Konflikte gleichgesetzt werde (Hater 1996). Andererseits stellt Hater – wie bereits Bernt für die Sanierungspraxis – fest, dass jener oppositionelle Diskurs zur Legitimation des Abbaus einen ‚Reprivatisierungsdiskurs' mit dem Ziel hervorrufe, das Anliegen des Protests zu entpolitisieren. Das übergeordnete gesellschaftliche Interesse ist in diesem Sinne politisch nicht verhandelbar:

> „Wo der oppositionelle Diskurs den Verlust von Heimat, Grundwasserreserven und wertvollen ökologischen Ressourcen anprangert, setzt der Reprivatisierungsdiskurs die *Gefährdung der heimischen Rohstoffsicherung, der regionalen Wirtschaftskraft und der Arbeitsplätze* dagegen und verweist auf Rekultivierungserfolge und schmucke Umsiedlungsorte" (Hater 1999, 97, Herv. KS).

Ein Protest erscheint in diesem Zusammenhang nutzlos und naiv, zudem wirken die Betroffenen im Gegenteil als ‚doppelt bevorteilt': im Rahmen ihres Anspruchs im ‚gesamtgesellschaftlichen Interesse' und als Individuum, das ein persönliches Opfer erbringt, aber dafür gemäß der Bedürfnisinterpretation entschädigt wird. Deutlich kann Hater in diesem Sinne zeigen, in welchem Maße der Diskurs um Garzweiler II eher durch den Vollzug von Notwendigkeiten als der Suche nach Gestaltbarem und besten Lösungen geprägt ist.

Im Vergleich zum Sanierungsgeschehen und im Hinblick auf die Bearbeitung des Stadtumbauthemas lassen sich folgende Aspekte besonders hervorheben:

1) Umsiedlungen und Abbauvorhaben gehen einher mit umfassenden Verlusten auf materieller, sozialer, symbolischer und infrastruktureller Ebene, sowohl individuell wie gemeindebezogen. Diese Betroffenheit findet Anerkennung durch die Entschädigungs- und Sozialverträglichkeitspraxis, wobei vor allem die materielle Dimension im Vordergrund steht. Indem Strukturen des ‚Altortes' an den Umsiedlungsort transferiert bzw. dort dupliziert werden, manifestiert sich aber auch ein vom individuellen Besitz (Eigenheim) abstrahierendes Bewusstsein um die Bedeutung der Bindung an die gewohnte materielle Struktur (‚settlement-identity').

2) Legitimierung erfahren die Vorhaben über den gesamtgesellschaftlichen Nutzen, so dass weniger die Notwendigkeit an sich, als die Möglichkeiten einer sozialverträglichen Durchführung diskutiert werden (können). Inwiefern die Planung, Umsiedlung, Abtragung und der Neubau vor dem Hintergrund dieses mehrdimensionalen biografisch einschneidenden Erlebnisses, einer defensiven Informationspolitik, verzögerter Beteiligungsverfahren und Irreversibilität der Eingriffe überhaupt ‚sozial verträglich' durchgeführt werden können, ist Gegenstand von Protesten gegen Tagebauvorhaben. Demgegenüber betont ein ‚Legitimierungsdiskurs' die übergeordnete Notwendigkeit und lagert die Verantwortlichkeit an höhere (Allgemeinwohl, Energieversorgung) und niedrigere Ebenen (Umsetzung durch Unternehmen) aus. Ziel ist in diesem Zusammenhang die Herstellung von Sozialverträglichkeit über Akzeptanz (wiederum ‚akzeptierende Mitwirkung'), nicht über eine Veränderung des Verfahrens.

3) Insgesamt dominieren daher Verfahren einer ‚Top-down-Strategie', die im Wesentlichen auf materielle Entschädigung und die gemeinsame Umsiedlung als Garant für den Transfer raumbezogener Bindungen an den Umsiedlungsort setzen. Erhaltende Maßnahmen kommen in diesem Kontext grundsätzlich nicht in Frage, Empowerment-Ansätze werden zwar teilweise empfohlen, ihre flächendeckende Anwendung und Relevanz allerdings bezweifelt.

3.3   Zwischenfazit

Sanierung und Tagebau sind die zwei Planungsbereiche, die in der deutschen Nachkriegsgeschichte umfassende und langfristige Veränderungen der baulich-räumlichen Umwelt sowie entsprechende Betroffenheiten bewirkten. Heimat steht in diesem Zusammenhang in ihrer materiellen, sozialen und symbolisch-funktionellen Dimension zur Disposition. Eine Bewahrung der vorhandenen Strukturen war zunäc+t weitgehend nicht vorgesehen, und im Sanierungsgeschehen wurden spätere Erhaltungsmaßnahmen zudem mit Verdrängungstendenzen hinsichtlich der alten BewohnerInnen assoziiert. Maßnahmen im Sinne einer ‚Top-down-Strategie‘ zur Problembewältigung konzentrierten sich vor allem auf adäquate Ersatzwohnungen oder andere materielle Entschädigungsleistungen. Wenn darüber hinaus in zahlreichen Fällen auch Informations-, Mitwirkungs- und Beteiligungsmöglichkeiten eingeschränkt sind (Empowerment), wird auch die politische Dimension raumbezogener Bindungen erfasst. Der Wohnort als lokaler Lebenszusammenhang *ist hier im Sinne einer ‚doppelten Negierung‘ der Kompensationsfunktion weder Rückzugraum noch Ort aktiver Gestaltung und Einflussnahme.*

Vor dem Hintergrund der Annahme, dass Bindungsfaktoren auch wechselseitig ‚wirken‘ – also sich die Bindung an ein Gebiet beispielsweise auch wiederum auf die Beteiligungsbereitschaft auswirkt – ergibt sich die Gefahr einer Negativ-Spirale: mangelnde Möglichkeiten der Einflussnahme führen zum Rückzug oder Boykott der Betroffenen, was wiederum Politik und Planung darin bestätigt, dass eine Zusammenarbeit mit der Bevölkerung nicht nachgefragt und zielführend ist. Bedürfnisse sind dann nicht Gegenstand von Aushandlungsprozessen, sondern werden sozialtechnisch ‚verarbeitet‘ (sozialplanerische Standards) und so die öffentlichen Institutionen von einer kritischen Auseinandersetzung entlastet. Die Nicht-Berücksichtigung von Bedürfnissen, Interessen oder Forderungen würde somit durch einen Zirkelschluss legitimiert, der zentrale Ergebnisse der Bindungsforschung bzw. den Zusammenhang von Bindung und Beteiligung unberücksichtigt lässt.

Nur so erweist sich ein derart drastischer Verlust wie im Rahmen der Tagebauumsiedlungen legitimierbar – auch in Kombination mit einem geregelten Entschädigungsverfahren, das in diesem Sinne die besondere Betroffenheit anerkennt. Die Sanierungen vollzogen sich demgegenüber von Beginn an mit dem Anspruch der (hoheitlichen) Verbesserung von Lebensbedingungen. Die einhergehenden Verluste galten als erwünscht (indem ‚nicht erhaltenswerte‘ Strukturen entfernt wurden) oder zumindest durch die Anhebung der Standards als kompensiert. So konnte sich ein ‚Protestdiskurs‘ in beiden Beispielen nur schwer etablieren bzw. eine Änderung der Verfahren erwirken. Zudem fehlte es den Betroffenen häufig an Durchsetzungskraft: in den (Einzel-)Verhandlungen mit dem Bergbauunternehmen fühlten sich viele Hausbesitzer unterlegen, im Sanierungsgeschehen konnten sie gegenüber Planung und Wohnungsunternehmen nur als MieterInnen auftreten, die gleichzeitig eher ressourcenschwachen Bevölkerungsgruppen angehörten.

Wenn sich jedoch in den Praxisbeispielen jene ‚heimat-charakteristische' Ambivalenz von Stabilität und Veränderung zeigt, wäre gerade diese der zentrale Ansatzpunkt für Politik, Planung und Wissenschaft, um mit der zentralen Herausforderung der Komplexität umzugehen. Vielfach stehen nämlich Sachverhalte und Entscheidungen im Mittelpunkt, die im Rahmen des lokalen, zumindest aber des grundsätzlich politisch-planerischen Handlungsspielraumes liegen. Gerade diese Verantwortung scheint jedoch diskursiv an eine höhere Ebene (Lebensverhältnisse, Allgemeinwohl, Energieversorgung, ökonomische Lage) ausgelagert sowie als individuelle Problemlage ‚entsolidarisiert' zu werden – bzw. es wird eine unhintergehbare Notwendigkeit postuliert, die Entscheidungs- und Gestaltungsspielräume minimiert. Auch wenn Ergebnisse aus vorbereitenden Untersuchungen und Begleitstudien grundsätzlich zu einer Anerkennung der Betroffenheit sowie der Betonung bewohner- und beteiligungsorientierter Verfahren geführt haben, zeigt sich in der Praxis ein ‚liberal-ökonomischer Imperativ'. Sozialplanung wird dabei zu einem „Schmiermittel für einen reibungslosen Erneuerungsablauf" (Herlyn 1991, 183) und Konflikte diskursiv entwertet oder als nur temporäres, sich langfristig auflösendes Konfliktfeld dargestellt (vgl. BMBau 1986, 13f.). In diesem Zusammenhang können die ‚Betroffenen' gar als doppelt Bevorteilte erscheinen: einerseits als Mitglied der Allgemeinheit, andererseits werden sie ggf. persönlich entschädigt.

Dennoch ziehen einige Autoren zumindest positive Folgerungen für künftige Erneuerungsstrategien: für Herlyn (1991, 184) stand beispielsweise im Rückblick auf zwei Jahrzehnte Städtebauförderung noch die Hoffnung im Mittelpunkt, „daß die verschiedenen langjährigen Erfahrungen mit der Beteiligung und Nichtbeteiligung der Betroffenen in den alten Bundesländern helfen könnten, den bevorstehenden Stadtumbau in den Städten der neuen Bundesländer in humane Bahnen zu lenken". Und auch Altrock bilanziert, dass „Professionalisierungsschübe und Lerneffekte" sowie die „guten Erfahrungen, die mit der Beteiligung in der Sanierung gemacht worden sind" bis heute nachwirkten, auch wenn diese teilweise erst aus den Akten und Erinnerungen der Beteiligten rekonstruiert werden müssten (Altrock 2008, 15). Gerade diese ‚Rekonstruktion' scheint aber – das zeigen auch die folgenden Kapitel – in der lokalen Umbaupraxis schwierig und so konstatiert der Autor selbst bezüglich der fünfjährigen Programmlaufzeit des Stadtumbaus: „Zu schnell ändern sich die Rahmenbedingungen, zu groß sind die Herausforderungen an eine Bereinigung der lokalen Wohnungsmärkte, als

dass den Schritten auf dem Weg dorthin eine gebührende Bedeutung zuteil werden" (Altrock 2007, 47f.).

So liegen für den Stadtumbau Untersuchungen zu Betroffenheiten und
Folgen der Eingriffsmaßnahmen, die mit jenen aus den bereits behandelten Beispielen vergleichbar wären, kaum vor – zumal nicht bezogen auf den Aspekt
raumbezogener Bindungen. Für den Stadtumbau lässt sich die Frage, ob und wie
diese von Bedeutung sind, daher nur indirekt über die Zusammenstellung und
Analyse vorhandenen, aber im Hinblick auf diese Fragestellung noch nicht sys-
tematisch aufbereiteten Materials behandeln. Dabei lässt sich aus den vorbereitenden Beispielen ableiten, was für die Bedeutung raumbezogener Bindungen
(auch) im Stadtumbau spricht, wie sie berücksichtigt werden könnten und wie
eine (lokale) Praxis im Hinblick auf den Umgang damit zu analysieren wäre.

Die Analyse des Stadtumbaus orientiert sich daher an den zuvor erarbeiteten Indikatoren (Wahrscheinlichkeit raumbezogener Bindungen) und Kategorien
(Betroffenheit/Berücksichtigung) raumbezogener Bindungen. Hierbei wird zwischen Indikatoren, die auf raumbezogene Bindungen – und damit auf eine mögliche Betroffenheit durch Eingriffe in diese Bindungssysteme – hinweisen und
jenen ‚Indikatoren' unterscheiden, die eine Berücksichtigung von Bindungen
bzw. (möglichen) Betroffenheiten im Planungs- und Durchführungsprozess belegen. Es geht folglich in allen drei Beispielen einerseits darum, welches *Wissen*
über Bindungen vorliegt, erarbeitet und handlungsorientiert aufbereitet wird und
andererseits um die praktische *Berücksichtigung* des Faktors ‚raumbezogene
Bindungen der Bevölkerung' im Rahmen städtebaulicher Eingriffsplanungen.

An die Planung, Durchführung und wissenschaftliche Begleitung des
Stadtumbaus sind vor diesem Hintergrund folgende Fragen zu stellen:

- Auf welche Gebiete beziehen sich die Maßnahmen, wer ist betrof-
  fen/könnte betroffen sein?
- Werden Untersuchungen/Studien durchgeführt?
- Welches Wissen liegt (ggf. daraus) bezüglich der einschlägigen Indika-
  toren vor?
- Wie werden die Maßnahmen durchgeführt (quantitativ/qualitativ; nach-
  haltig/ressourcenorientiert; erhaltend/erneuernd; offener/geschlossener
  Prozess)?
- (Wie) wird die Bevölkerung einbegbunden?

Die folgende Tabelle fasst diesen komplexen Sachverhalt zusammen:

	Wissen	Transfer	Praxis
Fragestellung	Sind Bindungen vorhanden/ könnten vorhanden sein?	Wie könnten Bindungen berücksichtigt werden?	Werden Bindungen berücksichtigt?
Vorgehen / Quelle	Primärerhebung; Sekundärdaten	Erfahrungswissen; Vorschriften; Handlungs-/Arbeitshilfen	Begleitforschung; Arbeitshilfen; Evaluationen
Indikatoren / Voraussetzungen	Wohndauer Alter / sozioökonomischer Status/ Familiensituation Miet-/ Eigentumsverhältnisse Nutzungsverhalten Wohnzufriedenheit Lokale Interaktionssysteme Stadtgestalt	Forschung: liegen soziale, ökonomische, symbolische Bindungen vor? Bewahrung (minimalinvasives Vorgehen) Behutsamkeit (langsame Veränderung als rückgekoppelter Prozess) Empowerment (Veränderung als selbstbestimmter Prozess)	Daten bzgl. Bindungen Daten zur (evtl.) Betroffenheit (sozial, ökonomisch, symbolisch-emotional) Ausmaß der Veränderung (ergebnisoffene Planung) Information Betroffene Beteiligung Betroffene Monitoring/Evaluation

Tabelle 1: Indikatoren raumbezogener Bindungen

Das folgende Kapitel untersucht vor diesem Hintergrund das erste Jahrzehnt der Planung und Durchführung des Bund-Länder-Programms Stadtumbau Ost. Im Rückgriff auf die bereits angeführten Beispiele Sanierung und Tagebau stellt sich einerseits die Frage, inwiefern sich analoge Verfahrensweisen perpetuieren und welche Auswirkungen andererseits veränderte sozioökonomische Rahmenbedingungen mit sich bringen. Im Rahmen von Sanierung und Tagebau wurden Mechanismen etabliert und angewendet, wie Betroffenheiten und Verluste ‚sozialverträglich' gestaltet werden können. Diese Regulation war vor allem im Rahmen der Sanierung auch durch die sozialen, kulturellen und ökonomischen Ressourcen entsprechender Betroffenengruppen geprägt: mit dem gesellschaftlichen Wandel Ende der 1960er Jahre konnten unter anderem Studierende und AkademikerInnen, die selbst in den innerstädtischen Altbauten lebten, nach und nach die Stimme gegen die Praxis der Flächensanierung erheben und sich als informierte BürgerInnen, sowie teilweise (dann) auch als WissenschaftlerInnen, PolitikerInnen etc. in den Prozess einbringen. Mit ihrem ‚Eintritt' in die politischen und planenden Institutionen konnten diese Gruppen den Prozess schließlich (mit)gestalten.

Diese Voraussetzungen sind weder für die Tagebauumsiedlungen noch für den Stadtumbau gegeben: bei ersterem stehen einzelne Besitzer von (im Grunde wertlosen) Immobilien den Verhandlungsführern von Großkonzernen und einer energiewirtschaftlichen Notwendigkeit gegenüber; in den Stadtumbaugebieten führen (kommunaleigene) Wohnungsunternehmen Wort gegen, meist arme und vielfach alte, BewohnerInnen von Quartieren, die Gegenstand eines umfassenden Negativdiskurses sind.

4. Stadtumbau Ost

„Abriss jetzt!" (Pfeiffer et al. 2000, 70)

Der Begriff ,Stadtumbau' beschreibt generell städtebauliche Maßnahmen zur Bestandsentwicklung als mehr oder weniger kontinuierliche Anpassung an veränderte Rahmenbedingungen nach einem städtebaulichen oder sozialen Leitbild (vgl. Gatzweiler et al. 2003, 569; Brandstetter et al. 2005b, 3). In Deutschland nehmen Stadtumbaumaßnahmen seit den 1970er Jahren eine tragende Rolle in der Städtebauförderung des Bundes ein – zunächst als Sanierungs- und Entwicklungsmaßnahmen, seit 2002 bzw. 2004 auch im Rahmen der dezidierten Stadtumbauprogramme ,Ost' und ,West'. Gemäß des 2004 neu im Baugesetzbuch eingeführten Paragraphen sollen hierbei „in von erheblichen städtebaulichen Funktionsverlusten betroffenen Gebieten Anpassungen zur Herstellung nachhaltiger städtebaulicher Strukturen vorgenommen werden", und zwar (insbesondere) „wenn ein dauerhaftes Überangebot an baulichen Anlagen für bestimmte Nutzungen, namentlich für Wohnzwecke, besteht oder zu erwarten ist" (BauGB § 171a, Abs. 2).

So soll seit 2002 im Rahmen des ,Stadtumbau Ost' vor allem durch Abriss- und Aufwertungsmaßnahmen die Attraktivität der ostdeutschen Städte als Wohn- und Wirtschaftsstandorte gestärkt werden. In diesem Zusammenhang erhalten raumbezogene Bindungen sowohl konzeptionelle als auch unmittelbare Bedeutung: Ziel des Programms ist auch die Stärkung der „Bindung an städtische Strukturen" und dass sich BürgerInnen „in ihrer Stadt wohl fühlen und wieder stärker mit ihr identifizieren" (Kabinettsvorlage 2001, 1f.). Lokale und regionale Identität werden zudem im Zuge demografischer und ökonomischer Schrumpfungsprozesse als Ansatzpunkt der Stadtentwicklungspolitik aufgegriffen. Unterschiedliche Akteure betonen dabei sowohl deren ,Ankerfunktion' in Zeiten des gesellschaftlichen Umbruchs als auch ihre strategische Komponente (vgl. John 2007, 17; IfS 2009; Hauser 2003; Matthiesen 2006; Trommer 2006; Haller et al. 2006, 92). Denn Kommunen konkurrieren um EinwohnerInnen und sind bemüht, Abwanderung zu verhindern, genauso wie Wohnungsunternehmen MieterInnen in ihren eigenen Beständen halten wollen.

Nichtsdestotrotz können sich in diesem Zusammenhang auch ambivalente Interessen von Stadtentwicklung und (überregionaler) Unternehmens- oder Arbeitsmarktpolitik auftun:

> „Gemeinhin wird lange Wohndauer mit starker Verwurzelung gleichgesetzt und als positives Merkmal von Regionen, Städten oder Stadtteilen verbucht. (...) Stadt- und Regionalpolitik ist also eher an stabilen sozialen Verhältnissen und damit an einer Verlangsamung der Mobilität interessiert. Insofern stehen ihre Interessen mit den Anforderungen der Wirtschaft in einem latenten Spannungsverhältnis" (IfS 2009, 1).

Zudem lässt die anvisierte ‚Verbesserung' (Attraktivitätssteigerung) wiederum einen Verlust erwarten, nämlich für jene BewohnerInnen, die durch Abriss und Umgestaltung ihre Heimat bedroht sehen oder sie verlieren. So scheint sich eine bereits angesprochene doppelt paradoxe Situation einzustellen: nicht nur sollen Bindungen auch aus strategischen Gesichtspunkten gefördert werden, sondern insbesondere ihre kompensatorischen Funktionen erhalten mit der ‚Transformationsherausforderung' in Ostdeutschland neue Bedeutung. Diese Funktionen sind aber einerseits durch übergeordnete Entwicklungen wie arbeitsmarktbedingte Mobilitätsanforderungen und damit verbundene Verluste sozialer Beziehungen, andererseits durch die Veränderung des sozialen und physischen ‚Gesichts' der Städte erheblich gefährdet.

Das Problem einer Betroffenheit durch planerisch-städtebauliche Eingriffe konnte in den theoretischen und empirischen Auseinandersetzungen um Bindung und Heimat, sowie anhand der Beispiele Sanierung und Tagebau aufgezeigt werden. In diesem Zusammenhang fand auch eine Problematisierung statt, die im Rahmen einer öffentlich-politischen Auseinandersetzung zu einer Anerkennung der Betroffenheit durch Eingriffe in die Lebenswelt und damit zur Etablierung von Verfahren führte, die entsprechende Auswirkungen prognostizieren und vermeiden, zumindest aber abmildern sollten. Diese finden prinzipiell auch im Stadtumbau Anwendung. Doch obwohl das Programm im Osten Deutschlands nahezu flächendeckende Bedeutung hat, sind Fragen nach persönlichen Auswirkungen, Betroffenheiten und Sozialverträglichkeitskriterien selten (praxisrelevanter) Gegenstand politisch-planerischer und auch wissenschaftlicher Auseinandersetzung.

Daher soll in den folgenden Abschnitten analog zu den bisherigen Beispielen herausgearbeitet werden, welche Erkenntnisse im Hinblick auf Bindungen und Betroffenheiten in den Umbaugebieten vorliegen und inwiefern die Durchführung der Maßnahmen geeignet erscheint, diese zu berücksichtigen. In diesem Zusammenhang sind auch der Entstehungskontext bzw. die Vorbedingungen für die Einführung der Förderungen sowie die Legitimierung der Eingriffe von Bedeutung. Im Mittelpunkt steht dabei die Frage, wie es um die Kontextbedingungen raumbezogener Bindungen im politisch-planerischen und wissenschaftlichen Diskurs einerseits und der Umsetzung des Stadtumbaus andererseits bestellt ist.

4.1 Entstehungskontext und Programmeinführung

„Schrumpfung wird jetzt mehr und mehr zur neuen, bestimmenden, allerdings mit großer Skepsis und Sorge aufgenommenen Rahmenbedingung der Stadtentwicklung" (Gatzweiler et al. 2003, 557).

4.1.1 Schrumpfende Städte und Regionen

,Schrumpfung' als demografischer und ökonomischer Prozess war bis zur Jahrtausendwende ein – auf Westdeutschland konzentriertes – Randthema, das insgesamt wenig Beachtung fand (vgl. allerdings Häußermann/Siebel 1985 bzw. 1988). Auch als sich Mitte der 1990er Jahre der ökonomische und demografische Strukturwandel in Ostdeutschland zunehmend abzeichnete, blieb das Thema „ein Tabu" (Kabisch et al. 2004, 22). Seit spätestens 2001 sind Schrumpfungsprozesse und -folgen hingegen ein in der alltagsweltlichen Erfahrung sowie der medialöffentlichen, politischen oder wissenschaftlichen Diskussion allgegenwärtiges Thema. Im Mittelpunkt stehen dabei einerseits erhebliche und dauerhafte, vor allem durch wirtschaftlichen Strukturwandel (Deindustrialisierung) bedingte Arbeitsplatzverluste. Andererseits tragen Bevölkerungsrückgänge aufgrund selektiver Abwanderungen, begleitet von Geburtenrückgängen und Sterbeüberschüssen zu der beobachteten Entwicklung bei (Gatzweiler et al. 2003, 558). Diese Prozesse zeigen sich in den ostdeutschen Bundesländern besonders massiv, Schrumpfung wird hier als flächendeckender Typ der Stadtentwicklung beobachtet, der auch einen großen Teil der Klein- und Mittelstädte betrifft (vgl. ebd., 564f.; Hannemann 2003, 21; Land/Willisch 2006).

Eine über die Fachwelt hinausreichende Öffentlichkeitswirksamkeit wurde Schrumpfungsprozessen insbesondere mit der Veröffentlichung des Kommissionsberichts ,Wohnungswirtschaftlicher Strukturwandel in den neuen Bundesländern' zuteil. Dieser wurde verfasst von einer durch die Bunderegierung eingesetzten Kommission unter Leitung des vormaligen Leipziger Oberbürgermeisters Lehmann-Grube[48] (vgl. Pfeiffer et al. 2000). Der Bericht konstatierte ein enor-

---

48   Die Kommission wurde auch unter den Bezeichnungen Lehmann-Grube-Kommission oder Leerstands-Kommission geführt. Weitere Mitglieder: Gerd Beyer (WOBAU Wohnungsbau

mes bestehendes und zu erwartendes Ausmaß des Wohnungsleerstandes in Ostdeutschland und warnte vor dem Hintergrund der demographischen, wirtschaftlichen und siedlungsstrukturellen Veränderungen vor weiterer Passivität. Denn – so ein zentrales Element der Schrumpfungs- bzw. Leerstandsdebatte – zahlreiche Wohnungsunternehmen, viele auch in kommunaler Trägerschaft, sahen sich aufgrund steigender Leerstände in ihrer Existenz bedroht (vgl. Haller/Liebmann 2002, 37). Zwar wurden verschiedentlich auch der gesamtstädtische Problemkontext und die ökonomischen, städtebaulichen, rechtlichen, ökologischen und sozialen Konsequenzen des Leerstands problematisiert (vgl. Haller/Liebmann 2002, 39; Hannemann 2003, 22; Kabisch et al. 2004, 15). Von Anfang an dominierten insgesamt aber wohnungswirtschaftliche Aspekte die Problemwahrnehmung. Der geförderte Stadtumbau wurde daher vielfach als ‚Sanierungsprogramm' für die (kommunale) Wohnungswirtschaft interpretiert bzw. eine Fokussierung des Themas Stadtumbau „auf die Erfordernisse der Wohnungsmarktbereinigung" bemängelt (Bernt et al. 2005, 35f.; vgl. BMVBW 2003a, 16).

In diesem Zusammenhang kommt es zu einem Wandel der Bewertung der stadtentwicklungs- bzw. wohnungsmarktspezifischen Lage: während die in den 1990er Jahren vereinzelt eingeforderten Rückbaustrategien (vgl. Pestel-Studie[49]) noch von Politik und Wohnungswirtschaft mit der Begründung abgelehnt wurden, sie würden jeder ökonomischen Grundlage entbehren und wären technisch und sozial nicht zu rechtfertigen (nach Haller/Liebmann 2002, 35), scheint seit der Jahrtausendwende kaum noch ein ‚Legitimations*defizit*' zu bestehen. Die prinzipielle Notwendigkeit des Stadtumbaus – auch und insbesondere durch Abrisse – wird im Gegenteil gleich in mehrfacher Hinsicht als gerechtfertigt angesehen:

-   ökonomisch durch leerstandsbedingte Einnahmeausfälle und Altschulden,

---

Parchim), Michael Bräuer (freier Planer aus Rostock), Friedrich Busmann (Dezernat Planen und Umwelt, Halle), Manfred Fraaß (Wohnungsgenossenschaft Erfurt), Peter Lammerskitten (DePfa Bank AG Bau Boden, Wiesbaden), Rolf-Dieter Mönning (Rechtsanwalt), Peter Naujokat (Grundstücks- und Gebäudewirtschafts-Gesellschaft mbH Chemnitz), Ulrich Pfeiffer (Empirica, Berlin), Uwe Reinholz (Erneuerungsgesellschaft Wolfen Nord), Werner Rietdorf (Institut für Regionalentwicklung und Strukturplanung, Erkner), Carl Gottfried Rischke (LBS Ostdeutsche Landesbausparkasse AG, Potsdam), Alfons Röder (Deutsche Baurevision, Halle), Barbara Rückert (2. Beigeordnete Stadtkämmerin, Schwedt), Ellen Schulz (Deutscher Mieterbund), Günther Troppmann (Deutsche Kreditbank AG, Berlin), Joachim Weimann (Lehrstuhl für Volkswirtschaftslehre, Universität Magdeburg).

49   Die 1996 veröffentlichte Studie des Eduard-Pestel Instituts für Systemforschung (Pestel Institut 1996) prognostizierte für 2010 einen Wohnungsüberhang von 950.000 Wohnungen und empfahl Abrissmaßnahmen insbesondere in Plattenbaugebieten.

- ökologisch durch das Leitbild der kompakten Stadt und die Erhöhung der Lebensqualität durch Entdichtungen,
- demographisch durch die Prognosen einer ‚Rückkehr zur (Innen-)Stadt' und eine generelle Bevölkerungsabnahme sowie
- technisch-infrastrukturell durch die notwendige Anpassung der Anlagen an Schrumpfung und Rückbau.

Die vormals betonte soziale Unverträglichkeit und Nicht-Legitimität (s.o.) sowie Fragen der Betroffenheit werden in diesem Kontext kaum behandelt. Im Mittelpunkt steht vielmehr gerade die Legitimierung des ‚richtigen' Vorgehens und die Schaffung von Akzeptanz im Sinne einer (passiv-akzeptierenden) Mitwirkung der (betroffenen) Bevölkerung.

4.1.2 Der ‚Leerstandsbericht'

Die Einführung des Bund-Länder-Programms Stadtumbau Ost geht zurück auf die Rezeption der ‚Schrumpfungsdebatte' in Politik und Planung und die Manifestation einer entsprechenden Problemdefinition im Rahmen des Berichts ‚Wohnungswirtschaftlicher Strukturwandel in den neuen Bundesländern'. Im Detail stellt dieser Ende der 1990er Jahre für Ostdeutschland einen Leerstand von einer Million Wohnungen fest (etwa 13 Prozent des Bestandes)[50]. Dabei sei zwar „der Leerstand vor allem ein Problem des Altbaubestandes in den Innenstädten", allerdings wird ein starker Anstieg im industriell gefertigten Wohnungsbestand prognostiziert (vgl. Pfeiffer et al. 2000, 2). Ursächlich wird der Leerstand auf Abwanderungen ins Umland, die allgemeine demografische Entwicklung sowie (damit einhergehenden) Prozesse am Wohnungsmarkt zurückgeführt. Auch die Förderinstrumente und wohnungspolitischen Leitlinien der 1990er Jahre werden als Ursache der Existenzprobleme ostdeutscher Wohnungsunternehmen benannt (ebd., 79).

Die Kommission empfiehlt in diesem Zusammenhang eine integrierte Strategie von Stadtumbau bzw. -erneuerung und Vermögensbildung, die auf kommunalspezifisch erhobenen Entwicklungsdaten und daraus erarbeiteten Stadtentwicklungskonzepten basieren soll (vgl. ebd., 54ff.). Als „künftige

---

50   Die Datengrundlage dafür war eine Sonderauswertung des Mikrozensus 1998; die Stichprobe liefert Daten aus der Befragung von einem Prozent der Haushalte in Deutschland, zusätzlich wurden 1998 auch Daten zu Größe, Miete und Ausstattung von Wohngebäuden und Wohnungen erhoben (Quellen: Pressemitteilung 51/1998 des Landesamtes für Statistik Sachsen-Anhalt; Stadtumbauglossar der Bundestransferstelle Stadtumbau Ost, Stichwort ‚Leerstandskommission').

Schlüsselstrategie" für zu erhaltende Bestände wird die Eigentumsförderung benannt, vor allem mittels innerstädtischer Bestandsmodernisierungen und niedriggeschossigem (lückenfüllenden) Neubau (ebd., 56ff.). Gleichzeitig sei ein „Abrissprogramm" nötig, um „Wohnungsabrisse auf Vorrat zu bewältigen, den Wohnungsmarkt zu stabilisieren und einen großen Pool von Recyclingflächen zu schaffen" (ebd., 70f.). Bis 2010 sollen 350.000 Wohnungen abgerissen werden, wobei der Abriss „alle[r] leerstehenden und störenden Gebäude" die „Voraussetzung für einen rasch steigenden innerstädtischen Neubau" sei (ebd., 68). So wird die ‚Problemkategorie' Leerstand erweitert um ebenfalls zu entfernende ‚störende' Gebäude, sowie Wohnungsabrisse ‚auf Vorrat'. Dabei widersprechen sich der empfohlene innerstädtische Neubau und gleichzeitige Abrisse nicht, denn implizit erfolgt auf diese Weise eine Festsetzung bestimmter Abriss- und Aufwertungs- bzw. Neubaugebiete. Die Zuweisung von Erhaltungs- und Rückbaugebieten wird offenbar, indem betont wird, dass „[j]e erfolgreicher die Erneuerung im Altbaubestand greifen soll, desto wichtiger ist es, in den Großsiedlungen zügig umfassende Umstrukturierungsprozesse einzuleiten, um Fehlinvestitionen in Größenordnung zu vermeiden" (ebd., 67). Neben das Argument einer dringend notwendigen *Bestandsreduzierung* tritt so die Strategie einer *Bestandsverlagerung*.

Aufgrund des empfohlenen Ausmaßes und der räumlichen Konzentration von Rückbaumaßnahmen identifiziert der Bericht auch Hemmnisse und Konfliktfelder: nicht nur seien ambivalente stadtentwicklungspolitische und wohnungsökonomische Zielstellungen gegeneinander abzuwägen (ebd., 67). Darüber hinaus bestünden gegen den Abriss von nicht mehr nachgefragten Wohnungen „*emotionale Vorbehalte*", da bei ihrem Bau ein hoher Konsumverzicht erforderlich gewesen sei und die Häuser Generationen als Lebensmittelpunkt gedient hätten (ebd., 70, Herv. KS). Während bereits der Begriff latent auf eine – eigentlich unbegründete und darüber hinaus noch emotional bedingte – Einschränkung verweist (laut Duden „ein geltend gemachtes Bedenken gegen eine Sache (der man sonst im Ganzen zustimmt"), werden diese ‚Vorbehalte' einer übergreifenden Notwendigkeit gegenübergestellt:

> „Noch bestehende Vorbehalte sollten jedoch rasch *überwunden* werden, denn ohne stabilisierende Abrisse greift *Verfall* weiter um sich. Ein erhöhter innerstädtischer Neubau – im wesentlichen für die Eigentumsbildung – kann sonst *nicht rasch genug* umgesetzt werden" (ebd., 70, Herv. KS).

Die Relevanz biografisch-symbolischer Bindungen wird gegenüber dem Ziel der städtebaulichen Entwicklung bzw. aus kostentechnischen Gründen zurückgestellt und eine ‚Einsicht' im Sinne der Verhinderung des (innerstädtischen) Verfalls angemahnt. Die Forderung nach einer gesetzlichen Etablierung der Verwertungskündigung expliziert diesen Zusammenhang noch einmal:

> „Voraussetzung für den Gebäudeabriss ist u.a. die Möglichkeit eines *einfachen und schnellen Leerzugs* der Gebäude. Es muss verhindert werden, dass verbliebene einzelne Mieter die Vorbereitung der Abrisse *verzögern* und damit erheblich *verteuern* können. (…) Dem besonderen *Schutzbedürfnis der Mieter* ist angesichts der hohen bleibenden Wohnungsüberschüsse genüge getan" (ebd., 78, Herv. KS).

Im Ergebnis zeigt sich im Kommissionsbericht eine an der demografischen und der Wohnungsmarktentwicklung orientierte Problemformulierung, deren Lösungsstrategie in umfassenden Bestandsreduzierungen, -qualifizierungen und -verlagerungen gesehen wird. Aspekte der Sozialverträglichkeit im Sinne ökonomischer und funktionaler Belastungen sowie sozialer und psychischer Betroffenheiten finden kaum Berücksichtigung. Vielmehr werden diese und auch die Interessen der Bevölkerung einerseits als identisch mit den Zielsetzungen des Stadtumbaus (Eigentumsbildung, Verhinderung weiteren Verfalls, Entlastung der Wohnungswirtschaft etc.), andererseits als diesen Zielsetzungen untergeordnet interpretiert.

Diese Ausgangsdefinition einer alternativlosen, kurzfristig umzusetzenden Handlungsnotwendigkeit prägt im weiteren Verlauf wesentlich die Umsetzungspraxis und die diskursive Auseinandersetzung mit ‚dem Stadtumbau'. ‚Verfall' und ‚soziale Erosion' stellen dabei wesentliche Argumente für die Notwendigkeit und die schnelle Umsetzung der Maßnahmen dar. Dahinter steht die Befürchtung, dass der günstige Wohnraum in Großsiedlungen vermehrt und vor allem von ‚sozial schwachen' Haushalten nachgefragt werden könnte, deren ‚Ballung' unerwünscht ist[51]. So resümiert gerade ein Gutachten zur Sozialverträglichkeit des Rückbaus hinsichtlich einer Sozialhilfequote von elf Prozent und vielen Umzügen in einem Magdeburger Quartier: „Neu Olvenstädt entwickelt sich zum *sozialen Brennpunkt*, wenn nicht bald Maßnahmen des Stadtumbaus greifen" (Hunger et al. 2003, 208, Herv. KS) und der Bund-Länder-Bericht zum Stadtumbau resümiert 2012, dass durch die Wirkungen des Programms in den DDR-Großwohnsiedlungen „'Banlieu-Effekte'" verhindert werden konnten (BMVBS 2012a, 61).

---

51   Vor allem aus stadtplanerischer und wohnungsökonomischer Sicht, sozialwissenschaftliche Untersuchungen liefern hingegen unterschiedliche Ergebnisse hinsichtlich positiver und negativer Effekte sozialräumlicher Konzentrationen (vgl. u.a. Studie Abgeordnetenhaus Berlin (nach Lanz, 2007, 104)).

4.1.3   Wettbewerb ,Stadtumbau Ost - für lebenswerte Städte und attraktives Wohnen'

Der Veröffentlichung und Rezeption des Kommissionsberichts folgte im Oktober 2001 zunächst die Ausschreibung des Wettbewerbs ‚Stadtumbau Ost – für lebenswerte Städte und attraktives Wohnen'. Den teilnehmenden Kommunen wurden Finanzhilfen zur Erarbeitung integrierter Stadtentwicklungskonzepte (ISEK/INSEK) zur Verfügung gestellt und der Wettbewerb sollte auch dazu dienen, „ein Klima zu schaffen, in dem dieser Paradigmenwechsel offen diskutiert werden kann" (BMVBW 2003b, 11). Von 350 Bewerbungen wurden die Konzepte von 259 Kommunen sowie zehn Berliner Stadtteilen zur Teilnahme ausgewählt (ebd., 10). Ein Gremium aus VertreterInnen des Bundes und der Länder sowie Sachverständigen bewertete die Einreichungen und im Anschluss stellte das Bund-Länder-Programm zunächst bis 2009 Fördermittel für den Abriss und Rückbau von Gebäuden (später auch für Infrastrukturen), sowie für städtebauliche Aufwertungsmaßnahmen zur Verfügung. Mitte 2009 hat der Bundestag die Fortführung des Programms als eigenständigen Bereich der Städtebauförderung bis 2016 beschlossen.

Insbesondere der Anspruch einer integrierten Stadtentwicklungsplanung erwies sich in diesem Zusammenhang von Beginn an als Herausforderung. So sollten die Konzepte der Kommunen Grunddaten und Perspektiven der Stadtentwicklung, wirtschaftlichen, demografischen und sozialen Entwicklung, Daten zu Wohnungsbestand, -teilmärkten und wohnungsbezogener Nachfrageentwicklung, eine (perspektivisch priorisierende) Festlegung städtebaulicher Gebietstypen inklusive der Einbeziehung bisheriger Planungen, sowie Raumbezug und Zeithorizont der Konzepte abbilden (BMVBW 2001a, 2).
Der umfassende Ansatz spiegelt sich dabei zwar in den Anforderungen an die Wettbewerbsbeiträge – die Konzepte sollten einen ausführlichen gesamtstädtischen sowie einen daran ausgerichteten gebietsbezogenen Teil aufweisen.[52] Tat-

---

52   Gesamtstädtisch: Prognosen zur Einwohner-, Haushalts-, Wirtschafts- und Arbeitsmarktentwicklung, Finanzausstattung, Wohnungsnachfrage, -bestand, -leerstand sowie Eigenheimbau, Gewerbe, technische und soziale Infrastruktur; Untersuchungen zu Baulandentwicklung, Kooperationspotenziale und Beteiligung der Umlandgemeinden und Wohnungseigentümer; Ziele der städtebaulichen und wohnungswirtschaftlichen Entwicklung, Festlegung von Stadtumbauschwerpunkten samt teilstädtischer Entwicklungsziele und Handlungsprioritäten; Vorbereitung einer gesamtstädtischen indikatorengestützten Erfolgskontrolle. Gebietsbezogener Teil samt geeigneter Verfahren zur Öffentlichkeitsarbeit und Bürgerbeteiligung: städtebauliches Konzept; Maßnahme-, Durchführungs- und Finanzierungskonzept für Rückbau- und Aufwertungsmaßnahmen; Darstellung der Wirkungen auf Stadtteil und Gesamtstadt (BMVBW 2001 7ff.).

sächlich zeigte sich bei der Auswertung[53] aber, dass viele Beiträge ihre Analyse auf Problemgebiete und -bestände großer Wohnungsunternehmen fokussiert hatten, wodurch teilweise die Gesamtstruktur der Stadt zu kurz komme: „Wechselwirkungen zwischen verschiedenen Beständen und Lagen werden nicht immer ausreichend berücksichtigt" (BMVBW 2003a, 16). Auch der Anspruch einer auf lokalen Bestandsaufnahmen und Entwicklungsdaten ausgerichteten Planung wird nur teilweise erfüllt und auf Defizite hinsichtlich geeigneter Bewertungsgrundlagen verwiesen: zwar werde der Wohnungsrückbau in den Beiträgen „als zentrale Aufgabe eingeschätzt", die Angaben ließen aber „nicht eindeutig erkennen, ob es sich dabei um prognostizierte Wohnungsüberhänge, mit den Wohnungsunternehmen abgestimmte Rückbaupotenziale, Absichtserklärungen oder konkrete, terminlich und finanziell gesicherte Planungen handelt". So sei ein „systematischer Zusammenhang zwischen Einwohner- und Haushaltsprognosen, Anteil an Plattenbauten und Rückbauzahlen (...) teilweise nicht erkennbar" (ebd.). Vielfach hätten Daten zur Leerstandsentwicklung kleinräumig auch gar nicht vorgelegen oder es seien bisherige Entwicklungen lediglich fortgeschrieben worden. Gleiches gelte für Daten zur EinwohnerInnentwicklung sowie Bevölkerungsbefragungen (beispielsweise zu Umzugsabsichten) – sie hätten nicht vorgelegen oder seien nur zum Teil erhoben worden (vgl. Röding/Veith 2003; Bernt 2003a).

Bereits nach der Durchführung des Wettbewerbs wurde in diesem Zusammenhang auch die kurzfriste und zeitlich knapp bemessene Bearbeitungsphase für die Beiträge von Januar bis Juli 2002 kritisiert (vgl. BMVBW 2003b, 20). Bernt (2003a) verweist dabei auf eine grundsätzliche Problematik, denn einerseits müssten die Konzepte aufgrund des hohen Problemdrucks vor Ort schnell erstellt und auf eine integrierte, umfassende und langfristige Zielplanung hin abgestimmt werden. Andererseits sollten die Pläne kurzfristig umsetzbar und praktikabel sein.

Weiterhin wird den Aspekten Attraktivität und Lebensqualität von kommunaler Seite zwar durchaus Bedeutung beigemessen – so sei in den Wettbewerbskonzepten der Anspruch formuliert worden, „die Städte für die Bewohnerinnen und Bewohner ‚schlanker', *attraktiver* und *lebenswerter* zu gestalten" (BMVBS/BBR 2006, 45, Herv. KS). In einer späteren Befragung der Kommunen wird die „Steigerung der Attraktivität der Stadt als Wohnort, Erhöhung der Lebensqualität" zudem als wesentliches Stadtumbauziel genannt. Gleichzeitig allerdings stehen die Aspekte „Freiraumgestaltung/Wohnumfeldverbesserung" an letzter Stelle der Wertung – ihnen wird überwiegend keinerlei Priorität einge-

---

53 Mit der Auswertung wurden durch das BMVBS empirica (Berlin) und das Büro für urbane Projekte (Leipzig) beauftragt.

räumt (vgl. BMVBS/BBR 2007, 19). Dem entspricht, dass zwei Drittel der befragten Kommunen für die nach Abrissen entstehenden Freiflächen „Rasensaat
als kostengünstigste Gestaltungsform" wählten (ebd. 48).

Im Ergebnis wird auf die Notwendigkeit einer differenzierten Betrachtung
von konzeptionell-planerischer und Umsetzungsebene verwiesen und so die
tatsächliche Bedeutung auch fundierter Entwicklungskonzepte für die Umbau-
realität angezweifelt. (Kommunale) AkteurInnen würden vielfach die Notwendigkeit, „Projekte in das gesamtstädtische oder sogar in die räumliche, soziale
und ökonomische Entwicklung des Quartiers" einzubetten, nicht anerkennen
(Droste/Knorr-Siedow 2005, 57; vgl. auch Haller/Rietdorf 2003, 5) und „[d]ie als
konzeptioneller Rahmen besonders bedeutsamen Integrierten Handlungskonzep-
te erfahren oftmals in der Praxis nur eine geringe Wertschätzung" (Weith 2007a,
16). Auch hinsichtlich der Schaffung eines offenen Diskussionsklimas ergab sich
ein ambivalentes Bild. So hätte sich in vielen Städten ein Diskussionsklima entwickelt, „das eine offene Herangehensweise an die Stadtumbauprobleme ermöglichte". Zudem bestehe der Anspruch, Kooperationen mindestens zwischen der
planenden Verwaltung und der Wohnungswirtschaft anzustoßen und die Öffentlichkeit frühzeitig in den Prozess mit einzubeziehen (BMVBS/BBR 2006, 16).
Kritisch wird allerdings angemerkt, dass die Etablierung der Kooperation zwischen Verwaltung und Wohnungswirtschaft ohnehin alltägliche Realität des
Stadtumbauprozesses sei (vgl. Bernt 2003a; Liebmann 2004, 148) und dass sich
hingegen erhebliche Defizite, strategische Hindernisse und Missverständnisse
bezüglich der Einbeziehung von Öffentlichkeit und BewohnerInnen gezeigt
hätten (vgl. dazu Abschnitt 4.3.3).

Somit lassen sich ähnlich wie am Beispiel der Sanierung einerseits teilweise
erhebliche Mängel und Defizite im Hinblick auf die Datenlage zur Planung und
Beurteilung der Umstrukturierungsmaßnahmen feststellen, andererseits wird
bereits frühzeitig die tatsächliche Praxisrelevanz auch der detailliert ausgearbei-
teten Konzepte angezweifelt.

4.2   Voraussetzungen und Schwerpunkte der Programmumsetzung

„Dabei ist es mir ein ganz wesentliches Anliegen, dass sich die Menschen wieder an ihren Stadtbildern freuen und sich so wieder stärker mit ihren Städten identifizieren können" (P. Ramsauer)[54].

Die Zielstellungen und zentralen Handlungsfelder des späteren Bund-Länder-Programms ergeben sich wesentlich aus der im ‚Leerstandsbericht' aufgezeichneten Problemwahrnehmung sowie den enthaltenen Handlungsempfehlungen. Die für die praktische und förderrechtliche Realisierung maßgebliche Verwaltungsvereinbarung[55] zum Stadtumbau Ost nennt als allgemeine Zielstellung des Programms „die Wiederherstellung intakter Stadtstrukturen, indem Stadtquartiere durch bauliche Maßnahmen *aufgewertet* und Wohnungsleerstände *abgebaut* werden" und führt zur konkreten Umsetzung aus:

„Auf der Grundlage von Stadtentwicklungskonzepten sollen Stadtteile *stabilisiert* werden, die durch physischen Verfall und soziale Erosion bedroht sind, zu sanierende und aus städtebaulicher Sicht besonders wertvolle innerstädtische Altbaubestände *erhalten* und dauerhaft nicht mehr benötigte Wohnungen *rückgebaut* werden. Auf diese Weise werden die Attraktivität der Städte als Wohn- und Wirtschaftsstandort insgesamt gestärkt, die Schaffung und Erhaltung neuer Arbeitsplätze gefördert und die Zukunftsfähigkeit der Städte somit nachhaltig unterstützt" (VV 2002, 5, Herv. KS).

Erhalt, Aufwertung und Rückbau werden als zentrale Ansatzpunkte beschrieben, die zumindest hinsichtlich des Altbaubestandes auch sozialräumlich festgeschrieben werden. Seit 2002 wurden in insgesamt 425 Kommunen Stadtumbaumaßnahmen durchgeführt. Bis zu acht Millionen EinwohnerInnen – und damit teilweise jeder zweite Einwohner Ostdeutschlands – erlebt(e) vor Ort erhebliche Veränderungen oder den Abriss des gewohnten Wohnumfeldes (vgl. BMVBS 2012, 9; Hagemeister/Haller 2009, 268; BMVBS/BBR 2008a, III; BMVBS/BBR 2006, 79). Circa 300.000 Wohnungen wurden bereits abgerissen, bis 2016 sollen bis zu 250.000 weitere folgen (BMVBS 2012, 8). In Folge dessen mussten bis

---

54   Bundesminister für Verkehr, Bau und Stadtentwicklung, Vorwort zum 4. Statusbericht (BMVBS 2010).
55   Verwaltungsvereinbarung (VV-) Städtebauförderung: Nach Artikel 104a Abs. 4 GG kann der Bund den Ländern Finanzhilfen zur Förderung städtebaulicher Maßnahmen zur Verfügung stellen. Diese werden auf Grundlage der jährlich zwischen Bund und Ländern abgeschlossenen VV Städtebauförderung gewährt. Die Länder wiederum legen die Förderrichtlinien von Maßnahmen fest, die Gemeinden sind für die Vorbereitung und Durchführung der städtebaulichen Maßnahmen zuständig (Bundestransferstelle Stadtumbau Ost, Stadtumbauglossar: http://www.stadtumbau-ost.info/ (03.11.2010).

2007[56] etwa 100.000 Haushalte umziehen (vgl. BMVBS/BBR 2008a, III; Hage-meister/Haller 2009, 268).

Wenn Stadtumbau also nach wie vor, aber vor allem in der Anfangsphase „baulich nicht Sanierung bestehender, sondern die Entstehung neuer Stadtgestalten" (Göschel 2003, 614) bedeutet(e), berühren die Maßnahmen auch direkt die Frage nach der symbolischen und funktionalen Relevanz der Stadtgestalt für die Ausbildung und Aufrechterhaltung *raumbezogener Bindungen* sowie der Bedeutung einer Manifestation des ‚Abrisswürdigen'.

Gerade die *Förderung raumbezogener Bindungen* wird im Stadtumbaukontext gesondert hervorgehoben. Denn im Kontext städtischer Krisenszenarien, (neuer) Konkurrenzsituationen und der Bedeutungszunahme ‚weicher' Standortfaktoren sind auch Initiativen zur Stärkung städtischer Identität bzw. diesbezüglicher ‚Binnenwirkungen' im Sinne der Identifikation der Bevölkerung seit längerem Bestandteil von Stadtentwicklungs- und Stadtmarketingkonzepten (vgl. Matthiesen 2006; Christmann 2004; Trommer 2006). Stadtumbau im Allgemeinen wird dabei als „entscheidendes Element des Wettbewerbs der Städte um neue wirtschaftliche Aktivitäten, um neue urbane, gut ausgebildete Mittelschichten, um Stadttouristen, um internationale Aufmerksamkeit" beschrieben (Bodenschatz 2008, 10). Auch im Rahmen des Stadtumbauprogramms werden städtische Identität, Bindung und Identifikation betont. So hebt die Kabinettsvorlage zur Programmeinführung hervor, dass durch intakte Stadtstrukturen und funktionierende Wohnungsmärkte „die Identität der Städte erhöht und damit die Bindung an städtische Strukturen verstärkt werden" soll (Kabinettsvorlage 2001, 1). Dem Ersten Statusbericht zum Stadtumbau[57] zufolge sollen die Maßnahmen „die Identifikation der Bürgerinnen und Bürger mit ihrer Stadt stärken" (BMVBS/BBR 2006, 11). Droste/Knorr-Siedow (2005, 53) verstehen die Bindung der BewohnerInnen an das *Quartier* – auch und insbesondere in Großsiedlungen – sogar als ‚dritte Säule' der Programmkonzeption neben Abriss und Aufwertung (vgl. auch Harms/Jacobs 2003, 30).

Entgegen der Position von Droste/Knorr-Siedow werden diese ‚Identifikationsfunktionen' allerdings vor allem großräumig und mit der (alten) Innenstadt assoziiert, auf die sich entsprechende Erhaltungs- und Sanierungsmaßnahmen erstrecken. In der Praxis zeigt sich, dass Rückbau und Abriss zwar als förderrechtlich differenzierte, sich gegenseitig ergänzende Instrumente fungieren

---

56   Zur Genauigkeit der Daten vgl. Abschnitt 4.2.3.
57   Die Statusberichte werden in regelmäßigen Abständen von der Bundestransferstelle herausgegeben, für weitere Informationen siehe: http://www.stadtumbau-ost.info/ sowie http://www.bmvbs.de/SharedDocs/DE/Artikel/SW/stadtumbau-ost.html

sollen[58], gleichzeitig aber auch der Rückbau ‚störender' Bausubstanz als Aufwertung im Sinne einer ästhetischen, stadtstrukturellen oder städtebaulichen Verbesserung interpretiert wird. So betont der GdW-Präsident, man solle „keinen Widerspruch zwischen Abriss und Aufwertung konstruieren. Der vollzogene Rückbau hat viele Städte bereits aufgewertet" (nach GdW 2006).

Die folgenden Abschnitte widmen sich im Wesentlichen zwei Fragestellungen, nämlich inwiefern die Programmumsetzung raumbezogene Bindungen berücksichtigt oder gefährdet und wie in diesem Rahmen eine diskursive Bearbeitung des entsprechenden ‚Problems' stattfindet. Um die Voraussetzungen für den Stadtumbau, die Umsetzung des Programms, sowie eventuelle Folgen für die Betroffenen darzustellen und zu bewerten, ist es weiterhin unerlässlich, zwei weitere Aspekte genauer zu betrachten: die Bewertung des Wohnens und des Wohngebietes vor und nach der Wende, sowie die städtebaulichen und wohnungspolitischen Voraussetzungen vor Einführung des Programms. Denn Betroffenheiten, aber auch Befürchtungen und Proteste ergeben sich aus der jeweils aktuellen oder geplanten Umbausituation, greifen aber teilweise auch auf weiter zurückliegende Zusammenhänge zurück.

4.2.1 Bindung und Wohngebiet – Voraussetzungen für den Stadtumbau

4.2.1.1 Wohnen und Wohngebiet vor und nach der Wende

In Ostdeutschland wurden rund 40 Prozent der Wohnungsbestände nach 1949 errichtet. Allerdings schwankt dieser Wert regional und stadtspezifisch deutlich zwischen 33 und 90 Prozent. Denn im Gegensatz zu westdeutschen Großsiedlungen erfolgte der Bau im Rahmen einer dezentralen Industriepolitik auch in Klein- und Mittelstädten sowie ländlichen Regionen (Hannemann 2000a, 156). Zwischen 1958 und 1990 wurden insgesamt 2.172.000 Wohneinheiten in industriell gefertigten Mehrfamilienhäusern gebaut. Dabei dominierte nach 1971 die

---

58   Rückbaumittel dürfen „eingesetzt werden für Aufwendungen zur Freimachung von Wohnungen, für den Rückbau unmittelbar (Abrisskosten) sowie für eine einfache Herrichtung des Grundstücks zur Wiedernutzung" (BMVBS 2011, 13). Aufwertungsmittel finanzieren im Wesentlichen „die Erarbeitung oder Fortschreibung von städtebaulichen Entwicklungskonzepten sowie die Bürgerbeteiligung; die Verbesserung des öffentlichen Raums und des Wohnumfeldes; die Wieder- und Zwischennutzung freigelegter Flächen sowie von Brachflächen; die Anpassung der städtischen Infrastruktur einschließlich der Grundversorgung; die Aufwertung und der Umbau des vorhandenen Gebäudebestands (...)" (BMVBS 2011, 13f.).

mehr- und hochgeschossige (Groß-)Plattenbauweise, die bis Ende der 1980er Jahre etwa zwei Drittel des Neubauvolumens ausmachte (ebd., 23; Harms/Jacobs 2003, 25). Anfang der 1990er Jahre existieren 266 Großsiedlungen in den neuen Bundesländern[59]. Sie sind nicht nur charakteristisch für den DDR-Wohnungs- und Städtebau, sondern auch für die Wohnungsversorgung von erheblicher Bedeutung: Ende der 1990er Jahre lebten etwa 20 bis 25 Prozent der ostdeutschen Bevölkerung in Großsiedlungen[60] (ebd.; vgl. Rietdorf et al. 2001, 4; Droste/Knorr-Siedow 2005, 29). Die „Platte" sei so „für Hunderttausende Ostdeutsche absolute ‚DDR-Normalität'" gewesen (Rietdorf 1997, 19).

Zudem stellte der Umzug in die Neubauwohnung – ähnlich wie in Westdeutschland – eine erhebliche Verbesserung der Wohnverhältnisse dar. Dem entsprechen im Zeitverlauf kontinuierlich hohe Zufriedenheitswerte mit dieser Wohnform (vgl. Hannemann 2000a, 132; Kahl 1990, 103). Assoziiert mit „den Begriffen Fortschrittlichkeit, hoher Wohnstandard, gesellschaftskonforme Wohnform" sei das Wohnen dort aufgrund der wohnungs- und gesellschaftspolitischen Rahmenbedingungen als Privileg empfunden worden (Hannemann 2000a, 154f.). Denn Wohnraum war knapp, ‚Anspruchsberechtigte' mussten zahlreiche Voraussetzungen erfüllen und so sei die Zuweisung einer Wohnung vielfach „wie ein Sechser im Lotto" empfunden worden (Kahl 2003, 69f.; vgl. Meggle 2004, 176ff.; Rietdorf 1997, 19). Diesen Schwierigkeiten, überhaupt eine Wohnung zu erhalten, stand das verfassungsrechtlich festgeschriebene Recht auf Wohnraum gegenüber, so dass sich die „Bewohner der ‚volkseigenen' Wohnungen (...) wie Eigentümer fühlen" konnten (Häußermann 1996, 43). Vor diesem Hintergrund seien auch eine „für westdeutsche Verhältnisse außergewöhnlich lange Wohnungs- und Wohnortbindung" (Rietdorf 1997, 33; vgl. BMVBW 1999, 107), sowie „ein besonderes Verantwortungsgefühl für das Wohnumfeld" festzustellen gewesen (Rietdorf 1997, 35f.)[61].

---

59   Davon 18 mit jeweils mehr als 10.000 Wohneinheiten, 72 mit mehr als 5.000 und 176 mit mehr als 2.500 Einheiten (vgl. Hannemann 2000a, 153).

60   In den alten Bundesländern lebten Anfang der 1990er Jahre 1,7 Prozent der Bevölkerung in Großsiedlungen mit mehr als 2.500 Wohneinheiten (Häußermann/Siebel 2000, 168).

61   ‚Heimat' sei dabei in der offiziellen Sprache der DDR zwar v.a. mit der positiv besetzten ‚sozialistischen Heimat' gleichgesetzt und generell für die Verbundenheit mit der sozialistischen Idee verwendet worden (Riesenberger 1991, 321f.; Christmann 2004, 36). Dennoch habe die DDR-Führung nicht ignorieren können, dass der Heimatbegriff „im deutschen Denken und Fühlen der Vergangenheit und auch noch nach 1945 einen hohen Stellenwert einnahm" (Riesenberger 1991, 320), so dass seit den 1970er Jahren Heimat schließlich als eine ‚objektiv-reale gesellschaftliche Erscheinung' im Sinne einer „Beziehung ganz bestimmter Gruppen zu ihrer engeren und konkreten Umwelt" verstanden worden sei (ebd., 329f.).

Demgegenüber hätten die ehemals ‚sozial privilegierten' EinwohnerInnen nach 1989 „einen dramatischen Verfall der Bewertung ihrer Wohngebiete ertragen" müssen (Hannemann 2000a, 155), obwohl die Anlagen im Allgemeinen weder „soziale Brennpunkte" noch grob baulich vernachlässigt gewesen seien (Liebmann 2004, 124). So lassen sich Anfang der 1990er Jahre auch Einbrüche bei der Wohnzufriedenheit konstatieren (vgl. Kahl 2003, 59). Dennoch stand der überwiegend negativen Außenwahrnehmung gegenüber, „daß die Einstellungen der Mehrheit der Bewohner zu ihrem Neubaugebiet besser ist als deren offizieller Ruf" (Hannemann 1996, 99). Die Zufriedenheitswerte steigen im Laufe des Jahrzehnts wieder an und sind – wohl auch aufgrund der ausgeführten Sanierungen (s.u.) – kurz vor Beginn des Stadtumbauprogramms deutlich höher als 1990: damals waren gut 23 Prozent der Befragten in Großwohnsiedlungen mit ihrer Wohnumgebung zufrieden, 2001 rund 40 Prozent (vgl. BBR 2003; vgl. auch Peter 2009, 132, der für seine Untersuchungsgebiete ebenfalls noch hohe Zufriedenheitswerte feststellt).

So konnte auch im Hinblick auf die Kategorie *Wohndauer* nachgewiesen werden, dass ältere BewohnerInnen, die 15 Jahre und länger im Gebiet lebten, auch in Großsiedlungen geringe Umzugsabsichten aufweisen (BMVBW 1999, 109)[62]. Insgesamt hegten überhaupt meist nur wenige Haushalte ernsthafte Umzugsabsichten. In einem Vergleich mehrerer Großsiedlungen Mitte der 1990er Jahre traf dies gerade einmal auf etwa zehn Prozent der MieterInnen zu, davon wiederum ‚nur' fünf Prozent nach außerhalb des Wohngebietes (Liebmann 1997, 146). Umzüge bzw. entsprechende Absichten können daher auch nicht mit Wegzügen aus bestimmten Wohnformen gleichgesetzt werden (vgl. dazu auch Abschnitt 2.2.1 (Settlement Identity)).

In diesem Zusammenhang wird auch auf positiv bewertete und ‚intakte' *soziale Beziehungen* innerhalb der Siedlungen verwiesen, die aus BewohnerInnensicht auch nach der Wende noch relativ stark ausgeprägt gewesen seien (vgl. Kabisch et al. 2004, 58; Liebmann 1997, 145; MIL 2002, 10; Beer 1997, 214; BMVBW 1999, 107; Harth/Herlyn 1996, 158).

Die *städtebauliche Gebietsstruktur* findet in den Konzepten insofern Berücksichtigung, als dass die Plattenbauweise den Siedlungen den Charakter von

---

62   Eine BewohnerInnenbefragung im Rahmen eines Studienprojekts in Marzahn ergab, dass grundsätzlich 74,3 Prozent der befragten MieterInnen gern in Marzahn wohnen, die BewohnerInnen voll sanierter Wohnungen sogar zu 89,7 %. Die am längsten Ansässigen fühlen sich am wohlsten, von den 56-65-Jährigen empfinden 71,9 Prozent Marzahn Nord-West als ihre Heimat, für Jüngere sind die Werte niedriger (aber dennoch bemerkenswert) (36-55 Jahre: 58.8 Prozent; 18-35 Jahre: 44 Prozent). Das Heimatgefühl korrelierte dabei deutlich mit der Wohndauer (Gebert/Winkler 2002, 39ff.).

eigenständigen Stadtteilen gegeben habe (Hannemann 2000a, 151; Liebmann 2004, 58). Janoschka (2006, 192) stützt mit seinen Ergebnissen dieses Argument: die durch ihn befragten BewohnerInnen beschrieben eine „starke und ausgeprägte positive innere Identität", die insbesondere auf der für ‚Insider' leicht zu erschließenden Gliederung, Abgrenzbarkeit, Überschaubarkeit der städtebaulichen Anlage beruhe.

4.2.1.2 Sanierungen in den 1990er Jahren – Vorbild für den Stadtumbau?

„Keynes hat bekanntlich empfohlen, zur Belebung der Konjunktur Löcher zu graben und wieder zuzuschütten. In den neuen Bundesländern gibt es dafür offenkundig die Wohnungspolitik" (Siebel 2006, 10).

Im Gegensatz zur Dominanz des Rückbaugeschehens ab 2001, dominierten bis Mitte der 1990er Jahre Neubau und Bestandspflege die Entwicklung am ostdeutschen Wohnungsmarkt (Haller/Liebmann 2002, 35; vgl. Altrock 2007, 36; Kuder 2005, 14f.). Dabei bildeten auch Großsiedlungen bzw. Bestände des industriellen Wohnungsbaus selbstverständliche Bestandteile dieser Erneuerungs- und Sanierungsstrategien von Bund, Ländern, Kommunen und Wohnungsunternehmen (vgl. Rietdorf 2002; Liebmann 2004, 110).

Allerdings war die Wahrnehmung und Bewertung dieser Strukturen seit der Wende auch von einer erheblichen Ambivalenz geprägt: so habe man der ‚Platte' einerseits analog zur Entwicklung westdeutscher Großsiedlungen zunächst einen schnellen Niedergang prognostiziert. Insbesondere seit der Jahrtausendwende würden Großsiedlungen medial „fast ausschließlich als minderwertiger Wohntyp ohne Zukunftschancen wahrgenommen, aus dem die Menschen flüchten und der so schnell wie möglich abgerissen werden sollte" (Bernt/ Kabisch 2006, 6). Diese Einschätzung beruhte vor allem auf der Beobachtung siedlungsinterner Veränderungsmomente, beispielsweise der Alterung der BewohnerInnen und einer sozialen Ausdifferenzierung (Kabisch et al. 2004, 29)[63].

---

63   Demgegenüber wurde vielfach auf die Vielschichtigkeit der Entwicklungstendenzen sowohl einzelner Siedlungen als auch kleinräumiger Differenzierungen in den Gebieten selbst verwiesen: die „Entwicklungstendenzen innerhalb der Grosswohnsiedlungen sind vielmehr deutlich widersprüchlicher, und die aktuelle Situation ist nicht nur von Wegzug, sondern auch von einer erstaunlich gewachsenen Stabilität und von einer zunehmenden internen sozialen Differenzierung geprägt" (Bernt/Kabisch 2006, 7; vgl. im Hinblick auf Westdeutschland auch Weeber 1971, 151; Konda 1996, 102ff.; Reuber 1993, 86).

Andererseits lebten 1990 gut 25 Prozent der Bevölkerung in den Gebieten, die auch für Politik und Wohnungsunternehmen einen unverzichtbaren Bestandteil der Wohnungsversorgung darstellten (Bernt/Kabisch 2006, 5f.). So
betonte eine Publikation des Bundesministeriums für Verkehr, Bau- und Wohnungswesen noch 1999, dass die Großwohnsiedlungen „auf lange Sicht ein un-
verzichtbarer Bestandteil der Wohnungsversorgung sind und bleiben" (BMVBW
1999, 4). Auch auf kommunaler Ebene waren Rückbauszenarien nicht ange-
dacht: lediglich 14 Prozent der befragten Verantwortlichen erachteten zu dieser
Zeit Rückbaumaßnahmen in großen Neubaugebieten als unbedingt und knapp 30
Prozent als eventuell notwendig; demgegenüber sprachen sich insgesamt 53
Prozent eher (29%) bzw. sicher (24%) gegen eine Rückbaunotwendigkeit aus
(ebd., 148). Große Teile der ostdeutschen Großsiedlungen wurden stattdessen
durch Bundes- und Landesförderung seit Anfang der 1990er Jahre bautechnisch
und energetisch saniert, so dass bei Einführung des Stadtumbauprogramms nahezu zwei Drittel des Wohnungsbestandes in Großwohnsiedlungen saniert
und/oder modernisiert waren (vgl. BMVBW 1999, I; Rietdorf 2002; Kuder 2005,
15; BMVBS/BBR 2007, 17).

In der Planung und Durchführung der Maßnahmen zur Sanierung ostdeutscher Großsiedlungen zeigte sich der Glaube an die langfristige Erhaltung der
Bestände. Dabei wurde auch die *Einbeziehung sozialer Aspekte* in die langfristigen Stabilisierungsstrategien als wichtiger Baustein hervorgehoben: bewohner-
orientierte soziale Begleitprogramme sollten Anfang der 90er Jahre Selbsthilfe
stimulieren und den AnwohnerInnen – auch im Hinblick auf eine Bewohner*bindung* – eine dauerhafte Perspektive gesicherten Wohnens in ihrer Siedlung bieten
(BMVBW 1999,3f.; vgl. Rietdorf 1997, 45; Rietdorf 2002). In nahezu allen
Modellvorhaben habe man daher auch neue Ansätze für diskursive Planungsverfahren, Bürgerbeteiligung und Öffentlichkeitsarbeit verfolgt (Rietdorf 1997, 41;
vgl. BMVBW 1999, IX).

Es zeigt sich, dass sowohl Wohnungsunternehmen als auch Stadtentwicklungsplanung (ein vor allem strategisches) Interesse an einer Beteiligung der
Bewohnerschaft haben. Sie erhoffen sich eine bessere Zielgruppengenauigkeit
und Akzeptanz von Maßnahmen, die Stärkung der Selbsthilfepotenziale und
nachbarschaftlichen Bindungen, die Reduktion von Vandalismus und sozialen
Spannungen, sowie schließlich auch die „Herausbildung von Stadtteilbewußt-
sein" und Identifikation (Großhans 1997, 98; vgl. ähnlich BMVBW 1999, 118).
Diese Aspekte und damit indirekt die Partizipation der AnwohnerInnen wirken
sich dann auch insgesamt auf die Stadt- und Quartiersentwicklung aus. Explizit
wird auf Erfahrungen aus der Stadterneuerung Bezug genommen, wo sich gezeigt habe, dass sich in Beteiligung investierte Zeit und Aufwand lohnten
(BMVBW 1999, 126).

Darüber hinaus verweisen entsprechende Publikationen aber auch auf das Wissen (im Sinne einer eventuell auch nur latent vorhandenen kognitiven Infrastruktur[64]) um und die sozialplanerische Verwertbarkeit einer ‚bindungsfördernden' *Relevanz der Stadtstruktur*. Bereits Vorschläge zur Nachbesserung der Großsiedlungen aus DDR-Zeiten betonten, dass unter anderem das Stadtbild und die Wohnqualität nicht nur das Wohlbefinden der BewohnerInnen, sondern auch ihre Ortsverbundenheit und Mitwirkungsbereitschaft beeinflussen (Hunger 1990, 67f.; vgl. Stahr 1983, 440). Aspekte der orientierenden und symbolischen Funktion stadtgestalterischer Elemente werden ebenfalls aufgegriffen und betont, dass Gewohntes und Bekanntes das Zurechtfinden, das Besitzergreifen und das Heimischwerden erleichtere (Baumbach 1983, 458). Im Rahmen der Sanierungsplanungen der 1990er Jahre finden diese Grundsätzlichkeiten wiederum Erwähnung: bei der Umgestaltung ginge es auch um „die Herausbildung einer differenzierten, bessere Identifikationsmöglichkeiten schaffenden Gestaltqualität in den Neubaugebieten" (BMVBW 1999, IX). Beispielsweise indem vor allem „die Unterstützung der eigenständigen Identität der Wohngebiete" anvisiert wurde (ebd., 33). Ebenso maßen Politik und Planung dem ‚behutsamen' Umgang mit der gebauten Umwelt Bedeutung bei (ebd., 11) und heben insofern den emotional-symbolischen Aspekt der Stadtgestalt bzw. deren alltagspraktischen und biografischen Wert hervor: das Wohnumfeld besitze „eine wesentliche Bedeutung für die Identität eines Wohngebietes sowie für die privaten Erfahrungen und Erlebnisse der Bewohner, damit deren Lebensraum in der Rückschau als Bestandteil der eigenen Lebensgeschichte identifizierbar wird" (ebd., 73).

Dem rhetorisch-konzeptionellen Anspruch nach einer bewohnerorientierten und behutsamen Erneuerung scheint aber auch die Umsetzungsrealität der 1990er Jahre nur teilweise entsprochen zu haben. Im Hinblick auf die sozialen Aspekte wird eine eher ernüchternde Bilanz gezogen. So sei bei den Erneuerungsmaßnahmen bis Mitte der 1990er Jahre „kaum die Rede von sozialplanerischer Begleitung, die doch in Westdeutschland vor 20 Jahren im Städtebauförde-

---

64 Mary Douglas beschäftigt sich u.a. mit der Frage, warum wissenschaftliche Erkenntnisse teilweise erst nach langer Zeit Relevanz erlangen. Sie begründet dies im Wesentlichen damit, dass derartige Theorien „beim ersten Mal nicht auf der damaligen kognitiven Infrastruktur aufgebaut (...) hatten" (1991, 126). Am erfolgreichsten seien hingegen „Gedanken, die dem öffentlichen Interesse entgegenkommen und auf die wichtigsten Analogien zurückgreifen, auf denen das soziokognitive System basiert" (ebd. 127). Analogien werden hier im Wesentlichen im Hinblick auf die Ableitung und Legitimierung sozialer Ordnungen aus der Natur (oder allem nicht-menschlichen) thematisiert, die, stetig wiederholt und auf eine Vielzahl von gesellschaftlichen Bereichen angewendet (84ff.), schließlich als Konvention und dann als Institution zum festen Bestandteil des *Wissens* und des *Denkstils* werden (91, 31ff.).

rungsgesetz von 1971 verankert und in der Öffentlichkeit intensiv diskutiert wurde" (Harth/Herlyn 1996, 139). Diese Vorgehensweise erklären Harth/Herlyn vor allem mit der Größenordnung und Dringlichkeit der Umbaumaßnahmen und verweisen damit auf eine Diskrepanz von ‚Behutsamkeit' und Sozialverträglichkeit versus Umsetzungs- und Ressourceneffizienz: „Die Aufgabe der baulichen Regeneration in den Städten der neuen Länder erscheint so dominant, daß für die gebietsspezifische sozialplanerische Betreuung kaum mehr Ressourcen vorhanden sind" (ebd., 139). Ende der 1990er Jahre bilanzierte das Bundesministerium, „daß in vielen Großsiedlungen noch sehr zurückhaltend und abwartend mit der Erstellung von Sozialstudien umgegangen wird" (BMVBW 1999, 27). Lediglich in 31 von 102 Fördergebieten wurden Untersuchungen zu Entwicklungstendenzen des Quartiers, der Mitwirkungsbereitschaft unterschiedlicher Akteure und deren Einstellung zu geplanten Maßnahmen durchgeführt. Vorbereitende Untersuchungen fanden gar nur in 20 von 112 Fördergebieten statt (ebd., 250f.)[65]. Obwohl entsprechende Aufträge programmintern förderfähig waren (vgl. ebd., 117), wurde die niedrige Zahl an Untersuchungen von den Kommunen mit fehlenden finanziellen Mitteln begründet (ebd., 27). Der Abschlussbericht des BMVBW kommt daher zu dem Ergebnis:

> „Ungeachtet der Tatsache, daß Bürgerbeteiligung eine Möglichkeit ist, die *Identifikation* der Bewohner mit ihrem Wohngebiet zu erhöhen und damit eine *langfristige Bindung* an die Siedlung zu erreichen, wird in vielen Kommunen und Wohnungsunternehmen nur langsam die Ansicht überwunden, der Dialog mit den Bewohnern sei nur zeitverzögernd und hinderlich und man wäre ohnehin sicher, die Bedürfnisse der Bewohner gut zu kennen. Die für die Bürgerbeteiligung notwendigen finanziellen Mittel werden oft *vorschnell für umsetzungsorientierte Maßnahmen* eingesetzt. Im Ergebnis kam es immer wieder zu *Fehlplanungen* sowie zur Umsetzung von Maßnahmen, die von den Bewohnern nicht gewollt waren und z.T. auch nicht akzeptiert werden" (BMVBW 1999, 117, Herv. KS).

Es zeigt sich die Priorität einer funktional-umsetzungsorientierten, weniger einer sozial-bewohnerspezifischen Vorgehensweise, die sich in der Bewertung auch deutlich negativ auf den (nachhaltigen) Erfolg der Maßnahmen auswirkt.

Das Wohngebiet als alltägliche Nahwelt verbleibt insgesamt in einer Ambivalenz aus Eigen- und Fremdwahrnehmung, erhält aber gleichzeitig eine neue zweifache, aber diametrale Relevanz: Einerseits als Kompensationsraum, indem im Hinblick auf die Rahmenbedingungen der politischen und gesellschaftlichen Transformationserfahrung angenommen wird, dass „das Wohngebiet nach dem Strukturwandel im Osten zunehmend die weggefallenen sozialen Fluchtpunkte

---

65   Die Zahlen beziehen sich auf das Bund-Länder-Programm ‚Städtebauliche Weiterentwicklung großer Neubaugebiete in den neuen Ländern und im Ostteil Berlins'.

ersetzen mußte, vor allem die Arbeitsplätze; das Wohngebiet wurde damit in viel stärkerem Maße zum tatsächlichen Lebensmittelpunkt seiner Bewohner" (Richter 2006, 77; vgl. Harth/Herlyn 1996, 141/158; Kil et al. 2003, 26; Kabisch et al. 2004, 89; Beer 1997, 214)[66]. Die ‚Verfügung' über Heimat (in diesem Fall die Möglichkeit, am bindungsrelevanten Ort wohnen (bleiben) zu können) wird aber gleichzeitig abhängig von ökonomischen Ressourcen (Arbeitsplatz bzw. Einkommen). So betonen Wallraff et al., dass sich zwei Drittel der Befragten in Luckenwalde dort heimisch fühlen würden, dass aber „die Erwerbstätigkeit als entscheidende Größe für die Identifikation der Luckenwalder mit ihrer Stadt benannt" werde (2003, 30/35). Sie verweisen einerseits auf ‚klassische' soziale und materielle Determinanten raumbezogener Bindungen, andererseits gerät die Existenzsicherung (wie bereits im vormodernen Heimatverständnis) (wieder) zu einer zentralen Kategorie:

> „Den Unwägbarkeiten des Berufslebens stellten viele Interviewpartner das stabile persönliche Umfeld gegenüber – Familie und Freundeskreis, Vereinsleben oder auch Glaubensgemeinschaft, und nicht zuletzt das eigene Haus, manchmal bereits über Generationen vererbt. Wie in den Interviews immer wieder sehr glaubwürdig vermittelt wurde, binden diese Elemente emotional, sehr stark an Luckenwalde, stehen aber eindeutig unter dem Vorbehalt der materiellen Existenzgrundlagen durch die Arbeitswelt" (Wallraf et al. 2003, 30, Kommafehler im Orig.; vgl. auch IfS 2009).

Das Zitat spiegelt auch das Verhältnis von (Gesamt-)Stadt zu Wohngebiet/Haus, denn obwohl Identifikation auch im obigen Zitat im Hinblick auf die Stadt geäußert wird, findet sie ihre Konkretisierung gerade im Nahraum bzw. ‚Objekt' – dem Quartier bzw. persönlichen, räumlich konkreten Besitzstand (Haus).

Andererseits ist gerade das Wohngebiet Ansatzpunkt für städtebauliche ‚Korrekturen' im Rahmen des Stadtumbaus und damit in seiner Existenz bedroht. Zum Zeitpunkt der Programmeinführung stehen sich damit ein demografisch-wohnungswirtschaftlich indizierter und mit dem Leerstandsbericht definierter Handlungsdruck und eine (neue) haltgebende Rolle des damit zur Disposition stehenden Bindungsortes gegenüber. Noch 1999 hatte eine Publikation des Bundesbauministeriums weitsichtig bereits die Möglichkeit von Abrissen in Großsiedlungen in Betracht gezogen, dabei gleichzeitig aber ein enges Zusammenwirken von Kommunen, Wohnungsunternehmern, Eigentümern und Mietern

---

66   Studien zufolge arbeiten lediglich 50 Prozent der Erwerbspersonen in Ostdeutschland in ‚quasifordistischen Beschäftigungsverhältnissen', mehr als ein Drittel weise „unterbrochene Erwerbsverläufe" auf. Diese seien „das zentrale Phänomen des sekundären Integrationsmodus, die konkrete Gestalt des Überflüssig-Seins" (Land 2006, 16). So wird für Ostdeutschland von einer ‚erzwungenen Post-Erwerbsgesellschaft' gesprochen (Kollmorgen 2009, 165).

dahingehend gefordert, „die jeweilige kulturelle und soziale Identität der Siedlung zu wahren und zu entwickeln" (BMVBW 1999, 154). Die folgenden Abschnitte gehen der Frage nach, inwiefern die Praxis des Stadtumbaus eine derart nachhaltige und integrierte Verfahrensweise beinhaltet.

4.2.2 Zum Verhältnis von Rückbau und Aufwertung im Stadtumbau

> „Der vollzogene Rückbau hat viele Städte bereits aufgewertet" (L. Freitag, nach GdW 2006).

4.2.2.1 Schwerpunkt Abriss – Abrissschwerpunkte

Insbesondere aus wissenschaftlicher Perspektive wurde verstärkt darauf verwiesen, dass „das Stadtumbau Ost Programm mit einem Abrissprogramm gleichgesetzt" werde (Brandstetter et al. 2005b; vgl. Schmidt 2004, 124; Kabisch et al. 2004, 31). Dies beruht einerseits auf einer an der Höhe der Rückbauzahlen orientierten ‚Erfolgsdarstellung' mit der „Gefahr, dass das Programm in der Öffentlichkeit auf den Rückbau reduziert wird" (BMVBS/BBR 2006, 84; vgl. auch BMVBS/BBR 2007, 21). Andererseits entspricht diese Wahrnehmung vielfach der erlebten Situation vor Ort, denn zumindest bis 2006 kam es zu einer „Verschiebung der Schwerpunkte zugunsten reiner Rückbaumaßnahmen", so dass sich „der Anteil der reinen Aufwertungsmaßnahmen kontinuierlich verringert" habe (BMVBS/BBR 2006, 32f.; vgl. Kabisch et al. 2007, 37). Dabei ist die Annahme ‚Abriss gleich Aufwertung' (s.o.) grundsätzlich bereits im Programm angelegt, indem bei der „*Aufwertung* der Innenstädte und der von Schrumpfungsprozessen betroffenen Stadtquartiere (...) auch Chancen für mehr Lebensqualität durch *Verringerung der Wohnungsdichte* genutzt werden" sollten (BMVBS 2009, 12, herv. KS). Ohnehin mussten bis 2006 auf Landesebene mindestens 50 Prozent der beantragten Mittel für den Rückbau von Gebäuden verwendet werden, erst seit 2007 mindestens 50 Prozent für Aufwertungen (vgl. VV-Städtebauförderung 2007, 17). In diesem Zusammenhang wurde der Rückbau der „aus städtebaulicher Sicht besonders wertvollen innerstädtischen Altbaubestände" (Kabinettsvorlage 2001, 2) seit 2005 kontinuierlich eingeschränkt.[67] Bernt kommt daher zu der Schlussfolgerung, „dass vor allem die

---

67   Zunächst bedurfte der „Rückbau von vor 1914 errichteten Gebäuden in straßenparalleler Blockrandbebauung (Vorderhäusern) oder anderen das Stadtbild prägenden Gebäuden" der Genehmigung durch das Land (VV 2005, 12), schließlich wurde der Rückbau von vor 1919

Idee, den Wohnungsmarkt durch Abbau des Angebotsüberhangs wieder ins Gleichgewicht zu bringen, übernommen wurde", nicht die Intention eines integrierten Stadtumbaus (Bernt 2010, 347). Darüber hinaus zeigt sich eine Konzentration der Maßnahmen auf bestimmte Quartierstypen. Denn obwohl die Programmbereiche grundsätzlich nicht sozialräumlich zugeschnitten sind, resümieren Haller/Rietdorf, dass „[w]enn (…) in der öffentlichen bzw. fachöffentlichen Debatte von Stadtumbau die Rede ist, wird dies praktisch immer gleichgesetzt mit dem Abriss von Plattenbauten" (Haller/Rietdorf 2003, 30). In dieser Feststellung spiegelt sich eine doppelte Reduktion: die *Assoziation von Stadtumbau mit Rückbaumaßnahmen* und die *räumliche Konzentration* (dieser Maßnahmen) auf bestimmte Gebietstypen.

Dieser Zusammenhang zeigt sich auch in der praktischen Umsetzung der Maßnahmen und prägt den Alltag vor Ort: unter den größeren Stadtumbaustädten stellen diejenigen die größte Gruppe, „die überwiegend durch von 1949 bis 1989 errichteten DDR-Wohnungsbestand geprägt sind" (BMVBS/BBR 2007, 13/15). Insgesamt wurden mit Stand 2006 90 Prozent der rückgebauten Wohneinheiten in nach 1960 errichteten Gebieten verortet, so dass die Daten auf „eine deutliche Konzentration der Rückbaumaßnahmen auf Plattenbauten, oft am Stadtrand gelegen"[68] verweisen (BMVBS/BBR 2006, 40; vgl. Liebmann 2004, 153f.; Kabisch et al. 2004, 23f.; Willinger 2006, I; BMVBS/BBR 2007, 21). Dort befinden sich zusammenhängende Bestände in einheitlicher Trägerschaft. Dadurch sind Unternehmen und Kommunen zwar von den ökonomischen Folgen der Leerstände betroffen, aber aufgrund der räumlichen sowie verfügungsrechtlichen Konzentration auch in der Lage, Rückbaumaßnahmen konzertiert und effektiv umzusetzen (vgl. Bernt 2003a; Liebmann 2004, 158). 2007 bestand so für

---

errichteten Gebäuden von der Förderung ausgeschlossen und stattdessen die Möglichkeit eingeführt, die Sicherung von vor 1949 errichteten Gebäuden in straßenparalleler Blockrandbebauung und Stadtbild prägenden Gebäuden zu fördern (VV 2008, 22f.). Die Evaluation empfiehlt 2008 den Rückbau weiterer Wohnungen und zwar wie bisher ohne kommunalen Eigenanteil, sowie eine „stärkere Orientierung von Aufwertungsmaßnahmen auf die Innenstädte und innenstadtnahen Altbauquartiere" und die Sicherung von Altbauten, ebenfalls ohne kommunalen Eigenanteil (nach BMVBS 2010, 19).

68   Diese Schwerpunktsetzung lässt sich auch anhand der stadtraum- bzw. gebäudestrukturbezogenen Verteilung der Fördermittel nachverfolgen: zwischen 2002 und 2006 flossen 66 Prozent (prozentuale Angaben im Folgenden gerundet) der Rückbaumittel in Gebiete, die nach 1960 errichtet wurden, lediglich vier Prozent der Mittel entfielen auf Gebiete mit einem vorwiegenden Errichtungszeitraum vor 1918 (BMVBS/BBR 2008a, 70). Dem entspricht auch die stadträumliche Verteilung der Finanzhilfen: Rückbaumittel flossen „überproportional an den Stadtrand" (43% gegenüber 30% für innenstadt(nahe) Gebiete); die Förderung von Aufwertung dagegen konzertiert sich in den innerstädtischen Bereichen (62% gegenüber 21% für randstädtische Gebiete) (ebd., 71.).

immerhin 14 Prozent der im Rahmen des Zweiten Statusberichts befragten Kommunen „ein wesentliches Rückbauziel im *flächenhaften Abriss ganzer Stadtgebiete*" (BMVBS/BBR 2007, 19, Herv. KS). 90 Prozent gaben den DDR-Wohnungsbau als Rückbauschwerpunkt an, nur 50 Prozent nannten diese Gebiete (gleichzeitig) als Aufwertungsschwerpunkte (ebd., 22; vgl. ähnlich BMVBS/BBR 2006, 28). Zwischenzeitlich wurden die teilweise flächenhaften Abrisse im industriellen Wohnungsbau gar als (zunehmendes) „Normalitätserlebnis ostdeutscher Städte" beschrieben (Richter 2006, 96; vgl. Ruland 2006; BMVBS/BBR 2007,44).

Für die Durchführung der Eingriffe wird weiterhin ein erhebliches Defizit hinsichtlich einer integrierten Rückbauplanung festgestellt (BMVBW 2003a, 38). Die Stadtumbaupraxis zeigt, dass auch in der Fortschreibung Aspekte der Aufwertung und Stabilisierung der nach dem Abriss verbleibenden Bestände ebenso wie Fragen der Flächennachnutzung „meist nur als allgemeine Zielsetzung benannt" werden (Liebmann 2004, 155; vgl. Rietdorf 2002; Ruland 2006, 173; BMVBS/BBR 2007, 20). Desgleichen wird eine zum Abriss „parallel verlaufende Aufwertungsstrategie, die Signale aussendet und wahrnehmbare Beispiele schafft, um die Plattenbaugebiete als interessante Wohnstandorte zu empfehlen" vermisst (Kabisch et al. 2004, 31). Mit Stand 2006 wurden lediglich in einem Drittel der Fördergebiete gleichzeitig Rückbau- und Aufwertungsmaßnahmen durchgeführt (vgl. BMVBS/BBR 2006, 31).

4.2.2.2 Konzentrationsschwierigkeiten – Konflikte des konzertierten Rückbaus

Die Vorgehensweise einer gebietsspezifischen Ausweisung von Rückbau- und Aufwertungsgebieten sowie der Konzentration des Abrisses auf die Plattenbaubestände war von Anfang an auch problembelastet. Stadtentwicklungsstrategisch beinhalteten dabei die tatsächliche Leerstandlage sowie das Nachfrage- bzw. Bindungsverhalten der Bevölkerung erhebliche Herausforderungen für die Stadtumbauakteure.

Auch wenn die ‚Konzentrationsstrategie' zusätzliche Legitimierung dadurch erfährt, dass die Leerstandsproblematik auf den Plattenbau fokussiert wird (Rietdorf 2002; vgl. Haller/Liebmann 2002; s.u.), nennt die Auswertung des Bundeswettbewerbs gerade ein Überangebot an sanierten Plattenwohnungen sowie innerstädtische Leerstände als häufigste Konfliktlinien im Stadtumbauprozess. Sanierung und Aufwertung in den Innenstädten würden die Plattenbaugebiete weiter schwächen, gerade dort sei aber vorher in die Stabilisierung und Aufwertung investiert worden (BMVBW 2003a, 34). Manche Städte weisen in der Folge Altbauquartiere mit hohem Modernisierungsbedarf, Leerständen und

„schlechtem Image" auf, „während die sanierten Plattenbaugebiete gut belegt und beliebt sind" (ebd.).

Die Leerstandsentwicklung seit den 1990er Jahren bestätigt diese Problematik. Demnach hätten 1990 in Ostdeutschland etwa 420.000 Wohnungen leer gestanden und „nahezu alle waren Altbau-Geschosswohnungen" (Krings-Heckemeier/Porsch 2003, 37); auch 1995 seien von 450.000 leer stehenden Wohnungen „knapp 90 Prozent vor 1948 errichtet" worden (Haller/Liebmann 2002, 35); schließlich zeigen die für den Wettbewerb eingereichten Zahlen für das Jahr 2001 einen Leerstand von 20 Prozent in Vorkriegsbeständen, knapp 14 Prozent im DDR-Bestand sowie gut fünf Prozent im Nachwende-Neubau (BMVBW 2003a, 16). Auch nach Beginn des Stadtumbaus kommt es kaum zu einer Umverteilung: 2005 liegt der Leerstand in den Gebieten des industriellen Wohnungsbaus „unter der durchschnittlichen gesamtstädtischen Leerstandsquote und vor allem *deutlich* unter der Leerstandsquote in den innerstädtischen Altbaubeständen" (BMVBS/BBR 2007, 28; Herv. KS; vgl. beispielhaft für Sachsen SAB 2008, 91[69]). Schließlich gelten 2007 circa 70 Prozent der Altbausubstanz in den Stadtumbaustädten als saniert (vgl. BMVBS/BBR 2007, 17) – und werden offenbar *trotzdem wenig nachgefragt*. So seien in einigen Städten „die Leerstandzahlen in den historischen Innenstädten trotz umfangreicher Investitionen (…) heute so hoch wie zum Zeitpunkt der politischen Wende" und diese Quartiere konnten „bisher kaum von den Bestandsreduzierungen am Stadtrand profitieren" (ebd., 29).

In diesem Zusammenhang wird die geringe Nachfrage im Altbaubestand einerseits mit dem erfolgreichen Umzugsmanagement der Unternehmen und hohen Mieten im Altbau begründet. Andererseits bedingen offenbar die Wohnpräferenzen der BewohnerInnen erheblich die Diskrepanz zwischen anvisierter und tatsächlicher Entwicklung. Dem unterstellten Automatismus, dass durch Aufwertungen im Altbaubestand bei gleichzeitiger Reduktion der Neubau- bzw. Platten-Bestände eine ‚Auffüllung' der innerstädtischen Gebiete erfolgt, stehen Daten zur Wohnstandorttreue gegenüber, die auch im Sinne einer ‚*Settlement-Identity'* (s.o.) interpretiert werden können.

Demnach stelle „der Umzug in den Altbaubestand für viele heutige Bewohner von Plattenbausiedlungen nach wie vor keine Wohnalternative dar". Stattdessen würden *70 bis 80 Prozent* der bei Abrissmaßnahmen umziehenden MieterInnen ‚innerhalb der jeweiligen Wohngebiete" verbleiben (BMVBS/BBR 2007, 29). Diese Tendenz wird von anderen Untersuchungen und Befragungen in

---

69   Bestände bis Baujahr 1918: 23 Prozent; 1919 bis 1948: 22 Prozent; 1949-1978: 13 Prozent; 1979-1990: 16 Prozent; nach 1990: 9 Prozent.

Umbaukommunen bestätigt: so stellen Harms/Jacobs (2003, 26) fest, dass die Hauptwanderungsströme innerhalb der jeweiligen Marktsegmente verlaufen – also beispielsweise zwischen einzelnen Gebieten des industriellen Wohnungsbaus und eine Bürgerbefragung in Sangerhausen stellt zusammenfassend fest, „dass der Wegzugswille der Bewohner sich nicht an der Bebauungsstruktur oder dem Baualter der Wohnung festmacht" (Hunger et al. 2003, 99). In der Nachwendezeit zogen in Berlin-Marzahn etwa 25 Prozent der Umziehenden innerhalb von Marzahn oder in eine andere ,Plattensiedlung' um (BMVBW 1999, 108f.; vgl. Harms/Jacobs 2003, 26; MIL 2002, 13). Abwanderung aus diesen Beständen finde stattdessen vor allem zwischen Großsiedlung und Umland statt, wohingegen die Austauschbeziehungen zwischen Altbau und Großsiedlung als ,untergeordnet' beschrieben werden (Harms/Jacobs 2003, 26; vgl. auch MIL 2002, 13; Bezirksamt Marzahn-Hellersdorf 2007, 248). Auch viele Kommunen sehen für den Altbau überwiegend eine gleich bleibende (also eher geringe) Nachfrage (BMVBS/BBR 2007, 30) und so zeigen selbst kommunale Wohnungsunternehmen oft wenig Interesse an der Aufwertung ihrer innerstädtischen Altbaubestände, gerade wegen „einem geringen Nachfragerpotenzial in den ostdeutschen Städten" (ebd., 37).

Aufgrund schwindender zusammenhängender Abrisspotentiale im Plattenbaubestand und fehlender Umsetzwohnungen in den eigenen Beständen, gingen dann die Abrisszahlen erheblich zurück: zwischen 2008 und 2012 wurden noch 22 Prozent der Bundesfinanzhilfen im Stadtumbau für den Rückbau eingesetzt (BMVBS 2012, 11; BMVBS 2010, 24). Dennoch werde – so betont der 4. Statusbericht weiter – auch weiterhin „kein Weg am weiteren *flächenhaften Abriss* von Beständen am Stadtrand vorbeiführen" (BMVBS 2010, 84, Herv. KS). Die ,Zielrichtung' beschreibt der Email-Newsletter (Nr. 24) Stadtumbau Ost der Bundestransferstelle vom 12.3.2013:

> „Die meisten Regionen der neuen Länder werden in den nächsten Jahren weitere Bevölkerungsverluste verzeichnen und es wird deshalb erwartet, dass der Leerstand insgesamt wieder steigt. Auch zukünftig ist *daher* ein *weiterer Rückbau in den Plattenbauquartieren* erforderlich. Gleichfalls ist eine weitere Stärkung der baukulturell wertvollen innerstädtischen Altbauquartiere notwendig, da viele dieser Altbauten leer stehen" (Herv. KS).

Auch wenn sich die Plattenbaugebiete vielerorts hoher Beliebtheit erfreuen und nachgefragter Wohnraum sind, zu großen Teilen saniert wurden und gerade auch ein Großteil der ostdeutschen Städte durch einen erheblichen Anteil von industriell erstellen (innerstädtischen) (Wohn-)Gebäuden *geprägt* ist (MIL 2009, 15;

BMVBS/BBR 2007, 15)[70], werden sie weiterhin nicht als erhaltenswert eingestuft oder im Zusammenhang mit Strukturen ‚stadtbildprägender Bedeutung'
genannt (BMVBS/BBR 2007, 11)[71].

In diesem Zusammenhang lässt sich eine bereits erwähnte diskursive ‚Verarbei-
tungs- und Legitimierungsstrategie' im Sinne einer rhetorischen Verlagerung der
Problemlage ausmachen: Auch wenn bereits der Kommissionsbericht den Leerstand zur Jahrtausendwende vor allem im Altbau verortete (Pfeiffer et al. 2000,
2), kritisiert beispielsweise Rietdorf (2002) hinsichtlich der medial-öffentlichen
Thematisierung, dass „[i]n manchen Zeitungsartikeln (...) die Zahlen derart
verfälscht [sind], dass plötzlich von einer Million leerstehenden Plattenbau-
Wohnungen die Rede ist". Der Fünfte Statusbericht aus dem Jahr 2012 resümiert
diesbezüglich rückblickend:

> „Wohnungsleerstände wurden anfangs nahezu ausschließlich in Bezug auf die anwach-
> senden Probleme in Plattenbausiedlungen thematisiert. Teilweise bereits als Erbe der
> DDR-Zeit übernommene Leerstände im innerstädtischen Altbaubestand wurden kaum in
> ähnlicher Schärfe als Problem wahrgenommen" (BMVBS 2012, 35).

Diese einseitig auf den Problembereich Plattenbau fokussierte Darstellung zeigt
sich bei der Durchsicht unterschiedlicher Publikationen seit Programmbeginn: so
konstatiert die Dokumentation zum Stadtumbauwettbewerb, dass zwar der Leerstand Anfang der 1990er Jahre im Altbau konzentriert gewesen sei, die „Leerstände in Plattenbauten (...) jedoch seit Mitte der 90er Jahre *rapide zugenom-
men*" hätten (BMVBW 2003b, 8, Herv. KS). Der Kommissionsbericht hatte ein
starkes regionales Ungleichgewicht und pauschal eine ‚dramatische Zunahme'
seit 1998 festgestellt (vgl. Pfeiffer et al. 2000, 2f.). Die Evaluation zum Stadtumbau stellt 2008 fest, dass sich *seit den 1990er Jahren* „ein *weiterer* Angebots-

---

70 Von 135 Groß- und Mittelstädten sind 52 vom DDR-Wohnungsbau, 45 durch eine gemisch-
    te Struktur und ‚nur' 38 überwiegend durch vor 1949 errichtete Bestände geprägt (vgl.
    BMVBS/BBR 2007, 15; vgl. Liebmann 2004, 220; MIL 2009, 15; BMVBW 2003a, 38;
    Richter 2006, 183).
71 Als so genannter ‚Sonderfall' werden beispielsweise innerstädtische Plattenbauensembles
    genannt, die „[s]tellenweise (...) die Identität der Stadt" prägen (BMVBW 2003a, 38). Auch
    gaben (drei) Städte im Rahmen des Stadtumbauwettbewerbs an, „das Erbe der städtebauli-
    chen Moderne weiter[entwickeln]" zu wollen, allerdings dominieren auch dort „neue Raum-
    bezüge durch *Abriss* von Gebäuden, Umnutzung von Brachen, räumliche Entwicklungsach-
    sen oder *Rückzugsstrategien*" (ebd., 22, Herv. KS). Im Gegensatz dazu beschreibt Richter
    (2006, 183) für die Stadt Leinefelde, wie entsprechende städtebauliche Arrangements „das
    zuvor ungeliebte Plattenbaugebiet zu dem Teil der Stadt werden lassen, aus dem die gesamte
    Gemeinde heute ihre Identität bezieht; es ist heute das Plattenbaugebiet, auf das sich das
    Standortmarketing Leinefeldes stützt und beruft" (Richter 2006, 183).

überschuss insbesondere in industriell gefertigten Wohnungsbeständen, *aber auch* in unsanierten Altbaubeständen" entwickelt habe (BMVBS/BBR 2008a, 24, Herv. KS). Und Liebmann/Karsten folgern mit Verweis auf die zuvor genannten Publikationen, dass sich *„in den 1990er Jahren* ein Angebotsüberschuss, *insbesondere* in industriell gefertigten Wohnungsbeständen, *aber auch* in noch unsanierten Altbaubeständen" entwickelt habe (Liebmann/Karsten 2009, 457, Herv. KS). Während also der Kommissionsbericht für den gleichen Zeitraum den Überhang eindeutig im Altbau ausweist und die Evaluation immerhin noch den *‚weiteren'* Überschuss betont, so wird daraus nun *der* Überschuss *insbesondere* in industriellen Wohnungsbeständen. Daraus erklären die AutorInnen wiederum die städtebauliche Schwerpunktsetzung des Programms mit der Konzentration „auf die Plattenbausiedlungen. Hier waren *die höchsten Wohnungsleerstände und große Aufwertungsbedarfe* zu konstatieren" (ebd., 462, Herv. KS). Beides erscheint vor dem Hintergrund der vorliegenden Zahlen zum hohen Sanierungsstand der Plattenbausiedlungen (s.o.), sowie der Leerstandsanalyse zur Jahrtausendwende als problematische Schlussfolgerung, denn die „Leerstände in den zwischen 1949 und 1990 gebauten Wohnungen waren 1998 mit ca. 8% noch relativ moderat"[72] (Pfeiffer et al. 2000, 2; vgl. IRS 2003, 11; Franz 2002).

In diesem Kontext entfällt auch die Thematisierung bzw. Problematisierung von Folgen der Umstrukturierungen im Hinblick auf die Wahrnehmung der Stadtgestalt. Lediglich die Ausdünnung innerstädtischer *Altbaustrukturen* findet vereinzelt Erwähnung, indem eine ‚perforierte Stadt' „Störungen in einem ursprünglich kompakten Bestand vor- und gründerzeitlicher Altstadt" erzeuge und indem die „einzelne Baulücke, die fehlende Straßenecke und gar ausgedehnte Stadtbrachen unterbrechen einen einst kontinuierlichen baulich-räumlichen Kontext und Nutzungszusammenhang" (Kil et al. 2003, 28). Das städtebauliche Leitbild fokussiert vor diesem Hintergrund auf den Erhalt bzw. die Wiederherstellung einer ‚europäischen Stadtstruktur' im Sinne einer Stärkung der (historischen) Stadtkerne (vgl. Liebmann 2004, 157; IRS 2003, 7f.; Willinger 2006, I; Kiesow 2003, 18; BMVBS/BBR 2006, 43). Diesen werden erhebliche Potenziale hinsichtlich der Ausbildung und Repräsentation einer ‚Stadtidentität' und der Identifikation der Stadtbevölkerung zugeschrieben (vgl. BMVBS 2008, V; BMVBW 2003a, 40). Gleichzeitig findet jedoch eine Abwägung negativer Folgen für BewohnerInnen in den von den Umstrukturierungen erheblich betroffenen DDR-Wohnungsbeständen nicht statt[73]. Die Frage, wie sie den Umbau als

---

72   Allerdings wiesen diese eine starke regionale Konzentration mit Leerständen bis zu 30 Prozent auf, dies wird im Bericht aber nicht im Sinne der Argumentation differenziert.

73   Erst der Stadtumbaubericht aus dem Jahr 2012 weist darauf hin, dass auch in Wohnsiedlungen inzwischen Konzepte durchgeführt werden, die über den Rückbau von Außen nach In-

‚Qualitätsgewinn' und im Hinblick auf eine Identifikation mit der Gesamtstadt erfahren sollen (vgl. ebd. 45), wenn sich die Aufwertungen nicht auch auf das persönliche Wohnumfeld, sondern vor allem auf ‚wertvolle' Gebäudebestände beziehen, wird an dieser Stelle unbeantwortet gelassen – und überwiegend auch gar nicht gestellt.

Kapitel 4.3 thematisiert daher die Wahrnehmung des Stadtumbaus aus Sicht der BewohnerInnen und Betroffenen, ebenso wie deren Einbeziehung in die Stadtumbaustrategien. Zuvor gibt der folgende Abschnitt einen Einblick in die programminterne Monitoring- sowie begleitende Forschungstätigkeit – sie sollen die Durchführung sowie den ‚Erfolg' des Programms evaluieren und stellen mithin auch eine wichtige Bewertungs- und Reflexionsgrundlage dar.

4.2.3   Monitoring und Begleitforschung

> „Angesichts der hohen gesellschaftlichen Relevanz des Themas hatte die Forschung die seltene Chance, von der Fachöffentlichkeit aufmerksam wahrgenommen zu werden und Förderpolitiken mit zu beeinflussen" (Hunger et al. 2003, 2).

Die „Vorbereitung einer indikatorengestützten Erfolgskontrolle" wurde im Rahmen des Stadtumbauwettbewerbs eingefordert und durch die Jury bewertet (vgl. BMVBW 2003b, 14/18). Durch Analysen der Einwohner-, Sozial-, Wirtschaft- und Leerstandsentwicklung sowie des Modernisierungsfortschritts (BMVBW 2003b, 14) sollte das Monitoring eine kontinuierliche Qualitätskontrolle für die (neue) Herausforderung des Stadtumbaus gewährleisten. Der hohe Anspruch einer ‚integrierten' Herangehensweise spiegelt sich auf diese Weise auch in der Erfolgskontrolle. Die Betonung der ‚Neuartigkeit' stellt eine zentrale Argumentationsfigur dar, auch wenn vereinzelt auf Sanierungserfahrungen verwiesen wird. Liebmann (2004, 223) begründet ihre Forderung nach einem Monitoring mit „der Tatsache, dass bisher kaum entsprechendes Erfahrungswissen aus der Umsetzung umfangreicher Stadtumbaumaßnahmen vorliegt" (vgl. auch BMVBS/BBR 2006, 17). Dies betreffe, so auch eine Veröffentlichung des Bundesministeriums, „das gesamte Spektrum von Aufgaben", d.h. die Überleitung der Planung in die Praxis, finanzielle Voraussetzungen und technische Rahmenbedingungen, Kooperationsbeziehungen, sowie soziale Begleiterscheinungen und infrastrukturelle Folgen (BMVBW/BBR 2004, 7).

---

nen hinausgehen, um zu verhindern, „dass städtebauliche und soziale Zusammenhänge durch Perforierung zerstört werden bzw. der wirtschaftliche Betrieb der Versorgungsnetze gefährdet wird" (BMVBS 2012, 36).

Erstaunlicherweise wird dann in der Wettbewerbsauswertung jedoch nicht etwa eine Vernachlässigung des Monitorings bemängelt, sondern dessen Detailliertheit: demnach enthielten nahezu alle Beiträge diesbezügliche Vorschläge, die allerdings in manchen Städten den Verdacht nahelegten, dass diese „mit ihren begrenzten Personalressourcen nicht in der Lage sein könnten, eine ständige Erhebung dieser Daten durchzuführen" (BMVBW 2003a, 48). Die AutorInnen schlagen stattdessen ein „einfaches und doch aussagekräftiges Monitoringsystem" mit Daten zu Leerstandsentwicklung, Neubauentwicklung, Bestandsentwicklung, Zentrumsnutzungen und Kostenstatistik vor (ebd., 48f.) – also eine deutlich ‚abgespeckte' Version gegenüber den zuvor empfohlenen Ansätzen.

Gleichzeitig zeigt sich eine nicht unerhebliche Datenproblematik: bezogen auf die – immerhin den Rückbauplanungen zugrunde liegenden – Leerstandszahlen greift der Zweite Statusbericht auf die „teilweise *geschätzten* Angaben der Kommunen" zurück (BMVBS/BBR 2007, 17/23, Herv. KS). 25 Prozent der in diesem Zusammenhang befragten Kommunen führten *gar keine* regelmäßigen Leerstandserfassungen durch und nur 50 Prozent der Leerstand erhebenden Gemeinden bezogen überhaupt alle vorhandenen Wohnungsbestände in ihre Erhebung ein (ebd., 73). Das sächsische Innenministerium konstatiert: „[n]ach bisherigen Erkenntnissen gibt es auf Gemeindeebene Probleme bei der Bereitstellung verlässlicher Daten zum Leerstand von Wohnungen und zur Anzahl der Haushalte". Das Papier *empfiehlt* den Kommunen, vorliegende Daten „auf ihre Plausibilität hin zu prüfen", denn „[d]ies ist insofern von Bedeutung, da sich auf diesen Daten Aussagen zum erforderlichen Ausmaß und zur Umsetzungsstrategie von Rückbaumaßnahmen gründen sollten" (SMI 2005, 18). Im Hinblick auf die Rückbauzahlen zeigt sich ein ähnliches Bild: der Erste Statusbericht weist zwar nach vier Jahren Programmlaufzeit darauf hin, dass es „kaum zu einer tatsächlichen Entlastung des Wohnungsmarktes gekommen ist", schränkt aber gleichzeitig die Aussagekraft ein, denn „[v]erlässliche Daten liegen dazu allerdings nicht vor" (BMVBS/BBR 2006, 39). Gleiches gelte für Aufwertungsmaßnahmen, für die „bislang nur wenige Informationen vorliegen" (ebd., 41). Auch mit der Evaluation im Jahr 2008 – als Basis für die Verlängerung des Programms – lagen auf Bundesebene „zurzeit keine elektronischen Daten vor, die für die einzelnen Gemeinden die (…) realisierten Rückbauten zeitnah und vollständig abbilden" (BMVBS/BBR 2008a, 9). Insgesamt herrscht auch nach mehrjähriger Programmlaufzeit Unklarheit hinsichtlich der absoluten Abrisszahlen sowie der – in der integrierten Herangehensweise angelegten – umfassenden Wirkungsweise der Maßnahmen: es sei „nur selten möglich, kausale Zusammenhänge zwischen den eingesetzten Mitteln des Programms und den beobachteten Veränderungen in einem Quartier herzustellen" (BMVBS/BBR 2007, 21) und

„[e]ine Trennung der programmbedingten Effekte und der durch Kontextände-
rungen bedingten Effekte ist nicht möglich" (BMVBS/BBR 2008a, 6).
Auch die fünf bisher durch das BMVBS veröffentlichten Statusberichte
zum Stand der Umsetzung des Stadtumbaus, die 2008 veröffentlichte Evaluation
und das in diesem Rahmen erstellte Gutachten zur Bürgermitwirkung reduzieren
die Bilanzierung des Programms auf die allgemeinen Daten zur Stadtentwicklung und Wohnungswirtschaft, sowie zur Wahrnehmung des Stadtumbaus und
der Einbeziehung der Bevölkerung (vgl. BMVBS/BBR 2006; BMVBS/BBR
2007; BMVBS/BBR 2008c; BMVBS/BBR 2008a; BMVBS/BBSR 2009; BBSR
2010; BMVBS 2012). Ergänzt werden die Berichte dabei allerdings durch ausgewählte Fall- bzw. Best-Practice-Beispiele. Auch die auf Länderebene vor allem im Rahmen wissenschaftlicher Auftragsforschung verfassten Monitoringberichte legen den Fokus weniger auf Aspekte der konkreten Umsetzung(sauswir-
kungen), sondern behandeln im Wesentlichen Daten und Prognosen zu Bevölkerungsentwicklung, Wohnungsbestand (Bestand, Neubau, Rückbau) sowie Entwicklung der Fördergelder (vgl. bspw. TMBLV 2009; LBV 2009a/2009b; SAB
2008)[74].

Gerade die ‚Absicherung' und Legitimierung schwerwiegender Eingriffe
durch wissenschaftliche Expertise ist jedoch seit den 1970er Jahren grundlegender Bestandteil eines demokratischen Planungsverständnisses. Bernt/Kabisch
(2003, 43) betonen daher die Notwendigkeit intensiver Begleit- und Nachunter-
suchungen: „Soll der Stadtumbau tatsächlich zu einer lebenswerten und zu-
kunftsfähigen Stadt führen, bilden innovative und praxisrelevante Forschungsergebnisse nachgerade das non plus ultra"[75]. Neben der Problematik eines teilweise
minimierten und vor allem an einer quantitativen Erfolgskontrolle ausgerichteten
Monitorings wird jedoch vielerseits auch eine eher geringe Zahl (unabhängiger)
stadtgeographischer und stadtsoziologischer Aufarbeitungen kritisiert (u.a.
Kabisch et al. 2004; Bernt et al. 2005, 35f.; Altrock 2007, 47f.; Fritsche 2011,

---

74   Sachsen-Anhalt, Brandenburg, Sachsen und Thüringen greifen seit 2005 auf einen abge-
      stimmten Indikatorenkatalog zurück (dieser umfasst u.a. die Bereiche Einwohner, Haushalte,
      Flächenangaben, Soziales, Kommunalfinanzen, Wohnungsbestand, Wohnungsleerstand,
      Bautätigkeit, Umsetzung des Stadtumbaus) (vgl. IfS 2008, 8).

75   Gleichzeitig finden sich vereinzelt und wenig systematisiert durchaus Verweise auf mög-
      licherweise zu übernehmende Instrumente aus Sanierungspraxis und Stadterneuerung (vgl.
      etwa MIL 2002, 32; Weith 2007a, 16f.). Bezüglich des Rück- und Umbaus von Großsied-
      lungen kann darüber hinaus auf europäische Erfahrungen verwiesen werden (vgl. Sie-
      verts/Irion 1994; Sieverts 2006). Das Neue scheint sich somit mehr auf die erwähnten sozio-
      ökonomischen und Strukturbedingungen als auf die tatsächliche Umsetzung zu beziehen.
      ‚Schrumpfung' als sozioökonomischer Prozess ist ‚Auslöser' und Legitimierung alternativ-
      loser Handlungszwänge und das ‚Weniger' manifestiert sich auch durch die materiellen
      ‚Rückbau'.

20f.). Vor allem existieren nur wenige Fallstudien, die sich mit der lokalen Umsetzung des Stadtumbaus und insbesondere *der Bedeutung für die ansässige Bevölkerung* beschäftigen. Einschlägig sind hier die 2004 erschienene Studie von Kabisch et al., die Ergebnisse der Einwohnerbefragung in Leipzig Grünau (vgl. Bernt/Fritzsche 2005; Kabisch/Großmann 2010) sowie die Studien von Peter (2009) und Fritsche (2011) zu nennen. Diese Untersuchungen erheben auch Daten zu Fragen der Wahrnehmung des Stadtumbaus durch die Betroffenen sowie eventuelle (persönliche) Auswirkungen der Umbaumaßnahmen.

Im Fokus weiterer begleitender und grundsätzlicher Untersuchungen zum Stadtumbau stehen ferner die Folgen des Leerstandes für Infrastruktur, Kommunalhaushalte und Wohnungswirtschaft sowie entsprechende städtebaurechtliche Instrumentarien, Leitbilder und Erfahrungen. Sozialwissenschaftliche Analysen befassen sich in diesem Zusammenhang vielfach mit übergreifenden Fragen demografischer und ökonomischer Schrumpfungsprozesse sowie deren Folgen für Länder und Kommunen (Abwanderung und Alterung; Folgen der Bevölkerungsentwicklung für kommunale Infrastruktur, Arbeits- und Wohnungsmärkte, Sozialstruktur, bürgerschaftliches Engagement und Segregationsprozesse) (vgl. im Überblick Gesis 2009, 78ff.; Jessen/Walther 2007). Vermehrt hat sich das Forschungsinteresse auch auf Fragen der allgemeinen sowie fallspezifischen politischen und kommunikativen Steuerung des Stadtumbaus gerichtet (vgl. u.a. Bernt 2005; Goldschmidt 2009; Goldschmidt/Taubenek 2010; Schmidt-Eichstaedt et al. 2010; Weiske et al. 2005; Glock 2006; Fritsche 2011; Neumann 2011)[76].

In diesem Zusammenhang machten Bernt et al. (2003, 315) bereits zu Programmbeginn auf die Problematik einer fehlenden – und ihres Erachtens auch

---

76   Einzelne Schicksale wurden insbesondere in den ersten Programmjahren medial aufbereitet und spiegeln – wenn auch in journalistischer Dramaturgie – jenes Bild, das beispielsweise auch Peter (2009) vom (Stadtumbau-)Alltag in Schrumpfungsregionen zeichnet: „In der Platte wohnen bleiben heißt inzwischen den Umbau der Gesellschaft Ost erleben: das Ende jahrzehntelanger Nachbarschaft (weil wegzieht, wer es sich leisten kann), die damit verbundene soziale Ausgrenzung in den Wohnvierteln, vor allem aber die Gewissheit, dass ab sofort alles im Leben ungewiss ist, die Familie, der Job, die Freunde – auch die Wohnung." „Der Mieter Volker Batze bekommt das zu spüren, besonders an Tagen, wenn wieder Schaulustige nach Leinefelde strömen, um zu gucken, wie gerade wieder ein Block eingerissen oder um das oberste Stockwerk verkürzt wird. ‚Die fragen dann, ob es nicht asig ist, hier zu wohnen.'" (Haarhoff, Heike 2000: Unternehmen Abriss Ost. In: Die Zeit, 40). „Heute müssen selbst diejenigen umziehen, die eigentlich bleiben wollen. Mieter aus den Wohnbehältnissen am Rand werden in leer stehende Gebäude in der Mitte des Stadtteils umgesiedelt". „Die Mackerts haben sich lange gegen den Umzug gesträubt. Wenn sich schon so viel in ihrem Leben verändert hat, wollten sie wenigstens in ihrer vertrauten Umgebung bleiben". (Kirbach, Roland 2004: die letzten Kinder. In: Die Zeit, 41).

nicht verbindlich eingeforderten – sozialwissenschaftlichen Begleitforschung aufmerksam, denn „ähnlich umfangreiche städtebauliche Maßnahmen haben in der Vergangenheit, z.B. bei der Flächensanierung, eine wahre Flut von prozessbegleitenden Studien verursacht". Auch Altrock (2007, 47f.) betont, es erscheine „paradox, wie (...) ein weiteres Programm, dessen Wirkungen in hohem Maße ungewiss sind, wegen seiner politisch-gesellschaftlichen Dynamik selbst in einer Zeit stark gereifter Evaluationserfahrungen mit teilweise oberflächlichen Analysen auszukommen scheint" (Altrock 2007, 47f.; vgl. ebenso die auf Defizite verweisenden Handlungsempfehlungen von Liebmann 2004, 224; Deutscher Bundestag 2009, 4). Für dieses Defizit machten Bernt/Kabisch „neben dem Beharrungsvermögen von Wissenschaftsapparaten (...) auch die Vielzahl, Komplexität und Interdependenz der zu verhandelnden Fragestellungen" verantwortlich, „die das Thema unübersichtlich und schwer fassbar erscheinen lassen" (2003, 43). So existieren vor allem im Auftrag von Kommunen, Ländern oder Bund durchgeführte sozialwissenschaftliche Analysen, bei denen Fragen der Ausgestaltung und Akzeptanz der Programmmaßnahmen im Mittelpunkt stehen, weniger die voraussetzungslose, das heißt beispielsweise nicht von einer grundsätzlichen Notwendigkeit des Umbaus ausgehende Untersuchung des Stadtumbaus und seiner Folgen vor Ort (vgl. BMVBS/BBR 2006, 2007, 2008a, 2008c; BMVBS 2010, 2012).

Darunter findet sich auch ein ‚Gutachten zur Sozialverträglichkeit im Stadtumbau'. Der Bericht wurde durch das Bundesministerium für Bildung und Forschung (sic) in Auftrag gegeben – und ist in den Literaturlisten der Publikationen zum Stadtumbau quasi nicht existent. Darin wird hinsichtlich der Forschungstätigkeit eine vordergründig positive, in ihrer Aussage jedoch auch bedenkliche Bilanz gezogen, denn „[e]rfolgreich ist die sozialwissenschaftliche Forschung vor allem dort, wo sie Rückbauvorhaben im Sinne *aktivierender Sozialplanung* direkt mitbeeinflusst sowie begleitet und die dabei gewonnenen Erfahrungen kommuniziert" (Hunger et al. 2003, 13, Herv. KS). Es stellt sich die Frage, was ein derartiger Erfolg über eine sozialwissenschaftliche Begleitforschung aussagt, die (auch) mehr sein will, als eine Hilfswissenschaft für die Umsetzung von Planungsvorhaben (vgl. Schäfers 1970). So spielen auch in diesem Gutachten raumbezogene Bindungen im Hinblick auf (präventive) Sozialplanung keine Rolle. Es finden sich, ähnlich wie im Rahmen der Vorbereitenden Untersuchungen, kaum Items, die entsprechende Beziehungen oder Betroffenheiten abbilden. Teilweise werden Wohndauer und Beziehungen zu Nachbarn erfragt, im Mittelpunkt stehen jedoch Daten zur Sozialstruktur (Bildung, Beruf, Einkommen, Haushaltsgröße), demografischen Entwicklung (Einwohnerzahl, Alter, Wanderungen, Geburten) und sozialen Problemlagen (Arbeitslosigkeit, Sozialhilfebezug, soziale Segregation, Konflikte) (Hunger et al. 2003, 33).

Nichtsdestotrotz finden sich in den Publikationen und durchgeführten Studien teils Hinweise, teils klare Ergebnisse dahingehend, welche „Risiken und Nebenwirkungen" (Bernt 2002) die Umbaumaßnahmen für die Betroffenen beinhalten (würden). Im folgenden Kapitel stehen daher die BewohnerInnen sowohl als Betroffene wie als Akteure im Mittelpunkt.

4.3 BewohnerInnen im Stadtumbau – Betroffenheit und Bewertung

> „In den beiden – in anderer Hinsicht guten bis ausgezeichneten – Statusberichten der Bundestransferstelle erfahren wir nichts über die Bewohner. Die technokratische Herangehensweise ist selbstverständlich geworden, der Stadtumbau erscheint als nahezu technischer Eingriff in die Maschine Stadt" (Welch Guerra 2007, 295).

Abriss und auch Aufwertung wirken sich unmittelbar auf die Lebensumgebung der BewohnerInnen aus. Die Programmbereiche sind dabei in der Praxis und für die Betroffenen allerdings nicht unbedingt trennscharf. So betont beispielsweise die Geschäftsführerin einer Wohnungsbaugesellschaft im Hinblick auf ein von Abrissen betroffenes Gebiet, dieses „erfährt eine *Aufwertung durch Abriss* und konstruktive Entdichtung", indem dort *41 Prozent* des Bestandes zurückgebaut werden (zit. nach BMVBW/BBR 2004, 15, Herv.KS)[77]. Nicht der Verlust, sondern eine Verbesserung steht hier im Vordergrund, indem die Veränderung als Gewinn für die Betroffenen festgestellt wird (vgl. auch das Zitat von Lutz Freitag im Titel von Abschnitt 4.2.2). Dabei mag die diskursive Wendung hier zufällig und unintendiert sein, spiegelt aber die Nicht-Thematisierung einer stadtumbaubedingten Betroffenheit. Diese steht im strategischen Kreuzfeuer zwischen stadtentwicklungspolitischen und betriebswirtschaftlichen, sowie unternehmensinternen Interessen. Entsprechend betont auch das Gutachten zur Sozialverträglichkeit im Rückbau:

> „Entscheidungen über die Art und Weise von Rückbau und Aufwertung müssen das Verhältnis von technischem Aufwand und sozialen Kosten sorgfältig abwägen: einerseits macht es keinen Sinn, die kostengünstigste Abrissvariante zu wählen, wenn damit die

---

77 Bereits die Kabinettsvorlage zur Programmeinführung weist z.B. die „Marktbereinigung durch Rückbau leerstehender, langfristig nicht benötigter Wohngebäude" missverständlich unter der Überschrift ‚Aufwertung von Stadtquartieren' als Programmziel aus (Kabinettsvorlage 2001, 4f.). Der Antrag zur Verlängerung des Stadtumbauprogramms betont ebenfalls, dass mit den zwischen 2002 und 2009 zur Verfügung gestellten Geldern „Innenstädte und erhaltenswerte Stadtquartiere in besonders von Schrumpfungsprozessen betroffenen Städten *aufgewertet"* und diese Mittel „je zur Hälfte für den *Rückbau* von dauerhaft leer stehenden Wohnungen *und* für die weitere *Aufwertung* von Stadtquartieren eingesetzt" wurden (Deutscher Bundestag 2009, 1, herv. KS).

Nachbarschaften vertrieben werden. Um Mieter zu halten, werden die Unternehmen häufig um behutsamen Rückbau und gezielte Aufwertung nicht umhin kommen. Andererseits muss der Umbau aus unternehmerischer Sicht tragbar sein" (Hunger et al. 2003, 9).

Die Autoren Harth/Herlyn hatten bereits in Bezug auf die Erneuerungsvorhaben der 1990er Jahre eine Diskrepanz von ‚Behutsamkeit' und Sozialverträglichkeit versus Umsetzungs- und Ressourceneffizienz festgestellt, so dass im Angesicht der Dringlichkeit eine sozialplanerische Betreuung geringe Priorität habe (1996, 139). Nichtsdestotrotz galten und gelten die Regelungen zur Einbeziehung der Bevölkerung und Aufstellung eines Sozialplans. BürgerInnen und BewohnerInnen sind so auch seit Programmbeginn eine feste rhetorische Konstante in einschlägigen Veröffentlichungen – nicht nur als AdressatInnen von Planung und Umstrukturierung. Vielmehr betont bereits der Auslobungstext des Stadtumbauwettbewerbs, dass in den ‚notwendigen' *Prozess* des Umbaus bzw. gar die *Entscheidung* über die erforderlichen Maßnahmen die BürgerInnen „möglichst frühzeitig einbezogen werden" sollen (BMVBW 2001, 3). Diese Programmrhetorik setzt fort:

„Die Kommunen stehen vor der großen Herausforderung, anstelle einer bisher praktizierten ‚Angebotsplanung' die Bürger frühzeitig *zu aktivieren und in die Prozesse einzubinden*, um die *Akzeptanz* geplanter Maßnahmen sicherzustellen und damit die Zufriedenheit der Bewohner und ihre *Identifikation mit dem Stadtteil* zu erhöhen" (BMVBS/BBR 2006, 59, Herv. KS).

„Die Frage, inwieweit die Bürger einer Stadt in die Planung und Umsetzung von Stadtumbaumaßnahmen *einbezogen* werden, ist von großer Bedeutung für den Erfolg des gesamten Stadtumbauprozesses" (BMVBS/BBR 2007, 90, Herv. KS)

„Qualität und Nachhaltigkeit lassen sich im Stadtumbau nur dann erreichen, wenn mit den Bewohnern die wesentlichen Adressaten des Stadtumbaus *bei der Planung und Umsetzung wichtiger Vorhaben eingebunden* werden" (Bundestransferstelle 2008a, Herv. KS).

„*Ergebnisoffene* Mitwirkungsangebote und tatsächliche *Entscheidungsspielräume, z.B. durch Mitwirkungsangebote bei Aufwertungsvorhaben* können dagegen das Beteiligungsinteresse der Bürger sowie ihre Identifikation mit ihrer Wohnsiedlung und mit den übergeordneten Stadtentwicklungszielen deutlich erhöhen" (BMVBS 2010, 79, Herv. KS).

Zusammenfassend kommt Fritsche zu dem Schluss, dass in der Programmatik des Stadtumbaus „Partizipation eine zentrale Größe" und „ein Bewilligungskriterium der staatlichen Förderung" sei (Fritsche 2011, 27). In diesem Zusammenhang betonten die „Programmdokumente (...) durchweg die Notwendigkeit einer umfassenden Beteiligung" (ebd., 43).

Das bereits erwähnte Sozialverträglichkeitsgutachten (Hunger et al. 2003) hebt zudem einen ‚sozialverträglichen Auftrag' bei der Programmumsetzung hervor:

„Rückbauvorhaben müssen sozialverträglich gestaltet sein, sie können nicht allein als technisches Problem mit dem Ziel der Marktbereinigung angegangen werden. Mit fortschreitendem Rückbaugeschehen gewinnt die soziale Akzeptanz bei der Bevölkerung an Bedeutung" (ebd., 1).

Zwar wird mit der Forderung nach Sozialverträglichkeit und der legitimierenden Akzeptanz hier indirekt eine Betroffenheit anerkannt, als wesentliche Dimension bleibt sie jedoch abstrakt – auch, weil sie als Forschungsthema kaum aufgegriffen wird. Dabei bergen Konzentration und Ausmaß der Rückbaumaßnahmen unter Berücksichtigung der Ergebnisse aus der Bindungsforschung erhebliche *Folgen für die ansässige Bevölkerung* in allen Dimensionen raumbezogener Bindungen: durch Veränderung des ‚physiognomischen Gesichts' der Stadt/des Quartiers (symbolisch-emotionale und funktionale Bindung), durch notwendige eigene Umzüge, aber auch von Freunden und Verwandten (soziale Bindung), durch die Ausdünnung und Verlagerung von Infrastrukturen (funktionale Bindung), sowie schließlich auf der symbolischen Ebene die bauliche Manifestation des Unwerturteils hinsichtlich dieses Bindungsortes. Die Maßnahmen werden in Gebieten durchgeführt, die positiv bewerteter und nachgefragter Lebensmittelpunkt zahlreicher Menschen sind (vgl. Liebmann 2004, 220; vgl. MIL 2009, 15; BBR 2003; Peter 2009, 132) und dieser Wert spiegelt sich auch im Nachfrage- und Bindungsverhalten (vgl. Abschnitt 4.2.2.2)

Stadtumbau soll partnerschaftlich und im Konsens geschehen – diese Vorgehensweise gebietet nicht nur das formale und normative Planungsrepertoire, sondern sie wird als zentral für den Erfolg und die Nachhaltigkeit des Stadtumbaus eingeschätzt. Vor diesem Hintergrund setzen sich die folgenden Abschnitte mit der Rolle der ‚Planungsbetroffenen' auseinander, indem zunächst ihre Perspektive in den Fokus gestellt wird: wie nehmen sie das Programm und den Umbau wahr und inwiefern lässt sich eine (bewusste oder unbewusste) Betroffenheit herausarbeiten? Davon ausgehend stehen anschließend die Positionen bzw. Umgehensweisen unterschiedlicher Beteiligter mit (den Interessen von) ‚BewohnerInnen als Planungsgröße' und die Frage im Mittelpunkt, inwiefern Interessen und Betroffenheiten – vielleicht auch nur über den Umweg ihrer Instrumentalisierbarkeit – Eingang in die Verfahrensweisen erhalten. In diesem Zusammenhang werden – soweit vorhanden – Ergebnisse vorbereitender und/oder begleitender Studien vorgestellt, gleichzeitig stehen aber auch deren Darstellung und Interpretation an sich im Mittelpunkt der Analyse. Beides kann nicht getrennt voneinander betrachtet werden, denn Ergebnisse, Diskurs und Umsetzung sind in der Praxis wechselseitige Prozesse.

4.3.1 Erhebung und Ausmaß der Betroffenheit

4.3.1.1 Betroffenheit als rhetorische Kategorie

> „Für die betroffenen Mieter, viele Bürger und die Eigentümer ist der Abriss von Wohnungen schmerzlich. Deshalb ist es umso wichtiger, dass auch die Bürger den Umbau ihrer Städte als notwendig und erfolgreich wahrnehmen" (P. Ramsauer)[78].

Das obige Zitat steht exemplarisch für eine rhetorische Anerkennung der Problematik, dass Stadtumbau (natürlich) mittel- und unmittelbare Folgen für Quartiers- und StadtbewohnerInnen hat. Sie sind „direkt oder indirekt vom Stadtumbauprozess betroffen, weil er in deren direktem Lebensumfeld erfolgt" (BMVBS 2012, 9). Gleichzeitig stehen Anspruch und Betroffenheit im ‚Schatten' einer (ebenfalls diskursiv stetig perpetuierten) unhintergehbaren Notwendigkeit. Sie ist im Sinne des Allgemeinwohls der zentrale Legitimierungshintergrund, denn gerade weil ein Bewusstsein um das Ausmaß des Verlustes besteht, kann eine Legitimierung nur über die Betroffenen selbst erfolgen, die erkennen (müssen), dass die Notwendigkeit über dem ‚persönlichen Bedürfnis' steht. So thematisiert bereits der Bericht ‚Wohnungswirtschaftlicher Strukturwandel in den neuen Bundesländern' die Bedeutung gewachsener Strukturen und gleichzeitig eine (emotionale) Betroffenheit durch deren (‚notwendige') Anpassung:

> „Die angelaufene *radikale Umgestaltung* der in Jahrzehnten und Jahrhunderten *gewachsenen* gebauten Umwelt *muss aufwühlen und tiefe Emotionen wecken.* Häuser, die der Stolz von Generationen waren und neue Siedlungen aus der DDR-Zeit, die mühsam erspart und erarbeitet wurden, werden neuen Ansprüchen *weichen müssen* oder sie können, dort wo sie nicht *stören*, ‚stillgelegt' werden" (Pfeiffer et al. 2000, 1, Herv. KS).

Auch der Zweite Statusbericht stellt eine Betroffenheit fest. Allerdings wird diese einerseits bezogen auf Aufwertungsmaßnahmen als ‚Gewinn-Erlebnis' mit Blick auf eine ‚Verbesserung der Lebensbedingungen' interpretiert, andererseits erlebte Verluste eher im Schrumpfungs- als im Stadtumbaukontext verortet:

> „Einige haben bereits den *Abriss* des eigenen Wohnhauses erlebt oder sind in Stadtumbauquartieren täglich mit den *Folgen von Schrumpfungsprozessen,* wie dem *Verlust* der angestammten Nachbarschaft oder der Schließung öffentlicher Einrichtungen, konfrontiert. Andere leben in Quartieren, die als *Aufwertungsquartiere* festgelegt wurden und können somit *von der Verbesserung der Lebensqualität* in ihrem unmittelbaren Umfeld profitieren" (BMVBS/BBR 2007, 90, Herv. KS).

---

78   Bundesminister für Verkehr, Bau und Stadtentwicklung im Vorwort zum 5. Statusbericht (BMVBS 2012).

„Konsequenzen für die Bewohner" werden in dieser Publikation weiterhin auf ganzen acht Zeilen – und zwar lediglich bezogen auf den Rückbau der Infrastruktur – problematisiert (BMVBS/BBR 2007, 64). Die konkrete sozialplanerische Ausgestaltung wird in diesem Zusammenhang an lokale Akteure delegiert und spielt in der übergeordneten Diskussion allenfalls eine abstrakte Rolle: „Die emotionale und politische *Bewältigung* kann *nur in den einzelnen Städten* selbst in der politischen Diskussion in Auseinandersetzung mit den Erneuerungschancen und den nicht mehr verwertbaren Verfallsbauten geschehen" (Pfeiffer et al. 2000, 1). Die Programmumsetzung vor Ort – in Form der Information der Betroffenen, des Umzugsmanagements oder der Nachsorge – liegt dann wiederum meistens in der (privat-betriebswirtschaftlichen) Verantwortung der Wohnungsunternehmen. Eine dezidierte öffentliche Sozialplanung findet vor allem in den ersten Programmjahren hingegen kaum statt (vgl. BMVBW/BBR 2004, 38f.; Harms/Jacobs 2003, 33; Bernt 2002, 30)[79]. Bunzel stellt bezüglich des Paragraphen 180 BauGB (Sozialplan) noch 2009 – also nach immerhin sieben Jahren Programmlaufzeit – fest: „Ob und in welchem Maße diese Regelung beim Stadtumbau Ost Anwendung gefunden hat, lässt sich auf der Grundlage des verfügbaren empirischen Materials nicht feststellen" (Bunzel 2009, 246). Sie wurde und wird – so lassen es die Empfehlungen auf Bundes- und Landesebene vermuten – jedoch auch nicht nachhaltig eingefordert oder angewiesen, zumindest nicht bezogen auf eine ausgleichende Betroffenenplanung. Beispielsweise führt eine 2001 durch das BMVBW veröffentlichte Broschüre, die die Kommunen bei der Erstellung integrierter Stadtentwicklungskonzepte unterstützen soll, bezüglich des Sozialplans (lediglich) aus:

> „Wenn Rückbau nicht zu einem hohen *Verlust an Mietern* für das jeweilige Unternehmen oder das Wohngebiet als Ganzes führen soll, ist der Leerzug mit einem durchdachten Umzugsmanagement zu verbinden. In Sozialplänen sind *Entschädigungen und Konditionen der Umsetzungswohnungen* festzuhalten. (…) Gleichzeitig kann durch ein solches Umzugsmanagement Einfluss auf eine geeignete *soziale Mischung* in den einzelnen Gebäuden genommen werden. (…) Ungeplante Rückzugsprozesse müssen möglichst vermieden werden, um nicht *soziale Brennpunkte* entstehen zu lassen." (BMVBW 2001a, 19, Herv. KS).

Die Passage zeigt als Handlungsempfehlung, welche Aspekte im Rahmen einer sozialverträglichen Durchführung vor Ort als wesentlich erachtet werden: die Einhaltung des Mindestmaßes an Sozialverträglichkeit über Entschädigung und Ersatzwohnungen, die unternehmerische Zielstellung möglichst wenige

---

79   In den Arbeitshilfen für INSEKs der Länder Sachsen und Brandenburg kommt das Wort Sozialplan(ung) beispielsweise gar nicht vor (vgl. SMI 2005; MIL 2006).

MieterInnen zu verlieren und die sozialplanerische Devise einer ‚guten sozialen Mischung'. Auch eine „auf den ersten Blick aus sozialplanerischer Sicht rabiate Methode des Flächenabrisses" könne dabei sozialverträglich gestaltet werden, so das Sozialverträglichkeitsgutachten: wenn beispielsweise „für alle Mieter eine akzeptierte Wohnalternative gefunden" und durch gezieltes Umzugsmanagement aus den Abrissgebieten „der schleichenden ‚Perforierung' der Stadt mit ihren negativen sozialen Folgen" entgegengewirkt wurde (Hunger et al. 2003, 231). Erst im vierten Statusbericht zum Stadtumbau findet sich ein Abschnitt zum Thema „Sozialplanerische Begleitung der Quartiere", in dem auf knapp eineinhalb Seiten eine verbesserte Belegungspolitik (hinsichtlich der Konzentration von ‚benachteiligten' Haushalten), die Stärkung nachbarschaftlicher Strukturen sowie der Generationengerechtigkeit empfohlen wird (vgl. BMVBS 2010, 91).

Im Ergebnis einer ‚zweifachen Delegation' wird im Rahmen einer „durch Koalitionen aus Verwaltung und Wohnungsunternehmen geprägten pragmatisch-technokratischen Herangehensweise" der Umstand, dass „Abriss und Funktionswandel von Wohnungen tief in die Alltagskultur der Bewohner eingreifen" häufig vernachlässigt (Janoschka 2006, 188). Exemplarisch verdeutlicht dies ein Auszug aus dem Beschluss der Stadtverordnetenversammlung Frankfurt/Oder zur Fortführung des Stadtumbaus:

> „Auswirkungen auf soziale Belange sind *selbstverständlich* durch die notwendigen Umzüge der Mieter aus den noch bewohnten Wohnungen gegeben. Es ist *Aufgabe des Wohnungsunternehmens*, den für diese Umzüge erforderlichen angemessenen Wohnraum im eigenen Unternehmen zur Verfügung zu stellen oder den Mietern beim Umzug in Wohnungen anderer Vermieter behilflich zu sein und sie im Gesamtprozess des Freizugs zu unterstützen" (Stadt Frankfurt (Oder) 2010, 4, Herv. KS).

Eine Anerkennung der durch die Umstrukturierungen bedingten Betroffenheit – sowohl durch finanzielle Belastungen und Baumaßnahmen als auch durch den Verlust bzw. die Veränderung der vertrauten Umgebung – deutet sich in diesem Zusammenhang zwar an, wird allerdings vielfach eher in einen stadtentwicklungsstrategischen, weniger in einen bedürfnisorientierten Zusammenhang gestellt. So betont beispielsweise Liebmann (2007, 27, Herv. KS):

> „Gerade dort, wo sich die Stadtgestalt durch den Stadtumbau permanent verändert und viele Bewohner in ihrer unmittelbaren Wohnumgebung *betroffen* sind, ist die Frage danach, wie die Menschen künftig in ihrer Stadt leben wollen, von zentraler Bedeutung für die *Überlebensfähigkeit der Städte*. Die Identifikation mit dem Ort und das subjektive Wohlbefinden derjenigen, die eine Stadt mit Leben erfüllen, sind wesentlich für die Qualität des städtischen Lebens. Angesichts der *Wirkungen, die sie auslösen*, und der Dimension der *Betroffenheit* der dort lebenden Bewohner kommt deren *Beteiligung* in Stadtumbauprozessen eine besondere Bedeutung zu".

Die persönliche Betroffenheit durch die Veränderung oder den Verlust der gewohnten Umgebung scheint so in der Diskussion um den Stadtumbau einerseits ‚selbstverständlich' – natürlich ist der notwendige Umbau mit schmerzhaften Erfahrungen verbunden. Andererseits finden sich zwar vereinzelt und über den Umweg der Suche nach Best-Practice-Beispielen Planungsvarianten, die einzelne Aspekte lokalen Bindungsverhaltens der Bevölkerung einbeziehen. Jedoch grundsätzlich und auf Bundes- bzw. Landesebene oder in der öffentlichkeitswirksamen Darstellung des ‚Programms an sich' finden das Thema Betroffenheit im Allgemeinen und die Auswirkungen auf raumbezogene Bindungen im Speziellen nicht statt. Der folgende Abschnitt stellt diese Thematik daher in den Mittelpunkt.

4.3.1.2 Betroffenheit durch Stadtumbau

> „Es entstehen in den neuen Ländern fragmentierte Stadtteile, bei denen ich mich frage, wie sie auf Dauer im Hinblick auf Versorgung und Infrastruktur, auf Identität und Ortsverbundenheit der Bevölkerung lebensfähig sein sollen" (U. Meyer, zit. nach Bezirksamt Marzahn-Hellersdorf 2007, 247).

Im Hinblick auf die Dimensionen der Betroffenheit wurden im Sanierungskontext die Bereiche der ökonomischen, sozialen, funktional-infrastrukturellen und symbolisch-emotionalen Angewiesenheit auf ein bestimmtes Quartier in Verbindung mit einer unterschiedlich ausgeprägten raumbezogenen Bindung der BewohnerInnen herausgearbeitet. Hinzu kommt eine vorgelagerte Betroffenheit durch die Auswirkungen der Ankündigung geplanter Maßnahmen. Im Stadtumbaukontext lassen sich aus Befragungen und Quartiersdaten die empfundene Betroffenheit, Befürchtungen der Betroffenen sowie die Wahrscheinlichkeit negativer Folgen ableiten.

Bezüglich der *prä-operativen und infrastrukturellen Auswirkungen* finden sich Vorwürfe dahingehend, dass Kommunen und Wohnungsunternehmen Quartiere bis zur Abrissnotwendigkeit ‚herunterwirtschaften' und vernachlässigen würden (Janoschka 2006, 193) – eine Strategie, durch die bereits im Rahmen der Flächensanierung eine besondere Art der *(strategischen) Betroffenheit* entstanden war. Für ein als ‚Rückzugsgebiet' deklariertes Untersuchungsgebiet in Hoyerswerda stellt Peter (2009, 128) beispielsweise fest, dass „von Seiten der Kommune und der Großvermieter Aufwertungsmaßnahmen nur noch in Ausnahmefällen vorgesehen sind". Auch der Erste Statusbericht empfiehlt in diesem Sinne eine Strategie des Abwartens:

> „In den Plattenbaugebieten muss, gerade bei der Umsetzung von Aufwertungsmaßnahmen, in noch viel stärkerem Maße die Frage nach einer langfristigen Tragfähigkeit gestellt

werden. (...) Im Zweifelsfall gilt es, die weitere Entwicklung erst einmal zu beobachten, bevor weitere Investitionen getätigt werden" (BMVBS/BBR 2006, 74).

Bernt beschreibt einen Teufelskreis aus diskursiver und praktischer Fokussierung, indem Abrissgebiete insgesamt ‚stigmatisiert' und dann, auch wenn sie nur teilweise rückgebaut werden sollen, durch fehlende Investitionen gänzlich zur Disposition stehen:

> „Dass der Abriss maßgeblich in diesen Vierteln erfolgen soll erscheint als selbstverständlich und die Frage, wie Plattenbauten ‚neue Qualitäten' erhalten können, spielt in der derzeitigen Diskussion für diese Viertel kaum eine Rolle. (...) Fehlen solche Konzeptionen drohen diese Bestände zur ‚Verfügungsmasse' für weitere Abrisse zu werden, in die niemand mehr investieren mag und in denen nur noch wohnt, wer muss." (Bernt 2002, 35).

Befragungsergebnisse verweisen in diesem Zusammenhang darauf, wie genau AnwohnerInnen derartige Entwicklungen wahrnehmen und interpretieren. In ihnen spiegeln sich durch das Bedauern und das Unverständnis hinsichtlich der Vernachlässigung und der Abrissprioritäten auch der Wert und die Bedeutung wider, die BewohnerInnen ihrer Heimat beimessen. Peter (2009, 128f.) zitiert diesbezügliche Interviewausschnitte mit BewohnerInnen:

> „Gemacht wird grundsätzlich nichts. Es wäre kein Geld da". „Die Wohnungsverwaltung beschäftigt sich derzeit nur mit Abrisswohnungen, für andere Mieter gibt es keine Zeit für notwendige Reparaturen". „Da angeblich kein Geld da ist, ist eine Beseitigung von Schäden nicht vorgesehen".

Als besonders gravierend sowohl für die verbleibenden BewohnerInnen aber auch hinsichtlich der Zukunftsfähigkeit der Quartiere kann dabei wohl eingeschätzt werden, dass auch in Gebäuden, die zwar zum Abriss vorgesehen sind, aber noch 15 bis 20 Jahre für die Wohnungsversorgung benötigt werden, nicht mehr investiert werde (ebd., 129). Eine derartige Desinvestitionsstrategie wird „als deutliches Zeichen des bewussten Rückzuges der lokalen Akteure aus diesem Wohngebiet und des bald folgenden Abrisses der Wohngebäude verstanden" (ebd., 153). Damit ist unter Umständen sogar das mittelfristige Bestehenbleiben des Quartiers durch vorzeitige Abwanderungen gefährdet.

Auch die Ergebnisse einer Studie im Auftrag des Brandenburgischen Ministeriums für Infrastruktur und Landwirtschaft zeigen, dass Abrisse als negatives Zeichen für die Zukunft einer Wohngegend interpretiert werden, aber sich auch auf eine *ökonomische und infrastrukturelle* Betroffenheit der BewohnerInnen auswirken:

	Zutreffend	Teilweise zutreffend	Nicht zu- treffend
Der Abriss oder Rückbau von Wohngebäuden ist eine *Vernichtung von Volksvermögen*	32%	30%	38%
Der Abriss führt unweigerlich zur *Vertreibung* der Mieter	30%	27%	43%
Nach dem Abriss von Wohnungen müssen Läden, Schulen und Verkehrsanbindungen geschlossen oder reduziert werden – *die Versorgung wird schlechter*	27%	35%	38%
Der Abriss oder Rückbau von Wohngebäuden ist ein Zeichen für einen *dauerhaften Niedergang* der Wohngegend	26%	27%	47%

Tabelle 2: ‚Meinungen zum Abriss/Rückbau von Wohngebäuden', Tabelle aus MIL 2002, 15 (Herv. KS)

Zwar sehen die absoluten Mehrheiten den Rückbau von Wohnungen nicht in Verbindung mit einer Vertreibung der MieterInnen, einer schlechteren Versorgungslage oder einem dauerhaften Niedergang der Wohngegend. Allerdings äußern jeweils gut ein Viertel bis ein Drittel diesbezügliche Befürchtungen und ein weiteres Drittel ist jeweils unentschieden – Zahlen, die im Sanierungskontext doch erhebliche Besorgnis ausgelöst hatten (vgl. Abschnitt 3.1.1).

Ähnliche Problembereiche bzw. klassische Betroffenheitsaspekte kristallisierten sich im Rahmen der Einwohnerbefragungen in Leipzig Grünau heraus: hier wurde zwar keine Frage zu Folgen des Stadtumbaus gestellt, dennoch thematisierten acht Prozent der Befragten (51 Personen) dies von sich aus. Die Befürchtungen bezogen sich auf Mieterhöhungen (18 Nennungen), Rückgang der Infrastruktur (14) und die Zerstörung gewachsener Strukturen (10) (Bernt/Fritzsche 2005, 75). Auch die Aspekte, die die BewohnerInnen als die für sie wichtigsten im Abrisskontext angaben, spiegeln die Sorge um die eigene und die Zukunft des Wohngebietes: Bereitstellung adäquaten Ersatzwohnraums, Nutzung der Brachflächen, Umzugskosten und Miethöhe der neuen Wohnung, Belastungen durch Lärm und Schmutz, sowie die Notwendigkeit und Angemessenheit des Rückbaus[80] (ebd., 79).

---

80   Offene Frage, Gruppierung durch AutorInnen, jeweils 39, 35, 34, 34, 28, 13 Nennungen.

Fünf Jahre später geben 16 Prozent der Befragten persönliche Folgen des Stadtumbaus an. Von 99 Nennungen beziehen sich dabei 38 auf Verbesserungsaspekte („schönere Umgebung' (29); ‚Infrastrukturverbesserungen' (9)). Knapp doppelt so viele Äußerungen (61) nannten negative Folgen – darunter fallen unfreiwilliger Umzug (29), Abriss (19), Lärm/Dreck (8), Infrastrukturverschlechterung (5) (Kabisch/Großmann 2010, 70f.)[81]. Mehrere Befragte äußerten auch ihre Besorgnis hinsichtlich eines Mietanstieges (vgl. ebd. 73). In Weißwasser waren „ökonomische Fragen (...) für zahlreiche Bewohner aufgrund ihrer angespannten Finanzsituation entscheidend" (Kabisch et al. 2004, 150). Befürchtungen bestanden hinsichtlich der (Entschädigungen für) Investitionen in die alte Wohnung, Umzugshilfen, Anpassungen in der neuen Wohnung, sowie vor einer höheren Mietbelastung. So würden bei einem Wechsel in eine sanierte Wohnung „viele Haushalte dabei schnell an ihre finanziellen Grenzen stoßen" (ebd.151).

In diesem Zusammenhang hat Peter (2009, 138ff.) in einer Begleituntersuchung herausgearbeitet, dass gerade für ältere BewohnerInnen das Wohnumfeld den zentralen Handlungsradius bildet und dass diese Funktionalität durch Stadtumbaumaßnahmen als gefährdet eingeschätzt wird. Denn insbesondere Quartiere des industriellen Wohnungsbaus hätten ehemals gute infrastrukturelle Versorgungslagen (Einkauf, Gesundheit, Freizeit) aufgewiesen, die aber durch den Rückbau zunehmend „von der Wohnbebauung abgekoppelt werden" (ebd., 141).

Bezüglich der *Gefährdung gewachsener sozialer Strukturen* liegen aus den zur Verfügung stehenden Studien nur wenige Daten vor. Zwar rückt Peter (2009, 163ff.) beispielsweise deren Veränderung eher in einen Schrumpfungs-, weniger in einen direkten Stadtumbaukontext. Nichtsdestotrotz hatte in seinen zwei Untersuchungsstädten jeweils die Mehrheit der Befragten Verwandte (61 bzw. 68 Prozent) und Freunde (58 bzw. 56 Prozent) in fußläufiger Entfernung (vgl. ähnlich auch für Grünau Bernt/Fritzsche 2005, 57). Gleichzeitig gab gut ein Drittel der BewohnerInnen an, die Beziehungen hätten sich durch Wegzüge verändert und langjährige Hausgemeinschaften aufgelöst. In diesem Zusammenhang zeigt sich Resignation, denn die „verbliebenen Mieter geben letztlich ihren ‚Kampf um die Wohnung' auf. Wenn die Nachbarschaft weggebrochen ist und

---

81   Die Kategorie ‚Umzug' wird als „(unfreiwilliger) Umzug" angegeben – es bleibt damit offen, inwiefern dies als negative Folge/Betroffenheit interpretiert werden kann; gleiches gilt für die Angabe „Abriss der (Hoch)häuser" – dies kann sowohl positiv (Entdichtung, Abriss leer stehender Gebäude) als auch negativ (Abriss des eigenen Wohnhauses, Verlust der vertrauten Umgebung) wahrgenommen werden. Die Autorinnen selbst schreiben jedoch die Kategorien eindeutig positiven und negativen Bewertungen zu, diese Zuordnung wurde übernommen.

das Haus überwiegend leer steht, ist ein Ausharren in der alten Wohnung nicht mehr lohnenswert, sondern vielmehr mit Nachteilen verbunden" (Kabisch et al. 2004, 157). Aufgrund dessen erwägen offenbar auch viele ältere BewohnerInnen die vollständige (überregionale) Abwanderung aus Stadt und Region. Dies steht teilweise in direktem Zusammenhang mit geplanten oder durchgeführten Stadtumbaumaßnahmen, weil

> „mit der Abrissankündigung wichtige Bindungsfaktoren obsolet [werden], wie der Verbleib in der langjährig bewohnten Wohnung oder im vertrauten Wohnumfeld. Zusätzlich ist die gewachsene Nachbarschaft als weiterer wichtiger Bleibegrund in temporären Vierteln in Auflösung begriffen" (Peter 2009, 207).

Hinzu kommt die Unsicherheit über den Fortbestand des Viertels: In Wolfen waren vorgesehene Abrissvolumina beispielsweise schon frühzeitig erreicht, so dass diskutiert wurde, ob zukünftig aufgrund der weiterhin erwarteten hohen Abwanderung auch Gebiete abgerissen werden müssen, die bisher als stabil, sicher, konsolidiert ausgewiesen waren. So werden „künftig auch Bewohner betroffen sein, die heute den Bestand ihrer Wohnungen noch als gesichert ansehen" (Kabisch et al. 2007, 41). Dennoch würden gerade auch „die vorhandenen sozialen Bindungen" viele BewohnerInnen zum Verbleib in den Stadtumbaugebieten veranlassen, selbst wenn das eigene Haus abgerissen wird. Sie nehmen dafür „zum Teil einen mehrfachen Umzug vor Ort in Kauf" (BMVBS/BBR 2006, 50).

Mit der Abrissankündigung und dem (Komplett-)Rückbau der Quartiere ist aber schließlich die bindungsfördernde ‚Freiwilligkeit' der Entscheidung über den Wohnstandort kaum (mehr) gegeben. Knapp zwei Drittel der vom Abriss betroffenen BewohnerInnen in Hoyerswerda wollten „eigentlich nicht umziehen", sondern begründeten dies überwiegend mit dem *bevorstehenden* Rückbau (Peter 2009, 201f.). Es stellt sich hier also zudem die allmähliche Auflösung des Quartiers als *prä-operative Folge* des Umbaus ein. Bereits 2001 zeigte sich in leerstandsbetroffenen Brandenburger Kommunen, dass 44 Prozent der umzugswilligen Befragten wegen des Leerstandes und immerhin 56 Prozent aufgrund der Unsicherheit über die weitere Entwicklungsperspektiven des Hauses und Wohngebietes umziehen wollten. Der Stadtumbau wird in diesem Kontext direkt auch als *push-Faktor* beschrieben (MIL 2002, 15ff.). Peter fasst im Hinblick auf die Auswirkungen und das Empfinden von Stadtumbaumaßnahmen zusammen: „Einen besonders *prägenden Einschnitt* stellt bei direkter Betroffenheit von Abrissmaßnahmen letztlich *der fremdbestimmte Umzug* aus der häufig seit Jahren bewohnten Wohnung dar" (Peter 2009, 16, Herv. KS). Insbesondere für Ältere werden negative Auswirkungen aufgrund der Unsicherheit über den Weiterbestand der Quartiere festgestellt, denn sie würden damit konfrontiert, eventuell als

Hochbetagte umziehen zu müssen. Gleichzeitig werde ein ‚vorbeugender Umzug' „meist aufgrund der Bindung an die jetzige Wohnung oder die bestehende Hoffnung, doch nicht betroffen zu sein, nicht umgesetzt" (Peter 2009, 191f.).

Im Hinblick auf die *emotionale Wahrnehmung und Verarbeitung* der Umweltveränderungen zeigen sich Verlustängste und -erfahrungen, erhebliche Unsicherheitsgefühle, sowie Gefühle der Resignation und Alternativlosigkeit. Bernt stellt fest, dass der Wohnungsabriss mit einem Gefühl (resignativer) Machtlosigkeit einhergehe, weil er sich für die Betroffenen „als ein oft sogar pauschal akzeptierter, aber trotzdem kaum beeinflussbarer, von außen kommender Eingriff in die eigenen Lebensverhältnisse" darstelle (Bernt 2002, 30). So findet beispielsweise Janoschka in einer BewohnerInnenbefragung Ergebnisse dahingehend, dass Abrisspläne und erste Abrisse mit „einer Mischung aus Schmerz und Tristesse bewertet" werden. Betroffene würden aus Angst vor der eigenständigen Wohnungssuche auf die Umzugsangebote der Wohnungsunternehmen zurückgreifen (Janoschka 2006, 193; vgl. Bernt 2002, 30). Dem entsprechen Erkenntnisse von Kabisch et al. (2007, 45), wonach der sichtbare Niedergang eines Gebietes im Rahmen der Abriss- und Umbaumaßnahmen „zusätzlich zu Verlusterfahrungen, emotionalen Belastungen und Resignation unter den verbliebenen Bewohnern" führe.

BewohnerInnen bzw. ihre Bindungen werden in diesem Zusammenhang gleichfalls zum ‚Strategikum', denn aus stadtplanerischer und wohnungswirtschaftlicher Perspektive werden ältere BewohnerInnen beispielsweise von Peter (2009, 136) als wichtige ‚Stabilisatoren' beschrieben: da sie so lange wie möglich in der gewohnten Umgebung verbleiben möchten, würden sie Mängeln weniger Bedeutung beimessen. So könnte die Anwesenheit vieler bleibewilliger älterer BewohnerInnen einen ‚geordneten Rückzug' begünstigen. Ähnlich äußert sich auch Liebmann im Rahmen eines Interviews hinsichtlich der Stabilisierungsfunktion älterer, mit dem Quartier verbundener BewohnerInnen (vgl. Bezirksamt Marzahn-Hellersdorf 2007, 243).

Eine *ökonomische Betroffenheit* stellt sich im Stadtumbau überwiegend dann ein, wenn BewohnerInnen in neue Wohnungseinrichtungen investieren müssen (beispielsweise wenn Einbaumöbel nicht kompatibel sind) oder wenn eine sanierte Ersatzwohnung unerschwinglich wird bzw. nicht verfügbar ist (beispielsweise mit einer barrierefreien Ausstattung). Denn „[d]ie Bereitstellung von bedürfnisgerechtem Ersatzwohnraum wird zunehmend schwieriger" (Kabisch et al. 2007, 46).

Die Veränderung der *vertrauten Bau- bzw. Quartiersstruktur* wird seit Programmbeginn thematisiert. So resümiert Heydenreich in ihrer empirischen Studie zu Aktionsräumen in der ‚umgebauten' Stadt: „Binnen weniger Jahre hat ein so intensiver Stadtumbau stattgefunden, haben so tiefgreifende Umstrukturierungsprozesse eingesetzt, dass von einer automatischen Gleichzeitigkeit von Nähe und Vertrautheit nicht mehr ausgegangen werden kann" (Heydenreich 2002, 61). Dabei werde das Vertrautsein mit dem eigenen Nahbereich gerade in der Transformation von vielen aktiv gesucht, aber „[f]lächendeckende Veränderungen im baulichen, sozialen und ökonomischen Gefüge der Stadt können dazu führen, dass der eigene Nahbereich als fremd und unzugänglich erlebt wird" (ebd., 72). Denn, so folgern auch Kabisch et al. bezogen auf den Stadtumbau in Weißwasser, „[m]it zunehmendem Umfang des Abrisses verschwinden gesamte Wohngebiete, wodurch nicht nur das Stadtbild verändert wird, *sondern auch Erfahrungen und Orientierungen, die an Baustrukturen geknüpft sind, aufgegeben werden*" (Kabisch et al. 2007, 45, Herv. KS). Für Göschel steht daher auch fest: „Großflächiger Abriss vollzieht diese *Enteignung gelebten Lebens*" (Göschel 2003, 610, Herv. KS). Peter betont ebenfalls, dass „flächenhafte Abrisse im unmittelbaren Umfeld für einen großen Teil der Bewohner mit negativen Empfindungen verbunden sind. Die vertraute Umgebung wird zerstört, wichtige Raumbezüge verändern sich und Orte, die mit Erinnerungen verbunden sind, verschwinden" (Peter 2009, 180). Für die Älteren, die den Aufbau der Städte miterlebten, stehe dabei „die mentale Verarbeitung des Abrisses in einer besonders engen Beziehung zur eigenen Lebensgeschichte" und „[m]it dem Abriss ganzer Wohngebiete gehen für die jüngere und mittlere Generation die Orte ihrer Kindheit und Jugend verloren" (ebd., 182).

Interviews mit BewohnerInnen spiegeln diese Belastungen und Problematiken, die im Rahmen der Sanierung- und Umsiedlungskontexte bereits aufgezeigt werden konnten und in denen sich Bedeutungsdimensionen des Erlebens der städtebaulichen Veränderungen, der sozialen Bindungen und biografischen Erlebenskategorien äußern:

> „Das tut richtig weh, wenn man das sieht, überall die schwarzen Löcher" (nach Peter 2009, 182).

> „Ich habe mich gefühlt, als wird ein Stück Leben zerstört" (nach Bernt et al. 2003, 327).

> „Es war schlimm. Wehmutsgefühl kam auf. (…) Da gegenüber vom Hof haben die Leute gewohnt, die waren auch aus Görlitz. Wir haben uns – wir waren beide glücklich, dass wir die Wohnung hatten und plötzlich fallen die Wände. (…) Und das stimmt schon traurig. Das ist schlimm, wenn man weiß, mit welcher Freude sie eingezogen sind" (nach Kabisch et al. 2007, 45).

> „Ich kam mir vor, als hätten wir Kriegszustand. So sind die Eindrücke (…) es ist mir, als wenn ein Stück von Dir kaputt gemacht wird. Du hast Dir ja nun ein Stück eigene Moral, so vier Wände geschaffen. Und nun wird abgerissen, es ist weg, als wenn von Dir was zerstört wird" (nach Kabisch et al. 2007, 45).

„Ja, und das tut weh. Man hatte ja gesehen, wie das aufgebaut wurde (…). Ja, und nun sah man, da wurde die ehemalige Arbeitsstätte abgerissen, dann wurde das Hochhaus abgerissen. Ich muss sagen, das tat mir leid. Ich hab's zwar eingesehen, es wohnten ja kaum noch Leute drin" (nach Peter 2009, 182).

„Es ist eine Katastrophe. (…) Hier drüben der Block, den sie jetzt abreißen, da hat der Kran noch gestanden als wir einzogen, da haben wir noch zugeguckt, wie sie das Ding gebaut haben. Wenn ich da rüber gucke, es ist traurig" (nach Peter 2009, 182).

„Das ist schon gespenstisch kann ich nur sagen. Denn man hat es entstehen sehen, man hat sich ja auch damals gefreut, wie schön alles wurde" (nach Peter 2009, 183).

Deutlich wird, inwiefern die Betroffenen ihre eigene Lebensgeschichte mit der gewohnten Struktur, mit dem eigenen und eben auch den (dazugehörigen) weiteren Gebäuden sowie sozialen Beziehungen verbinden. Sie sind berührt, traurig, resigniert, auch wenn sie teilweise eine Notwendigkeit akzeptiert haben. Das Gebaute ist ‚ein Stück von ihnen‘, das verloren geht. So habe sich in die Aufbruchshoffnungen „von Anfang an in der ostdeutschen Bevölkerung das Gefühl entwerteter Erinnerung und verlorenen Lebens [gemischt], da die dazugehörenden Zeichen aus dem Alltag verschwanden" (Göschel 2003, 610). Das ‚Gesundschrumpfen' stelle sich „als ein unkalkulierbarer Identitäts- und Sinnverlust" dar, bei dem jeder Abriss gleichzeitig „eine Lücke im wesentlich durch Raumbilder getragenen ‚kollektiven Gedächtnis' der (noch) Dagebliebenen" sei (Dürrschmidt 2004, 274).

Mithin finden sich die im ersten Abschnitt der Arbeit angeführten Kontextbedingungen raumbezogener Bindungen bestätigt und es zeigen sich entsprechende Folgen für die Betroffenen – sowohl manifest, beispielsweise durch einen Umzug, oder latent im Hinblick auf psychische Problemlagen. Insgesamt besteht – abgesehen von funktionalen und ökonomischen Nachteilen – eine hohe Wahrscheinlichkeit sozialer und emotionaler individueller und gruppenspezifischer Negativfolgen im Rahmen des Stadtumbaus. Bewohnerinnen und Bewohner der vorwiegend betroffenen Plattenbaugebiete sind im Kontext von Transformation und Stadtumbau mehrfach betroffen, denn ihre Heimat steht materiell, symbolisch und politisch zur Disposition: durch sozial-kulturelle sowie wohnungspolitisch bedingte Abwertungsprozesse[82] (vgl. Abschnitt 2.3.3 sowie 4.2.1.1), durch

---

82   Die Verknüpfung von städtischer Identität, raumbezogenen Bindungen und sozialem Wandel beschreiben Haller et al. in ihrer Bedeutung für die ‚sozialistische Modellstadt' Eisenhüttenstadt. Hier „bedeutete die Wiedervereinigung (…) noch mehr als für andere deutsche Städte einen grundlegenden Bruch, verbunden mit einer massiven Abwertung vieler bisher gültiger Normen und Werte" (Haller et al. 2006, 62). Viele BewohnerInnen hätten die Stadt wachsen sehen oder seien selbst am Aufbau beteiligt gewesen: „Diese Form der Aneignung ließ eine starke Verbundenheit mit der Stadt entstehen, die jene Generation

die Veränderung politisch-administrativer und sozio-ökonomischer Rahmenbedingungen (Wegfall der staatlichen Wohnungsversorgung, Privatisierung, Veränderung der Sozialstruktur etc.) und schließlich durch (stadt-)planerische Eingriffe (vgl. Richter 2006, 91; Haspel 2001)[83]. Verluste sind dabei auf individueller Ebene selten wie im Rahmen der Sanierungen oder der Tagebauumsiedlungen
(auch) der Ausgangspunkt für etwas positiv Neues – zum Beispiel die gut ausge-
stattete Wohnung im Neubau, der sanierte Altbau, das neue Haus.

    Diese umfassende, vor allem auch abriss- und umzugsbedingte Betroffen-
heit im Sinne einer existenziellen Erfahrung wird demgegenüber in der politisch-
verwaltungstechnischen und wohnungsökonomischen Debatte wenig und allenfalls am Rande thematisiert (vgl. Droste/Knorr-Siedow 2005, 57; Kabisch/Peter
2008, 301) oder verbleibt auf einem abstrakten Grad der ‚Handlungsempfehlung'. So konstatiert Kabisch et al., dass die „mentale Verarbeitung des Abrisses (…) eine schwierige Begleiterscheinung des Stadtumbaus" sei und fordern
„eine gesellschaftliche Auseinandersetzung, die hilft, Brüche und Verluste im
gewohnten Lebensumfeld als Teil der eigenen Biographie zu begreifen und zu
verarbeiten" (Kabisch et al. 2007, 46). Diese Perspektive erscheint vor allem
dahingehend problematisch, als dass im gleichen Artikel festgestellt wird, dass in
den Gebieten vor allem noch Alte und ressourcenschwache Haushalte wohnen,
die gerade ihr Leben lang ortsfest waren. Wie ihnen der Verlust der vertrauten
Umgebung durch einen (intellektuellen) übergeordneten Diskurs als (perspektivische) ‚Herausforderung' erscheinen soll, bleibt dementsprechend offen. So
schlussfolgert Bernt:

> „Zudem unterscheiden sich sowohl die Betroffenheit, als auch die Reaktionsmöglichkei-
> ten der Bewohner entlang ihrer Lebensumstände. Denn der Abriss der eigenen Wohnung
> betrifft verschiedene Mieter in je verschiedene Weise in ihrer Lebensplanung und die
> ihnen zur Verfügung stehenden Ressourcen (Geld, Wissen, Kontakte) ermöglichen es
> ihnen wiederum nur in je verschiedener Weise darauf zu reagieren" (Bernt 2002, 31).

Obwohl also auch die vorhandenen Daten auf eine existenzielle Relevanz raumbezogener Bindungen im Sinne funktionaler, sozialer und emotionaler Angewie-
senheiten verweisen, stellen Publikationen zur Umsetzung des Stadtumbaus vor
allem die Wahrnehmung und Bewertung des Programms an sich in den Mittel-

---

noch heute prägt. Für viele dieser Bewohnerinnen und Bewohner ist Eisenhüttenstadt daher
,ihre Stadt', ,ihr Lebenswerk'" (ebd., 81).

83   Vgl. dazu Matthiesen (2006, 54), der für die Identitätskampagne der Stadt Beeskow eine
vollständige Ausblendung der DDR-Vergangenheit feststellt: Es „taucht diese individual-
und stadtbiographisch wichtige Entwicklungsphase auf der Ebene der strategisch
formulierten Identitätskerne nirgends auf".

punkt. Die Akzeptanz des Notwendigen und die Mitwirkung im Sinne neutraler bis positiv-passiver Unterstützung bilden dabei zentrale Foki des Diskurses. Eine Legitimierung des Sachzwangs erscheint in Anbetracht der ökonomisch-demografischen, betriebswirtschaftlichen und städtebaulichen Lage nicht notwendig, erfolgt aber indirekt über die Darstellung der Erfolge sowie der Bewertung des Programms durch die Betroffenen, wie sie im folgenden Abschnitt dargestellt werden.

4.3.2 Bewertung des Stadtumbaus

„Rückbau bzw. Stadtumbau als nicht eindeutig positiver Prozess wie etwa die Erneuerung der Innenstädte verlangt eine besonders sensible Öffentlichkeitsarbeit und Mieteransprache, um Akzeptanz zu erreichen" (Hunger et al. 2003, 6).

2010 hatte Bundesbauminister Ramsauer betont, „dass auch die Bürger den Umbau ihrer Städte als notwendig und erfolgreich wahrnehmen" müssen[84]. Diese Maximen – Anerkennung und Akzeptanz der Notwendigkeit und Bewertung der Maßnahmen als erfolgreich – spiegeln sich auch in den Berichten und Untersuchungen zum Stadtumbau. Das Sozialverträglichkeitsgutachten hatte den Forschungsstand bis 2003 dahingehend zusammengefasst, „dass die Bürger in den betroffenen Quartieren (...) dem Stadtumbau im Grundsatz zumeist positiv gegenüberstehen, weil sie inzwischen ,mitgedacht' haben und für ihrer Städte in dieser Situation keine andere Alternative sehen" (Hunger et al. 2003, 47, Fehler i. O., Herv. KS). Das Sondergutachten des BMVBS zur Bürgermitwirkung im Stadtumbau stellt fest, dass der Stadtumbau Ost „als ein notwendiges und erfolgreiches Programm wahrgenommen [wird], nicht nur in der Fachöffentlichkeit, sondern auch bei den Bürgern und Betroffenen" (BMVBS/BBSR 2009, 1). Konkret beurteilen demnach 74,5 Prozent der Befragten die Wirkungen als (sehr) positiv (12,5/62%), 16 Prozent als weder positiv noch negativ und 3,6 Prozent als negativ (ebd., 16). Auch bezüglich der Schwerpunktsetzung wird betont, „dass die grundsätzliche Orientierung des Programms auf einen schwerpunktmäßigen Rückbau in der Platte und ein Bemühen um den Erhalt der Altbauten von den Bewohnern der Umbaustädte ganz mehrheitlich mitgetragen wird" (ebd.).

Differenzierter fassen Bernt et al. ihre Forschungsergebnisse zur Frage des ,Stadtumbaus aus Bewohnersicht' im Jahr 2003 zusammen unter dem Titel „Der Abriss ist okay, aber...". Dieser Tenor – weitgehende Zustimmung unter bestimmten Bedingungen – soll im Folgenden einerseits mit Daten zur Bewer-

---

84   Bundesminister Peter Ramsauer im Vorwort zum 4. Statusbericht (BMVBS 2010).

tung des Stadtumbaus durch BewohnerInnen und Betroffene unterlegt, andererseits erweitert werden um gegenteilige Positionen sowie die Bewertung der Ergebnisse durch Wissenschaft und Politik. Dabei steht insbesondere im Mittelpunkt, dass Stadtumbau vor allem mit ‚Abriss und Rückbau' assoziiert wird und diese Maßnahmen erheblich in die Nahwelt eingreifen – ihre Bewertung durch die Betroffenen ist daher von besonderer Bedeutung.

4.3.2.1 Beurteilung des Rückbaus

Gemessen an der grundsätzlichen Verteilung der Befragungsergebnisse zum Rückbau, halten BewohnerInnen den Abriss von Wohngebäuden überwiegend für notwendig.

Dies bestätigten im Rahmen des Sondergutachtens zur Bürgermitwirkung 65,6 Prozent der Befragten, demgegenüber sprechen sich 28,5 Prozent dagegen aus (BMVBS/BBSR 2009, 11). In anderen Untersuchungen wird die Frage der Notwendigkeit zwar mit der Zustimmung zum Abriss verknüpft, aber auch dabei ergeben sich Zustimmungsüberschüsse. Bereits zu Beginn der Stadtumbauphase stimmten in einer Befragung des Landes Brandenburg 55 Prozent der Befragten der Aussage zu „Der Abriss oder Rückbau von Wohngebäuden *ist für alle eine unangenehme Angelegenheit, aber letzten Endes notwendig*", 13 Prozent verneinten dies (MIL 2002, 15, Herv. KS). In Grünau stimmten 32 Prozent der Aussage „Der Abriss ist in Ordnung, *es muss endlich etwas geschehen*" voll zu (Bernt/Fritzsche 2005, 78, Herv. KS), neun Prozent hielten ihn für „völlig falsch, er löst keine Probleme". Die gleichen Alternativen führten im Rahmen einer Untersuchung in Weißwasser zu einer Zustimmung von 45 Prozent der Befragten, 7 Prozent lehnten völlig ab (vgl. Kabisch et al. 2004, 147). Ein Großteil der Befragten ist demnach dennoch unentschieden, was die Beurteilung angeht.

Grundsätzlich stellt sich bei dieser Gegenüberstellung von Zustimmung und Ablehnung jedoch die Frage, inwiefern im Rahmen der vorliegenden Doppel- oder Suggestivfragen überhaupt auf ein Meinungsbild der Befragten geschlossen werden kann. Die entsprechenden Satzelemente implizieren dabei häufig bereits in der Frage eine Zustimmung/Ablehnung zu einer (eigentlich vorausgesetzten) Notwendigkeit, die vielleicht für den Zustimmenden auch die Härte einer bejahenden Antwort erleichtert. Sie wirken wie eine Art ‚Vernunftkorrektur' im Hinblick auf die ‚Einsicht in die Notwendigkeit': unangenehm zwar, aber notwendig, weil endlich etwas geschehen muss. So fragt eine andere Studie nach der Zustimmung zu der Aussage: „Leerstehende Wohnungen sind ein Zeichen, dass es auf Dauer zu viele Wohnungen gibt – man müsste ein paar Häuser abreißen" (vgl. MIL 2002, 8). Es liegt der Verdacht nahe, dass aufgrund

der medialen Berichterstattung über Schrumpfung und Leerstand dieser Frage-
aufbau tendenziell eine zustimmende Antwort unterstützt, denn auch wenn die
Befragten die Lösung dieses Problems nicht im Abriss von Wohnungen sehen,
kann die Aussage (logischerweise) nur mit ‚Ja (Leerstand heißt Überangebot)‘
(korrekt) beantwortet werden.

Zudem lässt sich durch einige Untersuchungen auf allgemeiner Ebene ein
Einstellungswandel im Laufe des Stadtumbaugeschehens feststellen, der auf die
Bedeutung der konkreten bzw. eine Bewusstwerdung der latenten Betroffenheit
durch entsprechende Maßnahmen verweist: So betont das Sondergutachten zur
Bürgermitwirkung, die Zustimmung zum Abriss „sinkt allerdings merklich in
jenen Städten, in denen bereits in der Vergangenheit ein hohes Rückbautempo
vorgelegt wurde". Hier erklärten gut 43 Prozent aller Befragten: „Das reicht
erstmal" (BMVBS/BBSR 2009, 11). Auch im Rahmen der Intervallbefragung
Leipzig Grünau aus dem Jahr 2009 halten rückblickend nur noch 19 Prozent den
Abriss für absolut notwendig, 28% finden „mehr sollte aber nicht abgerissen
werden" (Kabisch/Großmann 2010, 74)[85]. Bereits zu Beginn des Stadtumbaus
hatten auch 34 Prozent der Betroffenen und 22 Prozent der nicht Betroffenen in
Weißwasser gefordert „es sollte aber nicht so viel abgerissen werden" (Kabisch
et al. 2004, 147) und auch die Grünauer hatten sich 2004 „eher gegen einen groß-
flächigen Abriss aus[gesprochen]" (Bernt/Fritzsche 2005, 77). Gerade der flächenhafte bzw. vollständige Abriss von Plattenbaugebieten findet wenig Zustimmung. Im Sondergutachten sprechen sich gut 60 Prozent der Befragten dagegen aus, nur 15 Prozent sind uneingeschränkt der Meinung „Plattenbaugebiete
haben keine Zukunft. Man sollte sie langfristig möglichst komplett abreißen"
(BMVBS/BBSR 2009, 12).

Diese Ergebnisse deuten bereits an, dass durchaus ein Bewusstsein um die
Folgen und Betroffenheiten durch erhebliche städtebauliche Eingriffe vorhanden
ist und eine Bewertung und Einschätzung durch BürgerInnen vielfach auch differenziert anhand bestimmter Bedingungen erfolgt. Der folgende Abschnitt thematisiert daher die Fragen von Betroffenheit und Bewertung des Stadtumbaus.

4.3.2.2 Persönliche Betroffenheit und Bedingungen für einen akzeptierten
        Stadtumbau

Persönliche Betroffenheit kann im Stadtumbau auf unterschiedlichen Ebenen
angenommen werden – vom Leben in einer Umbaustadt, über die Veränderung

---

85   Zustimmung zu: ‚Der Abriss war in Ordnung, es musste etwas geschehen‘.

des langjährigen Wohnquartiers bis hin zum Verlust der eigenen Wohnung. Allerdings wird nur in wenigen Studien tatsächlich nach dieser Betroffenheit differenziert.

Bei der Einwohnerbefragung in Leipzig-Grünau aus dem Jahr 2000 habe zwar eine Mehrheit dem Abriss einiger Wohnblöcke zugestimmt (auch hier bestand diese ‚Mehrheit' allerdings aus 52 Prozent), aber „[a]uf keinen Fall wollte man dagegen dem Abriss des eigenen Wohnhauses zustimmen" (Kahl 2003, 153)[86]. Auch in Weißwasser sprechen sich insbesondere die von Rückbaumaßnahmen betroffenen BewohnerInnen mehrheitlich gegen den Abriss von Wohngebäuden aus:

Zustimmung im Hinblick auf:	Betroffene (N=122) %	Nicht-Betroffene (N=430) %
Der Abriss ist in Ordnung, es muss endlich etwas geschehen	11	55
Der Abriss ist im Prinzip in Ordnung, es sollte aber nicht so viel abgerissen werden	34	22
Es sollte überhaupt nur in Ausnahmefällen abgerissen werden	15	10
Der Abriss ist völlig falsch, er löst keine Probleme	18	4
Andere/keine Meinung	22	9

Tabelle 3: ‚Was halten Sie von dem geplanten Abriss von Wohngebäuden?',
Tab. leicht geändert nach Kabisch et al. 2004, 147

Betroffene tendieren damit gegenüber nicht Betroffenen eher zu einer ablehnenden (18 zu 4%) oder einschränkenden Haltung (49 zu 32%), in seltenen Fällen befürworten sie Abrissmaßnahmen uneingeschränkt (11 zu 55%). Nichtsdestotrotz äußern immerhin auch 36 Prozent der nicht vom Abriss betroffenen MieterInnen Bedenken im Hinblick auf Abrissmaßnahmen. Eine derart einschränkend kritische Haltung lässt sich in nahezu allen Studien feststellen.

Die Zustimmung zu Abrissmaßnahmen wird *überwiegend* nicht pauschal gegeben, sondern an Einschränkungen und Bedingungen geknüpft, deren Berücksichtigung die BewohnerInnen und Betroffenen beim Stadtumbau fordern.

---

86   Auch vor der Auflegung des Stadtumbauprogramms wurden, bspw. im Rahmen bereits stattfindender Umbaumaßnahmen bzw. in Vorbereitung von Wettbewerbsbeiträgen, Befragungen zur Wahrnehmung von Leerstand und Umbau durchgeführt.

So hatte sich beispielsweise im Hinblick auf die (mehrheitliche) Zustimmung zum Abriss in Grünau herausgestellt, dass damit „immer Wohnblöcke in der unmittelbaren Nachbarschaft gemeint waren, die entweder *schon länger leer standen* (...) oder auf andere Weise einen *unschönen Anblick* boten oder einfach nur die *Aussicht versperrten*" (Kahl 2003, 153, Herv. KS). 2004 sprachen sich die Befragten in Grünau eher für einen auf bestimmte Probleme hin ausgerichteten Abriss aus (Leerstand, 16-Geschosser, hohe Bebauungsdichte) (Bernt/ Fritzsche 2005, 77), und auch 2009 knüpften dort 27 Prozent weiteren Abriss an Leerstand (Kabisch/Großmann 2010, 74)[87]. Der Aussage, dass „die leeren Häuser verschwinden" sollten, stimmten in Wolfen und Hoyerswerda 72 bzw. 60 Prozent voll oder eher zu (Peter 2009, 179, Herv. KS)[88].

Die Studie von Peter liefert zudem detaillierte Ergebnisse hinsichtlich der Frage, welche Bedingungen die Befragten für ihre Zustimmung zu (weiteren) Abrissmaßnahmen nennen. Immerhin 50 Prozent der Befragten in Hoyerswerda forderten in diesem Zusammenhang Regulierungen ein, die sich sowohl auf Aspekte des vorgelagerten Planungsprozesses, der Umsetzung als auch auf Fragen der Sozialverträglichkeit und Nachsorge im Falle eines Umzuges beziehen. Im Einzelnen wurden genannt:

-   bedürfnisgerechte Alternativangebote und finanzieller Ausgleich, Hilfe und Bestandsgarantie für die neue Wohnung im Umzugsfall,
-   Nachvollziehbarkeit und Abstimmung der Rückbauaktivitäten und -objekte,
-   rechtzeitige und ausführliche Information der BewohnerInnen,
-   Vermeidung von Belästigungen durch die Abrissmaßnahmen,
-   umgehende Gestaltung der entstehenden Freiflächen (ebd., 180).

Auch in der Grünau-Studie des Jahres 2009 nannten die Befragten als Kriterien vor allem eine nachvollziehbare Begründung der Abrisse, die Aufrechterhaltung der Versorgungsmöglichkeiten sowie eine ansprechende Freiflächengestaltung (vgl. Kabisch/Großmann 2010, 75). Ähnlich äußerten sich die BewohnerInnen schon 2004: sie wollten berücksichtigt wissen, dass kein Mietanstieg erfolge, die Abrisse nicht wahllos vollzogen und Infrastrukturen erhalten werden (Bernt/ Fritzsche 2005, 79). Weitere Ergebnisse der Studie belegen eine Ambivalenz

---

87   Zustimmung zu: ‚Der Abriss war in Ordnung, es musste etwas geschehen'.
88   Die höhere Skepsis in Hoyerswerda wird mit der direkten oder befürchteten Betroffenheit durch Abrisse begründet, denn das dortige Plattenbaugebiet war zum flächenhaften Abriss vorgesehen, einhergehend mit drastischen baulichen und sozialen Veränderungen (Peter 2009, 106). In Wolfen waren nur punktuelle Entdichtungen geplant bzw. bereits realisiert worden (ebd., 109). (Ergebnisse: voll zu 43/33; eher zu 29/27; teils teils 20/28; eher nicht 5/9; überhaupt nicht 4/3 (ebd., 179).

hinsichtlich der (positiven) Bewertung bzw. des Erfolgs des Stadtumbaus: einerseits sind viele Befragte der Meinung, dass der Stadtumbau Grünau schöner mache (24% volle, 37% eher Zustimmung) (vgl. ebd., 74). Andererseits kann insgesamt über ein Drittel diese Ansicht nicht (voll) teilen (ebd.): 20 Prozent betonen „In Grünau wird an den falschen Stellen abgerissen" und 23 Prozent waren der Meinung „In Grünau wird nur noch abgerissen" (ebd., 79).

Dabei konnte ebenso festgestellt werden, dass auch die Ablehnung und Einschränkung der Zustimmung nicht pauschal, sondern begründet erfolgt. So kritisieren die MieterInnen in Weißwasser, dass gerade der beliebtere, nachgefragte (Platten-)Wohnungstyp und zudem in naturnahen Randlagen (Verbesserung der Lebensqualität) abgerissen werde. In den offenen Fragen wurde im Hinblick auf die „mit dem Stadtumbau versprochene Verbesserung der Lebensqualität (…) wiederholt thematisiert, dass ein Stadtumbau mehr bedeuten muss als die bloße Beseitigung möglichst vieler Wohnungen" (Kabisch et al. 2004, 149). Diese Sichtweise hätte aber der Stadtentwicklungsplanung diametral entgegengestanden (Kabisch et al. 2007, 43).

Derartige Konflikte zwischen stadtplanerisch-wohnungsökonomischer und Betroffenenperspektive verweisen darauf, dass das Stadtbild der BewohnerInnen gerade nicht der ‚richtigen' und geplanten Stadtumbaustrategie entsprechen muss, sondern insbesondere von der Primärerfahrung des persönlichen Erlebens in der unmittelbaren Umgebung geprägt ist. In der Praxis stellen auch Kabisch/Großmann für Leipzig fest, dass „der von der Stadtplanung Leipzigs präferierte und durch den Stadtumbaugürtel festgelegte Rückbau vom Rand in Richtung Zentrum (…) bei den Grünauern selbst keine Beachtung" finde. Stattdessen plädieren diese „für einen Gebäude-Rückbau ‚von oben nach unten'": „Der Wohnungsleerstand soll reduziert werden, aber nicht durch den flächenhaften Abriss in bestimmten Teilräumen, sondern durch die gezielte Reduzierung von Gebäudehöhen und von Baudichte" (Kabisch/Großmann 2010, 75). Für BewohnerInnen scheint in diesem Zusammenhang beispielsweise weniger die Kompaktheit einer auf den (altstädtischen) Kern geschrumpften Gesamtstadt, sondern die Geschlossenheit und städtebauliche Eingliederung ihres Umfeldes von zentraler Bedeutung zu sein. Der Stadtumbau – so folgert auch Peter – werde demgegenüber als Sinnbild für die *Auflösung des Stadtkörpers* wahrgenommen (Peter 2009, 186). Dabei verweisen die vom Autor angeführten Zitate nicht nur auf persönliche Betroffenheiten und den Blick auf das eigene Haus, sondern vielmehr auf ein hohes grundsätzliches Interesse an Stadtbild und Stadtentwicklung:

> „Die schieben die Häuser zusammen und fort sind sie. In manchen Ecken ist es gut, wenn jetzt ein bisschen Luft ist, aber ansonsten ist es doch schrecklich. (…) Das hat mit Stadt nichts mehr zu tun, wenn das fertig ist" (Herr L., 54 Jahre).

„Stadterneuerung heißt das nun. Es ist doch aber eine Stadtzerstörung" (Herr P., 70 Jahre).

„Da kann man aber erzählen, was man will, das interessiert keinen. Da wird da mal ein Block abgerissen und mal da. (...) Das ergibt doch kein Stadtbild. Da steht mal da ein Block und dann kommt eine Wiese mit Unkraut" (Herr M., 64 Jahre) (ebd.).

Insgesamt zeichnet sich so ein Bild, das den Ergebnissen der Bindungsforschung entspricht, nach denen Veränderungen unter bestimmten Bedingungen und bis zu einem gewissen Grad tolerierbar sind, diese Grenze aber mit flächenhaften oder Abrissen in hoher Größenordnung überschritten wird (vgl. Abschnitt 2.4). Im Hinblick auf die Bewertung der Schwerpunktsetzung bzw. des Abrisses von Wohngebäuden zeigt sich, dass zudem die *persönliche Betroffenheit* eine Rolle spielt (vgl. Kabisch et al. 2004, 174; Peter 2009, 179). Darüber hinaus knüpft eine überwiegende Mehrheit ihre Zustimmung zu entsprechenden Maßnahmen grundsätzlich an *einschränkende Bedingungen*.

Nur wenige Publikationen bzw. Studien formulieren in diesem Zusammenhang Forderungen oder Empfehlungen im Hinblick auf eine Berücksichtigung und einen konkreten Umgang mit Betroffenheiten, Ansprüchen oder psychischen Befindlichkeiten der AnwohnerInnen. Peter (2009) spricht sich im Rahmen von allgemeinen Handlungsempfehlungen dafür aus, dass auch die Berücksichtigung der Wahrnehmung und Verarbeitung von städtebaulichen und sozialen Veränderungen zu den Kriterien eines ‚erfolgreichen Stadtumbaus' zählen sollte:

„Die vorliegende Studie zeigt, dass ein erfolgreicher Stadtumbau weit über eine problemlose und schnelle Bestandsbereinigung hinausgeht und einen *verantwortungsbewussten Umgang* mit den Bewohnern erfordert, denn die bei den Mietern entstehenden Unsicherheiten, Ängste, Sorgen und Probleme können *negative Auswirkungen auf das Wohlbefinden* haben. Die *Beachtung sozialer und psychischer Implikationen* ist daher für ein erfolgreiches Management von Schrumpfungs- und Alterungsprozessen von fundamentaler Bedeutung" (Peter 2009, 210, Herv. KS).

Wie könnte eine derartige Berücksichtigung in der Praxis aussehen? Im Prinzip verweist der Autor an dieser Stelle auf jene Standards für die Durchführung von Eingriffsplanungen, wie sie vor dem Hintergrund der Sanierungsmaßnahmen etabliert wurden – Information, Beteiligung und Mitwirkung der BürgerInnen in einem offenen, das heißt im Hinblick auf die Berücksichtigung von Einwänden, praktischen Erfahrungen und neuen Datenlagen reversibel-anpassungsfähigen Verfahren. Grundsätzlich wird den Befragten durch zahlreiche AutorInnen nicht nur eine ‚realistische' Sicht auf das Stadtumbaugeschehen, sondern auch großes Interesse und Verständnis für die Stadtentwicklung attestiert (vgl. Kabisch et al. 2007, 43; Kabisch et al. 2004, 146; MIL 2002, 14; BMVBS/BBSR 2009, 11; Christmann 2004; Peter 2009, 129; Kabisch/Großmann 2010, 73). Vor diesem

Hintergrund analysieren die folgenden Abschnitte, inwiefern Beteiligungsverfahren im Stadtumbau angewendet werden und ob sie geeignet sind, insbesondere raumbezogene Bindungen im Rahmen der Planungen zu berücksichtigen oder gar zu stärken. Zuvor erfolgt eine Diskussion der Ergebnisse zur Wahrnehmung des Stadtumbaugeschehens durch BewohnerInnen und Betroffene dahingehend, inwiefern die Ergebnisse wissenschaftlich reflektiert und in den politisch-planerischen Aushandlungsprozess integriert werden. Denn deren Rezeption und Verarbeitung im Expertendiskurs um die praktische Ausgestaltung des Stadtumbaus prägt nicht nur die alltägliche Durchführung der Maßnahmen vor Ort, sondern hat rückwirkend wiederum Auswirkungen auf das, was hinsichtlich der ‚Problemdefinition' und des ‚Handlungsbedarfs' sag- und verhandelbar ist.

4.3.2.3 Diskussion und Darstellung der Ergebnisse der Stadtumbauforschung

Im Rahmen eines (selbst-)reflexiven Planungsprozesses ist nicht nur die Frage nach der Anwendung etablierter Standards der Beteiligung von Bedeutung, sondern auch, inwiefern Daten und Ergebnisse im Hinblick auf eine ‚Problemlage' (Betroffenheit) dargestellt, interpretiert und diskutiert werden. Denn wenn Bedürfnisse definiert, Interessen ausgehandelt, Auswirkungen einkalkuliert und ausschließlich zufriedene BewohnerInnen ‚aufgefunden' wurden, lässt sich schwerlich ein Legitimations-, Handlungs- oder Aushandlungsbedarf (oder -defizit) konstatieren.

Die Ergebnisse der Einwohner- und Betroffenenbefragungen werden in diesem Zusammenhang überwiegend ‚wohlwollend-lobend' dahingehend kommentiert, dass die Daten für eine ‚Einsicht in die Notwendigkeit' sprechen und die Mehrheit aller Befragten den Stadtumbau und auch Abrisse befürwortet. Einige Publikationen weisen explizit darauf hin, dass die Notwendigkeit der Maßnahmen von den Bewohnern „erkannt" werde (Kabisch et al. 2007, 43), die „Einsicht" sich bestätige (Kabisch et al. 2004, 146) und sich nur wenige Befragte der „Einsicht" oder dem „Argument" „verschließen" würden (MIL 2002, 14; BMVBS/BBSR 2009, 12). Sie seien sich im Sinne einer „realistischen Problemsicht" „der Problematik von Bevölkerungsentwicklung und Leerstand sowie der Notwendigkeit von Abrissen mehrheitlich *bewusst*" (BMVBS/BBSR 2009, 11, Herv. KS). Die vorgefundenen Symptome „einer Mischung aus Schmerz und Tristesse" (Janoschka, 2006, 193) sowie von „Verlusterfahrungen, emotionalen Belastungen und Resignation" (Kabisch et al. 2007, 45) werden von den AutorInnen zudem eher positiv (gewendet) im Sinne eines realistischen und nüchternen Umgangs mit den wahrgenommenen Veränderungen (Kabisch et al. 2007,

43), bzw. eines dem Handlungsdruck angepassten, pragmatischen Verständnisses interpretiert (Janoschka 2006, 194).

Gleichzeitig werden kritische Einstellungen diskursiv als ‚uneinsichtige' bzw. ‚unfähige' und zukünftig durch Überzeugungsarbeit zu ändernde Positionen dargestellt: „Den Abriss oder Rückbau von Wohngebäuden als eine Chance zu sehen, der die Wohngegend attraktiver macht, *gelingt* allerdings den meisten Befragten *noch nicht*" (MIL 2002, 14, Herv. KS). Stattdessen soll zum Beispiel die Einführung einer Abrisskündigung „die *Einsicht* der Mieter *befördern*, sich notwendigen Umzügen nicht zu verweigern und damit hohe Kosten zu vermeiden" (Hunger et al. 2003, 12, Herv. KS). Auch wenn beispielsweise das Gutachten zur Bürgermitwirkung durchaus eine erhebliche Skepsis der Bevölkerung bezüglich weiterer Abrisse anerkennt – immerhin hatten der Aussage ‚In letzter Zeit sind sehr viele Wohngebäude abgerissen worden. Das reicht erst einmal' gut 43 Prozent voll und 35 Prozent teilweise zugestimmt – so wird dies lediglich im Hinblick auf die Problematik für den weiteren Vollzug des Umbaus problematisiert:

> „Insofern ist trotz der breiten Akzeptanz, die der Rückbau erfährt, in Zukunft mit zunehmender Unsicherheit zu rechnen, was Tempo und Schwerpunktsetzung des Rückbaus betrifft. (...) Es kann also zukünftig in Einzelfällen *schwieriger werden*, die Bewohner von der Notwendigkeit bestimmter Rückbauvorhaben *zu überzeugen*" (BMVBS/BBSR 2009, 12, Herv. KS).

Auch Kabisch et al. hatten in ihrer Untersuchung konstatiert, dass zunehmend weniger bedürfnisgerechter – also etwa günstiger oder altengerechter – Ersatzwohnraum für diejenigen bereitstehe, die aufgrund von Abriss- und Umbaumaßnahmen die bisherige Wohnumg verlassen müssen (Kabisch et al. 2007, 46). Nichtsdestotrotz wird auch diese für Betroffene unter Umständen existenzielle Problematik vor allem im Kontext eines effizienten Stadtumbaus und nicht als Betroffenheit oder zumindest ‚sozialplanerische Herausforderung' reflektiert: denn – so die AutorInnen – wenn „dem nicht durch Umbaumaßnahmen im zu erhaltenden Bestand begegnet werden [kann], entstehen Konflikte mit den Bewohnern, *die den Fortgang der Abrissarbeiten erschweren*" (Kabisch et al. 2007, 46, Herv. KS).

Ein grundsätzliches Dilemma im Hinblick auf die Interpretation der Ergebnisse ergibt sich weiterhin bezüglich des Informationsstandes der Befragten bzw. der Kenntnis des Programms und seiner Inhalte. Diese Frage ist allerdings nur in einer Untersuchung – dem Gutachten zur Bürgermitwirkung – ablesbar und wird auch dort nicht weiter problematisiert. In der Untersuchung gaben lediglich *7,6 Prozent aller Befragten* an, das Programm sei ihnen gut bekannt; 40 Prozent hatten immerhin davon gehört oder gelesen und *53 Prozent* gaben an, nicht genau zu wissen, worum es dabei gehe[89] (BMVBS/BBSR 2009, 15). Damit zeigt sich der Bekanntheitsgrad als umgekehrt proportional zur Betroffenheit: wenn bis zu zwei Drittel der ostdeutschen Bevölkerung in einer Stadtumbaugemeinde leben (vgl. BMVBS/BBR 2008a, III), aber nur gut acht Prozent der Befragten das Programm inhaltlich kennen, verweist dies tatsächlich nicht nur auf eine lokal, sondern auch übergreifend mangelnde Informationspolitik. Nicht nur für die Umsetzung des Stadtumbaus, sondern auch für die inhaltliche Kongruenz dieser Arbeit beinhaltet dies eine zentrale Herausforderung. Denn einerseits schränkt Unkenntnis den Möglichkeitsspielraum von Mitgestaltung und Beteiligung erheblich ein, andererseits wird die Aussagekraft der erhobenen Daten zur Wahrnehmung des Programms, seiner Zielstellungen und Instrumente relativiert. Dabei ist jedoch zu berücksichtigen, dass ‚Stadtumbau' nicht unbedingt unter der genauen Programmbezeichnung bzw. als ‚Programm', sondern durch seine Instrumente bzw. Wirkungen bekannt ist (vgl. Hagemeister/Haller 2009, 264) und dass die Betroffenen ihr Wissen unterschätzen. Darüber hinaus lässt sich in Kombination mit vorliegenden Daten zur Betroffenheits- und Bindungsforschung eine *Wahrscheinlichkeit der Betroffenheit* herausarbeiten, die gerade Gegenstand weiterer übergreifender und fallspezifischer empirischer Forschung sein müsste. Da weiterhin keine vorliegende Studie die Problematik des Wissens um die Programminhalte eingehend reflektiert, bzw. teilweise der Bekanntheitsgrad des Programms gar nicht erhoben wurde, kann diese Ambivalenz hier nur problematisiert, aber nicht differenzierter betrachtet werden. Die vorliegenden Daten werden stattdessen wie erhoben dargestellt und interpretiert – auch und insbesondere, weil sie eben in der dargestellten Form den Diskurs über den Stadtumbau bestimmen.

Denn auch die Darstellung der erhobenen Ergebnisse fokussiert vielfach auf die Akzeptanz und Befürwortung sowie die Erfolgsdarstellung des Programms. So lässt sich anhand unterschiedlicher Beispiele nachvollziehen, dass einschränkende Antworten (‚teils teils', ‚eher') dem Bereich ‚Zustimmung' zugeordnet werden, eine Fokussierung auf die absoluten Mehrheiten erfolgt und einschränkende bis ablehnende Statements oft gar nicht aufgearbeitet werden. Auf diese Weise ergibt sich das Bild von einem überwiegend akzeptierten Stadtumbau.

---

89   Da sich die Antwortkategorien ‚davon gehört' und ‚nicht genau wissen' teilweise entsprechen – man also bei ‚nicht genauem' aber doch irgendwie angenommenem Wissen ‚davon gehört' haben müsste –, gehe ich davon aus, dass die dritte Kategorie tatsächlich Unkenntnis meint (so interpretieren dies beispielsweise auch Hagemeister/Haller 2009, 264f.).

Beispielsweise zieht die Grünau-Studie aus dem Jahr 2004 hinsichtlich der Bewertung des Abrisses von Wohnhäusern ein positives Fazit: *„Im Ergebnis wird der Abriss von Wohnhäusern von rund 60% der Befragten vollkommen oder mit Einschränkungen befürwortet. Weitere 20% sind der Meinung, dass nur in Ausnahmefällen abgerissen werden sollte und fast ein Zehntel der Befragten findet den Abriss völlig falsch"* (Bernt/Fritzsche 2005, 79, Herv. KS). Die Befragung hatte diebezüglich folgende Ergebnisse erbracht:

Zustimmung im Hinblick auf:	N=619, %, 53 fehlende Werte
‚Der Abriss ist in Ordnung, es muss endlich etwas geschehen'	32
‚Der Abriss ist im Prinzip in Ordnung, es sollte aber darauf geachtet werden, dass …'	28
‚Es sollte überhaupt nur in Ausnahmefällen abgerissen werden'	20
‚Der Abriss ist völlig falsch, er löst keine Probleme'	9
Andere/keine Meinung	11

Tabelle 4: Meinungsäußerungen zum Abriss von Wohnhäusern: „Was halten Sie von dem Abriss von Wohnhäusern?", Tab. leicht geändert nach Bernt/Fritzsche (2005, 78)

Für die Schlussfolgerung werden jedoch *lediglich* die ersten beiden befürwortenden Antwortkategorien inklusive der von einem Drittel der Befragten geäußerten Einschränkung *addiert*, während die ablehnenden Äußerungen einzeln aufgeführt werden. Eine andere Lesart erlaubt die Interpretation, dass rund ein Drittel den Abrissen zustimmt (zur Suggestivfrage s.o.) und etwa zwei Drittel den Abriss an Bedingungen knüpfen (die eventuell derzeit nicht gegeben sind) oder ablehnt. Dies würde auch die Feststellung relativieren, dass es „ein Mieterpotential (…) gibt, das den Abriss sorgenvoll betrachtet" (ebd.).

Auch im Zusammenhang mit der von den AutorenInnen selbst als kritisch eingeschätzten (vgl. ebd. 13[90]) Doppelfrage „Was verstehen Sie unter dem

---

90   Dazu die Autoren: „Als problematisch erwies sich die Doppelung in der Frage 43: „Was verstehen Sie unter dem Stichwort ‚Stadtumbau'? Wie sollte er in Grünau aussehen?". Die

Stichwort ‚Stadtumbau'? Wie sollte er in Grünau aussehen?", zeigt sich bei der Interpretation ein ähnliches Bild. Der folgende Tabellenausschnitt zeigt die Nennungen, die sich auf den Bereich ‚bauliche Maßnahmen' beziehen:

Antwortkategorien (nach Inhaltskategorien geordnet durch Bernt/Fritzsche), hier: bauliche Maßnahmen[91]	Nennungen (N=292) in absolut
Rückbau/Umbau	52
Abriss	
von Hochhäusern	50
leer stehender Häuser	39
nur Auflockerung baulicher Strukturen	37
nur, wenn wirklich notwendig	14
Allg. Befürwortung von Abriss	21
Allg. Ablehnung von Abriss	30
Sanierung	35
Sonstige	14

Tabelle 5: „Was verstehen Sie unter dem Stichwort ‚Stadtumbau'? Wie sollte er in Grünau aussehen?", Tabellenausschnitt, leicht geändert nach Bernt/Fritzsche (2005, 75)

Antworten bestanden häufig nur aus Schlagworten wie z.B. „Grünanlagen", die kaum genauer zuzuordnen waren. In solchen Fällen wurde eine allgemeine Kodierung vorgenommen. Künftig ist jedoch darauf zu achten, dass die Fragestellung eindeutig ist." (Bernt/Fritzsche 2005, 13).

91   Die Meinungen zur Ausgestaltung des Stadtumbauprozesses wurden den Themenfeldern ‚Ablauf und Umsetzung der Baumaßnahmen' (dazu äußerten sich 292 Befragte (= 43%)), ‚Nachnutzung der Freiflächen' (233 bzw. 35% der Befragten) und ‚mögliche negative Folgen, die mit dem Stadtumbau verbunden sein können' (51 bzw. 8 %) zugeordnet (Bernt/Fritzsche 2005, 74).

Insbesondere weil Stadtumbau vor allem als Abriss wahrgenommen wird (s.o.), erscheint eine Differenzierung der Antworten danach, ob diese sich auf das Verständnis von Stadtumbau *als* Abriss oder die Befürwortung von Abrissmaßnahmen im Sinne eines Stadtumbaus *durch* Rückbau beziehen, mit dieser Fragestellung kaum möglich. Dennoch folgern die AutorInnen im Hinblick auf den Bereich ‚Ablauf und Umsetzung der Baumaßnahmen‘:

> „*Die Mehrzahl der Grünauer* spricht sich dabei für *Rückbaumaßnahmen* aus bzw. befürwortet *den Abriss* mit unterschiedlichen Einschränkungen (262 Nennungen). Einige Bewohner stehen den Baumaßnahmen allerdings auch ablehnend gegenüber" (Bernt/Fritzsche 2005, 75, Herv. KS).

Die genannte Zustimmungszahl ergibt sich rein rechnerisch allerdings nur, wenn von allen Nennungen lediglich diejenigen abgezogen werden, die in der Kategorie ‚allgemeine Ablehnung von Abriss' zusammengefasst wurden. Mithin werden auch diejenigen, die unter Stadtumbau ‚*Sanierung'* verstehen (würden), als ‚*Abrissbefürworter'* eingeordnet (ebenso wie die Kategorie ‚Sonstige'). Darüber hinaus wird zwar festgestellt, dass die „*Mehrzahl der Grünauer"* sich (eingeschränkt) für Rückbaumaßnahmen ausspreche bzw. sie befürworte, allerdings thematisieren lediglich *43 Prozent* der Befragten Abriss und Rückbau im Rahmen dieser Frage überhaupt. Der Blick auf die Kategorien reiner Ablehnung/Befürwortung zeigt demgegenüber ein genau gegenteiliges Bild: nämlich eine Mehrheit von AbrissgegnerInnen (30 zu 21 Nennungen).

Ähnliche Ergebnisse und Interpretationen zeigen sich auch in der Anschlussstudie aus dem Jahr 2009. Im Hinblick auf die allgemeine Wahrnehmung wird festgestellt: „Die Hälfte der Befragten bewertet den Stadtumbau in Grünau positiv. Weitere 42% wählen die mittlere Kategorie ‚es geht so'. Nur 7% sind mit dem Stadtumbau nicht einverstanden". Obwohl die Hälfte der Befragten eine zweifelnde bis negative Einstellung äußert, konstatieren die Autorinnen eine „*überwiegend* positive Einstellung" (Kabisch/Großmann 2010, 70, Herv. KS). Im Hinblick auf die Bewertung des Abrissgeschehens hatten sich weiterhin folgende Verteilungen gezeigt:

Zustimmung im Hinblick auf:	N=665, %
‚Der Abriss war im Prinzip in Ordnung, mehr sollte aber nicht abgerissen werden'	28
‚Der Abriss war im Prinzip in Ordnung, bei hohem Leerstand muss auch weiter abgerissen werden'	27
‚Der Abriss war in Ordnung, es musste etwas geschehen'	19
‚Es sollte überhaupt nur in Ausnahmefällen abgerissen werden'	14
‚Der Abriss war völlig falsch, er löst keine Probleme'	2
Andere/keine Meinung	11

Tabelle 6: „Was halten Sie von dem Abriss von Wohnhäusern?", Tab. nach Abbildung in Kabisch/Großmann (2010, 74) (leicht geändert; 101% i. O.)

Lediglich 19 Prozent der Befragten stimmen den Abrissen (rückblickend) grundsätzlich und ohne Einschränkung zu (zur Doppelfrage s.o.), 71 Prozent beurteilen diese negativ, knüpfen sie an Bedingungen oder sprechen sich für die Zukunft gegen Abrisse aus (letzteres immerhin der höchste Antwortwert von 28 Prozent). Die Studie hebt in diesem Zusammenhang allerdings durch direkte Nennung ausschließlich die Zahl hervor, die „eine absolut negative Einstellung zum Stadtumbau" zeige – nämlich die *zwei Prozent* der Befragten, die Abrisse als unzweckmäßig einstufen. Deren Wert liege – so die Studie – deutlich unter dem Wert von 2004. Demgegenüber wird eine (durch die Daten nicht unbedingt gespiegelte) hohe Zustimmung, sowie die ‚Beobachtungsgabe' der Bevölkerung betont: „Die Zustimmung zum Abriss ist *generell in hohem Maße vorhanden*. Es wird dennoch nicht undifferenziert gewertet. Vielmehr zeigen die Antworten, dass die Abrissvorhaben genau verfolgt werden" (Kabisch/Großmann 2010, 73, Herv. KS). Gleichzeitig stellt die Studie auch eine ‚Etablierung' des Stadtumbaus im Alltag der BewohnerInnen fest: „Dramatisierungen und Ängste sind bis auf Einzelfälle verschwunden" (ebd., 69). Mit dieser Gleichstellung von ‚Dramatisierungen' und ‚Ängsten' erhalten Befürchtungen und Betroffenheiten im Sinne einer ‚diskursiven Verharmlosung' allerdings eher den Tenor des Unbegründeten.

Weiterhin lässt sich die Reduktion der Daten auf die (teilweise) knappen absoluten Mehrheiten beobachten, wie im Beispiel der Brandenburger Untersuchung zum Stadtumbau (vgl. MIL 2002, 14): obwohl darin *jeweils* knapp ein Drittel der Befragten ganz oder teilweise zustimmten, dass Abrisse zur Vertreibung der MieterInnen und schlechterer Versorgung führten, sowie ein Zeichen für den dauerhaften Niedergang des Gebietes darstellten (vgl. Tabelle 2), wird diese ‚Skepsis‘ nicht aufgegriffen, problematisiert oder zum Gegenstand weiterer Untersuchungen und Maßnahmen. Stattdessen wird dies eher gemäßigt gegenüber den eventuellen Folgen interpretiert und die ‚absoluten Mehrheiten‘ der ‚positven‘ Antworten in den Mittelpunkt gestellt:

> „Die *Mehrzahl* der Bewohner sieht im Abriss oder Rückbau von Wohngebäuden *mehrheitlich* kein Zeichen für einen dauerhaften Niedergang ihrer Wohngegend. Auch werden Befürchtungen über mögliche negative Auswirkungen des Rückbaus auf das Wohngebiet *mehrheitlich* nicht geteilt. Dass Abrisse zur Vertreibung von Mietern führen werden, halten *über 40 Prozent* der Befragten für *nicht zutreffend. Noch weniger* sehen den Abbau von Versorgungsfunktionen als unvermeidliche Folge des Rückbaus an.“ (MIL 2002, 14, Herv. KS).

Dass darüber hinaus auch Zustimmungsraten nicht für sich allein stehen können, zeigt dieselbe Studie ebenfalls: 55 Prozent der Befragten hatten Abrisse als grundsätzlich notwendig beurteilt, wurden aber auch nach den dringlichsten Maßnahmen zur Verbesserung der Wohngegend befragt. Das Ergebnis zeigt ein sehr differenziertes Meinungsbild, das mit den quartiersbedingten Stärken und Schwächen im Wesentlichen der ‚Situation‘ in Plattenbaugebieten[92] zur Jahrtausendwende entspricht: als die vier dringlichsten Bereiche werden Angebote für Jugendliche, der Abriss unattraktiver Gebäude, die Aufwertung (Erneuerung, Verschönerung der Fassaden) und Angebote für Ältere genannt. Demgegenüber werden Belange der Infrastruktur und Versorgung als hinreichend oder gut beurteilt. Nichtsdestotrotz findet dieses differenzierte Ergebnis im Hinblick auf die Perspektive des Quartiers und die Einbeziehung der BewohnerInnen lediglich mit deren Abrissforderung Erwähnung:

> „Im Katalog der Maßnahmen, die von den Befragten als notwendig für eine positive Veränderung der Wohngegend angesehen werden, *steht der Abriss von Wohnblöcken bereits an zweiter Stelle.* Nur sehr wenige Befragte *verschließen sich der Einsicht,* dass der Abriss oder Rückbau von Wohngebäuden für alle eine unangenehme, aber letzten Endes notwendige Angelegenheit ist. 58 Prozent halten den Abriss unattraktiver Wohnblöcke in der Wohngegend sogar für dringend erforderlich.“ (MIL 2002, 14, Herv. KS)

---

92   12 der 15 Befragungsgebiete (N=1500) waren Plattenbaugebiete.

Erwähnung findet hier nur der zweitwichtigste Aspekt – der Abriss –, während soziale oder aufwertungsbezogene Belange (Platz 1: Angebote für Jugendliche; Platz 3: Aufwertung) in diesem Rahmen keine Relevanz erlangen.

Auch die städtebauliche und sozialräumliche Ausrichtung von Rückbau- und Aufwertungsmaßnahmen ist Gegenstand von Befragungen. Dabei spiegeln die Fragenkategorien die im Rahmen des Programms induzierte Schwerpunktsetzung. So wird beispielsweise im Sondergutachten zur Bürgermitwirkung im Hinblick auf den Altbaubestand der Erhaltungsaspekt betont, während bezüglich der Plattenbaugebiete deren ‚Zukunftsfähigkeit' im Mittelpunkt steht (vgl. BMVBS/BBSR 2009, 12). Die folgenden Tabellen bilden die diesbezüglichen Frage- und Antwortkomplexe ab:

	Stimme voll zu %	Stimme teilweise zu %	Stimme nicht zu
Derzeit werden fast nur Plattenbauten abgerissen. Es sollten auch mehr Altbauwohnungen abgerissen werden.	15	37,6	45,1
Altbauwohnungen sollten, wenn irgend möglich, erhalten werden.	63,9	28,8	7
Die Stadt sollte ihre Anstrengungen auf den Erhalt wichtiger Gebäude in der Innenstadt konzentrieren.	67,6	24,2	6,3

Tabelle 7: Beurteilung der Abrissnotwendigkeit im Altbaubestand. Tab. nach Abbildung in BMVBS/BBSR 2009, 12 (fehlende Werte auf 100%: ‚weiß nicht')

Insgesamt sprechen sich die Befragten für den Erhalt von Altbauten und wichtigen Innenstadtgebäuden aus. Allerdings befürworten auch 42,6 Prozent der Befragten den vermehrten Abriss von Altbauten voll (15%) oder teilweise (37,6%) (ebd., 11). Die Bewertung wird hier wiederum durch eine Doppelfrage erschwert. Denn die Antwort auf die Behauptung: ‚Derzeit werden fast nur Plattenbauten abgerissen. Es sollten auch mehr Altbauwohnungen abgerissen werden' kann sowohl Wissen (ja, der Abrissschwerpunkt liegt im Plattenbau) als auch Meinung (ja, es sollte mehr im Altbau abgerissen werden) abbilden.

Aus folgender Tabelle geht hervor, dass Plattenbaugebiete in der Abfrage erst gar nicht mit Aufwertungen assoziiert werden, stattdessen wird das auch medial häufig gebrauchte Bild des ‚Auffangbeckens' verwendet und mit dem

Aspekt der funktionalen Notwendigkeit und der Zustimmung/Ablehnung eines *Komplett*abrisses in Verbindung gebracht:

	Stimme voll zu %	Stimme teilweise zu %	Stimme nicht zu
Plattenbauwohnungen werden künftig vermehrt für Haushalte mit niedrigem Einkommen/Hartz-IV-Empfänger benötigt	44,0	33,4	18,0
Plattenbaugebiete haben keine Zukunft. Man sollte sie langfristig möglichst komplett abreißen	15,1	25,6	58,5

Tabelle 8: ,Beurteilung der Zukunftsfähigkeit von Plattenbaugebieten', Tab. nach Abbildung in BMVBS/BBSR 2009, 12 (fehlende Werte auf 100%: ,weiß nicht')

In diesem Zusammenhang spricht sich jedoch eine eindeutige Mehrheit gegen generelle Abrisse dieser Gebiete aus – und das obwohl sich das Sample hier nur aus denjenigen zusammensetzt, die Abrisse grundsätzlich als probates Mittel ansehen. Denn es wurden nur jene Befragten berücksichtigt, die nicht generell einen Abrissstopp gefordert hatten. Auch die Meinungen von BewohnerInnen des DDR-Wohnungsbaus hinsichtlich der Erhaltung von Altbauten gingen „deutlich weiter auseinander" – was aber nicht näher erläutert oder abgebildet wird (ebd., 11).

Insgesamt zeigen sich Befürchtungen und Betroffenheiten, die eine Angst um die Heimat spiegeln. Zudem stimmen Rückbaubestände und Abrisspotenziale offenbar häufig gerade nicht mit den Zustimmungskategorien der Bevölkerung (,störend', leer stehend, verfallen etc.) überein. Im Gegenteil wird bereits seit einiger Zeit darauf verwiesen, dass zur Leerstandsreduzierung zukünftig vor allem auch noch bewohnte und bereits sanierte Bestände zur Disposition stehen dürften (vgl. Kabisch et al. 2007, 42; BMVBS 2010) und es werden teilweise auch weiterhin flächenhafte Abrissmaßnahmen prognostiziert (vgl. BMVBS/BBR 2007). Dennoch steht nicht die Praxis und deren Folgen, sondern vielmehr die Überzeugung der Betroffenen, ihre ,Einsicht' im Mittelpunkt. Denn kritische oder ablehnende Einstellungen führen viele AutorInnen darauf zurück, dass „[o]ffensichtlich (…) die städtebaulichen Strategien nicht nachvollziehbar genug in der Öffentlichkeit kommuniziert worden" sind (Bernt/Fritzsche 2005, 79; vgl. auch Kabisch et al. 2007, 42). Auch Hagemeister/Haller (2009, 269) begründen Protestaktionen mit mangelnder Informationspolitik statt genereller Ablehnung[93]. Die Möglichkeit, dass BewohnerInnen nachvollziehbare Gründe für eine Einschränkung oder Ablehnung des Abrisses haben (könnten), wird nicht in Betracht gezogen, sondern auf die abstrakte Lösung einer ‚besseren' Vermittlung der (richtigen) Vorgehensweise verwiesen. Und auch wenn Bedürfnisse von Betroffenen im Sinne einer sozialverträglichen Entwicklungsstrategie angemahnt werden, können die Ausführungen – wie beispielsweise im Positionspapier Baukultur des Instituts für Regionalentwicklung und Strukturplanung – einen abwertenden Tenor erhalten:

> „Bei der Entscheidung für eine Abrissstrategie sind *nicht zuletzt* auch die Interessen der betroffenen Bewohner auszuloten, denn nach wie vor gibt es ein nicht unerhebliches *Klientel* von Mietern, die in bestimmten Wohnbereichen (z.B. unsanierten Plattenbauten) *verharren* wollen oder aus ökonomischen Gründen verharren müssen" (IRS 2003, 13, Herv. KS).

Die Begrifflichkeit eines ‚verharrenden Klientels' weckt in diesem Zusammenhang wiederum Assoziationen eines ‚Auffangbeckens', das es zu verhindern, oder zumindest sozialplanerisch zu managen gilt. Die präventive Berücksichtigung von Bewohninteressen im Allgemeinen oder raumbezogenen Bindungen im Besonderen findet sich selten – und auch in diesem Zitat verweist ein ‚nicht zuletzt' darauf, dass dies nur ein Aspekt unter mehreren (vorrangigen) ist.

Nur vereinzelt zielen lokale Stadtumbaustrategien in Quartieren darauf, an vorhandene (Identifikations-)Strukturen anzuknüpfen (vgl. etwa das Beispiel der Wohnungsbaugesellschaft im Spreewald, dargestellt in Bundestransferstelle 2008b, 8f.). Übergreifend empfehlen lediglich Haller/Rietdorf eine umfangreiche stadtumbaubezogene Gestaltanalyse als Grundlage für die Entwicklung einer Stadtumbaukultur (2003, 20). Darin solle auch „erarbeitet werden, was an spezifischen Eigenarten zur charakteristischen Stadtgestalt einer jeweiligen Stadt gehört". Denn die „individualisierten Raumnutzungsformen (…) entwickeln zugleich eigene praktische Gestaltlogiken und quasi-ästhetische Ansprüche an den gebauten Raum bzw. die gebaute räumliche Umwelt" (ebd., 21).

Der folgende Abschnitt geht daher der Frage nach, welche Beteiligungsstrukturen und -praktiken bei der Planung und Programmumsetzung des Stadtumbaus angewendet werden. Partizipation und Mitwirkung beinhalten da-

---

93 Wie sich diese Aussage empirisch begründet, bleibt allerdings offen. Tatsächlich hatte in der dem Artikel zugrundeliegenden Untersuchung die überwiegende Mehrheit der Befragten der Aussage, dass in letzter Zeit sehr viele Wohngebäude abgerissen worden wären und das erstmal reiche, ganz (42,5%) oder teilweise (35,2%) zugestimmt (vgl. BMVBS/BBSR 2009, 11).

bei nicht nur einen formalen Aspekt, vielmehr spielen ‚Empowerment' und das Erleben eigener Handlungsmächtigkeit eine erhebliche Rolle im Hinblick auf die Ausbildung und Aufrechterhaltung raumbezogener Bindungen und auch in Bezug auf die Verarbeitung von ‚Verlusterlebnissen'.

4.3.3 Einbeziehung und Beteiligung der Betroffenen

> „Der Abriß von Gebäuden selbst ist ein Ereignis, das seit jeher Schaulustige anzieht. Warum kann dieser spektakuläre Vorgang nicht auch einmal als Event gestaltet werden (...)? Oder gibt es sogar den ersten Schlag mit der Abrißbirne zu gewinnen?" (Schroer 2002).

Bereits die Auslobung des Stadtumbauwettbewerbs hatte gefordert, in den Konzepten „geeignete Verfahren zur Öffentlichkeitsarbeit und Bürgerbeteiligung" darzustellen und diese „in enger Abstimmung mit den betroffenen Grundeigentümern im Stadtteil, den Nutzern und Bewohnern zu erarbeiten" (BMVBW 2001, 8f.). Ebenso verweist der erste Statusbericht auf die Notwendigkeit, „auch die angemessene Beteiligung der betroffenen Bürgerinnen und Bürger (...) *sowohl bei der Aufstellung als auch bei der Umsetzung* der städtebaulichen Entwicklungskonzepte zu berücksichtigen" (BMVBS/BBR 2006, 18, Herv. KS; vgl. ebenso Hagemeister/Haller 2009, 261; Liebmann 2007, 27, die Ressortpublikationen auf Bundes- und Landesebene ausgewertet haben).

Gleichzeitig wird allerdings von Anfang an auf entsprechende Defizite verwiesen. 2002 stellt die Brandenburger Studie eine „gewisse Zurückhaltung" hinsichtlich der Einbeziehung der Bevölkerung bei Stadtumbauvorhaben fest (MIL 2002, 20). Die Auswertung des Wettbewerbs bemängelt, dass „die Darstellungen zur Bürgerbeteiligung in den Wettbewerbsbeiträgen wenig Raum ein[nehmen]" (BMVBW 2003a, 29). Auch nach fünf Jahren Programmlaufzeit nehmen „die direkte Beteiligung, ebenso wie die Kommunikation und Erläuterung von Maßnahmen, im Stadtumbauprozess allerdings einen relativ geringen Stellenwert ein" (BMVBS/BBR 2007, 90): Nur etwa ein Drittel der im Statusbericht befragten Kommunen hat „Aktivitäten der Öffentlichkeitsarbeit und der Bürgerbeteiligung im Rahmen des Stadtumbauprogramms *geplant oder bereits durchgeführt*" (ebd., Herv. KS). Hinzu kommt die Problematik, dass insbesondere „jene Akteure, die ihre Interessen organisiert vertreten (Wohnungswirtschaft und öffentliche Träger), (...) in den Stadtumbau einbezogen" werden. Organisation und Durchführung des Stadtumbaus beschränken sich daher häufig auf Akteure der Stadtplanung, Wohnungswirtschaft und Versorgungsunternehmen (ebd., 74). So konstatiert Fritsche zwar insgesamt eine „schier unüberschaubare Menge von Forschungsarbeiten" zu partizipativen Ansätzen auf lokaler Ebene, „weitgehend unklar" sei allerdings „der Stellenwert partizipativer Arrangements in den (…) finanziell umfangreichsten Städtebauförderungsprogrammen ‚Stadtumbau Ost' und ‚Stadtumbau West'" (2011, 20).

Einige AutorInnen äußern in diesem Zusammenhang Zweifel hinsichtlich aktiver zivilgesellschaftlicher Potenziale in Ostdeutschland. Umso wichtiger wäre es, die in der westdeutschen Planungs-, Partizipations- und Sanierungsgeschichte entwickelten Beteiligungserwartungen und -instrumente auf ihre Passung zu prüfen und gegebenenfalls zu erweitern[94]. Allerdings kommt zumindest der Freiwilligensurvey für das Jahr 2009 zu dem Schluss, die Zivilgesellschaft in Ostdeutschland habe sich „dynamisch entwickelt" (Gensicke 2010, 91). 64 Prozent der Bevölkerung beteiligten sich als ‚öffentlich Aktive' oder freiwillig Engagierte, obwohl die Zahl der Engagierten – insbesondere im ländlichen Raum – hinter denen für Westdeutschland zurückbleibe (ebd. 94f.). Keineswegs kann also von einer grundsätzlich passiven Haltung der Betroffenen ausgegangen werden.

Insgesamt jedoch werden Information und Öffentlichkeitsarbeit, Beteiligung und Kooperation im Stadtumbaukontext nicht als konsekutive, aufeinander aufbauende und sich gegenseitig bedingende Beteiligungsinstrumente angewendet[95]. Vielmehr scheint sich ein Spektrum abzubilden, bei dem ‚Information' unterschiedlichster Intensität und zeitlicher Abfolge gegebenenfalls unabhängig von Beteiligung und Mitwirkung praktiziert wird. Partizipation im Sinne von Mitwirkungsformen lässt sich gleichzeitig als Wunsch- und Zielvorstellung, rhetorische Floskel und teilweise mehr oder weniger intensive und auf unterschiedliche Bereiche bezogene Praxis feststellen.

---

94   Göschel (2003, 612) zweifelt generell die Verbreitung entsprechender zivilgesellschaftlicher Potenziale in Ostdeutschland an und Haller et al. stellen Ängste hinsichtlich einer „übermächtig erscheinenden Bürokratie und vor einer als hierarchisch empfundenen Verwaltung" fest, die bürgerschaftliches Engagement verhinderten (2006, 74; vgl. auch Häußermann 1996). Andere AutorInnen führen einen Wandel der Partizipationsbereitschaft auf erlebte Enttäuschungen zurück: die Aufbruchstimmung nach der Wende „ist ganz schnell umgeschlagen. Man sieht, daß man gar nicht so viel verändern kann, wie man gehofft hat" (Harth/Herlyn 1996, 155f.; vgl. auch Rietdorf 1997, 49; Schmitt 2007, 21). Zudem hätten die westdeutschen Konzepte und Muster „fremd, als von außen übertragen und verordnet" gewirkt (Schmitt 2007, 20; vgl. Harth/Herlyn 1996, 160).

95   Es lassen sich in diesem Sinne analytisch unterschiedliche Intensitäten und Kooperationsformen der Beteiligung feststellen, die allerdings in der Praxis begrifflich synonym Anwendung finden und ggf. auch aufeinander aufbauen bzw. sich ergänzen: Information und Anhörung, Information und Erörterungen, aufsuchende und aktivierende Beteiligung, Kooperation und gemeinsame Problembearbeitung (Selle 1996, 69; grundsätzlich Arnstein 1969).

4.3.3.1 Information und Öffentlichkeitsarbeit

Beteiligung setzt Information voraus, um Folgen abschätzen, Perspektiven erkennen oder eine Wahl treffen zu können. Aus dem Sondergutachten zur Bürgermitwirkung geht hervor, dass lediglich 47 Prozent aller Befragten gut, aber
mehrheitlich eher äußerst grob über das Programm informiert sind, gegenüber 53
Prozent, die nicht genau wissen, worum es dabei geht (BMVBS/BBSR 2009,
15). Dieses Ergebnis spiegelt sich auch auf kommunaler und gebietsbezogener
Ebene: in Grünau gaben beispielsweise 57 Prozent der Befragten an, sich nicht
ausreichend über den Stadtumbau informiert zu fühlen (Kabisch/Großmann
2010, 72f.).
　　Dem scheint vielfach eine Kommunikationspolitik zu entsprechen, die
insgesamt auf eine Öffentlichkeitsarbeit ohne direkten Kontakt und ohne Dialog-
formen hindeutet[96]: laut erstem Statusbericht verbreiten 91 Prozent der Kommunen Informationen über die Lokalpresse, 40 Prozent verwiesen auf sonstige ‚Beteiligungsformen' (Homepage, Ausstellung) und 10 Prozent auf die eigene
Stadtumbauzeitung. Lediglich 35 Prozent führten regelmäßig Informations- und
Diskussionsveranstaltungen durch und 25 Prozent informierten durch ‚Vor-Ort-
Büros (BMVBS/BBR 2007, 91). Auch die Ergebnisse aus Grünau belegen, „dass
nicht die verantwortlichen Hauptakteure (Vermieter oder Stadtverwaltung) (...)
an die Öffentlichkeit traten", sondern die BewohnerInnen ihre Informationen vor
allem „aus zweiter Hand" über Radio, Fernsehen oder Presse erhielten
(Bernt/Fritzsche 2005, 74). So folgern auch Hagemeister/Haller nach sieben
Jahren Programmlaufzeit: „Beteiligung findet selten als kommunikativer Prozess
statt, sondern wird vorwiegend auf die Information der Bürger beschränkt"
(Hagemeister/Haller 2009, 261).
　　Aber selbst die Informationsverbreitung an sich wird als problembehaftet
beschrieben. So hätten beispielsweise „Indiskretionen" und „interessengeleitete
Berichterstattung" einiger Zeitungen das Verhältnis von Kommunen und Medien
„getrübt". Unter anderem wären

> „Bewohner vielerorts über den Stadtumbau informiert worden, *ohne dass die Kommune*
> *die Meinungsführerschaft aufrechterhalten konnte.* Dies hat häufig zu unkontrollierbarer
> Gerüchtebildung und Verunsicherung in den betroffenen Gebieten beigetragen" (MIL
> 2002, 21f.).

96　Eine gewisse Ironie vermitteln in diesem Zusammenhang die Ergebnisse des Thüringer
　　Monitoringberichts zum Stadtumbau: dort wird in Bezug auf die Beteiligungstätigkeit der
　　Kommunen festgestellt, dass diesbezüglich „bei deutlich mehr als der Hälfte der Programm-
　　gemeinden keine Daten zur Verfügung" stünden (TMBLV 2009, 79).

Deutlich wird an dieser Stelle das Informations- und Meinungs(gestaltungs)monopol der Kommune gegenüber der (unabhängigen) Presse betont, sowie die Notwendigkeit, durch geeignete Information zu geeigneter Zeit, die Akzeptanz und Umsetzung des Stadtumbaus sicherzustellen. Denn die Verbreitung stadtumbaurelevanter Informationen über eine angemessene, das heißt zeitlich und inhaltlich abgestimmte Öffentlichkeitsarbeit, wird als strategisches Element im Stadtumbauprozess angesehen (vgl. BMVBS/BBR 2006, 60). Dabei steht im Mittelpunkt, wie die ,richtigen' Inhalte zum ,richtigen' Zeitpunkt an die ,richtigen' AdressatInnen vermittelt werden können (vgl. Harms/Jacobs 2003, 33). Die Verfahren der Öffentlichkeitsarbeit werden teilweise zudem mit einem umfassenden ,Stadtumbau-Marketing' verbunden (BMVBS/BBR 2006, 60). Auch die Programmevaluation hebt hinsichtlich der gebietsbezogenen Beteiligungsformen hervor, dass vor allem in den „randstädtischen Rückbaugebieten" der Bedarf steige, „den Bürgern die *weitere Notwendigkeit* des Stadtumbaus *zu vermitteln*" (BMVBS/BBR 2008a, IX, Herv. KS).

Das im Folgenden zitierte, zu Beginn des Stadtumbauprogramms für Brandenburger Kommunen beschriebene Vorgehen, setzt sich im Laufe des Jahrzehnts mehr und mehr durch zu einem Modell,

> „in dem die Stadt zu Beginn des Verfahrens die Bürger auf der Ebene der Gesamtstadt über die Arbeit an Stadtentwicklungskonzepten informiert, ohne jedoch konkrete Angaben zu den von Abriss oder Rückbau betroffenen Teilgebieten oder Gebäuden zu machen. Daran schloss sich in der Regel ein Prozess der Entscheidungsfindung an, der weitgehend ohne Beteiligung der Öffentlichkeit erfolgte. Informationen erhielt die Bürgerschaft in der Regel über die Presse. Soweit die gemeinsame konzeptionelle Arbeit von Stadt und Wohnungswirtschaft bereits abgeschlossen war, wurde die Einbeziehung der Betroffenen auf der Ebene der Stadtumbaugebiete oder der für Rückbaumaßnahmen festgelegten Gebäude größtenteils den jeweiligen Wohnungsunternehmen überlassen. Diese haben sich in den meisten Fällen weitgehend bedeckt gehalten und eine eher ,passive Informationspolitik' betrieben" (MIL 2002, 21).

Da aber sowohl eine zu passive als auch eine zu offensive Informationspolitik als problematisch eingeschätzt wird (,Panikreaktionen', ,Gerüchteküchen'), neigen Kommunen und Unternehmen zu ,vorsichtigen Formulierungen' sowie der Offenlegung nur mittelfristiger Planungshorizonte. Bereits im Jahr 2000 hatten sich die BewohnerInnen in Grünau über die rhetorische „Verharmlosung oder Schönrederei des Abrisses" geärgert (Kahl 2003, 151). So werde bei „Bestandsreduzierungen von 80 und mehr Prozent (...) geschönt allerhöchstens von ,Umstrukturierung mit dem Schwerpunkt Rückbau' gesprochen" (Liebmann 2004, 152). Zerstörung oder Verlust werden möglichst selten direkt thematisiert – auch Kabisch et al. beschreiben den Abriss gewohnter Umgebungsstrukturen beispielsweise als Akt, bei dem „auch Erfahrungen und Orientierungen, die an Baustrukturen geknüpft sind, *aufgegeben* werden" (Kabisch et al. 2007, 45, Herv.

KS). Unklar bleibt, ob damit gemeint ist, dass ‚die Stadt' diese Bindungen (bewusst) aufgibt oder BewohnerInnen ihre Bindungen (aktiv) aufgeben (müssen). In der Studie von Peter (2009, 186f.) bemängelten die Befragten weiterhin den zeitlichen Ablauf der Information sowie das ‚Schweigen' der Verantwortlichen auf entsprechende Nachfragen. Obwohl die Vermieter teilweise über zehnjährige Planungshorizonte verfügt hätten, seien die Betroffenen erst etwa ein Jahr vor dem Rückbau informiert worden. Ähnliche Ergebnisse liefert die Untersuchung von Hagemeister/Haller (2009, 268). Gerade diese defensive Vermittlungsstrategie kann jedoch in das Gegenteil der beabsichtigten Wirkung umschlagen: das Bundesministerium resümiert, dass Informationsdefizite und Gerüchtebildungen kontraproduktiv „für den reibungslosen Ablauf der Stadtumbaumaßnahmen" sind, denn eine derartige Situation „führt zu ungesteuerten, oft nicht notwendigen Umzügen und hemmt die Mitwirkungsbereitschaft der Bewohner für die folgenden Phasen des Stadtumbaus" (BMVBS/BBR 2007, 93). Damit werde der Wegzug, so stellt Bernt bereits 2002 fest, „zu einer Entscheidung für mehr Sicherheit in der Zukunftsplanung, selbst unter Inkaufnahme höherer Kosten" (Bernt 2002, 31f.).

4.3.3.2 Beteiligung und Mitwirkung

Hinsichtlich der über die Informationsvermittlung hinausgehenden Formen der Beteiligung muss sowohl nach der Ebene als auch dahingehend differenziert werden, ob sie auf der Grundlage der (kontinuierlichen) Gestaltung eines *offenen* Prozesses stattfinden. Liebmann (2007, 27) unterscheidet drei Ebenen der Mitwirkung: die Konzepterstellung auf gesamtstädtischer Ebene, die Beteiligung bei der Vorbereitung und Umsetzung von Maßnahmen auf teilräumlicher Ebene, sowie die Aneignung neu entstandener Flächen. Wie sich bereits im Kontext der Informationsvermittlung andeutete, ist die Einbeziehung der Betroffenen bei der Planungs- und Umsetzungsphase relativ selten. Beteiligung im Sinne des umfassenden Verständnisses einer ‚Aushandlung' – „öffentlich für alle Bewohner und Akteure und mit offenem Ausgang hinsichtlich der Ergebnisse" (Beer 1997, 215) – wird nur vereinzelt beschrieben und eingefordert. Laut Fritsche „war die Konzeptionsphase der lokalen Stadtumbauprozesse von einseitigen Informationsveranstaltungen geprägt, auf denen Bewohner über bereits gefasste Beschlüsse in Kenntnis gesetzt wurden und diese gelegentlich auch diskutieren ‚durften'" (2011, 46). Diese Feststellung lässt sich aber nicht nur für die ersten Jahre des Programms und als eventuelle ‚Kinderkrankheit' ausmachen. Vielmehr kommen beispielsweise im Ergebnispapier eines Workshops zum Thema ‚Profilierung des Programms Stadtumbau Ost ab 2010' weder der Aspekt der Betroffenheit noch

Fragen der Beteiligung explizit vor. Stattdessen werden BürgerInnen und BewohnerInnen auf die Rolle von Eigentümern und Wohnraumnachfragern reduziert. In diesem Sinne – als Immobilienbesitzer – wird dann auch ihre Beteiligung empfohlen (vgl. BMVBS/BBSR/Bundestransferstelle 2010). Auch der fünfte Statusbericht beschränkt sich im Jahr 2012 unter der Überschrift „Möglichkeiten und Grenzen der Einbeziehung von Bürgern" auf 18 einspaltigen Zeilen – im Folgenden nur unwesentlich gekürzt – darauf, dass sich Kommunen mit der Beteiligung „in den ersten Jahren sehr schwer getan" hätten, dass sich inzwischen die Erkenntnis durchgesetzt habe, „dass eine offensive Kommunikation die Umsetzung der Stadtumbauvorhaben erheblich erleichtern kann", aber dass „sich die Beteiligung der Bürger in vielen Kommunen nach wie vor auf die Information zu Stadtumbauvorhaben" beschränke (BMVBS 2012, 15).

BürgerInnen werden im Hinblick auf die langfristige Stadt- oder Gebietsentwicklung als eigenständige AkteurInnen überwiegend kaum wahrgenommen oder eingebunden: Die Verwaltungsvereinbarung Städtebauförderung des Jahres 2005 verweist beispielsweise hinsichtlich der Erstellung des städtebaulichen Entwicklungskonzeptes, auf die „Beteiligung der Wohnungseigentümer" und eine Abstimmung „mit den Umlandgemeinden" (VV 2005, 11, Herv. KS). 2006 nimmt das Dokument zwar abstrakt die Beteiligung von Betroffenen und öffentlichen Aufgabenträger nach § 171b Abs. 3 bzw. § 137 BauGB auf, wörtlich hervorgehoben wird jedoch nur die Einbeziehung „insbesondere der Wohnungseigentümer sowie der Ver- und Entsorgungsunternehmen" (VV 2006, 13). Dementsprechend stellt auch Liebmann in ihrer Untersuchung fest, dass die Zuordnung der städtischen Teilgebiete im Rahmen der INSEKs (Erhaltung, Abriss etc.) in der Regel „auf einem *breiten* Abstimmungsprozess innerhalb der *Verwaltung*, mit den *Wohnungseigentümern* und vielfach den wesentlichen Trägern öffentlicher Belange (bspw. *Stadtwerke*)" beruhe (Liebmann 2004, 148, Herv. KS). Auch Haller/Liebmann (2002, 39) betonen, die Erarbeitung von INSEKs werde „als Gemeinschaftsaufgabe der am Stadtentwicklungsprozeß beteiligten *kommunalen Akteure* und der örtlichen *Wohnungseigentümer* verstanden". In Weißwasser wurde die Zivilgesellschaft in den Prozess der INSEK-Erstellung nicht einbezogen. Die Ausarbeitung habe in ‚kleinem Kreis' stattgefunden, wobei eine Diskussion um die generelle Richtung des Stadtumbaus von Verwaltung und Unternehmen verhindert wurde und stattdessen vor allem praktische Fragen der Mieterumsetzung diskutiert worden seien (Kabisch et al. 2007, 44). Die Befragung der Kommunen im Rahmen des Zweiten Statusberichts zeigte, dass insbesondere die Abstimmung mit jenen Akteuren als positiv hervorgehoben wurde, „die ihre Interessen organisiert vertreten und mit denen auch in anderen Feldern der Stadtentwicklung Routine in der Zusammenarbeit besteht". Als problematisch wird hingegen die Zusammenarbeit mit interkommunalen und regionalen Akteuren, sowie Privatpersonen und Bürgervertretern, die ‚Partikularinteressen' vertreten, beschrieben (BMVBS/BBR 2007, 103). Die folgende Tabelle aus der Programmevaluation verdeutlicht das Verhältnis zwischen den beteiligten Gruppen; abgebildet ist jeweils die prozentuale Beteiligung der jeweiligen Akteure, die außer den Stadtverwaltungen selbst an der Erarbeitung der integrierten Stadtentwicklungskonzepte auf kommunaler Ebene beteiligt waren (laut Ergebnis einer Kommunalbefragung im Rahmen des zweiten Statusberichts aus dem Jahr 2006):

Akteure	Beteiligt zu
Kommunale Wohnungsunternehmen	95%
Genossenschaften	91%
Ver- und Entsorgungsunternehmen	69%
Träger der sozialen Infrastruktur	43%
Träger öffentlicher Belange	33%
Sonstige Wohnungsunternehmen	33%
Privatpersonen bzw. Verband H&G	33%
Lokale Ökonomie	31%
Bürgerinitiativen	23%
Sanierungsträger, externe Büros	12%
Mietervertretungen	11%
Sonstige	7%

Tabelle 9: „Akteursspektrum in den Stadtumbaukommunen: Neben den Stadtverwaltungen an der Erarbeitung des INSEK beteiligte Akteure". Tab. erstellt nach Abbildung in BMVBS/BBR 2008b, 105 (Werte gerundet).

Auch ein Blick in die unternehmensspezifische Praxis des Stadtumbaus zeigt, inwiefern vor allem Stadt und Unternehmen als handelnde, BürgerInnen als empfangende ‚AkteurInnen' interpretiert werden. Dabei erweckt das Zitat einer Vertreterin der Wohnungswirtschaft den Eindruck, dass im Stadtumbau eine agierende ‚Gemeinschaft' aus (von Leerstand und Schrumpfung ‚betroffenen') Fachleuten einer reagierenden Masse gegenübersteht:

„Mit der sich über die Jahre hinweg ständig verbessernden Zusammenarbeit zwischen *Stadt, Wohnungsgenossenschaft, Wohnungsgesellschaft und den Ver- und Entsorgungsunternehmen* erscheint das Motto ‚Von der Wohnsiedlung zur Stadt' als ein durchaus erreichbares Ziel. (…) Der Prozess jedenfalls ist derart komplex, dass es in einem ständigen Wechselspiel von Stabilisierung und Veränderung maßgeblich von den beteiligten Partnern abhängen wird, wie er beherrscht wird und *bei den Bewohnern auf Akzeptanz und die Bereitschaft zur Mitwirkung* stößt." (Margitta Faßl, Geschäftsführerin der Wohnungsgesellschaft mbH Hoyerswerda, zit. nach BMVBW/BBR 2004, 36, Herv. KS).

In diesem Sinne begründen Kommunen ihre ‚Zurückhaltung' hinsichtlich der Beteiligung über den gesamten bisherigen Stadtumbauzeitraum mit dem Ausmaß und der Komplexität der Planungen, Zeitmangel, Datenschutz, der Integration unterschiedlicher Aspekte und Interessen sowie entsprechend komplexer Abstimmungsprozesse. Darüber hinaus habe man Ablehnung, Unverständnis, Proteste sowie ‚Trittbrettfahrer'- und Erpressungsversuche, ebenso wie „unkontrollierbare Abwanderungsschübe" befürchtet (vgl. MIL 2002, 20; Liebmann 2007, 27; BMVBS/BBR 2007, 93; Hagemeister/Haller 2009; BMVBS/BBR 2008a; BMVBS/BBSR 2009).

Die Komplexität, die von vielen Akteuren als zentrale Herausforderung benannt wird, lässt die Verlagerung von Information und Beteiligung auf kleinteiligere Raumausschnitte plausibel erscheinen, denn dort sind die Vorhaben konkret, begrenzt und Personen direkt betroffen: „Auf der Ebene der Stadtteile wird der Stadtumbau in seinen Auswirkungen auf die persönliche Lebensumwelt sehr viel konkreter" (BMVBS/BBR 2007, 93). Insgesamt wird sogar ein Rückgang gesamtstädtischer stadtteilübergreifender Veranstaltungen zu Gunsten der Beteiligung im Hinblick auf „konkrete stadtteilbezogene Themen" konstatiert. Dabei stünden allerdings wiederum die „*Vorstellung* der geplanten Stadtumbauvorhaben im Quartier" im Mittelpunkt (Hagemeister/Haller 2009, 265f., Herv. KS). So zeigt sich, dass auch auf dieser Ebene eher *Informations-* als Mitwirkungsarbeit dominiert und dass eine Einbeziehung in Entscheidungsprozesse weder auf gesamtstädtischer noch auf Quartiersebene stattfindet. Liebmann (2007, 27) stellt diesbezüglich fest, dass „Beteiligungsmodelle, bei denen die Bewohner tatsächlich Einfluss auf die (Rückbau-)Entscheidungen gehabt hätten, (…) die absolute Ausnahme" sind (ebd.). Und auch der zweite Statusbericht betont, dass „Bewohner bei der Rückbauplanung nur in den wenigsten Fällen direkt beteiligt" werden. Stattdessen werden „*[i]n der Regel* (…) die direkt betroffenen Mieter vor Beginn der Maßnahmen von den Wohnungsunternehmen angeschrieben oder durch Informationsveranstaltungen bzw. Aushänge informiert" (BMVBS/BBR 2007, 93).

Sowohl die (Rat gebende) Literatur als auch entsprechende Untersuchungsergebnisse verweisen darüber hinaus auf einen (weiteren) ‚*Beteiligungsbias*': so wird die Mitwirkung an Aufwertungsmaßnahmen als sehr akzeptanzfördernd, Beteiligung am Rückbauprozess dagegen als eher schwierig beschrieben (vgl. Bundestransferstelle 2008b, 4). Vielfach hätten sich auf Quartiersebene „Beteiligungsverfahren bei konkreten Aufwertungsprojekten" bewährt, denn dabei „scheint die Einbeziehung von Bewohnern als Experten ihres persönlichen Wohnumfeldes *einfacher zu bewerkstelligen* zu sein als im gesamtstädtischen Kontext" (BMVBS/BBR 2007, 93, Herv. KS). Dazu passt die Empfehlung, „dass die Gestaltung von Freiflächen und Zwischennutzungen einen guten Ansatzpunkt für die Einbeziehung der vor Ort lebenden Bewohnerinnen und Bewohner bieten kann" (BMVBS/BBR 2006, 54). Auch in diesem Zusammenhang zeigt sich die Dominanz strategischer gegenüber sozialplanerischen Aspekten: zwar wird betont, dass Zwischennutzungen die Chance böten „Bürger aktiv am Stadtumbau zu beteiligen, und zwar indem sie selbst *zum bestimmenden Akteur* in der Stadtentwicklung werden" (BMVBS/BBR 2007, 50, Herv. KS). Gleichzeitig sind dies Projekte, in die Betroffene Arbeit und (langfristige) Hoffnungen investieren, obwohl es sich bei dieser Überlassung von Gestaltungsmöglichkeit um eine (kurzfristige) strategische Maßnahme im Hinblick auf einen effizienten Stadtumbau handelt: denn dabei „geht es auch um eine (möglicherweise nur temporär angelegte) Belebung des Stadtraumes, die Aufwertung des Stadtteilimages sowie die Stärkung von Quartiersbindungen" (BMVBS/BBR 2007, 53).

Im Einzelfall sind folglich Frustrationserlebnisse vorprogrammiert, wenn Betroffene gar nicht, nur ‚alibimäßig' oder im Hinblick auf ohnehin langfristig bedeutungslose Projekte beteiligt werden. In diesem Zusammenhang wird zwar häufig die Empfehlung ausgesprochen, Beteiligung (nur) dort vorzunehmen, wo tatsächlich auch Handlungsspielraum besteht (vgl. Hagemeister/Haller 2009, 276; Liebmann 2007, 33; Bundestransferstelle 2008b, 7) – wenn allerdings Rückbauplanungen per se als ‚nicht verhandlungsfähig' eingestuft werden bzw. vielfach alle Entscheidungen bereits getroffen wurden, erweist sich auch dieses Vorgehen als ‚Alibi-Argumentation'.

Dass allerdings Möglichkeitsspielraum auch eingefordert werden kann, beschreiben Großmann/Nolting für Chemnitz: dort sei die „geplante schnelle Bestätigung des Programms durch die Städträte (...) an einer losbrechenden öffentlichen Diskussion" gescheitert. Die Proteste zielten dabei sowohl auf den Inhalt der Rückbauplanungen als auch auf eine als mangelhaft empfunde Anhörung und Beteiligung der BürgerInnen (2002, 284). Die gebiets- und maßnahmenbezogene unterschiedliche Bewertung der Bewohnermitwirkung spiegelt sich allerdings auch in der Darstellung und (impliziten) Bewertung bürgerschaftlichen Engagements im Rahmen des Stadtumbaus. So betont der zweite Statusbericht, dass es durchaus BürgerInnen gebe, „die sich in Selbstorganisation für die künftige *positive Entwicklung* der eigenen Stadt einsetzen, was sich beispielsweise in den vielerorts aktiven Bürgerinitiativen *gegen Abriss von Altbauten* in der Innenstadt zeigt" (BMVBS/BBR 2007, 94, Herv. KS). Demgegenüber könnten die ‚sozialen Milieus' in den Plattenbaugebieten „der harten Belastungsprobe oftmals nicht standhalten". Daher sei „eine individuelle Beratung und Begleitung notwendig, um negative Folgen der Stadtumbaumaßnahmen für die Betroffenen abzufedern" und einem Rückzug aus gesellschaftlichen Entscheidungsprozessen entgegenzuwirken (ebd.). In diesem Sinne überlagern sich die sozialräumlichen Schwerpunktsetzungen von Rückbau und Aufwertung mit jeweils spezifischen sozialen Ressourcen: die ‚innerstädtischen Milieus' unterstützen das Leitbild des konzentrischen Rückzugs und innerstädtischer Aufwertung aktiv, die BewohnerInnen der vom Rückbau betroffenen Siedlungen passiv, indem sie weniger in der Lage sind, sich zu organisieren und ihr Anliegen ‚positiv' sichtbar zu machen (s.u.). So berichten Kabisch et al., dass aus ihrer Untersuchungsstadt Weißwasser gerade diejenigen bereits abgewandert seien, die im Hinblick auf Proteste oder Einflussmöglichkeiten über das soziale und kulturelle Kapital verfügen würden. Alle anderen schätzten beispielsweise ihre rechtlichen Ein- und Widerspruchsmöglichkeiten als gering ein, obwohl sie dies aus mietrechtlicher Sicht nicht wären (Kabisch et al. 2004, 156).

Ob sich der in der Stadtumbauevaluation festgestellte eher gering ausgeprägte Wunsch nach einem Ausbau der Beteiligung[97] auf diese Weise erklären, oder sich auf grundsätzliche historisch bedingt differente ‚Beteiligungskulturen' zurückführen lässt, bleibt offen. Eine ‚Gegenbewegung' scheint jedenfalls genauso unwahrscheinlich wie eine grundsätzliche Diskussion über ‚strategische Weichenstellungen' – wie sie Hagemeister/Haller (2009, 276) oder Beer (2002a) fordern: die Weichen sind gestellt, Beteiligung dient der Legitimation der grundsätzlich notwendigen Entwicklungsstrategie. In diesem Zusammenhang sind Darstellungen einer ‚negativen' Beteiligung im Sinne der (konstruktiven) Ablehnung konkreter Vorhaben oder auch das ‚aggressive' Einfordern von Beteiligung eher selten und wenig systematisiert. Lediglich Protesten gegen den Abriss von (innerstädtischen) Altbauten werden in Publikationen als gute Beispiele im Hinblick auf lokales Engagement hervorgehoben (vgl. Hagemeister/Haller 2009).

Finden Proteste überhaupt Erwähnung, dann werden Aktionen überwiegend in zwei Kontexten diskutiert bzw. dargestellt: Einerseits indem hervorgehoben wird, dass sie quasi kaum auftreten. So betonen Hagemeister/Haller (2009, 268, Herv. KS), dass erzwungene Umzugsprozesse in den allermeisten

---

97   55% der befragten Betroffenen waren mit dem Informations- und Beteiligungsangebot zufrieden, 10 % wünschten sich mehr Beteiligung und 18% mehr Informationen (BMVBS/BBR 2008b, 122).

Fällen „sehr ruhig und ohne *größere* Proteste der Bewohner verlaufen" seien. In diesem Zusammenhang bleibt offen, inwiefern eben doch Proteste und wenn ja, in welcher Qualität stattfanden. Die Feststellung wird beispielsweise auch nicht vor dem Hintergrund der Ergebnisse von Janoschka (2006) und Peter (2009) reflektiert, die bei Betroffenen sowohl Resignation im Hinblick auf die Unabwendbarkeit der Planungen, als auch erhebliche Ängste (und daraus resultierende ‚Erpressbarkeit') dahingehend konstatiert hatten, eventuell überhaupt keine Ausweichwohnung zu finden, wenn sie die unterbreiteten Umzugsangebote nicht annehmen. Beides macht Proteste eher unwahrscheinlich und kann daher nicht unbedingt im Sinne der Befürwortung des Abrissprozesses, guter Öffentlichkeitsarbeit oder bewohnerorientierten Umzugsmanagements interpretiert werden, wie dies im Folgenden die Geschäftsführerin einer gemeinnützigen Wohnungsbaugesellschaft betont. Demnach sei es in diesem Praxisbeispiel trotz einer Bestandreduzierung von 41 Prozent nicht zu Bewohnerprotesten gekommen:

> „Ein Ansturm verärgerter oder verunsicherter Mieter blieb aus. Der öffentlichen Ankündigung der konkreten Maßnahmen ging eine monatelange Presse- und Öffentlichkeitsarbeit voraus, in der die Notwendigkeit des Rückbaus nicht mehr vermietbarer Wohnungen verdeutlicht wurde. Die Mieter waren dann nicht mehr überrascht, als es in ihrem Wohnumfeld tatsächlich Ernst wurde." (zit. nach BMVBW/BBR 2004, 15).

Ein zweiter Thematisierungsstrang kann als Skandalisierung bzw. diskursive Abwertung des Protestes benannt werden. So mussten einige Brandenburger Kommunen den Betroffenen „unfreiwillig" Mitwirkungsmöglichkeiten einräumen (sic), weil diese aufgrund von *Gerüchten* gegen den Abriss protestiert hatten:

> „Bürgerbeteiligung im engeren Sinne, also das Einräumen von Gestaltungsmöglichkeiten im Prozess der Planung des Stadtumbaus, wurde den Bewohnern in einigen Fällen bisweilen *unfreiwillig eingeräumt*. Aufgrund von Gerüchten oder Presseinformationen haben sich in mehreren Städten Betroffene so vehement zu Wort gemeldet, dass sich die Wohnungsgesellschaften zur Änderung ihrer Planungen gezwungen sahen." (MIL 2002, 27, Herv. KS)

Indem es nicht gelungen ist, die richtigen Informationen zur richtigen Zeit zu platzieren und die Betroffenen diese (stattdessen) durch „Gerüchte" und (wahrscheinlich, so legt es eine andere Textpassage nahe, unautorisierte) „Presseinformationen" erhielten, ist eine Gegenwehr entstanden, mit der so offenbar nicht gerechnet worden war. Dieser Protest richtete sich nicht (nur) gegen das spärliche Beteiligungsverfahren, sondern auch gegen die eigentlichen Planungen, die in der Folge abgeändert werden mussten. Eine spätere Publikation des BMVBS resümiert daher auch: „Bei der Beteiligung der Bewohner am Stadtumbau haben sich viele Kommunen in den ersten Jahren sehr schwer getan. Dies hat in der

Vergangenheit auch immer wieder zu vereinzelten Protesten – insbesondere gegen den Abriss von Wohnungen – geführt" (BMVBS 2012, 15; vgl. BMVBS/BBSR 2009, 2).

Skandalisierende Diskursstränge sind allerdings insgesamt wenig dokumentiert, sie finden sich nur vereinzelt oder mit Hinweis auf persönliche Gesprächserfahrungen mit stadtumbaurelevanten Akteuren. So kommt auch Fritsche zu der Schlussfolgerung, dass „Beispiele, in denen Betroffene eine intensivere Beteiligung im Stadtumbauprozess öffentlich eingefordert hätten, (…) bislang nicht wissenschaftlich begleitet und aufbereitet" worden seien (Fritsche 2011, 48). Hagemeister/Haller berichten zumindest davon, inwiefern sich Betroffene, die sich gegen Abrissplanungen oder für mehr Beteiligung im Planungsprozess einsetzten, Behandlungen ausgesetzt sahen, die von Ignoranz bis zu persönlichen Beleidigungen reichten (2009, 279). Auch Janoschka stellt in seiner Erhebung diesbezüglich fest, dass BürgerInnen, die sich gegen Maßnahmen des Stadtumbaus engagieren, von Politik und Verwaltung als „Gegner und Störenfriede des reibungslosen Ablaufes des Stadtumbaus bewertet" würden (Janoschka 2006, 193). Selle (2007, 65) folgert – wenn auch nicht direkt auf den Stadtumbau bezogen:

> „Unzureichend und zu spät informiert, gelegentlich sogar gezielt hinters Licht geführt, bleibt denen, die einzelnen Vorhaben kritisch gegenüberstehen, nur der klassische Weg des Protests und der Skandalisierung – was dann alle Beteiligten in der Auffassung bestärkt, dass die Bürger eben tatsächlich Störfaktoren sind".

Die praktizierte Informations- und Beteiligungspolitik steht in direktem Zusammenhang mit dem Bewusstsein um die Bedeutung dieses Eingriffs in die Lebensumwelt. Zwar gibt es Positiv-Beispiele, bei denen im Rahmen von Aufwertungsmaßnahmen auch die Bindung der BewohnerInnen durch deren Mitwirkung gefördert werden sollte und entsprechende Erfolge verzeichnet werden konnten (vgl. Hunger et al. 2003, 128ff.). Bernt kritisiert allerdings insgesamt die konkrete Umsetzung vor Ort, denn

> „[a]ngesichts des langen Erfahrungsschatzes über Formen von Bewohnerbeteiligung, der in Deutschland z.B. im Rahmen der ‚behutsamen Stadterneuerung' gesammelt wurde, ist es immer wieder überraschend, wie wenig reflektiert auch die Problematik der Einbindung der Bewohner in die geplanten Stadtumbaumaßnahmen ist" (Bernt 2002, 30).

Das BMVBS betont demgegenüber die Neuartigkeit der Situation mit entsprechenden Auswirkungen auch auf das Informations- und Beteiligungsverfahren:

> „Eine vollkommen neue Herausforderung für die Kommunen war die Einbeziehung der vom Stadtumbau betroffenen Bewohner. Schließlich ging es vielerorts darum, zu ent-

scheiden, an welchen Stellen in der Stadt Wohnungen abgerissen werden. Das bedeutete, unmittelbar in das Lebensumfeld der Menschen einzugreifen" (BMVBS 2012, 21).

Die Umgehensweise mit dieser Betroffenheit zeigt sich in der Praxis jedoch vielmehr als ‚Ausschluss' der BewohnerInnen von Information und Beteiligung. *Gerade das Wissen um die besondere Bedeutung derartig massiver Veränderungen – so lässt sich schlussfolgern – führt also dazu, dass die Betroffenheit negiert und Betroffene gar nicht erst in den Prozess einbezogen werden.* Neben einer gewissen, aus der implizierten Alternativlosigkeit hervorgehenden, ‚Hilflosigkeit' ist damit einerseits die Hoffnung verbunden, Maßnahmen effektiv und störungsfrei durchsetzen zu können. Andererseits nimmt dieses Vorgehen aber auch die Chance, gemeinsam mit Betroffenen nachhaltige Lösungen zu entwickeln und vor allem: den Verlust aktiv gestalten und verarbeiten zu können. Denn wenn raumbezogene Bindungen nicht durch Erhaltungs- oder Präventionsstrategien Eingang in den Planungsprozess finden, stellt die aktive Mitarbeit an der Gestaltung des Wandels (Empowerment) die einzige Möglichkeit im Sinne des ‚kleinsten Übels' dar.

Durch das im Stadtumbau praktizierte Verfahren der ‚Zurückhaltung' bei der Vermittlung von Informationen wird aber bereits die Grundlage eines ernstgemeinten Empowerment in Frage gestellt: den Betroffenen wird so die Möglichkeit vorenthalten, aufgrund von Informationen Entscheidungen zu treffen. Stattdessen kommt es zu Frust- und Angsterlebnissen, weil nicht nur die Entscheidungsgrundlage, sondern auch die eigene Zukunft unsicher erscheint.

Insgesamt kommt die rhetorische Aufforderung zu einem kooperativen Stadtumbau bei BewohnerInnen und Betroffenen im mittel- wie unmittelbaren Sinn nicht an: Informationen werden strategisch spärlich vermittelt und die aktive Einbeziehung erfolgt erst nach Planungsabschluss bzw. projektbezogen (Aufwertung). So schlussfolgert das BMVBS nach einem Drittel der zweiten Förderphase:

> „Bis auf wenige *innovative Ansätze*, die die Bürger – bspw. über Charette-Verfahren – ganz intensiv in die Konzepterstellung einbezogen, beschränkten sich die meisten Kommunen auf das *Informieren* der Betroffenen. Erst im Rahmen der Überarbeitung und Fortschreibung der Konzepte, etwa ab dem Jahr 2007, gewann die Beteiligung eine größere Bedeutung. Trotzdem tun sich viele Kommunen und Wohnungsunternehmen immer noch schwer – vor allem bei der Erarbeitung von Rückbaukonzepten – den Bürgern gegenüber eine *Transparenz ihrer Entscheidungen* herzustellen" (BMVBS 2012, 21, Herv. KS).

In diesem Zitat deutet sich eine häufig undifferenzierte Überlagerung unterschiedlicher Aspekte der ‚Partizipation' an: einerseits wird eine generelle Diskrepanz von Anspruch und Realität der Bürgerbeteiligung konstatiert, andererseits Beteiligung ‚lediglich' assoziiert mit Transparenz bzw. Information. In der

Folge ergibt sich argumentativ kein Mitwirkungs- sondern ein Informationsdefizit, so dass der Stadtumbau den Betroffenen *,noch besser erklärt werden muss'*. In diesem Sinne schließt sich der Kreis zur strategischen Akzeptanzförderung (vgl. Abschnitt 4.3.4), indem fehlende (richtige) Information die effiziente Umsetzung des Stadtumbaus erschwert. Auch im Stadtumbau verfestigt sich derart die grundsätzliche machtspezifische Komponente von Information und Beteiligung zu einem strategischen Instrument der Stadtentwicklung. BürgerInnen und Betroffene sind keine Mitgestalter, werden vielfach auch nicht umfassend im Hinblick auf eine eigene Meinungsbildung und daraus resultierende Handlungsmächtigkeit informiert. Vielmehr werden Öffentlichkeitsarbeit und Informationspolitik daran ausgerichtet, Konflikte zu vermeiden und BewohnerInnen von der Notwendigkeit der Maßnahmen zu überzeugen. ,Mitwirkung' meint implizit akzeptierendes ,Mitmachen'. So betont auch das Sondergutachten zur Bürger*mitwirkung* im Stadtumbau einleitend:

> „Letztendlich geht es darum, zu klären, inwieweit ein dialogorientiertes Vorgehen im Stadtumbau helfen kann, die Akzeptanz und das Verständnis der betroffenen Bewohner für Vorhaben des Stadtumbaus zu erhöhen und die Identifikation der Bürger mit Projekten und Zielen der Stadtentwicklung zu fördern" (BMVBS/BBSR 2009, 6).

Im folgenden Abschnitt steht daher der strategische Aspekt von ,Betroffenenarbeit' im Mittelpunkt.

4.3.4 BewohnerInnen als ,Planungsgröße'

> „Mietermitwirkung – so unsere Kurzformel – ist keine Frage des Sozialismus, sondern eine Frage der Betriebswirtschaft" (Großhans 1997, 98).

Das Eingangszitat verweist auf eine strategische Einordnung von BewohnerInneninteressen im Hinblick auf die Prozessgestaltung und die Nachhaltigkeit des Stadtumbaus: so hat beispielsweise die (Kommunal-)Politik großes Interesse an der Akzeptanz eines politischen Aktionsprogramms und der Verhinderung weiterer Abwanderung; für Wohnungsunternehmen stehen das Beseitigen des Leerstandsproblems einerseits und das Halten ihrer MieterInnen in den eigenen Beständen andererseits im Mittelpunkt; Verwaltung und Administration sind um eine effiziente – nicht von Einsprüchen oder Gerichtsverfahren verzögerte – Umsetzung der Maßnahmen bemüht usw. So wurde bereits im Rahmen der Weiterentwicklung von Großsiedlungen in den 1990er Jahren betont, die Umstrukturierungen könnten nur unter Beteiligung der BewohnerInnen durchgeführt werden, damit sich die Veränderungen an deren Bedürfnissen orientieren und „die Mehrheit der Mieter bereit ist, dafür über einen Bauzeitraum auch mit Belastun-

gen zu leben und Veränderungen der vertrauten Wohnumwelt hinzunehmen"
(Liebmann 1997, 153). Darüber hinaus gilt es, öffentliches und persönliches
Interesse im Sinne einer Sozialplanung zu berücksichtigen. Bereits das Gutachten zur Sozialverträglichkeit des Rückbaus stellt dies fest (vgl. Hunger et al.
2003, 12).
     Gleichzeitig solle ein „dialogorientiertes Vorgehen" (vgl. BMVBS/BBSR
2009, 6) die ‚Annahme' des Neugestalteten und die „Identifikation" der Beteiligten mit den Maßnahmen und dem Ergebnis fördern (Bundestransferstelle 2008b,
1/3; Selle 1996, 70). Damit werden BewohnerInnen, ihre Bedürfnisse und Interessen zu einer strategischen Größe in der praktischen und diskursiven Umsetzung des Stadtumbaus.

4.3.4.1 Strategische Informations- und Öffentlichkeitspolitik

Der Überzeugungsarbeit bzw. entsprechenden Potenzialen wird seit Programmbeginn in zahlreichen Publikationen erhebliche Aufmerksamkeit gewidmet.
Dabei werden im verwaltungstechnisch-wohnungswirtschaftlichen Expertendiskurs, so bemerkt beispielsweise Fritsche, Beteiligungsangebote „von Vertretern
des politisch-administrativen Systems *eingeräumt* [...,] Bewohner kommen in
der ‚partizipativen Flankierung' des Stadtumbaus stets als zu beplanende Ziel-
gruppe oder sozialplanerisches Problem vor" (Fritsche 2011, 65). So betont die
Brandenburger Untersuchung zusammenfassend: „Die Haltung der Befragten
lässt erkennen, dass durchaus gute Chancen bestehen, große Teile der Bewohner
von der Notwendigkeit konkreter Abriss- und Rückbaumaßnahmen und den
Perspektiven geeigneter Stadtumbaukonzepte im Kern *zu überzeugen*" (MIL
2002, 15, Herv. KS). Bei der bisherigen Bürgerbeteiligung ginge es vielen
Kommunen „vor allem darum, bei den Bewohnern eine positive Grundeinstel-
lung zum Stadtumbau *hervorzurufen*" (ebd., 27, Herv. KS). Auch Kabisch et al.
heben hervor, „dass es durchaus möglich ist, Mieter für den Stadtumbau *zu ge-
winnen*" (2004, 150, Herv. KS), wenn dieser überzeugend begründet und mit
individuellen Vorteilen verbunden werde.
     Die Förderung von Akzeptanz und der Verinnerlichung angestrebter
Stadtentwicklungsziele erscheint dabei aus mehreren Perspektiven strategisch
opportun: Zunächst waren und sind Wohnungseigentümer auf die Mitwirkung
der BewohnerInnen angewiesen, um teilweise leer stehende Bestände abzurei-
ßen: sie müssen aus- bzw. umziehen. Zwar ist das Verbot von Verwertungskün-

digungen[98] seit 2004 aufgehoben – bis dahin war der Rückbau von nur teilweise leer stehenden Gebäuden meist ohne den (freiwilligen) Auszug der MieterInnen nicht möglich (Bernt 2002, 30). Es liegt aber durchaus im Interesse der Vermieter, die ausziehenden MieterInnen in eigene, nicht abzureißende Bestände ‚umzulenken'. Sowohl Unternehmen als auch Kommunen können sich von einer auf Akzeptanz ausgerichteten Konfliktvermeidung erhebliche positive Auswirkungen auf die Umsetzungseffizienz versprechen (vgl. Sinning 2006, 179)[99].

Insgesamt wird die bis 2005 praktizierte Öffentlichkeitsarbeit „für die positive Platzierung (insbesondere des Rückbaus) im Bewusstsein der Bevölkerung" von ‚StadtumbaupraktikerInnen' als Erfolg bewertet (Brandstetter et al. 2005b, 5, Herv. KS). So berichtet beispielsweise auch die Vertreterin einer Wohnungsbaugesellschaft: „man [muss] frühzeitig um Akzeptanz werben. (...) Diese Leute [gemeint sind die MieterInnen, KS] müssen davon überzeugt werden, dass es beim Abriss nicht um Zerstörung geht, sondern um die Verbesserung der Wohnsituation im ganzen Viertel" (zit. nach BMVBW/BBR 2004, 16). In diesem Sinne argumentiert auch Liebmann (2004, 220), indem sie dafür plädiert, dass „der Stadtumbau mit positiven Signalen einer Erhöhung von Lebensqualität zu verbinden" sei. Denn „nur dann wird seitens der Bewohner Engagement und Akzeptanz zu erwarten sein" (vgl. auch Haller/Liebmann 2002, 46; Gatzweiler et al. 2003, 569)[100]. Diesem Engagement wird auch im Zuge schwindender zivilgesellschaftlicher und kommunalfiskalischer Ressourcen erhöhte Bedeutung beigemessen, beispielsweise im Hinblick auf die Übernahme von Verantwortung sowie die ‚nachsorgerische' Pflege und Instandhaltung von Projekten (vgl. Sinning 2006, 179; Liebmann 2007, 33). Die Frage, ob sich durch

---

98   Kündigungen aufgrund wirtschaftlicher Nachteile bei Fortsetzung des Mietverhältnisses.

99   Insofern lassen sich generelle strategische Vorteile einer organisierten Bürgerbeteiligung für Kommunen und/oder Unternehmen auch auf den Stadtumbauprozess übertragen. Sinning (2006, 179) nennt im Einzelnen: Frühwarnsystem und Akzeptanzerhöhung, da in einem frühen Stadium der Planung noch Änderungen möglich seien, wenn es gelinge, rechtzeitig Widerstände und Bedenken zu klären; Konfliktbewältigung bzw. -vermeidung, denn durch Informations- und Mitbestimmungsrechte sowie die Vermittlung zwischen widerstreitenden Interessen ließen sich Blockade und Verzögerungen vermeiden; Identifikationsstiftung durch konstruktive Beteiligung; Förderung von Engagement und Verantwortungsübernahme; Nachhaltigkeit, da durch die Mitwirkung die Bereitschaft größer sei, sich in der Folge um Pflege bzw. Instandhaltung zu kümmern.

100   Die strategischen Überlegungen beziehen sich in diesem Zusammenhang allerdings nicht allein auf die ansässigen, sondern auch auf potenzielle NachfragerInnen, die aufgrund des Wohnungsüberhangs ihre Wohnorte frei wählen könnten (BMVBW 2003a, 8). Es werde „um die Nachfrager geworben (...), die aufgrund ihrer überdurchschnittlichen Einkommen die größte Wahlfreiheit auf dem Wohnungsmarkt haben" (ebd., 58f). Inwiefern sich dies auf die Wohnstandortmöglichkeiten anderer Nutzergruppen auswirkt – beispielsweise durch die Reduzierung günstigen Wohnraums – wird in diesem Zusammenhang nicht thematisiert.

die aktive Gestaltung und Aneignung auch die Verantwortung für und die Verbundenheit mit dem Wohnumfeld bzw. dem Wohngebiet erhöhen lässt (vgl.
Bernt 2002, 30), rekurriert in diesem Zusammenhang auch auf klassische Fakto-
ren der Heimat- und Bindungsforschung. Demgegenüber steht allerdings die Erkenntnis und Anerkennung der
Problematik, dass im Rahmen des Stadtumbaus unter Schrumpfungsbedingungen
weniger Verbesserungen, als vielmehr auch „Betroffenheiten und Mobilitäts-
zwänge" im Mittelpunkt stehen (Beer 2002b, 52; vgl. Kabisch et al. 2007, 37).
Zwar wird eine möglichst frühzeitige Beteiligung (bzw. Information) in diesem
Zusammenhang als ‚mildernde Maßnahme' interpretiert. Diese soll die Betroffenen in die Lage versetzen, „die neuen Perspektiven der Stadtentwicklung zu
verstehen und in ihr Alltagsdenken zu integrieren" (Liebmann 2007, 28). Nichtsdestotrotz stehen Beteiligung, Umsetzungsorientierung und Eigentümerinteres-
sen vor einem schwer lösbaren Dilemma: grundsätzlich wird eine frühzeitige
Beteiligung einerseits als strategisch essentiell angesehen, andererseits schürt sie
Verlustängste, zwingt zu frühen Festlegungen hinsichtlich der Rückbaugebiete
und -volumina und kann durch das Zugeständnis von Einspruchs- sowie Beteili-
gungsrechten zu erheblichen Verzögerungen im Umbauprozess führen (vgl.
Bundestransferstelle 2008b, 7). So werde „der Rückbau von Gebäuden immer
wieder von wenigen nicht auszugswilligen Mietern verzögert" (Harms/Jacobs
2003, 34).

BewohnerInnen werden daher vielfach – aus Angst vor Panikreaktionen,
Gerüchten oder Protesten – erst informiert, nachdem Entscheidungen bereits
getroffen wurden (vgl. bspw. Bernt 2002, 30; Kabisch et al. 2007, 40). Für ihr
Forschungsgebiet in Marzahn stellte Fritsche gar fest, dass die Betroffenen
„[e]ntgegen der Darstellung des Beitrags für den Bundeswettbewerb ‚Stadtumbau Ost', der den Eindruck einer gesicherten Einbeziehung von Bewohnern in
die Stadtumbauplanungen für Marzahn-Nord vermittelte [...,] tatsächlich erst
durch die Tagespresse von den Abrissplänen" erfahren hätten. Anschließend sei
durch einzelne Informationsveranstaltungen und mit „erklärenden Anschreiben
an betroffene Mieter" der Versuch einer nachträglichen Legitimationsbeschaf-
fung unternommen worden (Fritsche 2011, 207f.).

In diesem Zusammenhang ergibt sich ein weiteres Dilemma im Konflikt
zwischen Nachhaltigkeit und Umsetzungseffizienz: denn wenn beispielsweise
durch das Bekanntwerden von Umbauplänen Fortzüge aus einem Quartier stark
zunehmen, kann dadurch zwar der teilweise Abriss von Gebäudestrukturen zügi-
ger umgesetzt werden; gleichzeitig gefährden aber massive Abwanderungen die
Zukunftsfähigkeit eines Quartiers, das nicht vollständig rückgebaut werden soll
(vgl. Beer 2002b, 52; Bernt 2002, 31f.). Vielfach werde daher versucht, „negative Assoziationen zu vermeiden und nur positive Botschaften zu vermitteln"

(Kabisch et al. 2004, 16). In diesem Sinne betont auch der Antrag zur Verlängerung der Stadtumbauförderung bis 2016 (Titel: ‚Programm „Stadtumbau Ost" –
Fortsetzung eines Erfolgsprogramms') die erreichten positiven Wirkungen für
die Bevölkerung: mit dem Abriss von 220.000 Wohnungen in 390 Kommunen
hätten ein „Großteil der Kommunen in Ostdeutschland und damit auch der dort
wohnenden Menschen (...) schon vom Stadtumbauprogramm profitiert". Denn
die „sichtbaren Veränderungen im Wohnumfeld von Rückbaugebieten und die
Aufwertungsmaßnahmen in den Innenstädten haben die Lebensqualität in den
ostdeutschen Städten insgesamt verbessert" (Deutscher Bundestag 2009, 1f.).

Insgesamt wird auch aus wissenschaftlicher Perspektive statt der Inhalte
und Maßnahmen an sich vor allem die Kommunikation und Darstellung des
Prozesses kritisch beleuchtet und es werden entsprechende Optimierungen an-
gemahnt. Im Mittelpunkt steht dabei vielfach der Ausbau der Informations- und
Öffentlichkeitsarbeit. Nur so könnten die BewohnerInnen die Notwendigkeit der
Eingriffe verstehen, akzeptieren und in ihren Alltag sowie die weitere Lebensplanung integrieren (vgl. Topos 2001, 41f.; MIL 2002, 20; Liebmann 2007, 28).
Auch Kabisch et al. (2004) beginnen beispielsweise das Kapitel zum Thema
‚*Wahrnehmung des Abrisses und seine mentale Verarbeitung*' mit der Feststellung: „Durch das Ausbleiben einer angemessenen Öffentlichkeitsarbeit entstand
eine Leerstelle, in der sich die Bewohner selbstständig eine Position zu diesem
tiefen Eingriff in ihre Lebensbedingungen erarbeiteten" (ebd., 145)[101]. Die Her-
vorhebung der Akzeptanz und auch der positiven Auswirkungen insbesondere
von Rückbaumaßnahmen verweist trotz der ebenfalls etablierten ‚Notwendigkeit' auf ein (eventuell auch präventives) Akzeptanz- und Legitimationsbedürf-
nis. So fordern Bernt et al., es müsse „auch im Prozess selbst erfahrbar gemacht
werden", dass „mit dem Abriss auch Vorteile verbunden sein können und dass
die bisherige Geschichte der betroffenen Viertel – die ja immer auch ein Stück
Lebensgeschichte seiner Bewohner ist – nicht einfach nur weggeworfen wird"
(2003, 327).

Konkrete diesbezügliche Handlungsempfehlungen verbleiben jedoch einerseits auf einem eher abstrakten Niveau, andererseits orientieren sie sich bezüglich des eigentlichen Managements an Erfahrungen der Stadterneuerung: so
betont beispielsweise Göschel (2003, 610), dass Abrisse mit Respekt „vor dem

---

101 Zwar bezieht sich dies auf das vorherige Kapitel, in dem geschildert wird, dass aufgrund der
fehlenden Informationen die MieterInnen anhand des Verhaltens der Vermieter ihre Situation ab- und dabei teilweise auch verschätzt hatten (Modernisierung = Bestand).
Nichtsdestotrotz spiegelt es den Diskurs im Hinblick darauf, dass das ‚Richtige' vermittelt
werden muss, statt dass eine Meinungsbildung aufgrund von Informationen erfolgt, denn der
Prozess an sich bzw. die Entscheidungsfindung ist bereits beschlossen.

Wert, den diese Bebauung darstellt, mehr aber noch vor den Menschen, die Jahre oder ihr ganzes Leben mit ihr verbracht haben" geschehen müsse. Ähnlich fordern Kabisch et al., „dass der Abbruch alter, auch symbolisch besetzter Bausubstanz in Würde und mit Respekt vor dem Wert, den diese Bebauung darstellt, erfolgen muss" (2004, 150). Im Hinblick auf die Verbesserung des Umsetzungs- und Umbauprozesses wird weiterhin die ‚Entprivatisierung' von Umzugsmanagement und -beratung, individuelle Betreuung der Betroffenen sowie Information, das Halten von (infrastrukturellen) Mindeststandards auch in ‚temporären' Quartieren, sowie die verlässliche Planung und Gestaltung des Umbauprozesses empfohlen (vgl. Peter 2009, 210ff.; Reuther 2003, 23; MIL 2002, 32).

4.3.4.2 ‚Soziale' Begleitung des Stadtumbaus

Sozialverträglichkeit bzw. die Einbeziehung sozialer Aspekte in die Umsetzung des Stadtumbaus obliegt vor allem den lokalen Akteuren und findet in der übergreifenden publizistischen Auseinandersetzung kaum Erwähnung. Welch Guerra stellt diesbezüglich eine „Ausblendung sozialer Themen" fest (2007, 295). Eine Ausnahme bilden die Darstellungen von Best-Practice-Beispielen, die aber wiederum nicht in Form einer auch auf Bundesebene unterstützten Handlungsempfehlung resultieren. So beschreibt und würdigt das Sozialverträglichkeitsgutachten zwar die Durchführung in einem Cottbusser Plattenbauquartier, in dem der Rückbau nach sozialplanerischen Grundsätzen vollzogen worden wäre: niemand sei zum Wegzug aus dem Quartier gezwungen worden, die sozialen Bindungen und tragbare Mieten sollten erhalten und Mehrfachumzüge verhindert werden. Die Maßnahmen wurden durch einen Stadtteilmanager begleitet und die BewohnerInnen hätten sich in einem Stadtteilladen informieren und engagieren können (Hunger et al. 2003, 159). Eine übergreifende Aufstellung, nach welchen Kriterien Rückbau sozialverträglich vollzogen werden könnte, findet sich in der Publikation jedoch nicht – und auch in diesem Beispiel wird Beteiligung erst praktiziert, nachdem der Rückbau der Gebäude beschlossen wurde (ebd., 161).

Nichtsdestotrotz erhalten am Anfang der zweiten Förderperiode auch ‚soziale Aspekte' Eingang in die Publikationen des BMVBS. Der fünfte Statusbericht betont „die soziale Tragfähigkeit von Stadtumbaumaßnahmen vor dem Hintergrund sozial immer stärker ausdifferenzierter Lebensverhältnisse" als zukünftige Herausforderung für das Programm, führt diesen Aspekt jedoch nicht weiter aus (vgl. BMVBS 2012, 17). Stattdessen wird der ‚sozialen Begleitung' der Umsetzung erhöhte Bedeutung beigemessen (ebd.). Dieses Verfahren bezieht sich allerdings nicht primär auf die professionelle soziale Begleitung des Umbauprozesses und damit einhergehender Betroffenheiten, sondern wird vor allem als Konfliktmanagement hinsichtlich ‚problematischer' BewohnerInnen verstanden. Denn „[d]ie vergleichsweise günstigen Mieten und die überwiegend kleinen Wohnungsgrößen haben in vielen Wohnsiedlungen in den letzten Jahren zu einem verstärkten Zuzug von Haushalten mit niedrigen Einkommen geführt" (BMVBS 2012, 55), so dass „die Gefahr wachsender sozialer Disparitäten" bestehe. Soziale Begleitkonzepte sollen demgegenüber „eine akzeptable Lebensqualität und Daseinsvorsorge möglichst lange sicher[stellen]" und „es den Bewohnern ermöglichen, sich trotz schwieriger Rahmenbedingungen in ihrem Quartier wohl zu fühlen" (ebd.). Vom Tenor ähnlich hatte sich bereits der vierte Statusbericht mit der Thematik beschäftigt. Hier wird betont:

> „Um der Konzentration sozial benachteiligter Haushalte in den Umstrukturierungs- und Rückbaugebieten entgegenzuwirken bzw. um mit vorhandenen Problemlagen umzugehen, gewinnt die Verknüpfung des Stadtumbaus mit einer sozialplanerischen Begleitung zunehmend an Bedeutung" (BMVBS 2010, 9).

Zumindest am Rande wird an dieser Stelle auch hervorgehoben, dass „es in allen Wohnsiedlungen aber *auch* darum [geht], die Folgen der Umstrukturierungsprozesse *möglichst* abzumildern" (BMVBS 2010, 91). In diesem Zusammenhang benennt der Bericht auch einige Maßnahmen, die Konflikte verhindern und insbesondere älteren BewohnerInnen eine Perspektive vermitteln sollen: Unternehmen wird geraten, „die eigene Belegungspolitik bzw. Vermietungsstrategie kritisch in den Blick zu nehmen". In Quartieren, „die auch langfristig stabilisiert werden sollen", sei „die Förderung der Generationensolidarität eine wichtige Aufgabe" und die „zielgruppenorientierte Gestaltung des Wohnumfeldes eine wichtige Voraussetzung für die positive Quartiersentwicklung" (ebd., 91f.).
   In Gebieten mit ‚unsicherer Perspektive' sowie perspektivischen Abrissbeständen mit älterer Bewohnerschaft sollten „die verlorengegangenen durch neue Netzwerkstrukturen wie z.B. Nachbarschaftsvereine und Begegnungsstätten" ersetzt werden, um so „das Selbsthilfepotenzial und die Eigenverantwortlichkeit der Bewohner" zu stärken. Ergänzend müssten „klar definierte Mindeststandards bei der Gestaltung und Pflege des Wohnumfeldes eingehalten werden" (ebd., 89). Eine wohlwollende Interpretation kann darin den Ansatz ausmachen, die BewohnerInnen tatsächlich (wieder) zu bemächtigen, ihr Lebensumfeld eigenständig zu gestalten, sich eine Heimat aufzubauen bzw. erlebte Verluste zu kompensieren. Vor dem Hintergrund der Betrachtung der bisherigen Programmumsetzung ergibt sich jedoch die Lesart, dass die BewohnerInnen der „Quartiere auf Zeit" (Kabisch/Peter 2008) dahingehend ‚eingehegt' werden sollen, dass sie die ‚Abwicklung' des Gebietes nicht behindern und ‚eigenverantwortlich' die Umbaufolgen meistern.

Auch im Kontext einer ‚sozialen Begleitung' des Stadtumbaus dominieren so weniger die stadtumbaubedingten Betroffenheiten als vielmehr das effiziente Management einer sozio-ökonomischen ‚Abwärtsbewegung' des Quartiers und seiner BewohnerInnen. Diese Vorgehensweise mag aus betriebswirtschaftlicher und verwaltungstechnischer Sicht umsetzungsorientiert und nachvollziehbar erscheinen. Wird aber der Anspruch einer demokratisch und wissenschaftlich legitimierten, an der Verbesserung von Lebensbedingungen orientierten Planung angelegt, so wird jener auf diese Weise ‚auf den Kopf' gestellt.

Information und Beteiligung sind im Rahmen des Stadtumbaus förderfähig und seit 2004 formell vorgeschrieben. Sie stellen eigentlich zentrale ‚Kontaktkategorien' zwischen Bevölkerung und Programm sowie BewohnerInnen und Stadtumbauverantwortlichen dar. Vor diesem Hintergrund hatten auch Häußermann et al. insbesondere für die Sanierungen und den Umbau von Großsiedlungen beste Voraussetzungen für Beteiligung und kollektive Organisation im Gegensatz zu den von Einzelinteressen und Investoren dominierten Innenstädten prognostiziert: alle sind gleichermaßen betroffen, es gibt nur wenige Instanzen, das kulturelle und soziale Kapital sind oft (noch) vielfach vorhanden (vgl. Häußermann et al. 2008, 237ff.). Jedoch spiegele sich inzwischen in Anbetracht der defizitären Beteiligungspraxis auch in der sozialwissenschaftlichen Stadtumbauforschung teilweise „ein fast schon resignativer Bewusstseinswandel der stadtumbaubegleitenden Wissenschaft wider" (Hagemeister/Haller 2009, 262). Anstelle der einstigen Hoffnung, gerade beim Stadtumbau breite Beteiligungsmöglichkeiten einzurichten, stehe heute die Erkenntnis, dass für die BewohnerInnen „tendenziell nur geringe Beteiligungsanreize [bestehen], zumal die wesentlichen Entscheidungen über Rückbau mitunter als schwer beeinflussbare Sachzwänge verhandelt werden" (Altrock, zit. nach Hagemeister/Haller 2009, 263). Dass durch Beteiligung auch neue Strukturen schneller angenommen sowie vorhandene Bindungen erhalten werden können (Janoschka 2006, 189f.), wird in diesem Zusammenhang nicht in Betracht gezogen. Aufgabe von wissenschaftlicher und sozialer Begleitung des Stadtumbaus scheint es vor diesem Hintergrund zu sein, die Rechtmäßigkeit des Verfahrens durch die nachträgliche Akzeptanz einer (überwiegend resignierten) knappen Mehrheit zu belegen und im Angesicht der Notwendigkeit ‚das Schlimmste' nicht zu verhindern, sondern es mittels der Legitimation durch die Betroffenen selbst und vermehrte Information als ‚einsichtig' zu gestalten.

4.4 Fazit – die ‚reversible Moderne'?

„Evaluationen zeigen, dass die immer wieder aufgestellte Behauptung, beim Stadtumbau sei bereits jede Intervention generell als positiv bzw. als ein Erfolg anzusehen, als unhaltbar gelten muss" (Weith 2007b, 237).

Modernisierung hat sowohl als gesamtgesellschaftlicher Prozess als auch auf der Ebene lokaler Politik und Programmgestaltung das ‚Bessere' bzw. die ‚Verbesserung' als Fluchtpunkt (vgl. Abschnitt 2.1; 3). Dabei wurden Negativfolgen einerseits problematisiert, andererseits galten sie durch die Verbesserungen als kompensiert. Bereits den Fortschrittsoptimisten des 18. und 19. Jahrhunderts wird in diesem Zusammenhang die Überzeugung zugeschrieben, „dass der technisch-ökonomische Fortschritt letztendlich allen Mitgliedern der Gesellschaft zugute kommen werde" (Haring 2001). Die ‚etablierte Moderne' mit ihren Systemen sozialer Sicherung und Regulation stützt die hoheitliche Durchsetzung von Modernisierung insofern, als dass durch die Einhegung der mit dem Fortschritt verbundenen Betroffenheit die Negativfolgen nicht nur latent (indem letztlich eine Verbesserung für alle eintritt), sondern auch manifest gemildert werden sollen (durch formale Verfahren, Kompensation). ‚Die' Moderne – so ließe sich mit einem strukturtheoretischen Modernisierungsverständnis vereinfachend resümieren – reagiert also mit weiterer Modernisierung (in diesem Fall einer weiteren Differenzierung der Mechanismen) auf ihre Kollateralschäden. Die Komplexität des Stadtumbaus in Verbindung mit ökonomischen und demografischen Schrumpfungsszenarien scheint nun diesen ‚Mechanismus' in Frage, zumindest aber vor große Herausforderungen zu stellen.

 · Im Stadtumbau dominiert ein Diskurs, der vor allem den Erfolg und die Akzeptanz des Programms und seiner Maßnahmen in den Mittelpunkt stellt. Denn mit der Einführung dieses großen Programms der Städtebauförderung waren von Anfang an hohe Erwartungen verbunden. So postulierte im Jahr 2003 das Gutachten zum sozialverträglichen Rückbau: „Städtebauliche, sozialplanerische und wohnungswirtschaftliche Belange werden in dem seit 2002 greifenden neuen Programm auf so enge Art und Weise wie in keinem der bisherigen Förderprogramme verknüpft" (Hunger et al. 2003, 2). Der Zielsetzung einer integrierten, auch auf die Verbesserung der Lebensqualität ausgerichteten Herangehensweise stellen jedoch Kabisch et al. bereits 2004 die Orientierung der Maßnahmen an den betriebswirtschaftlichen Bedürfnissen einzelner Akteure gegenüber:

„Entgegen den mit dem Bund-Länder-Programm verbundenen Ansprüchen, mit dem Stadtumbau eine integrierte und nachhaltige Stadtentwicklung in die Wege zu leiten, standen bei der Festlegung der abzureißenden Bestände *eindeutig die Sachzwänge von Wohnungswirtschaft und Infrastrukturbetreibern im Vordergrund.* (...) Die Entscheidung für einen flächenhaften Abriss von peripheren Beständen zielte dabei *weniger auf eine Verbesserung der Lebensqualität* in der verbleibenden Stadt, sondern folgte den *Logiken von effektiver Fördermittelabwicklung, schneller Tilgung von Altschulden, effektiver Abrissplanung und kostengünstiger Nachnutzung* der frei gewordenen Flächen" (Kabisch et al. 2004, 162, Herv. KS).

Die Menschen vor Ort sind dabei als BürgerInnen, BewohnerInnen und Betroffene implizit: unmittelbar als Adressaten sozialplanerischer Zielstellungen, mittelbar als Betroffene der beschriebenen Entwicklung und ihrer Folgen. Im Rahmen der städtebaulichen Sanierungen und des Tagebaugeschehens waren gerade diese Auswirkungen Gegenstand demokratischer Aushandlungsprozesse, in deren Zusammenhang Betroffenheiten festgestellt und daraufhin bestimmte Verfahrensweisen zur Minderung bzw. Kompensation implementiert wurden. Im Stadtumbau hingegen scheint vor allem der *sozialtechnische* Aspekt[102] zu dominieren. BewohnerInnen werden dabei nicht (mehr) bezogen auf ihre (mögliche) Betroffenheit als ‚Planungsgröße' im Prozess berücksichtigt, sondern im Hinblick auf einen effizienten Stadtumbau ‚be- und verplant'. Im Rahmen des Stadtumbau Ost bezieht sich dies insbesondere auf die Akzeptanz des Stadtumbaus sowie die Beeinflussung (un-)erwünschter Wanderungsbewegungen.

Bereits vor Programmstart wurde dabei auf die Langfristigkeit eines entsprechenden Umbauprozesses und in diesem Zusammenhang auch dezidiert auf die Rolle raumbezogener Bindungen hingewiesen:

> „Angesichts der hohen Gebietsbindungen und der geringen Mobilitätsraten werden Stadtumbauprozesse, die die Gewichte zwischen den einzelnen Stadtteilen wesentlich verschieben wollen, auf erhebliche Beharrungskräfte stoßen und nur in längeren Zeitspannen umzusetzen sein" (Topos 2001, 49).

---

102   Eine Differenzierung sozialplanerischer und sozialtechnischer Instrumente fällt in diesem Zusammenhang schwer. Bereits im Hinblick auf kommunale Sozialplanung existieren unterschiedliche Definitionen. Beispielsweise versteht das nordrheinwestfälische Ministerium für Arbeit, Integration und Soziales unter ‚moderner Sozialplanung' eine integrierte, akteursübergreifend erarbeitete Planungs*grundlage*, die „die soziale Lage und Entwicklung im Sozialraum, in der Kommune und in ihrem Umfeld" analysiert und „unter Beteiligung der Betroffenen und der ‚Stakeholder' Vorschläge für Ziele und Kennzahlen kommunaler Sozialpolitik" entwickelt" (MAIS 2011, 37). Demgegenüber betonen andere AutorInnen ein eher sozialtechnisch-paternalistisch geprägtes Verständnis: „Sozialplanung in den Kommunen ist die politisch legitimierte, zielgerichtete Planung zur Beeinflussung der Lebenslagen von Menschen, der Verbesserung ihrer Teilhabechancen sowie zur Entwicklung adressaten- und sozialraumbezogener Dienste, Einrichtungen und Sozialleistungen (Deutscher Verein für öffentliche und private Fürsorge, zit. nach MAIS 2011, 37). Dieses Verständnis, das in der Praxis des Stadtumbaus die Einbeziehung und Mitwirkung der BürgerInnen nachgewiesenermaßen großflächig vernachlässigt und im sozialtechnisch-strategischen Sinne ‚be-plant', ist an dieser Stelle gemeint.

Das Zitat prognostiziert erhebliche Herausforderungen im Hinblick auf einen langfristigen Umbauprozess und begründet dies insbesondere auch mit den hohen Gebietsbindungen der vor Ort lebenden Menschen. *Gerade weil die geplanten Eingriffe erheblich und die Bedeutung raumbezogener Bindungen bekannt sind, entsteht ein erhöhter Legitimimationsaufwand im Hinblick auf die Akzeptanz bei der Bevölkerung bzw. den Betroffenen.* Es geht darum, „die angestrebten Konzepte und Planungsansätze seriös und im politischen sowie öffentlichen Raum begründbar und vermittlungsfähig zu gestalten" (Reuther 2003, 18). Daher wird eine umfassende Öffentlichkeitsarbeit als zentral angesehen, die auch auf Ergebnissen wissenschaftlich-begleitender Untersuchungen basiert. So habe sich gezeigt, „dass ohne Einsatz fundierter soziologischer Methoden wie Befragungen, Expertengespräche und Szenario-Technik eine realitätsnahe *Bedarfsschätzung* ebenso wenig möglich ist wie eine *überzeugende Öffentlichkeitsarbeit,* die zu möglichst weitreichender *Akzeptanz* bei möglichst vielen Betroffenen führt" (Hunger et al. 2003, 6, Herv. KS). Die Darstellung der Befürwortung des Vorgehens beruht dann vielfach auf einer Gleichsetzung der Akzeptanz des Umbaus bzw. dessen Notwendigkeit mit der Akzeptanz von Abrissen. Dies geht auch zurück auf die Art und Weise der Datenerhebung, die selbst nicht immer voraussetzungslos ist: die Notwendigkeit und Richtigkeit des eingeschlagenen (Programm-)Weges spiegelt sich vielfach in den Fragen bzw. den zur Verfügung stehenden Antwortmöglichkeiten. Darüber hinaus fehlen auf Bundes- vor allem aber auf kommunaler Ebene verlässliche Daten zu den (wahrscheinlichen) Auswirkungen des Umbauprozesses. So scheint auch das praktizierte Monitoring tatsächlich eher dem praktisch Machbaren – oder Durchsetzbaren – vor Ort zu entsprechen: die ‚Erfolgskontrolle' von Stadtumbaumaßnahmen findet über quantitative Indikatoren zu Abrisszahlen und Aufwertungskosten, weniger über qualitative Kriterien statt (vgl. u.a. Liebmann 2005; Ruland 2006, 173; Weith 2007a; BMVBS/BBR 2008a). „Der Abriss ist ok, aber …" (Kabisch et al. 2007) bleibt dann das einzige, jedoch nicht planungsrelevante, Zugeständnis an die in weiteren Untersuchungen klar herausgearbeiteten differenzierten Meinungen und die an Bedingungen geknüpfte Abrisszustimmung der Befragten. Weniger ließe sich also das Fehlen von Erfahrungswissen und Daten über die Auswirkungen von Stadtumbaumaßnahmen beklagen, sondern das Ausbleiben des Transfers dieser Aspekte in den ‚Stadtumbaualltag'. Stattdessen ist die Situation ‚vor Ort' durch eine erhebliche Einschränkung der ‚Handlungsmächtigkeit' von Betroffenen gekennzeichnet. Hinzu kommt eine ebenenübergreifende Negation bzw. Exklusion des Aspekts der Betroffenheit an sich.

In diesem Zusammenhang befinden sich die Akteure des Stadtumbaus allerdings in einem zweifachen Dilemma: Die (passive) Berücksichtigung von Bedürfnissen erfordert einen hohen vorbereitenden Aufwand und könnte im

Ergebnis bedeuten, dass der Stadtumbau nicht (sozialverträglich) durchführbar ist. Die aktive Einbeziehung der Bevölkerung wiederum könnte die Akzeptanz erhöhen und auch die Möglichkeit eröffnen, eventuelle Verluste besser zu verarbeiten. Gleichzeitig birgt sie das Risiko von ‚Panikreaktionen' und unkalkulierbaren Fluktuationen. Zudem müssten Zugeständnisse im Hinblick auf die Abänderung beschlossener Planungen oder das Zulassen widersprüchlicher Ergebnisse gemacht werden.

So bleibt das Materielle meist der mittel- wie unmittelbare Hauptansatzpunkt des Stadtumbaus: unmittelbar bezogen auf den tatsächlichen Rückbau und die qualitative Veränderung der gebauten Strukturen, mittelbar, weil weder sozialplanerische/-pädagogische Begleitmaßnahmen konsequent integriert, noch überhaupt ‚das Soziale' als Planungsfaktor Eingang in den gesellschaftlichen und Expertendiskurs um den Stadtumbau gefunden hat. Gleichzeitig wird auch die baulich-materielle Dimension selbst in der planerischen und wissenschaftlichen Diskussion vernachlässigt. Eine Betroffenheit durch ihre Veränderung findet zwar beiläufige Erwähnung – insbesondere im Hinblick auf eine ‚Akzeptanzgefährdung' –, aber keine Berücksichtigung in ‚Theorie und Praxis' des Programms. Stattdessen werden die von den Maßnahmen am meisten betroffenen Gebiete des industriellen Wohnungsbaus ohnehin nicht mit positiven Attributen einer angenehmen, nachgefragten und langfristig erhaltenswerten Wohnumgebung in Verbindung gebracht. Für Betroffene entsteht auf diese Weise eine ‚doppelte Benachteiligung', indem sie ihrer Heimat materiell verlustig werden und gleichzeitig diese Bindungsorte Gegenstand eines kontinuierlichen Negativdiskurses sind.

Diese Verluste gelten einerseits durch ein – dem Stadtumbau zugrunde liegendes, aber räumlich differenziertes – ‚Überangebot' an Wohnraum, andererseits durch die alternativlose Notwendigkeit des eingeschlagenen Weges als hinnehmbar und legitim. Die entsprechende Öffentlichkeitsarbeit soll BürgerInnen und Betroffene aufklären und in diesem Sinne auch überzeugen, so dass sich der Legitimationskreis letztendlich mit der Akzeptanz des Vorgehens durch die Betroffenen selbst schließt. Dies beinhaltet ein Verständnis von Bürger*mitwirkung*, das nicht die durch Informationen entscheidungs- und handlungsmächtigen BürgerInnen, sondern das durch gezielte Öffentlichkeitsarbeit überzeugte Individuum in den Mittelpunkt stellt, das die Planungen durch ‚aktives Stillhalten' (mitmachend) unterstützt.

In diesem Legitimationsdiskurs lassen sich rhetorisch eine Betroffenheit erster und zweiter Ordnung differenzieren: sie wird zunächst abstrakt als Betroffenheit durch die Folgen von ökonomischem Niedergang und Leerstand angenommen. Diesen sollen die Stadtumbaumaßnahmen entgegen wirken, um im Sinne des Allgemeinwohls ‚Schlimmeres' zu verhindern. Die erheblichen städtebaulichen Eingriffe werden damit rhetorisch nicht zu einem Negativeingriff, sondern zur Lösung der Betroffenheit erster Ordnung (Leerstand, Finanzen). Die Betroffenheit zweiter Ordnung (durch die Eingriffe selbst) wird hinter die ökonomisch-städtebaulichen Zielsetzungen bzw. Notwendigkeiten zurückgestellt. Neu erscheint dabei im Vergleich zu den Beispielen Sanierung und Tagebau nicht, dass eine Legitimierung über die ‚Verbesserung der Lebensbedingungen' oder eine allen zu Gute kommende ökonomische Prosperität erfolgt, sondern dass ‚Betroffenheit' als thematisierte, zu berücksichtigende und auf den Planungsprozess auch diskursiv Einfluss nehmende Kategorie unsichtbar wird[103].

Mit der Implementierung eines derartigen Richtungs-Diskurses werden auch Kompromisse und Zugeständnisse – das Abweichen vom eingeschlagenen Kurs – unwahrscheinlicher und können nur schwer eingefordert werden. Hinzu kommt im Einzelfall, dass Planungshorizonte unter Beteiligung der Akteure aus Wohnungswirtschaft, Verwaltung und städtischen Unternehmen frühzeitig und langfristig abgesteckt werden. So sind spätere Korrekturen schwierig und mit erheblichem (finanziellen) Aufwand verbunden – es entsteht ein „point-of-no-return" (vgl. Dziomba/Matzuschewski 2007, 8; Haubold 2005, 21).

Insgesamt zeichnet sich so eine ungünstige Ausgangslage für einen qualitätsvollen, sozialverträglichen, wissenschaftlich-demokratisch legitimierten und damit auch im Hinblick auf die raumbezogenen Bindungen förderlichen Stadtumbau ab. Eine Erhaltung der gewohnten Strukturen ist auch in diesem Beispiel – obwohl teilweise als Entwicklungsstrategie durchaus diskutiert – zielbedingt nicht anvisiert. Die Erhebung und Auswertung von Daten zur Sozial- und Bevölkerungsstruktur, ebenso wie zur lokalen Umsetzung des Programms werden als größtenteils verbesserungswürdig beschrieben, eine Sozialplanung findet nur teilweise und eher rudimentär statt. Damit entfällt auch eine institutionalisierte ‚top-down- Strategie' zur Bewältigung des Umbaus und die Berücksichtigung von Bedürfnissen und Interessen ist dem *Zufall der lokalen Konstellation* überlassen. Fritsche konnte für Marzahn nachweisen, dass die Einbeziehung der BewohnerInnen stark von den mit der Umsetzung beauftragten Akteuren abhängig ist: für das dort beauftragte Planungsbüro sei nicht die Parteinahme für BewohnerInnen, sondern die „Sicherstellung der Rahmenbedingungen für eine

---

103   Sicherlich könnte einer solchen Wahrnehmung entgegnet werden, dass dies auch auf dem inzwischen etablierten und reibungslosen Ablauf der mit dem Städtebauförderungsgesetz von 1971 eingerichteten demokratisch-wissenschaftlich und partizipativ angelegten Planungspraxis beruhen könnte. Dem sprechen jedoch die vorliegenden Daten sowohl des zuständigen Bundesministeriums, der Bundestransferstelle und auch der weiteren Begleitstudien entgegen, in denen insbesondere in diesen Bereichen weiterhin Defizite festgestellt werden.

Ergebnisse zeitigende strategische Entwicklungsplanung" der Antrieb gewesen: „Bewohnerbeteiligung ist dabei einer von mehreren Bausteinen bzw. Mittel zum Zweck" (Fritsche 2011, 296). Auch Bernt folgert, dass Stadtplanung nicht mehr als Marktkorrektiv wirke, sondern sich an den Erfordernissen von Public-Private-Partnerships orientiere: „Das ‚Machbare' wird damit zum Ausgangspunkt der Planung" (2008, 216). So sei aufgrund der tatsächlich vorhandenen Wissens-, Arbeits- und Zeitressourcen der Anspruch einer „langfristigen Zielplanung" im Praxistest „erheblich ‚abgespeckt'" worden (Bernt et al. 2003, 318f.).

Schließlich zeigt sich auch, dass ein ‚Empowerment' der Betroffenen überwiegend unwahrscheinlich ist. Stattdessen wird die Bedeutung von Bedürfnissen, Information und Beteiligung ausschließlich im Zusammenhang mit der Umsetzungseffizienz gesehen. Mithilfe entsprechender Maßnahmen geht es vielfach darum, strategisch wichtige Informationen zu beschaffen oder zu verbreiten, um so Mitwirkung im Sinne von Akzeptanz und Konfliktvermeidung herzustellen. Durch frühe und nachvollziehbare Entscheidungen „müssen" die BewohnerInnen „in die Lage versetzt werden, die neuen Perspektiven der Stadtentwicklung zu verstehen und in ihr Alltagsdenken zu integrieren" (Liebmann 2007, 28), um so auch den „‚Stadtumbau in den Köpfen'" zu befördern (Brombach et al. 2005, 112, bezogen auf ein Projekt in Großbritannien).

Im Hinblick auf raumbezogene Bindungen können daher anhand der erarbeiteten Ergebnisse drei Schlussfolgerungen gezogen werden:

- Bindungen spielen im Stadtumbau eine teilweise diametrale *strategische* Rolle: sie sollen einerseits vor dem Hintergrund der Bevölkerungsverluste aufrecht erhalten oder gefördert werden, andererseits stehen sie einem umfassenden Umbau entgegen oder sollen ‚umgeleitet' werden, wenn sie sich auf die ‚falschen' Räume beziehen.
- damit einhergehend sind vorhandene Bindungen bedroht und werden vielfach verloren gehen, woraus eine erhebliche Betroffenheit abgeleitet werden kann.
- schließlich wird es die Art und Weise der Umsetzung erschweren, neue Bindungen aufzubauen und/oder den Verlust angemessen zu verarbeiten.

Widersprüchlich bleibt außerdem, inwiefern Stadtumbau im Hinblick auf das komplexe Phänomen Schrumpfung überhaupt ein adäquates Instrument sein kann. Bereits 2002 hatten Haller/Liebmann darauf verwiesen, man solle sich „von der Vorstellung eines quasi komplett steuerbaren Stadtumbaus verabschieden" (2002, 46; vgl. ebenso Brandstetter et al. 2005a, 55; Gatzweiler/Milbert 2009, 450). Stattdessen gerieten die Konzepte in den Verdacht, im Sinne einer politisch-symbolischen Rhetorik, Probleme durch investive Maßnahmen handhabbar und steuerbar machen zu wollen (Kabisch et al. 2004, 17). Weith fasst diesen Komplex umfassend und mit einem ernüchternden Ergebnis zusammen:

> „Die Entwicklung der inzwischen vielfältigen Stadtumbauaktivitäten lassen sich primär auf *ökonomische und politische Interessen zentraler Akteure der Stadtentwicklungspolitik* (Wohnungswirtschaft, Kommunen, Infrastrukturbetreiber) zurückführen. Der *Wunsch nach Lern- und Anpassungsprozessen und die systematische Weiterentwicklung des städtebaulichen Instrumentariums stand dabei im Hintergrund.* So ist der großflächige Abriss von Siedlungsbereichen – bis weit in die 1990er Jahre nicht nur in fachlichen Kreisen der alten Bundesrepublik undenkbar und in der DDR in Fachkreisen höchst kontrovers diskutiert – aufgrund der (öffentlichkeitswirksam kommunizierten) massiven Probleme bei genannten Akteuren inzwischen als Notwendigkeit nicht nur anerkannt und akzeptiert, sondern wird mit erheblichem öffentlichen Mitteleinsatz unterstützt" (2007a, 12; vgl. Bernt 2005 126f.; Kabisch et al. 2004, 162).

Die Bereiche, auf die sich die Eingriffsplanungen des Stadtumbaus in Form dieser flächenhaften Abrisse beziehen, sind als städtebauliche Strukturen der (sozialistischen) Moderne Gegenstand eines ästhetisch-sozialpolitischen Negativdiskurses. Richter (2006, 98f.) äußert in diesem Zusammenhang die Vermutung, hinter den Bemühungen um ein „Abschmelzen der industriell errichteten Stadterweiterungen" verberge sich auch die Hoffnung, dass sich „die Moderne vielleicht doch noch als reversibel erweist". Der Autor bezieht dies auf die idealtypischen Aspekte der traditionellen ‚europäischen Urbanität', sowohl was die Ästhetik (historische Gebäude), als auch die Stadtstruktur (kompakte, konzentrisch um Marktplatz, Kirche und Rathaus ‚gewachsen') angeht. Er beschreibt damit die Hoffnung, eine andere als die ‚moderne' Ästhetik (wieder) herstellen zu können. Ausgehend von den Ergebnissen dieser Arbeit ließe sich diese Frage dahingehend erweitern, ob in diesem Zusammenhang symbolisch mit der Entfernung des modernen Städtebaus und praktisch mit dem ‚Eindampfen' der über ein Mindestmaß hinausgehenden Standards zum Umgang mit Betroffenheit auch die Rücknahme des impliziten verbessernden lebensweltlichen Anspruchs der Moderne einhergehen könnte. Das Wohl der Allgemeinheit, die Verbesserung der Lebensbedingungen und Schutzmechanismen gegenüber ‚Kollateralschäden' der Modernisierung sind vor dem Hintergrund von Wachstum und Demokratisierung zum Ziel und Inhalt von Politik und Planung geworden. Im Rahmen der ‚Organisation des Weniger' werden nun vor allem wohnungsökonomische Belange über soziale Aspekte gestellt (vgl. BMVBW 2003a, 59) und die „Unvereinbarkeit bzw. mangelnde Übereinstimmung der Interessen der Wohnungswirtschaft mit den städtebaulichen Zielstellungen" als größtes Konfliktfeld benannt (BMVBS/BBR 2007, 78). Dies verweist auf eine grundlegende Zielkonfliktproblematik von städtebaulichen, ökonomischen und sozialen Aspekten (vgl. Bernt 2004, 663).

Im Vergleich zu den Beispielen der städtebaulichen Sanierungen und den Tagebauumsiedlungen zeigen sich hier zwar Parallelen, indem sich der Anspruch einer wissenschaftlich legitimierten und sozialplanerisch reflexiven Eingriffsplanung bereits seit den 1970er Jahren in der Praxis auf ein routinehaftes Niveau beschränkt. Nichtsdestotrotz bleiben Wohnungswirtschaft, Politik und Planung als zentrale Akteure des Stadtumbaus zumindest auf die stillschweigende Akzeptanz der Bevölkerung angewiesen. Mitwirkung – auch in ihrem reduzierten Verständnis passiver Akzeptanz – setzt aber in einem demokratischen Verständnis Informiertheit, das Verstehen zentraler Zusammenhänge und deren Bewertung als ‚sinnhaft' voraus. Es ist mithin Aufgabe von Politik, Planung und Wissenschaft, entsprechende Voraussetzungen zu schaffen und hoheitlich für einen sozialverträglichen Umsetzungsprozess einzustehen. Dies erscheint umso wichtiger, als dass die heutigen Rückbaugebiete keine für(sich selbst)sprechende Lobby haben, sondern stattdessen Gegenstand jenes abwertenden Negativ-Diskurses sind.

5. Lost in transformation? Stadtumbau Ost, raumbezogene Bindungen und die Ideale der Stadtplanung(s)-/ Wissenschaft

„Die Notwendigkeit, vor einer Erneuerung eines Ortes dessen Geschichte genau zu kennen, um sicherzugehen, dass die Erneuerung keine Elefantenkur darstellt, schien in den 1980er Jahren in unserer Stadtgesellschaft rundum akzeptiert, hat sich aber seitdem langsam wieder verflüchtig" (Bodenschatz 2008a, 662).

Der Titel ‚Lost in tranformation' kann als Ergebnis dieser Arbeit in zweifacher Weise gedeutet werden: einerseits wird in jedem Beispiel evident, dass und wie Eingriffe im Rahmen von Stadtumbaumaßnahmen die Lebenswelt einschneidend verändern und auf diese Weise teilweise erhebliche Betroffenheiten erzeugen. Vertraute Umgebungen, soziale und raumbezogene Bindungen gehen dabei verloren. Gleichzeitig sind auch jene Mechanismen von *Verlusten* gekennzeichnet, die die Folgen und ‚Kollateralschäden' solcher Eingriffsplanungen verhindern oder zumindest abmildern sollen: Information, Beteiligung, Sozialplanung. *Verloren* im mittelbaren Sinne erscheinen andererseits Politik, Planung und Wissenschaft im Angesicht der komplexen Herausforderungen, die sich durch das ‚Phänomen Schrumpfung' für eine nachhaltige Stadtentwicklung im Allgemeinen und die Berücksichtigung von ‚Betroffenheiten' im Besonderen ergeben.

Ulrich Beck hat für den ‚Fall', dass Modernisierung nicht mehr durch weitere Ausdifferenzierung auf Problemlagen reagieren kann, den Begriff der ‚reflexiven Moderne' geprägt. Reflexivität wird von ihm dahingehend ausgelegt, dass eine reflexhafte, d.h. ungeplante Modernisierung selbstzerstörerische Risiken erschafft, ohne mit weiterer Modernisierung darauf reagieren zu können (vgl. Schmals 2006; Zapf 1992). Auch wenn beispielsweise Schachtschneider (2003, 73) argumentiert, gerade durch risikohafte Nebenfolgen könne ein gesellschaftlicher Reflexionsprozess angeregt werden, so bleibt die Entwicklung nach Beck auf sich selbst bezogen ‚blind'. Auch für Giddens geht Modernisierung seit der Aufklärung zwar mit einer zunehmenden Akkumulation von Wissen und damit dem Glauben einher, die (Um-)Welt sei auch in höherem Maße gestalt- und kontrollierbar: „it appeared that increasing information about the social and natural worlds would bring increasing control over them" (Giddens 1994, 58). Dies habe sich allerdings als Trugschluss erwiesen, stattdessen gleiche die Moderne – zumindest auf globaler Ebene – eher einem Experiment, dessen Planung und Steuerung allenfalls über (mögliche) Szenarios erfolge (ebd. 59). Gleichwohl ist für Giddens die reflexive Moderne tatsächlich durch stetige Reflexion gekennzeichnet: „With the advent of modernity, reflexivity (…) is introduced into the very basis of system reproduction, such that thought and action are constantly refracted back upon one another" (Giddens 1990, 38). Diese permanente Evaluation und in Folge dessen auch die Änderung sozialer Praktiken und Prozesse umfasst dabei „all aspects of human life, including technological intervention into the material world" und „reflection upon the nature of reflection itself" (ebd., 39). Diese Charakterisierung von Modernisierung über den Aspekt der (Selbst-)Reflexivität, so legt Giddens dar, zeigt sich nicht nur in der wissenschaftlichen Auseindersetzung mit der Lebenswelt (Ökonomie oder Sozialwissenschaften), sondern auch in deren Anpassung (an neues Wissen) und damit Veränderung. Damit sei Sicherheit sowohl bezogen auf das Wissen, als auch soziale Praktiken betreffend, nicht mehr gegeben: „we can never be sure that any given element of that knowledge will not be revised" (ebd. 39). Reflexivität bietet so einerseits die Chance und Voraussetzung für eine stetige Weiterentwicklung im Sinne innovativer ‚Verbesserung'; andererseits erhöht diese Konstellation sowohl die Komplexität als auch die Notwendigkeit der Legitimation (im Gegensatz zu den festen Strukturen der ‚Tradition').

Auch die im Eingangszitat beschriebene ‚Theorie und Praxis' einer behutsamen, wissenschaftlich-demokratisch legitimierten Eingriffsplanung entwickelte sich in einem reflexiven Prozess als Reaktion auf die ‚Kollateralschäden' durchgreifender Modernisierungsprozesse seit Mitte des 19. Jahrhunderts. ‚Die Moderne', im Sinne von Akteuren und Prozessen, reagierte so quasi durch Ausweitung des Instrumentariums (Ausdifferenzierung) auf die Folgen ‚der Modernisierung'. Anhand der untersuchten Beispiele kommt die vorliegende Arbeit jedoch zu dem Ergebnis, dass sich, sobald dieser Prozess bezogen auf einen Sachverhalt als abgeschlossen gilt, erneut nicht intendierte Nebenfolgen einstellen. Diese zeigen sich in dem hier behandelten Kontext vor allem in einer routinisierten und pragmatischen Handhabung von Betroffenheiten, die gerade nicht Gegenstand eines erneuten Reflexions- und Aushandlungsprozesses ist. Dies erscheint insbesondere vor dem Hintergrund der Komplexität der Themenfelder ‚Schrumpfung' und ‚raumbezogene Bindungen' von besonderer Problematik.

Denn wenn raumbezogene Bindungen als Phänomen beschrieben werden, sind sie wortgeschichtlich eine ‚Erscheinung', was darauf hindeutet, dass sie ‚da' sind, sich beobachten lassen, aber sich gleichzeitig durch ihren abstrakt-latenten, ‚scheinbaren' Charakter einer Konkretisierung zunächst entziehen. So zeigt sich auch die „Kostbarkeit für ihre Benutzer, die nicht Teil des konventionellen Konzeptes von Gütern ist" (zit. nach Strom/Mollenkopf 2004, 287), aufgrund dieses unbewussten Charakters vielfach erst (zu) spät, nämlich durch Bedrohung oder Verlust. Die in dieser Arbeit dargestellten Beispiele behandeln die Manifestation des ‚Heimatphänomens' in jeweils konkreten Bedrohungsszenarien, in denen Heimat in mehreren Dimensionen in Frage gestellt wird: materiell durch den Verlust der Wohnung, politisch durch ein erhebliches nachgewiesenes Beteiligungsdefizit, sozial im Hinblick auf die Unsicherheit sozialer Netze sowie symbolisch und funktional durch die Veränderung gewohnter Strukturen.

Der Wohnort ist so kein Raum der „Reetablierung der menschlichen Handlungsmächtigkeit" (Gebhard et al. 2007, 45, i. O. Herv.) und im Sinne einer ‚doppelten Negierung' weder Ort eines passiven Rückzugs noch aktiver Gestaltung – und damit auch nicht mehr Heimat. Denn dieser besondere Bezugsort nimmt auch in einem modernen Verständnis die Funktion eines *Kompensationsraumes* (Bausinger) ein, der Entfremdungserscheinungen auszugleichen vermag. Und dieser ist nicht nur in einem ‚passiven' Sinn aufzufassen, indem er durch Kontinuität, Stabilität und Gewohnheit gekennzeichnet ist und im Hinblick auf diese Struktur ‚konsumiert' wird. Vielmehr lässt sich dieser kulturgeschichtlich invariante Kern idealtypisch im Sinne eines *Verfügungsraumes* fassen: rechtlich durch Besitz- und Rechtsansprüche; politisch in Form (bürgerschaftlicher) Mitbestimmung; sozial im Sinne lokaler Netzwerke; symbolisch durch kollektive und individuelle Repräsentation; funktional im Sinne einer Gewöhnung, Kontrolle und Kenntnis eines Gebietes. Diese Aspekte beinhalten eine aktive, gestalterische Auseinandersetzung von Individuen und Gruppen mit ihrer Umgebung, die sich im Zuge dieser Aneignung gleichzeitig (natürlich) auch verändert.

Wandel und Stabilität stehen folglich in einem wechselseitig-ambivalenten Verhältnis: erst durch die Veränderung wird das zu Bewahrende bewusst, das aber – wenn es die Identität der NutzerInnen und deren ‚Handlungsmächtigkeit' spiegeln soll – selbst nicht statisch verharren kann. So ergibt sich ein permanenter, meist latenter Aushandlungsprozess von Wandel und Stabilität.

Diese Aushandlung – zu diesem Ergebnis kommt die vorliegende Arbeit weiterhin – muss sich auch in politischen und planerischen Prozessen widerspiegeln bzw. nachvollzogen werden, und dies aus zwei Gründen: erstens wird gerade im Zusammenhang mit der Entstehung moderner wohlfahrtsstaatlicher Institutionen ein ‚Schutz' raumbezogener Bindungen übergreifend erst ermöglicht, indem (städtebauliche) Eingriffe mit dem Ziel der Verbesserung der Lebensbedingungen vorgenommen bzw. deren Durchführung reglementiert wird. Diese Reglementierung im Sinne von Standards, die hinsichtlich der Berücksichtigung raumbezogener Bindungen angelegt werden, setzt dem ‚freien Markt' bzw. der ‚ungezügelten Modernisierung' den Aspekt der Sozialverträglichkeit im weitesten Sinne gegenüber: es geht darum, neben ökonomischen auch soziale ‚Kosten' zu berücksichtigen. Die Doppelrolle hoheitlicher Institutionen – sie sind in diesem Zusammenhang sowohl selbst Initiator von Veränderung (Eingriffe zwecks Verbesserung), als auch Inhibitor (Reglementierung) – erlegt ihnen daher eine besondere Verantwortung auf.

Zweitens müssen sich Standards und Reglementierungen umgekehrt gesellschaftlichem Wandel, also der Lebensrealität anpassen und Gegenstand eines demokratischen Aushandlungsprozesses sein. Diesen Prozess zu ermöglichen ist ebenfalls Aufgabe der politischen und planerischen Institutionen.

Als weiteres Ergebnis konnte herausgearbeitet werden, dass der Spielraum, der im Hinblick auf diese Aushandlung hoheitlich gewährt und zivilgesellschaftlich genutzt bzw. gefordert wird – das Ausmaß also, wonach tatsächlich von einer demokratisch legitimierten, wissenschaftlich abgesicherten und sozial reflexiven Planung ausgegangen werden kann –, in hohem Maße von der sozioökonomischen Gesamtkonstellation abhängig ist. Auf dem Weg zu einer ,behutsamen Stadterneuerung' treten dabei die schon angesprochenen Ambivalenzen deutlich zu Tage: Wachstum, (technischer) Fortschritt und sozialer Wandel sind in den 1960er und 70er Jahren Anlass für Verunsicherung und auch Verlust – gerader dieser Wandel macht es aber möglich, dass Bedürfnisse und Interessen artikuliert, diskutiert und demokratisch ,verarbeitet' werden können. Denn der Verlust, der einherging mit der unter Wachstumsbedingungen initiierten ,Modernisierung' der städtischen und Wohnstrukturen, zeigt sich auch hier erst im Angesicht von Flächensanierung und ,Haushaltsumsetzungen'. Dass diese Betroffenheit sichtbar, anerkennt, erforscht und schließlich die Berücksichtigung von Planungsfolgen formal festgeschrieben wurde, ist jedoch genauso auf diesen Wandel zurückzuführen, der soziale ,Bewegung', den Ausbau der bundesdeutschen Universitäten und eine Politik hervorbrachte, die „mehr Demokratie wagen" wollte (Brandt). Darüber hinaus ,profitiert' der gegen die Zerstörung und Ersetzung des innerstädtischen Altbaubestandes gerichtete Protestdiskurs von der Fürsprache einer zu dieser Zeit zwar noch nicht unbedingt einflussreichen, aber mit entsprechenden kulturellen und sozialen – nicht immer ökonomischen – Ressourcen ausgestatteten ,Lobby' (StudentInnen, AkademikerInnen), die sich informiert und versiert mit Politikern und Planern auseinandersetzen konnte[104]. Trotz dieser günstigen Rahmenbedingungen zeigt sich jedoch, dass mit der ,Institutionalisierung' sozial reflexiver Standards in Form von wissenschaftlicher Expertise, Beteiligung und Sozialplanung in der Praxis eine Routine einherging,

---

104   Dass allerdings benachteiligte Bewohnergruppen (insbesondere jene ohne deutsche Staatsangehörigkeit oder mit Migrationshintergrund) dennoch nur eher nachholend von dieser Entwicklung profitierten, lässt sich anhand der Studien ebenfalls nachvollziehen.

die Standards einerseits auf ein ‚effektives Maß' herunterbricht, andererseits auf
das Alibi der Erfüllung dieser vorgeschriebenen (Mindest-)Standards verweisen
und damit jegliche Aushandlung unterbinden kann.

Im Gegensatz zur städtebaulichen Sanierung betreffen Tagebauprojekte
ganze Gemeinden und Regionen und stellen in diesem Sinne nicht nur eine Bedrohung des unmittelbaren Nahraums, sondern auch der ‚Heimat' im weiteren
Sinne dar (landschaftlich und/oder ‚community'-bezogen). Unmittelbar ist in
diesem Beispiel die Erfahrung, dass sich der (technische) Fortschritt und die
ökonomische Gewinnerzielung buchstäblich durch die Landschaft ‚fressen' – ein
Bild, das eher an die (Hoch-)Industrialisierungsphase des 19. Jahrhunderts erin-
nert. Im Unterschied dazu greifen inzwischen jene wohlfahrtsstaatlichen Regulierungen, die dem ‚ungeregelten Wachstum' im Bewusstsein seiner Folgen für
Betroffene eine Sozialverträglichkeitsprüfung sowie generelle Standards der
Sozialplanung und Beteiligung auferlegen. Die in den 1970er und 1980er Jahren
im Zuge der Umwelt- und Friedensbewegung zunehmenden Proteste gegen Ta-
gebauvorhaben hatten es jedoch vor dem Hintergrund einer sich abzeichnenden
Krise am Arbeitsmarkt, Ölkrise(n) und einer neuerlichen Verschärfung des Ost-
West-Konfliktes schwer, sich Gehör zu verschaffen. Der Protest- steht hier gegen
einen Legitimationsdiskurs, der im Wesentlichen auf diese sozioökonomischen
Rahmenbedingungen rekurriert und eine unhintergehbare Notwendigkeit der
Abbauvorhaben im Hinblick auf die Versorgungssicherheit, den Arbeitsmarkt
und ökonomisches Wachstum etabliert. Darüber hinaus ist das ‚Betroffenheits-
schicksal' in diesem Kontext hochgradig individualisiert und erschwert so ein
kollektives Handeln. Denn betroffen sind vor allem (Haus-)Eigentümer, mit
denen einzeln über eventuelle Entschädigungen verhandelt wird. Diese (individuelle) Entschädigung ist Teil der institutionalisierten ‚Einhegung' negativer
Eingriffsfolgen, die in diesem Sinne auch wenig Spielraum für eine politisch-
gesellschaftliche Aushandlung bietet.

Das Programm Stadtumbau Ost vollzieht sich nun zwar, was die Standards
zur Berücksichtigung der von Eingriffen Betroffenen angeht, unter ähnlichen,
bezüglich weiterer Aspekte allerdings unter gänzlich verschiedenen Rahmenbedingungen. Die Konstellation im Hinblick auf eine sozial reflexive Planung erscheint in diesem Zusammenhang denkbar ungünstig:

-   die Eingriffe erfolgen nicht unter Wachstums-, sondern unter Bedin-
    gungen demografischer und wirtschaftlicher Schrumpfungsprozesse von
    in Deutschland bisher ungekannten Ausmaßen.
-   die Existenzsorge und betriebswirtschaftliche Kalkulation der (kommu-
    nalen) Wohnungsunternehmen nimmt für die Planung und den Vollzug
    des Umbaus eine herausragende Bedeutung ein – Kommunen kommt
    auf diese Weise sowohl die Rolle der hoheitlichen Instanz im Hinblick

auf die Durchsetzung sozialer Standards, als auch die eines im Eigenin-
teresse betriebswirtschaftlich im Stadtumbauprozess beteiligten Akteurs
zu.

- die Betroffenen selbst – so lassen es die soziodemografischen Daten der
  hauptsächlich betroffenen Gebiete vermuten – verfügen selten über die
  Ressourcen, sich informiert und selbstbestimmt in den Prozess einzubringen und stehen gleichzeitig vor der Herausforderung, den soziöko-
  nomischen Wandel auf individueller Ebene zu meistern[105].

- schließlich hat sich die Wissenschaft nur eingeschränkt und vor allem
  im Rahmen programminterner Auftragsforschung den Fragen angenommen, wie Stadtumbau vor Ort vollzogen, begleitet und bewertet
  wird – weniger im Hinblick darauf, was er vor allem für die Betroffenen
  auch in seinen Auswirkungen bedeutet.

Zwar ist die öffentlichkeitswirksame Darstellung insbesondere dieses Programms von der besonderen diskursiven Akzentuierung der Einbeziehung von
Bevölkerung und Betroffenen geprägt. Die Realität des Stadtumbaus ist allerdings häufig gekennzeichnet von einem Zielkonflikt zwischen Umsetzungseffizienz versus Nachhaltigkeit. Dabei ist eine übergreifende Programmkonzeption
strategisch auf eine langfristige Stabilisierung ausgerichtet, während sich die
Akteure vor Ort an der lokalen Ressourcenlage und effizienten Umsetzung der
Maßnahmen orientieren (müssen) – und damit eher ‚reflexhaft' (s.o.) den unmit-
telbaren Sachzwängen folgen. BewohnerInnen und Betroffenen scheint auf diese
Weise lediglich die Rolle einer strategischen Größe im Definitionsspielraum von
Politik, Planung und Wohnungsunternehmen zuzukommen: sie sollen an die
Stadt ‚gebunden' bleiben, sich mit ihr identifizieren, dabei aber im ‚richtigen'
Quartier wohnen oder dorthin umziehen.

Kommunen und Wohnungsunternehmen haben hinsichtlich der Konkurrenz um EinwohnerInnen und MieterInnen ein vitales Interesse daran, diese an
die Stadt, bestimmte Quartiere und/oder Unternehmen zu binden (bzw. vorhandene Bindungen aufrecht zu erhalten). Mit dem Vollzug des Stadtumbaus, wenn
BewohnerInnen zu Betroffenen werden, und im Konflikt von Nachhaltigkeit und
Umsetzungseffizienz wird jedoch auch die (strategische) Rolle von betroffenen
AnwohnerInnen hochgradig ambivalent. Denn sie sind zwar einerseits Garanten
für die Zukunftsfähigkeit von Quartieren und ihre Einbeziehung und Beteiligung
im Sinne einer langfristig nachhaltigen Entwicklung eigentlich im Interesse aller
Stadtumbauakteure. Andererseits werden sie als ‚Störfaktor' hinsichtlich einer

---

105   Im Zuge der Alterung der BewohnerInnen sowie der teilweise erheblichen Fluktuation in
      den Siedlungen, wandern meist diejenigen ab, die über entsprechende Potenziale verfügen.

(kurzfristigen) konsequenten und effizienten Erneuerung gesehen (durch Wider-sprüche, Rechtverfahren oder Protest). Im Ergebnis erhalten Bedürfnisse, Inte-ressen und Betroffenheiten daher vielfach nicht einmal über den ‚Umweg' ihrer strategischen Instrumentalisierbarkeit (im Sinne einer sozialtechnischen Steue-rung der Bindungen) Eingang in Planung und Umsetzung.

In den drei Beispielen zeigt sich, dass der Möglichkeitsraum für Aushand-lungsprozesse jeweils auf einem – kontextabhängig mehr oder weniger – schma-len Grat zwischen dem Primat einer unhintergehbaren Notwendigkeit und wohl-fahrtsstaatlicher Einhegung angesiedelt ist. Dabei sehen sich Politik und Stadt-planung vor dem Dilemma, dass die Intention einer ‚Entwicklung zum Besseren' in vielen Fällen einhergeht mit Verlusterfahrungen. Ihre Aufgabe besteht darin, diesen Prozess zumindest zu reflektieren und in demokratischer Auseinanderset-zung abzuwägen. Stattdessen wurde bereits für die Sanierungsvorhaben beobach-tet, dass die Verantwortung auf Unternehmen und die individuelle Ebene verla-gert und in diesem Zuge Sozialplanung zu einem „Schmiermittel" für einen rei-bungslosen Erneuerungsablauf degradiert wurde (Herlyn 1991, 183). Konflikte und Betroffenheiten werden dabei einerseits diskursiv entwertet oder „als vo-rübergehende Durchführungsprobleme gewertet" (BMBau 1986, 13f.). Anderer-seits wird der Umgang mit Folgen für die BewohnerInnen insbesondere in den letzten Jahren reduziert auf eine durch verstärke Sozialarbeit und Belegungspoli-tik zu verhindernde ‚Entmischung' der Quartiere bzw. ein Management der „so-zialen Problemlagen" vor Ort (BMVBS 2010, 9; vgl. BMVBS 2012, 17/55). Stadtumbau ist damit kein gesellschaftlich kritisches Thema (mehr), das mit den zwischen Wissenschaft, Verwaltung, Politik und zivilgesellschaftlichen Gruppen geführten Diskussionen um die Flächensanierung oder – wenn auch weniger – den Tagebau vergleichbar wäre.

Wenn Aushandlungsprozesse aber nicht mehr Bestandteil des politisch-planerischen Verfahrens sind, geht ein wichtiges demokratisches (Korrektur-) Moment verloren, dessen Aufgabe es eigentlich wäre, dem ambivalenten Cha-rakter der Bedürfnisse einen kontinuierlichen Aushandlungsprozess gegenüber-zustellen. So drohen auch die Programme ein Stück weit ins Leere zu laufen, weil sie zwar jeweils auf einen bestimmten räumlichen Bereich zugeschnitten, aber nicht mehr auf die Lebenswelt abgestimmt sind – den ‚*area-based* initia-tives' fehlt so die *soziale Basis*.

Paradoxerweise würde gar die Berücksichtigung von Bedürfnissen – in diesem Fall der Angewiesenheit auf bestimmte materiell-soziale Konstellationen an einem bestimmten Ort – gerade daran scheitern, dass sie in das *Routinereper-toire* wohlfahrtsstaatlicher Fürsorge aufgenommen und das Verfahren politisch institutionalisiert worden ist. Eine zusätzliche Entpolitisierung erfährt das All-gemeinwohl dann dahingehend, dass Aufgaben an ‚Auftragnehmer' übergeben

werden – etwa Wohnungsgesellschaften, die das Umzugsmanagement überneh-
men oder private Träger der Sozialarbeit. Deren (Einzel-)Fallmanagement individualisiert eventuelle negative Folgen und nimmt der Betroffenheit damit einerseits ihren sozialen Charakter. Andererseits gehen mit den ‚Outsourcing'- und
Individualisierungsprozessen den BewohnerInnen und den beteiligten Institutionen jeweils die politischen Ansprechpartner für jene Aushandlungsprozesse
verloren.

 Auch Wissenschaft und Forschung sind Bestandteil wohlfahrtsstaatlicher
Einhegung der negativen Folgen städtebaulicher Eingriffe – eine Finanzierung
von Programmen und Maßnahmen ohne die Einrichtung von Monitoring- und
Evaluationsverfahren erfolgt kaum. Es stellt sich allerdings die Frage, welche
Rolle wissenschaftliche Tätigkeit und Expertise im Rahmen eines nur rudimentär
in seinen Mindestanforderungen vorhandenen Aushandlungsprozesses spielen
können. Einerseits findet sich der stetige Hinweis auf einen notwendigen Ausbau
der Forschungsaktivitäten. Andererseits sprechen Hagemeister/Haller im Hinblick auf die mangelnde Beteiligungspraxis von einem „fast schon resignative[n]
Bewusstseinswandel der stadtumbaubegleitenden Wissenschaft" (2009, 262; vgl.
auch Kaufmann 2007, 7). Wissenschaft, die als ‚kritische' nicht nachgefragt wird
– und sich selbst nicht als solche zu positionieren vermag – scheint so die Aufgabe zuzukommen, Politik und Planung mit einschlägigen Handlungsempfehlungen, ‚Erfolgsmeldungen' sowie leisen Optimierungsvorschlägen (‚gute Mischung', Sozialarbeit) für ein „Erfolgsprogramm" (Deutscher Bundestag 2009)
zu versorgen.

 Gerade dies jedoch – Eindeutigkeit im Hinblick auf eine ‚Wahrheit' und
sich daraus ableitende Lösungen – ist und kann nicht Gegenstand sozialwissenschaftlicher Expertise sein, denn „Modernität ist das kulturelle Bewusstsein der
Veränderlichkeit aller Dinge (...). Am Erfahrungsobjekt moderner Gesellschaften gibt es daher wenig *fest* zu stellen" (Kaufmann 2007, 3). Stattdessen sind
Ambivalenz und (deren) Reflexion Kernbestandteile der ‚kognitiven Infrastruktur' des (sozialwissenschaftlichen) akademischen Wissens. Wenn sie mit dem
Ausbleiben einer breit gefächerten, auch ohne ‚Auftrag' forschenden und den
Stadtumbau kritisch beleuchtenden wissenschaftlichen Tätigkeit eingeebnet
werden, geraten auch konkrete Folgen für betroffene Menschen und Strukturen
aus dem Blickfeld bzw. werden als Handlungsempfehlung oder Appell an die
Eigenverantwortung des Individuums ‚zurückdeligiert': Resignation aufgrund
von Stadtumbauerfahrungen wird als ‚pragmatisches Umgehen' mit der Verlust-
situation beschrieben und Proteste mit mangelnder Informiertheit begründet; die
Betroffenen sollen die Verlusterfahrung als Teil der eigenen Biografie anerkennen und verarbeiten. Mehr noch: Mit dem Stadtumbau im sozioökonomischen
Krisenkontext der ‚Schrumpfung' scheint sich ein weiterer ‚Verlust' aufzutun,

nämlich das Bewusstsein, Forschung als gesellschaftlich sinnvoll zu empfinden. Wenn Kaufmann die *„charakteristische Leistung sozialwissenschaftlichen Wissens für gesellschaftliche Praxis (...) in der Beeinflussung handlungsrelevanter Situationsdefinitionen"* sieht (2007, 8, Herv. KS) – so geht gerade auch der Möglichkeitsspielraum dieser Definitionshoheit mit dem Verschwinden des ‚Aushandlungsparameters' verloren.

Ist vor diesem Hintergrund eine Auseinandersetzung um die Berücksichtigung des ‚Luxusgutes' Heimat gerechtfertigt? Drei Gründe sprechen dafür: zunächst die (hoheitliche) Verantwortung für die Auswirkungen der Eingriffe – Politik und Planung müssen die Folgen ihrer Entscheidungen abschätzen, abstimmen und aufrechnen gegen einen zu bestimmenden Nutzen. In diesem Zusammenhang spielt nun zweitens auch die strategische Bedeutung raumbezogener Bindungen eine Rolle – hinsichtlich einer langfristig orientierten Stadtentwicklung, die BewohnerInnen auch als ‚haushaltärische' Größe ansieht und bezüglich einer kompensierenden Funktion des Nahraums (psychologisch, aber auch bezogen auf soziale Netze etc.). Schließlich darf – ohne die demokratische Grundordnung an sich in Frage zu stellen – der Anspruch der ‚Planung *für* Menschen' und ein damit einhergehender demokratisch-wissenschaftlichen Imperativ nicht durch kurzfristige Herausforderungen oder Umsetzungszwänge außer Kraft gesetzt werden.

Dazu sind Daten und wissenschaftliche Begleitung notwendig. Dieses Verfahren der sozialen Folgenabschätzung „impliziert auch die systematische Generierung und Explizierung von Wissensbeständen, die den Horizont politischer Rhetorik und administrativer Regelungsinhalte überschreiten, ggfs. auch in Konkurrenz dazu treten" (Hater 1999, 343). Kaufmann beschreibt in diesem Sinne die soziologische bzw. sozialwissenschaftliche Forschung als eine nicht unmittelbar ‚nützliche'. Ihre Besonderheit besteht gerade darin, dass sich ihr Gegenstand wandelt und vor dem Hintergrund bestimmter Wissens- und Handlungszusammenhänge reflektiert und interpretiert werden kann/muss. Dies führe zu „einer die alltäglichen Erfahrungshorizonte übergreifenden, in gewisser Hinsicht synthetisierenden oder zum mindesten bereichsspezifische Einsichten relativierenden Perspektive" (Kaufmann 2007, 5) – und damit ist diese Disziplin prädestiniert für die Analyse sozialer Phänomene wie ‚Heimat' oder ‚Schrumpfung'.

Und in diesem Zusammenhang – so lässt sich mit Jessen/Siebel (2008, 699) schlussfolgern – muss, wenn die soziologische Wissenschaft eine (selbst-) reflexive ist, sie ‚vom Kopf auf die Füße gestellt' werden: indem sie nicht zuerst Antworten gibt, sondern Fragen stellt:

„Stadtforschung muss den Mut zur Unaktualität haben. Wenn sie ihrem Anspruch gerecht werden will, muss sie auch solche Fragen ansprechen, die jenseits des Handlungsspielraums der Politik liegen, sie muss unumgänglich mehr antworten, als sie von der Politik gefragt wurde (Bahrdt), denn die Politik verfolgt nicht nur kurzatmig einen langen Atem erfordernde Themen, sondern sie thematisiert, aus verständlichem Interesse an der eigenen Glaubwürdigkeit, auch nur das, was sie wenigstens mit einer Aussicht auf Erfolg bearbeiten kann".

Eine evolutionäre, im Sinne einer (selbst-)reflexiven Praxis, des politischen und planerischen Systems der erneuernden Stadtentwicklung bedarf eines stetigen ‚Konflikts', um in der Auseinandersetzung und Aushandlung jeweils probate Mittel der Problemlösung einzusetzen. Die Institutionalisierung von Standards der Aushandlung und der praktischen Umsetzung von politisch-planerischen Entscheidungen sind in diesem Zusammenhang wichtige Konstanten, die den beteiligten Akteuren eine (hoheitlich garantierte) Sicherheit und damit ein Handlungs- und Gestaltungspotenzial geben. Die Ambivalenz dieses Repertoires liegt dann in seiner Pfadabhängigkeit: wenn sich ‚probate Mittel' als ‚Königsweg' manifestieren und damit selbst zur Legitimationsgrundlage von Politik und Planung werden, geht die Chance verloren, die Widersprüchlichkeit moderner Gesellschaften in einem entsprechend reflexiven Prozess abzubilden: „Erst die auf Dauer gestellte Irritation bietet in dieser Sicht Chance für Veränderung" (Walther 2002, 38).

Literaturverzeichnis

Albers, Gerd 1996: Entwicklungslinien der Raumplanung in Europa seit 1945. In: DISP 127, 3-12

Altman, Irwin/Low, Setha 1992: Place Attachment. A conceptual inquiry. In: Dies. (Hg.): Place Attachment. New York/London: Plenum Press, 1-12

Altrock, Uwe 2007: Evaluation und Monitoring in Stadterneuerung und Stadtplanung – Traditionen und Entwicklungstrends. In: Weith, Thomas (Hg.): Stadtumbau erfolgreich evaluieren. Münster: Waxmann, 29-55

Altrock, Uwe 2008: Langfristige Wirkungen der Städtebauförderung – Erste Ergebnisse einer Studie. In: BMVBS (Hg.): Dokumentation: 2. Kongress zur Zukunft der Städtebauförderung am 28. Oktober 2008 in Berlin. Berlin, 14-18

Arendt, Hannah 1967: Vita activa oder Vom tätigen Leben. München: Piper & Co

Arnstein, Sherry R. 1969: A Ladder Of Citizen Participation. In: Journal of the American Planning Association, 35, 4 , 216 - 224

Autzen, Rainer/Becker, Heidede 1986: Sanierungswirkungen aus der Sicht der Sanierungsgemeinden. In: BMBau (Hg.): Stadterneuerung. Erfahrungen und Perspektiven. Bonn, 167-195

Bahrdt, Hans Paul 1984: Identifikation mit gebauter Umwelt. In: Spengelin, Friedrich/Nagel, Günter/Luz, Hans (Hg.): Wohnen in den Städten? Lamspringe: Quensen, 9-14

Baumbach, Ute 1983: Die Gestaltungsmittel der industriellen Bauweise und ihre Weiterentwicklung. In: Wiss. Z. Hochsch. Archit. Bauwes. Weimar, 29, 5/6, 456-458

Bausinger, Hermann 1990: Heimat in einer offenen Gesellschaft. In: BpB (Hg.): Heimat: Analysen, Themen, Perspektiven, 76-90

BBR (Bundesamt für Bauwesen und Raumordnung) 2003 (Hg.): Lebensbedingungen aus Bürgersicht. Berichte, Bd. 15. www.bbsr.bund.de/cln_016/nn_22388/BBSR/DE/Veroeffentlichungen/Berichte/2000__2005/ Bd15LebensbedingungenBuergersicht.html (3.2.2010)

BBSR (Bundesinstitut für Bau-, Stadt- und Raumforschung) 2009: Die Städtebauförderungsdatenbank des BBSR. Programmstruktur und Fördermitteleinsatz seit der deutschen Einheit. BBSR-Berichte kompakt 9/2009

Beck, Ulrich 1997: Was ist Globalisierung? Frankfurt/Main: Suhrkamp

Beck, Ulrich/Giddens, Anthony/Lash, Scott 1996: Reflexive Modernisierung. Eine Kontroverse. Frankfurt: Suhrkamp

Becker, Heidede 1982: Wohnverhältnisse. In: Becker, Heidede/Schulz zur Wisch, Jochen (Hg.) 1982: Sanierungsfolgen. Eine Wirkungsanalyse von Sanierungsmaßnahmen in Berlin. Stuttgart u.a.: Kohlhammer, 207-258

Becker, Heidede/Lehmbrock, Michael/Schulz zur Wisch, Jochen 1982: Untersuchungsergebnisse und Überlegungen zu einer veränderten Sanierungspraxis. In: Becker, Heidede/Schulz zur Wisch, Jochen (Hg.) 1982: Sanierungsfolgen. Eine Wirkungsanalyse von Sanierungsmaßnahmen in Berlin. Stuttgart u.a.: Kohlhammer, 369-400

Becker, Heidede/Schulz zur Wisch, Jochen (Hg.) 1982: Sanierungsfolgen. Eine Wirkungsanalyse von Sanierungsmaßnahmen in Berlin. Stuttgart u.a.: Kohlhammer

Becker, Heidede/Schäfer, Rudolf/Schmidt, Elfriede 1986: Merkmale der Sanierungspraxis. In: BMBau (Hg.): Stadterneuerung. Erfahrungen und Perspektiven. Bonn, 45-79

Beer, Ingeborg 1997: Bewohnerbeteiligung in Plattenbausiedlungen: Modelle und Strategien für eine neue Urbanität? In: Rietdorf, Werner (Hg.): Weiter wohnen in der Platte. Probleme der

Weiterentwicklung großer Neubauwohngebiete in den neuen Bundesländern. Berlin: edition sigma, 209-229

Beer, Ingeborg 2002a: Stadtumbau und Soziale Stadt in Schwedt/Oder. Vortrag im Kurs ‚Integrierte Konzepte in der Stadtentwicklung', 4. - 6. Nov. 2002 in Berlin, Institut für Städtebau Berlin der Deutschen Akademie für Städtebau und Landesplanung, Berlin 2002. www.baustadtum.de/stadtumbau/VortragSchwedt.pdf (19.11.2009)

Beer, Ingeborg 2002b: „Wohnen und Leben im Wartestand". Ein Quartier in Schwedt zwischen Abriss und Aufwertung. In: Berliner Debatte Initial, 13, 49-56

Belk, Russell W. 1992: Attachment to Possessions. In: Altman, Irwin/Low, Setha (Hg): Place Attachment. A conceptual inquiry. New York/London: Plenum Press, 37-62

Bender, Stefan/Koch, Susanne/Mosthaf, Alexander/Walwei, Ulrich 2009: Aktivierung ist auch in der Krise sinnvoll. Erwerbsfähige Hilfebedürftige im SGBII. IAB-Kurzbericht, 19/2009, o.O.

Berger, Peter L./Berger, Brigitte/Kellner, Hansfried 1975: Das Unbehagen in der Modernität. Frankfurt/New York: Campus

Berking, Helmut/Löw, Martina (Hg.) 2008: Die Eigenlogik der Städte: Neue Wege für die Stadtforschung. Frankfurt/Main/New York: Campus

Berkner, Andreas (Hg.) 2009: Braunkohleplanung in Deutschland – Neue Anforderungen zwischen Lagerstättensicherung, Umweltverträglichkeit und Regionalplanung. E-Paper der ARL, Nr. 8. Hannover http://shop.arl-net.de/media/direct/pdf/e-paper_der_arl_nr8.pdf (16.10.2012)

Bernt, Matthias 2002: Risiken und Nebenwirkungen des „Stadtumbaus Ost". UFZ-Diskussionspapiere Nr. 5. Leipzig

Bernt, Matthias 2003a: Risiken und Nebenwirkungen des Stadtumbaus. In: Städte im Umbruch – das Online-Magazin für Stadtentwicklung, Stadtschrumpfung, Stadtumbau und Regenerierung, 2. Jg., Nr. 2, www.thilolang.de/projekte/sdz/magazin/0305bernt.htm (5.8.2013)

Bernt, Matthias 2003b: Rübergeklappt. Die ‚Behutsame Stadterneuerung' im Berlin der 90er Jahre. Berlin: Schelzky & Jeep

Bernt, Matthias 2004: Abrissprogramm Ost. In: Oswalt, Philipp (Hg.): Schrumpfende Städte, Band 1: Internationale Untersuchung. Ostfildern-Ruit: Hatje Cantz, 660-665

Bernt, Matthias 2005: Die politische Steuerung des Stadtumbaus in Leipzig-Grünau. Leipzig: UFZ Diskussionspapiere 24/2005

Bernt, Matthias 2005: Stadtumbau im Gefangenendilemma. In: Weiske, Christine/Kabisch, Sigrun/Hannemann, Christine (Hg.) 2005: Kommunikative Steuerung des Stadtumbaus. Wiesbaden: VS-Verlag, 109-130

Bernt, Matthias 2008: Ambivalenzen im ‚Stadtumbau Ost'. Strategische Schrumpfungsplanung oder Schrumpfen der strategischen Planung? In: Hamedinger, Alexander/Frey, Oliver/Dangschat, Jens/Breitfuss, Andrea (Hg.): Strategieorientierte Planung im kooperativen Staat. Wiesbaden: VS-Verlag, 207-220

Bernt, Matthias 2010: Auf halbem Wege. Das Bund-Länder-Programm ‚Stadtumbau Ost'. In: Ministerium für Landesentwicklung und Verkehr des Landes Sachsen-Anhalt (Hg.): weniger ist Zukunft. 19 Städte – 19 Themen, 344-354

Bernt, Matthias/Fritzsche, Annett (Bearb.) 2005: Grünau 2004. Einwohnerbefragung im Rahmen der Intervallstudie „Wohnen und Leben in Leipzig-Grünau". Ergebnisbericht, UFZ-Umweltforschungszentrum Leipzig-Halle, www.ufz.de/data/Intervallstudie_Leipzig-Gruenau2649.pdf (5.8.2013)

Bernt, Matthias/Kabisch, Sigrun 2003: Praxis ohne Theorie. Thesen zu Wissensdefiziten in der Stadtumbaudebatte. In: PLANERIN, 1, 42-44

Bernt, Matthias/Kabisch, Sigrun 2006: Ostdeutsche Grosswohnsiedlungen zwischen Stabilisierung und Niedergang. In: disP 164, 1/2006, 5-15

Bernt, Matthias/Kabisch, Sigrun/Peter, Andreas 2003: „Der Abriss ist okay, aber…" – Erfahrungen mit dem Stadtumbau in Weißwasser-Süd. In: Jahrbuch Stadterneuerung 2003, 315-329

Bernt, Matthias/Kabisch, Sigrun/Peter, Andreas 2005: Die Auswirkungen von Schrumpfung und Stadtumbau auf die Stadtgesellschaft: Der Fall Weißwasser. In: Berichte zur deutschen Landeskunde, 79, 1, 33-57

Bertels, Lothar 1997: Die dreigeteilte Großstadt als Heimat. Ein Szenario. Opladen: Leske und Budrich

Bezirksamt Marzahn-Hellersdorf von Berlin 2007 (Hg.): Im Wandel beständig. Stadtumbau in Marzahn und Hellersdorf. Berlin

Binder, Beate (Hg.) 2002: Nahwelten. Tiergarten, Süd - Berlin. Berliner Blätter 28/2002. Sonderheft. Münster u.a.

Binder, Beate 2003: „Heimat" Berlin? Einige Überlegungen zur Produktion von Ortsbezogenheit als Ziel stadtentwicklungspolitischer Maßnahmen. In: Kulturation 1/2003, www.kulturation.de/t_text.php?uebergabe=13 (21.2.2008)

Blokland, Talja 2003: Urban Bonds. Social Relationships in an Inner City Neighbourhood. Cambridge: Polity Press

BMBau (Bundesministerium für Raumordnung, Bauwesen und Städtebau) (Hg.) 1979: Bürgerbeteiligung bei städtebaulichen Sanierungs- und Entwicklungsmaßnahmen. Fallstudien zur Anwendung des StBauFG. Schriftenreihe ‚Stadtentwicklung' des Bundesministers für Raumordnung, Bauwesen und Städtebau. Bonn

BMBau (Hg.) 1986: Stadterneuerung. Erfahrungen und Perspektiven. Bonn

BMVBS (Bundesministerium für Verkehr, Bau und Stadtentwicklung) 2008: Tiefensee: Stadtumbau Ost muss nach 2009 weitergehen. Neues Gutachten zu Wirkung und Akzeptanz von "Stadtumbau Ost". Pressemitteilung Nr. 156/2008, 17. Juni 2008

BMVBS 2009: Programme der Städtebauförderung. Merkblatt über die Finanzhilfen des Bundes. Berlin

BMVBS 2010 (Hg.): Stadtumbau vor neuen Herausforderungen. 4. Statusbericht. Berlin

BMVBS 2011: Städtebauförderung 2011. Merkblatt zu den Programmen der Städtebauförderung. Berlin

BMVBS 2012 (Hg.): 10 Jahre Stadtumbau Ost – Berichte aus der Praxis. 5. Statusbericht der Bundestransferstelle Stadtumbau Ost. Berlin

BMVBS 2012a: Bund-Länder-Bericht zum Programm Stadtumbau Ost. Berlin

BMVBS/BBR (Hg.) 2006: Stadtumbau Ost – Stand und Perspektiven. Erster Statusbericht der Bundestransferstelle. Berlin

BMVBS/BBR (Hg.) 2007: 5 Jahre Stadtumbau Ost – eine Zwischenbilanz. Zweiter Statusbericht der Bundestransferstelle. Berlin

BMVBS/BBR (Hg.) 2008a: Gutachten. Evaluierung des Bund-Länder-Programms Stadtumbau Ost. Berlin

BMVBS/BBR 2008b (Hg.): Evaluierung des Bund-Länder-Programms ‚Stadtumbau Ost'. Zentrale Ergebnisse und Empfehlungen des Gutachtens. www.bmvbs.de/Anlage/original_1042427/Evaluierung-Stadtumbau-Ost-Zentrale-Ergebnisse-und-Empfehlungen-des-Gutachtens.pdf (3.11.2008)

BMVBS/BBR (Hg.) 2008c: Perspektiven für die Innenstadt. Dritter Statusbericht der Bundestransferstelle. Berlin

BMVBS/BBSR (Hg.) 2009: Bürgermitwirkung im Stadtumbau. Forschungen, Heft 140, Bonn

BMVBS/BBSR/Bundestransferstelle 2010: ‚Profilierung des Programms Stadtumbau Ost ab 2010'. Ergebnisse einer Workshopreihe des BMVBS, BBSR und der Bundestransferstelle Stadtumbau Ost. http://www.stadtumbau-ost.info/aktuelles/Ergebnispapier-22-06-2010.pdf (17.10.2013)

BMVBW (Bundesministerium für Verkehr, Bau- und Wohnungswesen) 1999 (Hg.): Eine Zukunft für die Plattenbausiedlungen. Abschlußbericht der Forschungsbegleitung zum Bund-Länder-

Förderprogramm , Städtebauliche Weiterentwicklung großer Neubaugebiete in den neuen Ländern und im Ostteil Berlins'. Bonn

BMVBW 2001 (Hg.): Wettbewerb Stadtumbau Ost. Für lebenswerte Städte und attraktives Wohnen. Auslobung, Oktober 2001. Berlin

BMVBW 2001a (Hg.): Stadtumbau in den neuen Ländern. Integrierte wohnungswirtschaftliche und städtebauliche Konzepte zur Gestaltung des Strukturwandels auf dem Wohnungsmarkt der neuen Länder. Berlin

BMVBW 2003a (Hg.): Auswertung des Wettbewerbs ‚Stadtumbau Ost' – für lebenswerte Städte und attraktives Wohnen. Bonn

BMVBW 2003b (Hg.): Dokumentation zum Wettbewerb ‚Stadtumbau Ost' – für lebenswerte Städte und attraktives Wohnen. Bonn

BMVBW 2005 (Hg.): Nachhaltige Stadtentwicklung – ein Gemeinschaftswerk. Städtebaulicher Bericht der Bundesregierung 2004. Bonn

BMVBW/BBR 2004 (Hg.): Stadtumbau Ost auf gutem Weg? Praktiker aus der Wohnungswirtschaft berichten. Berlin/Bonn

Bodenschatz, Harald 2008: Perspektiven des Stadtumbaus. In: Ders. (Hg.): Großstädte von morgen. Internationale Strategien des Stadtumbaus. Berlin: Braun, 9-23

Bodenschatz, Harald 2008a: Von der Stadterneuerung zum Stadtumbau. In: Informationen zur Raumentwicklung. 11, 661-665

Bodzenta, Erich 1981: Erfahrungen und Hypothesen – ein Forschungsprojekt entsteht. In: Ders./Speiser, Irmfried/Thum, Karl: Wo sind Großstädter daheim? Graz: Böhlaus, 11-31

Bodzenta, Erich/Speiser, Irmfried/Thum, Karl 1981: Wo sind Großstädter daheim? Graz: Böhlaus

Böhme, Helmut 2000: Thesen zur ‚europäischen Stadt' aus historischer Sicht. In: Hassenpflug, Dieter (Hg.): Die Europäische Stadt. Mythos und Wirklichkeit. Münster u.a.: LIT Verlag, 49-102

Bohnsack, Ralf 2008: Rekonstruktive Sozialforschung. Einführung in qualitative Methoden. 7. Auflage. UTB/Verlag Barbara Budrich: Opladen & Farmington Hills

Böltken, Ferdinand 1987: Ortsgebundenheit und Ortsverbundenheit. Empirische Befunde im Zeit- und Regionalvergleich. In: Informationen zur Raumentwicklung, H.3, 147-156

Bormann, Regina 2001: Raum, Zeit, Identität. Sozialtheoretische Verortungen kultureller Prozesse. Opladen: Leske und Budrich

Bortz, Harald 2004: Heimat Berlin. Großstadtkultur, Regionalgeschichte und Materielle Kultur in kleinen Museen. Humboldt-Universität zu Berlin (Diss.)

Bossle, Lothar 1990: Heimat als Daseinsmacht. In: BpB (Hg.): Heimat: Analysen, Themen, Perspektiven, 122-133

Brede, Karola/Siebel, Walter 1977: Zur Kritik der Bedürfnisforschung. In: Leviathan, 5, 1/1977, 1 - 27

Brandstetter, Benno/Pfeifer, Anne/Lang, Thilo 2005a: Umgang mit der schrumpfenden Stadt - ein Debattenüberblick. In: Berliner Debatte Initial 6/ 2005, 55-68

Brandstetter, Benno/Haller, Christoph/Lang, Thilo/Pfeifer, Anne 2005b: Vier Jahre Programm Stadtumbau Ost. Kurzfristige förderpolitische Intervention oder langfristig stabilisierender Stadtentwicklungsprozess? In: Städte im Umbruch 3/2005, 3-8

Brombach, Karoline/Jessen, Johann/Küchel, Lisa/Lang, Thilo/Sonntag, Monika 2005: Von England lernen? Vier Fallstudien zum Stadtumbau in englischen Städten. Studie des Instituts für Regionalentwicklung und Strukturplanung (IRS) und des Städtebau-Instituts der Universität Stuttgart (SI). Stuttgart/Erkner

Brown, Barbara B./Perkins, Douglas D. 1992: Disruptions in Place Attachment. In: Altmann, Irvin/Low, Setha (Hg.): Place Attachment. New York/London: Plenum Press, 279-304

Bublitz, Hannelore 2001: Differenz und Integration. Zur diskursanalytischen Rekonstruktion der Regelstrukturen sozialer Wirklichkeit. In: Keller, Reiner/Hirseland, Andreas/Schneider,

Werner/Viehöver, Willy (Hg.): Handbuch Sozialwissenschaftliche Diskursanalyse. Bd. 1 Theorien und Methoden. Opladen: VS Verlag, 225-260

Bütfering, Elisabeth 1990: Frauenheimat Männerwelt. Die Heimatlosigkeit ist weiblich. In: Bundeszentrale für politische Bildung (Hg.): Heimat: Analysen, Themen, Perspektiven, 416-436

Bundestransferstelle Stadtumbau Ost 2008a: Bund-Länder-Programm Stadtumbau Ost. www.stadtumbau-ost.info/ (4.5.2009)

Bundestransferstelle 2008b: Zusammenfassender Bericht Transferveranstaltung Stadtumbau Ost 2008: www.stadtumbau-ost.info/praxis/veranstaltungen/transferveranstaltung/2008/03_ Buergermitwirkung%20im%20Stadtumbau%20Ost_Dokumentation.pdf (29.6.2009)

Bunzel, Arno 2009: Praxiserfahrungen beim Stadtumbau Ost. In: LKV Verwaltungszeitschrift für die Länder Berlin, Brandenburg, Sachsen, Sachsen-Anhalt, Thüringen. 19, 6, 241-288

BZK (Bezirksregierung Köln) 1995a: Genehmigungserlass Braunkohlenplan Garzweiler II. Abgedruckt in: Dies. 1995b, 1-23

BZK 1995b: Braunkohlenplan Garzweiler II. Textliche Darstellung und Erläuterungsbericht. www.bezreg-koeln.nrw.de/brk_internet/gremien/braunkohlenausschuss/braunkohlenplaene/plan_garzweiler/ plan_garzweiler.pdf (23.11.2012)

BZK 2004: Braunkohlenplan Inden. Sachlicher Teilabschnitt. Umsiedlung Pier. www.bezreg-koeln.nrw.de/brk_internet/gremien/braunkohlenausschuss/braunkohlenplaene/plan_inden_2_pi er/plan_umsiedlung_pier.pdf (24.10.2012)

BZK 2005: Braunkohlenplan Umsiedlung Immerath-Pesch-Lützerath. www.bezreg-koeln.nrw.de/brk_internet/gremien/braunkohlenausschuss/braunkohlenplaene/plan_umsiedlun g_immerath/plan_umsiedlung_immerath.pdf (3.7.2013)

BZK 2009 (Hg): Umsiedlerfibel. Ein Handbuch für die Umsiedler im Rheinischen Braunkohlenrevier. Köln: Bezirksregierung Köln, Geschäftsstelle des Braunkohlenausschusses

Canacakis, Jorgos/Sevenich, Rolf 1996: Mit Trauerfähigkeit der Tagebauplanung begegnen. In: Sevenich, Rolf/Brendel, Peter/Gellrich, Bernd (Hg.): Sozial verträglich? Garzweiler II, Bd. 2, www.maria-und-elisabeth.de/garzweiler/tagebaue_sozial_vertraeglich.htm (5.1.2010)

Cremer, Will/Klein, Ansgar 1990: Heimat in der Moderne. In: Bundeszentrale für politische Bildung (Hg.): Heimat: Analysen, Themen, Perspektiven. Bonn

Christmann, Gabriela B. 2004: Dresdens Glanz, Stolz der Dresdner. Lokale Kommunikation, Stadtkultur und städtische Identität. Wiesbaden: Deutscher Universitäts-Verlag

Deutscher Bundestag 2009: Drucksache 16/12284 (18.03.2009): Antrag ‚Programm ‚Stadtumbau Ost' – Fortsetzung eines Erfolgsprogramms.

Dieser, Hartwig/Kouvelis, Anastasie 1980: Die Betroffenheit der Mieter durch die ZIP-Modernisierung in Kreuzberg SO 36. WAP-Forschungsprojekt am Zentralinstitut für sozialwissenschaftliche Forschung der Freien Universität Berlin. Berlin

Ditt, Karl 1990: Die deutsche Heimatbewegung 1871-1945. In: Bundeszentrale für politische Bildung (Hg.): Heimat: Analysen, Themen, Perspektiven, 135-154

Donath, Matthias 2003: Mensch, Heimat und Denkmal. Vortrag anlässlich des Symposiums ‚Nachdenken über Denkmalpflege'. Hundisburg, 16. Nov. 2002. In: kunsttexte.de, Nr. 1, www.kunsttexte.de (4.6.2008)

Douglas, Mary 1991: Wie Institutionen denken. Frankfurt/Main: Suhrkamp

Downs, Roger M./Stea, David 1982: Kognitive Karten. Die Welt in unseren Köpfen. New York: Harper & Row.

Droste, Christiane/Knorr-Siedow, Thomas 2005: Großsiedlungen – Steuerungsmodelle auf Zeit. RESTATE Bericht 3b II, Utrecht: Geowissenschaftliche Fakultät

Dürrschmidt, Jörg 2004: Schrumpfung in den Köpfen. In: Oswalt, Philipp (Hg.): Schrumpfende Städte, Band 1: Internationale Untersuchung. Ostfildern-Ruit: Hatje Cantz, 274-279

Dziomba, Maike/Matzuschewski, Anke 2007: Grossprojekte in der Stadtentwicklung – Konfliktbereiche und Erfolgsfaktoren. In: disP 171, 4, 5-11

Ebert, Sebastian/Tölle, Alexander/Wdowicka, Magdalena 2012: Planung in Deutschland und Polen aus kommunaler Perspektive. Planungsbegriffe in Europa. Hannover/Posen: ARL/UAM

Eckardt, Frank 2013: Viele Wege nach Rom, oder: Was leistet die Stadtsoziologie heute? In: Soziologische Revue, 36, 132-142

Eger, Thorsten 2005: Auf der Durchreise. Wieviel Ortsbindung braucht der mobile Mensch? In: Präsident der Johann Wolfgang Goethe-Universität (Hg.): Forschung Frankfurt, 1/2005, 50-52

Esser, Hartmut 1987: Lokale Identifikation im Ruhrgebiet. Zur allgemeinen Erklärung einer speziellen Angelegenheit. In: Informationen zur Raumentwicklung. Heft 3, 109-118

Feldhusen, Gernot 1975: Soziologische Aspekte der vorbereitenden Untersuchungen im Städtebauförderungsgesetz. In: Kießler, Otfried/Korte, Hermann (Hg.): Soziale Stadtplanung. München: Bertelsmann Fachverlag, 89-118

Feldman, Roberta M. 1996: Constancy and Change in Attachment to Types of Settlement. In: Environment and Behavior, 28, 4, 419-445

Fischer, Joachim/Delitz, Heike 2009: Die ‚Architektur der Gesellschaft'. Einführung. In: Dies. (Hg.): Die Architektur der Gesellschaft. Theorien für die Architektursoziologie. Bielefeld: transcript, 9 – 17

Flade, Antje 1993: Wohnen und Wohnbedürfnisse im Blickpunkt. In: Harloff, Hans Joachim (Hg.): Psychologie des Wohnungs- und Sieldungsbaus. Göttingen/Stuttgart: Verlag für angewandte Psychologie, 45-55

Frank, Sybille/Schwenk, Jochen/Steets, Silke/Weidenhaus, Gunter 2013: Der aktuelle Perspektivenstreit in der Stadtsoziologie. In: Leviathan, 41, 2/2013, 197-223

Franz, Peter 2002: Implementierungsprobleme des Programms ‚Stadtumbau Ost'. Vortrag auf der Tagung ‚Wohnungswirtschaft und Städtebau stellen sich dem demographischen Wandel – reichen die bestehenden Handlungsansätze aus?', Institut für Ökologische Raumentwicklung, Dresden, 27.11.2002. www.schrumpfende-stadt.de/magazin/0212franz.pdf (19.2.09)

Frey, Oliver/Hamedinger, Alexander 2006: Städtische Programme gegen räumliche Konzentrationen von Armut: zwischen effizienter Regulation und Empowerment? http://nbn-resolving.de/urn:nbn:de:0168-ssoar-143283 (26.7.2013)

Fried, Marc 1963: Grieving for a Lost Home. In: Duhl, Leonard J. (Hg.): The Urban Condition. People and Policy in the Metropolis. New York/London: Basic Books, 151-171

Fritsche, Miriam 2011: Mikropolitik Im Quartier: Bewohnerbeteiligung im Stadtumbauprozess. Wiebaden: VS Verlag

Führ, Eduard Heinrich 2010: Martin Heideggers Phänomenologie des Wohnens. In: Wolkenkuckucksheim 15,1: Zum Wohnen im 21. Jahrhundert. http://www.cloud-cuckoo.net/journal1 996-2013/inhalt/de/heft/ausgaben/110/Fuehr1/fuehr1.php (16.10.2013)

Fuhrer, Urs/Kaiser, Florian 1992: Bindung an das Zuhause. Die emotionalen Grundlagen. Zeitschrift für Sozialpsychologie, 2, 105-118

Fuhrer, Urs/Kaiser, Florian 1993: Ortsbindung: Ursachen und deren Implikationen für die Wohnungs- und Siedlungsgestaltung. In: Harloff, Hans Joachim (Hg.): Psychologie des Wohnungs- und Städtebaus. Göttingen/Stuttgart: Verlag für Angewandte Psychologie, 57-73

Gall, Lothar 2004: Europa auf dem Weg in die Moderne. 1850-1890.München: Oldenbourg

Gatzweiler, Hans-Peter/Meyer, Katrin/Milbert, Antonia 2003: Schrumpfende Städte in Deutschland? Fakten und Trends. In: Informationen zur Raumentwicklung, H. 10/11, 557-574

Gatzweiler, Hans, Peter/Milbert, Antonia 2009: Schrumpfende Städte wachsen und wachsende Städte schrumpfen. In: Informationen zur Raumentwicklung, H.7, 443-455

GdW Bundesverband deutscher Wohnungs- und Immobilienunternehmen 2006: Medien-Info 20-06: Städtebau - Soziale Stadt, Stadtumbau. GdW: Marktbereinigung durch Abriss ist Teil und nicht Gegensatz der städtebaulichen Aufwertung in Ostdeutschland, www.gdw.de/2004/artikel.asp?RubrikID=30&ContenChainID=44&PresseID=4106&UNID=6 F0EFACECE14375EC1257149002B6BB4 (13.5.2008).

Gebert, Henning/Winkler, Simone 2002: Positive Meinungen zum Gebiet. In: Schulz, Marlies (Hg.): Wohnen in Marzahn Nord-West. Stärken und Potenziale eines Wohngebietes. Arbeitsberichte Geographisches Institut der Humboldt-Universität Berlin, H. 65, Berlin, 39-47

Gebhard, Gunther/Geisler, Oliver/Schröter, Steffen 2007: Heimatdenken: Konjunkturen und Konturen. Statt einer Einleitung. In: Dies. (Hg.): Heimat. Konturen und Konjunkturen eines umstrittenen Konzepts. Bielefeld: transcript, 9-56

Gebhardt, Hans/Reuber, Paul/Schweizer, Günther, Stegmann, Bernd-Achim/Weiss, Günther/Zehner, Klaus 1995: Ortsbindung im Verdichtungsraum – Theoretische Grundlagen, methodische Ansätze und ausgewählte Ergebnisse. In: Gebhardt, Hans/Schweizer, Günther (Hg.) 1995: Zuhause in der Großstadt. Ortsbindung und räumliche Identifikation im Verdichtungsraum. Köln: Geographisches Institut, 3-58

Gensicke, Thomas 2010: Indikatoren zur Entwicklung der Zivilgesellschaft in Ostdeutschland. In: Forschungsjournal NSB, 23,2, 91-95

Gerhard, Ulrike/Warnke, Ingo 2002: Semiotik des suburbanen Städtebaus in den USA. In: Wolkenkuckucksheim, 7, 1, www.tu-cottbus.de (4.6.2008)

Gesis - Leibniz-Institut für Sozialwissenschaften, Abteilung Fachinformation für die Sozialwissenschaften (Hg.): Wende und Wandel in Ostdeutschland - 20 Jahre nach dem Mauerfall. Recherche Spezial 10/2009

Giddens, Anthony 1990: The consequences of modernity. Stanford University Press

Giddens, Anthony 1994: Living in a post-traditional society. In: Beck, Ulrich/Giddens, Anthony/Lash, Scott: Reflexive Modernization. Stanford University Press, 56-109

Giddens, Anthony 1996: Konsequenzen der Moderne, Frankfurt/Main: Suhrkamp

Giuliani, Maria Vittoria 2003: Theory of Attachment and Place Attachment. In: Bonnes, Mirilia/Lee, Terence/Bonaiuto, Marino (Hg.): Psychological Theories For Environmental Issues. Burlington: Ashgate, 137-170

Gläser, Jochen/Laudel, Grit 2009: Experteninterviews und qualitative Inhaltsanalyse. 3. Auflage. Wiesbaden: VS Verlag

Glock, Birgit 2006: Stadtpolitik in schrumpfenden Städten: Duisburg und Leipzig. Wiesbaden: VS Verlag

Göschel, Albrecht 1984: Lokale Identität als Element der Stadtentwicklung. Göttingen

Göschel, Albrecht 1987: Lokale Identität: Hypothesen und Befunde über Stadtteilbindungen in Großstädten. In: Informationen zur Raumentwicklung. H. 3, 91-107

Göschel, Albrecht 2003: Stadtumbau – Zur Zukunft schrumpfender Städte vor allem in den neuen Bundesländern. In: Informationen zur Raumentwicklung. H. 10/11, 605-615

Goldschmidt, Jürgen 2009: Management des Stadtumbaus unter Berücksichtigung der städtebaurechtlichen Rahmenbedingungen. Dissertation. http://opus4.kobv.de/opus4-tuberlin/files/2444/goldschmidt_juergen.pdf (5.8.2013)

Goldschmidt, Jürgen/Taubenek, Olaf 2010: Stadtumbau. Rechtsfragen, Management, Finanzierung. München: Beck

Greverus, Ina-Maria 1972: Der territoriale Mensch. Ein literaturanthropologischer Versuch zum Heimatphänomen. Frankfurt/M.: Athenäum

Greverus, Ina-Maria 1979: Auf der Suche nach Heimat. München: C.H.Beck

Großhans, Hartmut 1997: Humanisierung der großen Siedlungen – der Beitrag der Wohnungswirtschaft. In: Rietdorf, Werner (Hg.): Weiter wohnen in der Platte. Probleme der Weiterentwicklung großer Neubauwohngebiete in den neuen Bundesländern. Berlin: edition sigma, 79-108

Großmann, Katrin/Nolting, Andreas 2002: Der Dinosaurier regt sich... Schrumpfende Städte als Chance für eine Demokratisierung kommunaler Planungsprozesse. In: Fröhler, Norbert/

Hürtgen, Stefanie/Schlüter, Christiane/Thiedke, Mike (Hg.): Wir können auch anders. Perspektiven von Demokratie und Partizipation. Münster: Westfälisches Dampfboot, 381-293

Häußermann, Hartmut 1996: Von der Stadt im Sozialismus zur Stadt im Kapitalismus. In: Ders./Neef, Rainer (Hg.): Stadtentwicklung in Ostdeutschland. Opladen: Westdeutscher Verlag, 5-47

Häußermann, Hartmut/Siebel, Walter 1985: Die Chancen des Schrumpfens. Plädoyer für eine andere Großstadtpolitik. In: Die Zeit vom 13/1985, 33-37

Häußermann, Hartmut/Siebel, Walter 1988: Die schrumpfende Stadt und die Stadtsoziologie. In: KZfSS, Sonderheft 29: Soziologische Stadtforschung, hrsg. v. Jürgen Friedrichs. Westdeutscher Verlag, 78-94

Häußermann, Hartmut/Siebel, Walter 2000: Soziologie des Wohnens. Weinheim/München: Juventa

Häußermann, Hartmut/Siebel, Walter 2004: Stadtsoziologie. Eine Einführung. Frankfurt/New York: Campus

Häußermann, Hartmut/Läpple, Dieter/Siebel, Walter 2008: Stadtpolitik. Bonn: BpB

Hagemeister, Ulrike/Haller, Christoph 2009: Bürgermitwirkung im Stadtumbau. In: Jahrbuch Stadterneuerung 2009. Berlin. 261-278

Halbwachs, Maurice 1967: Das kollektive Gedächtnis. Stuttgart: Ferdinand Enke Verlag

Haller, Christoph/Liebmann, Heike 2002: Vom Wohnungsleerstand zum Stadtumbau. In: Berliner Debatte Initial 13, 2, 34-48

Haller, Christoph/Rietdorf, Werner 2003: Baukultur im Stadtumbauprozess. Gutachten im Auftrag des BMVBW durch das Institut für Regionalentwicklung und Strukturplanung. Erkner

Haller, Christoph/Jahnke, Kerstin/Leue, Gerald 2006: Eisenhüttenstadt – Annäherungen an Identität und Image einer Stadt im Wandel. In: Deutsches Institut für Urbanistik (Hg.): Zukunft von Stadt und Region. Bd. III: Dimensionen städtischer Identität. Wiesbaden: VS Verlag, 61-95

Hambachgruppe (Kirschgens, Albert; Wolf, Barbara; Heimbrock, Frank; Lins, Bernhard (Red.)) 1985: Verheizte Heimat. Der Braunkohletagebau und seine Folgen. Aachen: Alano Verlag

Hannemann, Christine 1996: Entdifferenzierung als Hypothek – Differenzierung als Aufgabe: Zur Entwicklung der ostdeutschen Großsiedlungen. In: Häußermann, Hartmut/Neef, Rainer (Hg.): Stadtentwicklung in Ostdeutschland. Opladen: Westdeutscher Verlag, 87-106

Hannemann, Christine 1998: Gebaute Stadtkultur: Architektur als Identitätskonstrukt. In: Göschel, Albrecht/Kirchberg, Volker (Hg.): Kultur in der Stadt. Opladen: Leske & Budrich, 55-79

Hannemann, Christine 2000a: Die Platte. Industrialisierter Wohnungsbau in der DDR. Berlin: Schelzky & Jeep

Hannemann, Christine 2000b: Historischer Abriss zu wesentlichen Entwicklungslinien städtischen Wohnens in Deutschland seit 1945. www.uni-stuttgart.de/iwe/personen/hannemann/ LinksPublis/Hannemann2000HistorischerAbriss.pdf.pdf (3.7.2013)

Hannemann, Christine 2003: Schrumpfende Städte in Ostdeutschland – Ursachen und Folgen einer Stadtentwicklung ohne Wirtschaftswachstum. In: Aus Politik und Zeitgeschichte (B 28/2003), 16-23

Haring, Sabine 2001: ‚Auf der Suche nach einer besseren Welt'. Soziologische Modernisierungstheorien im Lichte dreier Jahrhunderte. In: newsletter MODERNE. Zeitschrift des SFB Moderne: www-gewi.kfunigraz.ac.at/moderne/sheft1h.htm (10.10.2013)

Harth, Annette/Herlyn, Ulfert 1996: „... und dann geht's doch 'n bißchen auseinander. Zum Wandel städtischer Wohnmilieus in den neuen Bundesländern. In: Häußermann, Hartmut/Neef, Rainer (Hg.): Stadtentwicklung in Ostdeutschland. Opladen: Westdeutscher Verlag, 139-162

Harms, Bettina/Jacobs, Tobias 2003: Stadtumbaustrategien für Neubauquartiere. In: BMVBW (Hg.): Fachdokumentation zum Bundeswettbewerb ‚Stadtumbau Ost'. Expertisen zu städtebaulichen und wohnungswirtschaftlichen Aspekten des Stadtumbaus in den neuen Ländern. Bonn, 25-36

Haspel, Jörg 2001: Die Platte als Baudenkmal – Bewertungs- und Sanierungsprobleme an Berliner Beispielen. www.heimatverein-marzahn.de/downloads/haspel2001.pdf (26.3.2009)

Hassenpflug, Dieter 2000: Die europäische Stadt als Erinnerung, Leitbild und Fiktion. In: Ders. (Hg.): Die Europäische Stadt. Mythos und Wirklichkeit. Münster u.a.: LIT, 11-47

Hater, Katrin 1996: Einleitung in das Thema: Sozialverträglichkeit und Braunkohlentagebau. In: Sevenich, Rolf /Gellrich, Bernd (Hg.): Sozial verträglich? Arbeitshilfen zum Braunkohlenplan Garzweiler II, Bd.I; www.gdg-maria-und-elisabeth.de/garzweiler/sozial_vertraeglich_band_1/sozial_vertraeglich_band_1.htm (11.2.2009)

Hater, Katrin 1999: Gesellschaftliche Lernprozesse im politischen Diskurs. Eine Fallstudie zum Diskurs um das Braunkohletagebauvorhaben Garzweiler II. Dissertation RWTH Aachen

Haubold, Gabriele 2005: Eisenhüttenstadt – Stadtumbau aus gesamtstädtischer Perspektive. In: Magazin Städte im Umbruch, 3/2005, 19-24

Hauser, Susanne 2003: Lokale Identitäten in der Region der Zukunft. In: Infobrief Stadt 2030, 11, www.newsletter.stadt2030.de/begleitforschung112.shtml (4.6.2008)

Helbrecht, Ilse 2005: Geographisches Kapital - Das Fundament der kreativen Metropolis. In: Kujath, Hans Joachim (Hg.): Knoten im Netz. Zur neuen Rolle der Metropolregionen in der Dienstleistungswirtschaft und Wissensökonomien. Münster: LIT Verlag, 121-155

Herlyn, Ulfert 1987: Lebensbedingungen und Lebenschancen in den Großsiedlungen der 60er und 70er Jahre. In: Ders./Tessin, Wulf/von Saldern, Adelheid (Hg.): Neubausiedlungen der 20er und 60er Jahre. Ein historisch-soziologischer Vergleich. Frankfurt/M./New York: Campus, 102-126

Herlyn, Ulfert 1990: Leben in der Stadt. Leske & Budrich: Opladen

Herlyn, Ulfert 1991: Die Bewohner in der Stadterneuerung. In: Marcuse, Peter/Staufenbiel, Fred (Hg.): Wohnen und Stadtpolitik im Umbruch: Perspektiven der Stadterneuerung nach 40 Jahren DDR. Berlin: Akademie-Verlag, 172-185

Herlyn, Ulfert 1997: Lektion XII. Stadt- und Regionalsoziologie. In: Korte, Hermann/Schäfers, Bernhard (Hg.): Einführung in die Praxisfelder der Soziologie. Opladen: Leske und Budrich, 243-261

Herlyn, Ulfert 2010: Der ‚lokale Lebenszusammenhang' als stadtsoziologische Kategorie. In: Harth, Annette/Scheller, Gitta (Hg.): Soziologie in der Stadt- und Freiraumplanung. Analysen, Bedeutung und Perspektiven. Wiesbaden: VS Verlag, 233-248

Herriger, Norbert 2005: Sozialräumliche Arbeit und Empowerment. Plädoyer für eine Ressourcenperspektive. www.empowerment.de/empowerment.de/files/Materialie-4-Sozialraeumliche-Arbeit-und-Empowerment.pdf (31.7.2013)

Herrle, Peter 2004: ‚Das Eigene und das Fremde – Die Konstruktion von kultureller Identität in der Architektur'. Bericht über ein Forschungsprojekt. Vortrag am 7. Mai 2004 als Beitrag zur 125-Jahr-Feier der TU Berlin; www2.tu-berlin.de/presse/125jahre/vortrag_herrle.pdf (13.5.2008)

Heydenreich, Susanne 2002: So nah, so fern – Aktionsräume in der transformierten Stadt. In: Hannemann, Christine/Kabisch, Sigrun/Weiske, Christine (Hg.): Neue Länder – Neue Sitten? Transformationsprozesse in Städten und Regionen Ostdeutschlands, 55-74

Hidalgo, M. Carmen/Hernándes, Bernardo 2001: Place attachment. Conceptual and empirical questions. In: Journal of Environmental Psychology, 21, 273-281

Hirschman, Albert O. 1970: Exit, Voice, Loyality. Responses to decline in firms, organizations, and states. Harvard University Press

Hummon, David M. 1992: Community Attachment. In: Altman, Irwin/Low, Setha (Hg.): Place Attachment. New York/London: Plenum Press, 253-278

Hunger, Bernd 1990: Sozial-kulturelle Erfordernisse der langfristigen städtebaulichen Entwicklung der Städte. In: Wiss. Z. Hochsch.Archit.Bauwes. Weimar, Dokumentation des 5. Bauhaus-Colloquiums 27.-30.6. 1989, 36, S. 66-69

Hunger, Bernd/Weidemüller, Dagmar/Wallraff, Wolfram/Reichelt, Kai/Westermann, Stephan/Götze, Dorothea/Götze, Hans/Lopitz, Sebastian 2003: Sozialverträglicher Rückbau von industriell gefertigten Gebäuden des komplexen Wohnungsbaus in den Neuen Bundesländern. Gutachten im Auftrag des BMBF. Berlin

IfS (Institut für Stadtforschung und Strukturpolitik GmbH) 2008: Jahresbericht 2008 der Begleitforschung Stadtumbau Ost Land Sachsen-Anhalt. Berlin

IfS/Aehnelt, Reinhard/Beer, Ingeborg/Schwarze, Kristin (Bearb.) 2009: Untersuchung der Lebenszufriedenheit und Bindungskraft zentraler Orte im Land Brandenburg aus der Sicht der Altersgruppe 16 bis unter 30 Jahre. Abschlussbericht. Berlin

Ipsen, Detlef 1997: Was trägt der Raum zur Entwicklung der Identität bei, und wie wirkt sich diese auf die Entwicklung des Raumes aus? In: Institut für Regionalentwicklung und Strukturplanung IRS (Hg.): Raum und Identität. Potentiale und Konflikte in der Stadt- und Regionalentwicklung. Erkner, 17-27

IRS (Institut für Regionalentwicklung und Strukturplanung) 2003: Positionspapier Baukultur Stadtumbau Ost. Erkner

Jack, Gordon 2010: Place Matters: The Significance of Place Attachments for Children's Well-Being. In: British Journal of Social Work, 40, 755-771

Janoschka, Michael 2006: Die Planungs-(Kultur) des Stadtumbaus: Beispiele aus Erfurt und Halle. In: Gans, Paul/Priebs, Axel/Wehhan, Rainer (Hg.): Kulturgeografie der Stadt. Kieler Geographische Schriften 111, 185-203

Jessen, Johann 1998: Großsiedlungen – West. In: Häußermann, Hartmut (Hg.): Großstadt. Soziologische Stichworte. Opladen: Leske und Budrich, 104-114

Jessen, Johann/Siebel, Walter 2008: Zukünftige Forschungsaufgaben von damals. In: Informationen zur Raumentwicklung, H. 11/12 2008, 695-699

Jessen, Johann/Siebel, Walter/Trinter, Lothar/Walther, Uwe-Jens 1979: 8 Jahre Vorbereitende Untersuchungen nach § 4 StBauFG – nur ein Nachruf? In: Stadtbauwelt 63, 242-249

Jessen, Johann/Walther, Uwe-Jens 2007: Schrumpfende Städte. In: Soziologische Revue, 4/2007, 383-392

John, René 2007: Raum und Identität. Forschung zur Regionalen Identität in Ostdeutschland. Vita Rustica & Vita urbana, H. 1. Stuttgart: Eigenverlag Universität Hohenheim

Kabinettsvorlage vom 15.8.2001: ,Initiative der Bundesregierung zur Verbesserung der Stadt- und Wohnungsmarktentwicklung in den neuen Ländern. Programm ,Stadtumbau Ost'. www.stadtumbau-ost.info/ (4.5.2009)

Kabisch, Sigrun/Bernt, Matthias/Peter, Andreas 2004: Stadtumbau unter Schrumpfungsbedingungen. Eine sozialwissenschaftliche Fallstudie. Wiesbaden: VS Verlag

Kabisch, Sigrun/Peter, Andreas 2008: Quartiere auf Zeit. In: Schnur, Olaf (Hg.): Quartiersforschung. Zwischen Theorie und Praxis. Wiesbaden : VS Research, 301–318

Kabisch, Sigrun/Peter, Andreas/Bernt, Matthias 2007: Stadtumbau Ost aus Sicht der Bewohner. In: Informationen zur Raumentwicklung, H. 1, 37-47

Kabisch, Sigrun/Großmann, Katrin 2010: Grünau 2010. Einwohnerbefragung im Rahmen der Intervallstudie ,Wohnen und Leben in Leipzig-Grünau'. Ergebnisbericht. Leipzig: UFZ

Kahl, Alice 1990: Kontinuität und Wandel in der städtischen Wohnkultur der DDR. In: Wiss. Zeitschrift, Hochschule für Architektur und Bauwesen Weimar (Dokumentation des 5. Bauhaus-Colloquiums 27.-30.7.1989), Jg. 36, 1-3, 102-103

Kahl, Alice 2003: Erlebnis Plattenbau. Eine Langzeitstudie. Opladen: Leske und Budrich

Kaufmann, Franz-Xaver 2007: Was heißt „Anwendung" in den Gesellschaftswissenschaften? Dankesrede anlässlich der Verleihung des Preises der Schader Stiftung in Darmstadt am 10. Mai 2007. www.schader-stiftung.de/docs/kaufmann_10-05-07.pdf (20.9.2013)

Kazig, Rainer/Wiegandt, Claus C. 2006: Zur Stellung von Architektur im geographischen Denken und Forschen. In: Wolkenkuckucksheim, 10, 1, www.tu-cottbus.de (21.5.2008)

Keller, Heidi 1988: Geographische Identität als Teil der Entwicklung eines Selbstkonzeptes. Aspekte angewandter Entwicklungspsychologie – ein Projektbericht. In: Schweizerische Zeitschrift für Psychologie, 47, 2/3, 183-192

Keller, Carsten 1999: Armut in der Stadt. Zur Segregation benachteiligter Gruppen in Deutschland. Opladen: Westdeutscher Verlag

Kennett, Patricia/Forrest, Ray 2006: The Neighbourhood in a European Context. In: Urban Studies, 43, 4, 713-718

Keupp, Heiner 2004: Individuelle Auswirkungen der Globalisierung. Vortrag bei der Tagung „Globalisierung und soziale Arbeit" in der Akademie für politische Bildung Tutzing am 03. Januar 2004, www.ipp-muenchen.de/texte/globalisierung.pdf (2.4.2008)

Kiesow, Gottfried 2003: Erkenntnisse der Expertengruppe Städtebaulicher Denkmalschutz im Stadtumbauprozess und Perspektiven für die historischen Innenstädte. In: BMVBW (Hg.): 11. Kongress Städtebaulicher Denkmalschutz, Dokumentation, Berlin/Bonn, 38-40

Kil, Wolfgang /Doehler, Marta / Bräuer, Michael 2003: Zukunft der Städte und Stadtquartiere Ostdeutschlands. In: Aus Politik und Zeitgeschichte (B 28/2003), 25-31

Kitchin, Robert M. 1994: Cognitive maps: what are they and why study them. In: Journal of Environmental Psychology, 14, 1-19

Klein, Hans Joachim: Alltag. In: Schäfers, Berhard (Hg.): Grundbegriffe der Soziologie. 5. Auflage. Opladen: Leske und Budrich, 10-12

Klueting, Edeltraud (Hg.) 1991: Antimodernismus und Reform. Beiträge zur Geschichte der deutschen Heimatbewegung. Darmstadt: Wissenschaftliche Buchgesellschaft

Kluge, Friedrich (Hg.) 2002: Etymologisches Wörterbuch der deutschen Sprache. Berlin u.a.: de Gruyter

Körber, Klaus/Siebel, Walter 1971: Stadt-Sanierung: Planung und Öffentlichkeit. In: Bau 1/71, 9-19

Köstlin, Konrad 1996: ,Heimat' als Identitätsfabrik. In: Österreichische Zeitschrift für Volkskunde. Bd. L/99, 321-338

Kollmorgen, Raj 2009: Ostdeutschlandforschung. Status quo und Entwicklungschancen. In: Soziologie, 38,2, 147-174

Konda, Winfried 1996: Wohnsiedlungen als städtische Nahwelt. Köln

Korff, Heinz-Rüdiger 1996: Globalisierung und Megastadt. In: Geographische Rundschau, 48,2, 120-123

Kraimer, Klaus 2009: Dokumentenanalyse. Studienbrief 8. http://www.htw-saarland.de/Members/klaus-kraimer/lehrmaterialien/studienbrief8 (30.7.2013)

Krings-Heckemeier, Marie-Therese/Porsch, Lucas 2003: Stadtumbaustrategien für Altbauquartiere. In: BMVBW (Hg.): Auswertung des Wettbewerbs ,Stadtumbau Ost' – für lebenswerte Städte und attraktives Wohnen. Bonn, 37-49

Kuder, Thomas 2001: Städtebauliche Leitbilder - Begriff, Inhalt, Funktion und Entwicklung, gezeigt am Beispiel der Funktionstrennung und -mischung. Dissertation. http://opus4.kobv.de/opus4-tuberlin/files/501/kuder_thomas.pdf (26.7.2013)

Kuder, Thomas 2005: Problemgebiete ostdeutscher Stadtentwicklung. In: Magazin Städte im Umbruch, 3/2005, 13-18

Land, Rainer 2006: Was wird aus sozialer Regulation und sozialem Ausgleich unter Schrumpfungsbedingungen? In: ,Wie viel Schrumpfung verträgt die Europäische Stadt?' Symposium im Rahmen der Ausstellung „Shrinking Cities II", Leipzig, 14.1.2006. Dokumentation, www.bgss.hu-berlin.de/lehrbereiche/stadtsoz/mitarbeiterinnen/a-z/hannemann/leipzigsympletzte-fassung.pdf (2009-07-29), 14-23

Land, Rainer/Willisch, Andreas 2006: Schrumpfung – Raumordnung oder Gesellschaftsordnung. In: Berliner Debatte Initial 17, 5, 54-64

Lanz, Stephan 2007: Berlin aufgemischt: abendländisch, multikulturell, kosmopolitisch? Bielefeld: transcript

Lawrence, Denise L./Low, Setha M. 1990: The built environment and spatial form. In: Annual Review of Anthropology, 19, 453-505

LBV (Landesamt für Bauen und Verkehr des Landes Brandenburg) 2009a: Stadtumbaumonitoring im Land Brandenburg. Monitoringbericht 2009. Hoppegarten: LBV

LBV 2009b: Stadtumbaumonitoring im Land Brandenburg. Stadtumbaubarometer. Hoppegarten: LBV

Lee, Terence 2003: Schema Theory and the Role of Socio-Spatial Schemata in Environmental Psychology. In: Bonnes, Mirilia/Lee, Terence/Bonaiuto, Marino (Ed.): Psychological Theories For Environmental Issues. Burlington: Ashgate, 27-61

Lewicka, Maria 2010: What makes neighborhood different from home and city? Effect of place scale on place attachment. In: Journal of Environmental Psychology, 30, 35-51

Liebmann, Heike 1997: Modellfall Ludwigsfelde. In: Rietdorf, Werner (Hg.): Weiter wohnen in der Platte. Probleme der Weiterentwicklung großer Neubauwohngebiete in den neuen Bundesländern. Berlin: edition sigma, 139-159

Liebmann, Heike 2004: Vom sozialistischen Wohnkomplex zum Problemgebiet? Dortmund: IRPUD

Liebmann, Heike 2005: Wann ist Stadtumbau Ost erfolgreich? In: Magazin Städte im Umbruch, 3/2005, 9-12

Liebmann, Heike 2007: Bürgermitwirkung an Stadtumbauprozessen – Beispiele aus dem Stadtumbau Ost. In: Informationen zur Raumentwicklung, 1, 27-35

Liebmann Heike/Karsten, Martin 2009: Stadtumbau Ost und Stadtumbau West: Geschwister mit Eigenarten und Gemeinsamkeiten. In: Informationen zur Raumentwicklung, 7, 457-469

Lipp, Wolfgang 1990: Heimatbewegung, Regionalismus. Pfade aus der Moderne? In: BpB (Hg.): Heimat. Analysen, Themen, Perspektiven. Bonn, 155-184

Lipp, Wolfgang 1997: Heimat in der Moderne. Quelle, Kampfplatz und Bühne von Identität. In: Weigant, Katharina (Hg.): Heimat. Konstanten und Wandel im 19./20. Jahrhundert. Vorstellungen und Wirklichkeiten. München: Dt. Alpenverein, 51-72

Löw, Martina 2001: Raumsoziologie. Frankfurt/Main: Suhrkamp

Low, Setha M. 1992: Symbolic Ties That Bind. Place attachment in the plaza. In: Altman, Irwin/Low, Setha 1992 (Hg.): Place Attachment. New York/London: Plenum Press, 165-185

Lynch, Kevin 1989 [1960]: Das Bild der Stadt. Braunschweig: Vieweg

MAIS (Ministerium für Arbeit, Integration und Soziales des Landes Nordrhein-Westfalen) 2011: Moderne Sozialplanung. Ein Handbuch für Kommunen. Düsseldorf.
    www.mais.nrw.de/08_PDF/003/Handbuch_Sozialplanung_Endversion.pdf (24.7.2013)

Manzo, Lynne C./Perkins, Douglas D. 2006 : Finding common ground : The importance of place attachment to community participation and planning. In: Journal of Planning Literature, 20,4, 335-350

Marcus, Clare Cooper 1992: Environmental Memories. In: Altman, Irwin/Low, Setha (Hg): Place Attachment. A conceptual inquiry. New York/London: Plenum Press, 87- 112

Matthiesen, Ulf 2006: Beeskow: Von der wiedergefundenen Identität einer Kleinstadt im ländlichen Raum Ostdeutschlands – identitätspolitische und identitätstheoretische Anmerkungen. In: Difu (Hg.): Zukunft von Stadt und Region. Bd. III: Dimensionen städtischer Identität. Wiesbaden: VS Verlag, 45-60

Mayring, Philipp 2000: Qualitative Inhaltsanalyse. Forum Qualitative Sozialforschung/Forum Qualitative Social Research, 1(2), Art. 20, http://nbn-resolving.de/urn:nbn:de:0114-fqs0002204 (30.7.2013)

McCourt, Frank 2001: Ein rundherum tolles Land. Erinnerungen. Btb Verlag: München

Mead, George Herbert 1934: Mind Self and Society from the Standpoint of a Social Behaviorist. Chicago: University of Chicago.
    www.brocku.ca/MeadProject/Mead/pubs2/mindself/Mead_1934_toc.html (29.3.2011)

Meggle, Margarete 2004: Zwischen Altbau und Platte: Erfahrungsgeschichte(n) vom Wohnen. Alltagskonstruktion in der Spätzeit der DDR, am Beispiel der Sächsischen Kleinstadt Reichenbach im Vogtland. Jena, Dissertation

Meslin, Miron 1984: Zur Baugeschichte der Stadterneuerung der Metropolen am Beispiel Berlin, New York, London und Paris. In: Die Zukunft der Metropolen. Paris, London, New York, Berlin. Ein Beitrag der TU Berlin zur IBA, Berlin 1984, 439-449

Metzger, Sabine 2002: Traum oder Trauma? Zur Bedeutung von Raum und Lebensraum für Umsiedler im Rheinischen Braunkohlerevier. In: vokus, 1/2002, www.uni-hamburg.de/volkskunde/Texte/Vokus/2002-2/metzger.html (19.2.09)

Metzger, Sabine 2004: Leben im neuen Dorf. Eine volkskundliche Untersuchung zu Dorfumsiedlungen im Rheinischen Braunkohlenrevier am Beispiel Neu-Etzweiler. Berlin u.a.: LIT-Verlag

Meyrowitz, Joshua 2005: The Rise of Glocality. New Senses of Place and Identity in the Global Village. In: Nyíri, Kristóf (Hg.): A Sense of Place. The Global and the Local in Mobile Communication. Wien, 21-30

Mitscherlich, Alexander 1965: Die Unwirtlichkeit unserer Städte. Frankfurt/Main: Suhrkamp

Mitzscherlich, Beate 2001: Die psychologische Notwendigkeit der Beheimatung. www.kirchen.net/upload/3205_mitzscherlich_2001.htm (27.3.2008)

Mitzscherlich, Beate 2004: Heimat ist etwas, was ich mache! Referat im Rahmen der Tagung Das Ende der Gemütlichkeit? Wege zu einer neuen Dorfkultur. Heinrich-Böll-Stiftung Brandenburg. 19. 11.2004, Wittenberge

MIL (Ministerium für Infrastruktur und Landwirtschaft (früher: Ministerium für Stadtentwicklung, Wohnen und Verkehr) des Landes Brandenburg) (Hg.) 2002: Öffentlichkeitsarbeit und Bewohnerbeteiligung im Stadtumbau. Potsdam

MIL 2006 (Hg.): Arbeitshilfe zur Erstellung von Integrierten Stadtentwicklungskonzepten INSEK auf Grundlage des „Masterplan Starke Städte" des Landes Brandenburg. Potsdam

MIL 2009 (Hg.): Dialog Stadtumbau. Bilanz – Herausforderungen – Ausblick

Moudon, Anne Vernez 1997: Urban morphology as an emerging interdisciplinary field. In: Urban Morphology, 1, 3-10

MWEBWV (Ministerium für Bauen, Wohnen, Stadtentwicklung und Verkehr des Landes Nordrhein-Westfalen) 2004: Genehmigung Braunkohlenplan Inden, sachlicher Teilabschnitt Umsiedlung Pier. Abgedruckt in: Bezirksregierung Köln (Hg.): Braunkohlenplan Inden. Sachlicher Teilabschnitt. Umsiedlung Pier. www.bezreg-koeln.nrw.de/brk_internet/gremien/braunkohlen ausschuss/ braunkohlenplaene/plan_inden_2_pier/plan_umsiedlung_pier.pdf (24.10.2012)

Neumann, Martin 2011: Schrumpfung in den alten und neuen Bundesländern - ein akteursbezogener Vergleich von (sozialen) Stadtumbauinitiativen in benachteiligten Großsiedlungen. Hamburg: disserta

Nielsen-Pincus, Max/Hall, Troy/Force, Jo Ellen/Wulfhorst, J.D. 2010: Sociodemographic effects on place bonding. In: Journal of Environmental Psychology. 30, 443-454

Norberg-Schulz, Christian 1989: Genius loci heute. In: Wildenmann, Rudolf (Hg.): Stadt, Kultur, Natur: Chancen zukünftiger Lebensgestaltung. Baden-Baden: Nomos, 180-185

Oertel, Gunnar 1982: Veränderungen im Wohnungsumfeld. In: Becker, Heidede/Schulz zur Wisch, Jochen (Hg.): Sanierungsfolgen. Eine Wirkungsanalyse von Sanierungsmaßnahmen in Berlin. Stuttgart u.a.: Kohlhammer, 152-206

Opaschowski, Horst W. 2005: Deutschland 2020: Thesen, Perspektiven und Prognosen. In: Stadt und Raum, 6, 292-295

Pahl, Jürgen 1974: Gestaltorientierte Stadtplanung. In: Glaser, Hermann (Hg.): Urbanistik. München: C.H. Beck, 62-69

Pestel Institut für Systemforschung Hannover 1996: Zwischen Sanierung und Abriß. Plattenbauten in den neuen Bundesländern. Leipzig

Peter, Andreas 2009: Stadtquartiere auf Zeit – Lebensqualität im Alter in schrumpfenden Städten. Wiesbaden: VS Verlag

Pfeifer, Wolfgang (Hg.) 1993: Etymologisches Wörterbuch des Deutschen. Berlin: Akad. Verlag

Pfeiffer, Ulrich/Simons, Harald/Porsch, Lucas (2000): Wohnungswirtschaftlicher Strukturwandel in den neuen Bundesländern. Bericht der Kommission

Pfotenhauer, Erhart 1998: Stadterneuerung – Sanierung. In: Häußermann, Hartmut (Hg.): Großstadt. Soziologische Stichworte. Opladen: Leske und Budrich, 245-255

Piepmeier, Rainer 1990: Philosophische Aspekte des Heimatbegriffs. In: BpB (Hg.): Heimat: Analysen, Themen, Perspektiven, 91-108

Proshansky, Harold, M./Fabian, Abbe K./Kaminoff, Robert 1983: Place-Identity: Physical World Socialisation Of The Self. In: Journal of Environmental Psychology, 3, 57-83

Regierungspräsident Köln/Geschäftsstelle des Braunkohlenausschuses (Hg.) 1984: Braunkohlenplan Frimmersdorf. Textliche Darstellung und Erläuterungsbericht. Köln

Regierungspräsident Köln 1993: Braunkohlenplan Hambach – sachlicher Teilabschnitt Umsiedlung Etzweiler/Gesolei. Köln

Raith, Erich 2000: Stadtmorphologie. Annäherungen, Umsetzungen, Aussichten. Wien: Springer

Reuber, Paul 1993: Heimat in der Großstadt. Eine sozialgeographische Studie zu Raumbezug und Entstehung von Ortsbindung am Beispiel Kölns und seiner Stadtviertel. Köln: Geographisches Institut der Universität Köln

Reuber, Paul 1995: „Ihr parkt auf meinen Erinnerungen" – zur Rolle der räumlichen Umwelt für die Entstehung von Ortsbindung. In: Gebhardt, Hans/Schweizer, Günther (Hg.) 1995: Zuhause in der Großstadt. Ortsbindung und räumliche Identifikation im Verdichtungsraum. Köln: Geographisches Institut, 61-74

Reulecke, Jürgen 1985: Geschichte der Urbanisierung in Deutschland. Frankfurt/M.: Suhrkamp

Reuther, Iris 2003: Leitbilder für den Stadtumbau. In: BMVBW (Hg.): Fachdokumentation zum Bundeswettbewerb ‚Stadtumbau Ost'. Expertisen zu städtebaulichen und wohnungswirtschaftlichen Aspekten des Stadtumbaus in den neuen Ländern. Bonn, 12-24

Richter, Peter 2006: Der Plattenbau als Krisengebiet. Die architektonische und politische Transformation industriell errichteter Wohngebäude aus der DDR am Beispiel der Stadt Leinefelde. Hamburg, http://ediss.sub.uni-hamburg.de/volltexte/2006/3041/pdf/Text.pdf (5.8.2013)

Riesenberger, Dieter 1991: Heimatgedanke und Heimatgeschichte in der DDR. In: Klueting, Edeltraud (Hg.): Antimodernismus und Reform: Zur Geschichte der deutschen Heimatbewegung. Darmstadt: Wissenschaftliche Buchgesellschaft, 320-343

Rietdorf, Werner 1997: Genesis, Status und Perspektive ostdeutscher Großsiedlungen. In: Ders. (Hg.): Weiter wohnen in der Platte. Probleme der Weiterentwicklung großer Neubauwohngebiete in den neuen Bundesländern. Berlin: edition sigma, 11- 57

Rietdorf, Werner 2002: Leerstand im Plattenbau. In: Städte im Umbruch - das Online-Magazin für Stadtentwicklung, Stadtschrumpfung, Stadtumbau und Regenerierung (vormals Online-Magazin zur schrumpfenden Stadt), 1. Jg., Ausg. 1; www.schrumpfende-stadt.de/magazin/haller/haller.htm (14.1.2009)

Rietdorf, Werner/Liebmann, Heike/Haller, Christoph 2001: Schrumpfende Städte – verlassene Grosssiedlungen? In: DISP 146, 4-12

Ritterhoff, Frank/Sievers, Karen 2011: Demokratie vor Ort – die Rolle von Beteiligung und Empowerment im Rahmen des Bund-Länder-Programms „Soziale Stadt", In: politik unterrichten, 1/2011, 35-39

Röding, Anja/Veith, Karin 2003: Stadtumbau in den neuen Ländern. Fazit aus den Wettbewerbsbeiträgen des Bundeswettbewerbs ‚Stadtumbau Ost'. In: Informationen zur Raumentwicklung, 10/11, 657-668

Röllin, Peter/Preibisch, Marianne 1993: Vertrautes wird fremd – Fremdes vertraut. Ortsveränderung und räumliche Identität. Basel/Frankfurt/M.: Helbing & Lichtenhahn

Romeiss-Stracke, Felizitas 1985: Lokale Identität zwischen Inszenierung, Protest und Selbstverständlichkeit. In: Spenglin, Friedrich/Nagel, Günter/Luz, Hans (Hg.): Wohnen in Städten? Lamspringe: Quensen, 25-33

Rosa, Hartmut/Strecker, David/Kottmann, Andrea 2007: Soziologische Theorien. Stuttgart: UTB

Rubinstein, Robert L./Parmelee, Patricia A. 1992: Attachment to Place and the Representation of Life Course by the Elderly. In: Altman, Irwin/Low, Setha 1992 (Hg.): Place Attachment. New York/London: Plenum Press, 139-163

Ruland, Ricarda 2006: Welche Zukunft hat die Platte? Rahmenbedingungen und Strategien für den Umgang mit den otdeutschen Großsiedlungen. In: Informationen zur Raumentwicklung, 3/4, 169-177

SAB (Sächsische Aufbaubank) (Hg.) 2008: Wohnungsbaumonitoring 2008. Perspektiven und Trends der Entwicklung auf dem sächsischen Wohnungsmarkt. Dresden

Scannell, Leila/Gifford, Robert 2010: Defining Place attachment: A tripartite organizing framework. In: Journal of Environmental Psychology, 30, 1-10

Schachtschneider, Ulrich 2003: Empirische Nachhaltigkeitsansätze im Lichte von Theorien der Entwicklung der modernen Gesellschaft. Oldenburg: http://oops.uni-oldenburg.de/249/ (21.9.2013)

Schäfers, Bernhard 1970: Soziologie als mißgedeutete Stadtplanungswissenschaft. Archiv für Kommunalwissenschaften: Grundlagen, Konzepte, Beispiele, Bd. 9, 240-260

Schäfers, Bernhard 1998: Stichwort Moderne. In: Ders. (Hg.): Grundbegriffe der Soziologie. Opladen: Leske und Budrich, 246-249

Schetsche, Michael: 2008: Empirische Analyse sozialer Probleme. Das wissenssoziologische Programm. Wiesbaden: VS Verlag

Schlink, Bernhard 2000: Heimat als Utopie. Frankfurt/M.: Suhrkamp

Schmals, Klaus 2006: Modernisierungstheorien und städtische Lebenswelten. Vorlesungsskript: www.kmschmals.eu/ (1.11.2013).

Schmidt-Eichstaedt, Gerd/Friesecke, Frank/Goldschmidt, Jürgen/Kötter, Theo/Schmoll, Fritz (Hg) 2010: Stadtumbau - Ein Leitfaden. Berlin: vhw

Schmidt-Relenberg, Norbert 1968: Soziologie und Städtebau. Stuttgart/Bern: Karl Krämer Verlag

Schmied, Waltraud 1987: Ortsverbundenheit - eine Triebkraft für die Entwicklung ländlicher Räume? In: Informationen zur Raumentwicklung, Heft 3, 131-139

Schmidt, Birgit 2004: Stadtplanung und schrumpfende Städte – Erfahrungen aus Sachsen-Anhalt beim Stadtumbau-Ost. In: Gestring, Norbert et al. (Hg.): Jahrbuch Stadtregion 2003. Schwerpunkt: Urbane Regionen. Opladen: Leske + Budrich, 121-131

Schmitt, Jürgen 2007: Bürgerbeteiligung und Bürgermitwirkung – spezifische Ausprägungen von Stadtteilarbeit in ost- und westdeutschen Quartieren. In: Informationen zur Raumentwicklung, 1, 17- 26

Schroer, Achim 2002: Stadtumbau und Spaß dabei! Plädoyer für eine Kultivierung von Schrumpfungsprozessen. In: Städte im Umbruch - das Online-Magazin für Stadtentwicklung, Stadtschrumpfung, Stadtumbau und Regenerierung (vormals Online-Magazin zur schrumpfenden Stadt), 1, 3, www.uni-kassel.de/fb6/ssu/pr/planungsrundschau05/texte/assusd.htm (30.9.2013)

Schröteler-von Brandt, Hildegard 2000: Statement: Erfahrungen aus dem Rheinischen Braunkohlenrevier. In: Wolkenkuckucksheim, 4. Jg., Heft 2. www.tu-cottbus.de/theoriederarchitektur/ Wolke/deu/Themen/992/vonBrandt/vonbrandt.html (11.10.2012)

Schulz zur Wisch, Jochen 1982: Soziale Beziehungen. In: Becker, Heidede/Schulz zur Wisch, Jochen (Hg.): Sanierungsfolgen. Eine Wirkungsanalyse von Sanierungsmaßnahmen in Berlin. Stuttgart u.a.: Kohlhammer, 259-279

Selle, Gert 2003: Im Raum sein. Über die Wahrnehmung von Architektur. In: Hauskeller, Michael (Hg.): Die Kunst der Wahrnehmung. Beiträge zu einer Philosophie der sinnlichen Erkenntnis. Kusterdingen: SFG-Servicecenter Fachverlage, 261-279

230

Selle, Klaus 1996: Von der Bürgerbeteiligung zur Kooperation und zurück. Vermittlungsarbeit bei Aufgaben der Quartiers- und Stadtentwicklung. In: Ders. (Hg.): Planung und Kommunikation. Gestaltung von Planungsprozessen in Quartier, Stadt und Landschaft. Grundlagen, Methoden, Praxiserfahrungen. Wiesbaden/Berlin: Bauverlag, 61-78

Selle, Klaus 2007: Stadtentwicklung und Bürgerbeteiligung – Auf dem Weg zu einer kommunikativen Planungskultur? In: Informationen zur Raumentwicklung, 1, 63-71

Siebel, Walter 1977: Zur soziologischen Kritik der Sanierung. In: Soziale Welt, 28, 3, 382-398

Siebel, Walter 2006: Was bleibt, was vergeht von der Europäischen Stadt unter den Bedingungen des Schrumpfens? In: „Wie viel Schrumpfung verträgt die Europäische Stadt?". Symposium im Rahmen der Ausstellung „Shrinking Cities II", Leipzig, 14. Januar 2006. Dokumentation: www.bgss.hu-berlin.de/lehrbereiche/stadtsoz/mitarbeiterinnen/a-z/hannemann/leipzigsympletzte-fassung.pdf (2009-07-29), 8-13

Siebel, Walter 2013: Stadt, Ungleichheit und Diversität. In: Leviathan, 41, 2/2013, 238-263

Sieverts, Thomas 1973: Die Bedeutung der Stadtgestalt. In: Bauzentrum Hamburg, Informationen 6, 3-8

Sieverts, Thomas 1997: Wiedergelesen: Kevin Lynch und Christopher Alexander. Das Aufbrechen und Wiederfinden der Konventionen - auf der Spur des Geheimnisses lebendiger Räume und Städte. In: DISP129, 52-59

Sieverts, Thomas 2006: Die Geschichtlichkeit der Großsiedlungen. In: Informationen zur Raumentwicklung, 3/4, 163-167

Sieverts, Thomas/Scheider, Martina 1970: Zur Theorie der Stadtgestalt. In: Stadtbauwelt, 26, 109-113

Sieverts, Thomas/Irion, Ilse 1994: Neue Städte und Grosssiedlungen der Epoche 1950-1975: schon Baugeschichte oder noch aktuell? In: DISP 117, 3-10

Sinning, Heidi 2006: Bürgermitwirkung: Mehr Qualität in Stadtumbau und Quartiersentwicklung. In: vhw FW 3 / Mai-Juli 2006, 169-170

SMI (Staatsministerium des Innern, Freistaat Sachsen) 2005: Arbeitshilfe zur Erstellung und Fortschreibung Städtebaulicher Entwicklungskonzepte (SEKo). www.bauen-wohnen.sachsen.de/download/Bauen_und_Wohnen/Arbeitshilfe_SEKo_12082005.pdf (15.4.2013)

Spiegel, Erika 1984: Identifikation in einer verregelten Welt. In: Spengelin, Friedrich/Nagel, Günter/Luz, Hans (Hg.): Wohnen in den Städten? Lamspringe: Quensen, 15-24

Speller, Gerda M. 2000: A Community in Transition: a longitudinal study of place attachment and identity processes in the context of an enforced relocation. University of Surrey. http://epubs.surrey.ac.uk/593/1/fulltext.pdf (2013-07-03)

Stadt Frankfurt (Oder) 2010: Beschlussblatt der Vorlage-Nr. 09/SVV/0393: Umsetzung des Stadtumbaukonzeptes: Rückbau- und Aufwertungsmaßnahmen 2011. https://www.frankfurt-oder.de/stadt/RathausVerwaltung/DezernateAemter/D2/Amt61/Dokumente_SanierungEn tw/R%C3%BCckbau%20und%20Aufwertung%202011.pdf (23.4.2013)

Stahr, Joachim 1983: Zur Qualität des Wohnungsbaus als Einheit von sozialen und städtebaulich-architektonischen Aspekten – an Beispielen des Bezirkes Erfurt. In: Wiss. Z. Hochsch. Archit. Bauwes. Weimar, 29, 5/6, 438-441

StBauFG (Städtebauförderungsgesetz) 1971: Erster Teil: Allgemeine Vorschriften. §1 Städtebauliche Sanierungs- und Entwicklungsmaßnahmen. www.bgbl.de (Bundesgesetzblatt online, 3.7.2013).

Stokols, Daniel/Shumaker, Sally/Martinez, John 1983: Residential Mobility and Personal Well-Being. In: Journal of Environmental Psychology, 3, 5-19

Strom, Elisabeth/Mollenkopf, John 2004: Vom Reden und Handeln – Diskurs und Stadtentwicklung in New York und Berlin. In: Siebel, Walter (Hg.): Die europäische Stadt. Frankfurt/M.: Suhrkamp, 284-300

Strübing, Jörg 2008: Grounded Theory. Zur sozialtheoretischen und epistemologischen Fundierung des Verfahrens der empirisch begründeten Theoriebildung. 2. Auflage. Wiesbaden: VS Verlag

Sturm, Gabriele 1999: Raum und Identität als Konfliktkategorien. In: Thabe, Sabine (Hg.): Räume der Identität – Identität der Räume. Dortmund, 26-37

Tasseit, Siegfried 1983: Die psychosozialen Folgen von Sanierung und wie man ihnen begegnen kann. In: Die alte Stadt, 10, 132-137

Tessin, Wulf 1977: Stadterneuerung und Umsetzung. Der Stadtumbau als gesellschaftlicher Transformationsprozeß in seinen Auswirkungen auf umsetzungsbetroffene Mieter. Göttingen: Georg-August-Universität Diss.

Tessin, Wulf/Knorr, Thomas/Pust, Carola/Birlem, Torstein 1983: Umsetzung und Umsetzungsfolgen in der Stadtsanierung. Basel u.a.: Birkhäuser

Thomas, Dirk/Fuhrer, Urs/Quaiser-Pohl, Claudia 2006: Einfluss wahrgenommener Wohnqualität auf die Ortsbindung – Besonderheiten in einem ostdeutschen Sanierungsgebiet. In: Umweltpsychologie, 10. Jg., H. 2, 10-31

Thum, Karl 1981: Soziale Bindungen an das Wohnviertel. In: Bodzenta, Erich/Speiser, Irmfried/Thum, Karl: Wo sind Großstädter daheim? Graz: Böhlaus, 33-181

TMBLV (Thüringer Ministerium für Bau, Landesentwicklung und Verkehr) 2009 (Hg.): Monitoringbericht 2009 der Begleitforschung. Erfurt

Topos Stadtplanung, Landschaftsplanung, Stadtforschung 2001: Bürgerbefragung Wittenberge - Sozialuntersuchung zum Stadtumbau. Studie im Auftrag der Stadt Wittenberge

Treinen, Heiner 1965: Symbolische Ortsbezogenheit. In: KZfSS, 17, 73-97, 254-297

Trommer, Sigurd 2006: Identität und Image in der Stadt der Zukunft. In: Difu (Hg.): Zukunft von Stadt und Region. Bd. III: Dimensionen städtischer Identität. Wiesbaden: VS, 23-43

Twigger-Ross, Clare L./Uzzel, David L. 1996: Place and idenity processes. In: Journal of Environmental Psychology, 16, 205-220

Twigger-Ross, Clare/Bonaiuto, Marino/Breakwell, Glynis 2003: Identity Theories and Environmental Psychology. In: Bonnes, Mirilia/Lee, Terence/Bonaiuto, Marino (Ed.): Psychological Theories For Environmental Issues. Burlington: Ashgate, 203-233

Ulrich, Horst 1996: Geschlossene Umsiedlung sozialverträglich? - aus der Sicht eines Planers. In: Rolf Sevenich/Peter Brendel/Bernd Gellrich (Hrsg.), Sozial verträglich? Band 2; www.gdg-maria-und-elisabeth.de/garzweiler/sozial_vertraeglich_band_2/sozial_vertraeglich_band_ 2.htm (25.3.2009)

VV Städtebauförderung 2002: Verwaltungsvereinbarung über die Gewährung von Finanzhilfen des Bundes an die Länder nach Artikel 104 a Absatz 4 des Grundgesetzes zur Förderung städtebaulicher Maßnahmen vom 19. Dezember 2001/09. April 2002

VV Städtebauförderung 2005: Verwaltungsvereinbarung über die Gewährung von Finanzhilfen des Bundes an die Länder nach Artikel 104 a Absatz 4 des Grundgesetzes zur Förderung städtebaulicher Maßnahmen vom 13. Januar 2005/5. April 2005

VV Städtebauförderung 2006: Verwaltungsvereinbarung über die Gewährung von Finanzhilfen des Bundes an die Länder nach Artikel 104 a Absatz 4 des Grundgesetzes zur Förderung städtebaulicher Maßnahmen vom 03. Juli 2006 / 20. September 2006

VV Städtebauförderung 2007: Verwaltungsvereinbarung über die Gewährung von Finanzhilfen des Bundes an die Länder nach Artikel 104 a Absatz 4 des Grundgesetzes zur Förderung städtebaulicher Maßnahmen vom 13. Februar 2007/25. Mai 2007

VV Städtebauförderung 2008: Verwaltungsvereinbarung 2008 über die Gewährung von Finanzhilfen des Bundes an die Länder nach Artikel 104 b des Grundgesetzes zur Förderung städtebaulicher Maßnahmen vom 19.12.2007 / 23.04.2008 / 31.05.2008

Wagner, Kirsten 2004: Vom Leib zum Raum. Aspekte der Raumdiskussion in der Architektur aus kulturwissenschaftlicher Perspektive. In: Wolkenkuckucksheim, 9,1. www.tu-cottbus.de/ theo/Wolke/wolke_1.html (17.4.2008)

Wallraf, Wolfram/Herbst, Katja/Eifert, Andrej/Sülzer, Berhard (Bearb.) 2003: Sozialwissenschaftliche Erhebung zur Erfassung städtischer Identität in Luckenwalde. Stadtbüro Hunger/Stadt Luckenwalde

Walther, Uwe-Jens 2001: Ambitionen und Ambivalenzen. Soziale Ziele in der Städtebauförderung – das junge Programm ‚Soziale Stadt'. In: Informationen zur Raumentwicklung, H.9/10, 527-538

Walther, Uwe-Jens 2002: Ambitionen und Ambivalenzen eines Programms. Die Soziale Stadt zwischen neuen Herausforderungen und alten Lösungen. In: Ders. (Hg.): Soziale Stadt – Zwischenbilanzen. Ein Programm auf dem Weg zur Sozialen Stadt? Opladen: Leske + Budrich, 23-43

Weber, Max 1982 (1904): Die ‚Objektivität' sozialwissenschaftlicher und sozialpolitischer Erkenntnis. In: Winckelmann, Johannes (Hg.): Max Weber. Gesammelte Aufsätze zur Wissenschaftslehre. Tübingen: J.C.B. Mohr, 146-214

Weeber, Rotraut 1971: Eine neue Wohnumwelt. Beziehungen der Bewohner eines Neubaugebietes am Stadtrand zu ihrer sozialen und räumlichen Umwelt. Stuttgart: Krämer

Wehrheim, Jan 2006: Die überwachte Stadt – Sicherheit, Segregation und Ausgrenzung. 2. Überarbeitete Auflage. Opladen: Barbara Budrich

Weichhart, Peter 1990: Raumbezogene Identität. Bausteine zu einer Theorie räumlich-sozialer Kognition und Identifikation. Stuttgart

Weichhart, Peter 1999: Raumbezogene Identitäten 4, Intensivkurs. Alexander von Humboldt Lectures 16.-17.09.1999, Department of Human Geography, Nijmegen. pdf-Dokument: http://socgeo.ruhosting.nl/colloquium/PlaceId04new.pdf (5.4.2011)

Weichhart, Peter 2000: Raumbezogene Identität als Problemstellung der Regionalentwicklung. In: ARL (Hg.): Beiträge zur theoretischen Grundlegung der Raumentwicklung. ARL Arbeitsmaterial 254. Hannover: Selbstverlag, 51-68

Weichhart, Peter 2007: Regionale Identät als Thema der Raumplanung? In: Stiftung Natur und Umwelt Nordrhein-Westfalen (Hg.): Denkanstöße. Landschaftskultur – Kulturlandschaft. H.6, 28-41

Weichhart, Peter/Weiske, Christine/Werlen, Benno 2006: Place Identity und Images. Das Beispiel Eisenhüttenstadt. Wien

Weigant, Katharina 1997: Einleitung. In: Dies. (Hg.): Heimat. Konstanten und Wandel im 19./20. Jahrhundert. Vorstellungen und Wirklichkeiten. München: Deutscher Alpenverein, 13-16

Weinberg, Peter/Besemer, Simone 1999: Shopping-Center in der Zukunft. In: Marketing, 3/3, 237-246

Weiske, Christine/Kabisch, Sigrun/Hannemann, Christine (Hg.) 2005: Kommunikative Steuerung des Stadtumbaus. Wiesbaden: VS Verlag

Weith, Thomas 2007a: Stadtumbau und Evaluation. In: Ders. (Hg.): Stadtumbau erfolgreich evaluieren. Münster: Waxmann, 11-25

Weith, Thomas 2007b: Zur Zukunft von Evalutionen im Stadt und Regionsumbau. In: Ders. (Hg.): Stadtumbau erfolgreich evaluieren. Münster: Waxmann, 237-252

Welch Guerra, Max 2007: Mitigation oder Adaption? – Zur Debatte um die Fortführung des Stadtumbaus Ost. In: vhw Forum Wohneigentum, 6, Dez., 294-298

Willinger, Stephan 2006: Einführung. Stadtumbau in Großsiedlungen. In: Informationen zur Raumentwicklung 3/4, I-VII

Winter, Gerhard/Church, Stephen 1984: Ortsidentität, Umweltbewußtsein und kommunalpolitisches Handeln. In: Moser, Helmut/Preiser, Siegfried (Hg.): Umweltprobleme und Arbeitslosigkeit. Weinheim/Basel: Beltz, 78-93

Wollmann, Hellmut 1974: Das Städtebauförderungsgesetz als Instrument staatlicher Intervention - wo und für wen? In: Leviathan, 2, 2/1974, 199-231,

Zapf, Katrin 1969: Rückständige Viertel. Eine soziologische Analyse der städtebaulichen Sanierung in der Bundesrepublik. Frankfurt/Main: Europäische Verlagsanstalt

Zapf, Wolfgang 1992: Die Transformation in der ehemaligen DDR und die soziologische Theorie der Modernisierung. MPIFG Discussion Paper 92/4

Zapf, Wolfgang 2008: Entwicklung und Sozialstruktur moderner Gesellschaften. In: Korte, Hermann/Schäfers, Bernhard (Hg.): Einführung in die Hauptbegriffe der Soziologie. Wiesbaden: VS Verlag, 257-272

Zlonicky, Decker, Ebert, Hater, Jansen, Ritscherle 1990: Sozialverträglichkeit von Umsiedlungen im Rheinischen Braunkohlenrevier. Dortmund: Institut für Landes- und Stadtentwicklungsforschung des Landes Nordrhein- Westfalen

Zlonicky, Peter/Hater, Katrin/Stierand, Rainer/Siefert, Saskia/Wendt-Kummer, Elke/Cüppers, Jens 1999: Gutachten zur Evaluierung von Umsiedlungen im Rheinischen Braunkohlenrevier im Hinblick auf ihre Sozialverträglichkeit im Auftrag des Ministeriums für Umwelt, Raumordnung und Landwirtschaft Nordrhein-Westfalen (Kurzfassung). Dortmund

Tabellenverzeichnis

Danksagung

Das Beste zum Schluss. Diese Arbeit handelt von Menschen. Auch wenn keine Interviews geführt oder teilnehmende Beobachtungen angestellt wurden, auch wenn meist abstrakt von ‚den' Betroffenen, von Planung und Politik und von ‚den' Indikatoren für raumbezogene Bindungen die Rede war – immer geht es um Menschen und wie ihr Denken und Handeln die Lebenswelt prägen. Auch die Fertigstellung dieser Arbeit haben zahlreiche Menschen ‚mit'geprägt und weil ich mich nicht bei allen und im Einzelfall auch nicht persönlich bedanken kann, möchte ich doch zumindest einige – ganz konkret – namentlich erwähnen. Auch ohne ‚verpflichtet' zu sein und in der Reihenfolge freier Assoziation gilt mein besonderer Dank daher:

Prof. Uwe-Jens Walther für die Geduld, diese Arbeit doch noch bis zum Ende zu betreuen und die Bestärkung, dieses ‚ambivalente' Feld weiter zu beackern.

Prof. Walter Siebel, nicht nur für lehrreiche Jahre an der Universität Oldenburg, sondern insbesondere für einen überraschenden Anruf zum Thema Heimat.

Prof. Jürgen Westermann für strenges Nachfragen und die Chance.

Frank Ritterhoff für fünf Jahre freundschaftlicher und inspirierender Bürogemeinschaft.

Peggy Hammig für stundenlanges Sitzen auf dem ‚Zuhör-Hocker', ewiges Lesen langer Sätze, das Verständnis und fordernde Diskussionen, die so gar nichts mit Physik zu tun hatten.

Peter Kaminsky und Wilfried Grimm, die – mehr und weniger – spannend die Quellen- und kritische Textanalyse vermittelt haben und als Lehrer tatsächlich den Spruch gebrauchen dürfen: ‚Dafür werdet Ihr später mal dankbar sein'.

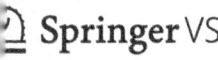

The manufacturer's authorised representative in the EU is Springer
Nature Customer Service Centre GmbH, Europaplatz 3, 69115 Heidelberg,
Germany. If you have any concerns regarding our products, please
contact ProductSafety@springernature.com

Printed and bound by CPI Group (UK) Ltd, Croydon, CR0 4YY

27/04/2026

02097615-0001